原州年鉴

YUANZHOU NIANJIAN

2024

固原市原州区委党史和地方志研究室　编

黄河出版传媒集团
阳　光　出　版　社

图书在版编目(CIP)数据

原州年鉴. 2024 / 固原市原州区委党史和地方志研究室编. --银川 : 阳光出版社, 2024. 12. -- ISBN 978-7-5525-7754-9

Ⅰ. Z524.34

中国国家版本馆CIP数据核字第2025FE6615号

原州年鉴2024 固原市原州区委党史和地方志研究室 编

责任编辑 马伟锴 李媛媛
封面设计 赵小琴
责任印制 岳建宁

黄河出版传媒集团
阳光出版社 出版发行

出 版 人 薛文斌
地 址 宁夏银川市北京东路139号出版大厦(750001)
网 址 http://ssp.yrpubm.com
网上书店 http://shop129132959.taobao.com
电子信箱 yang guangchubanshe@163.com
邮购电话 0951-5047283
经 销 全国新华书店
印刷装订 固原博奥彩色印刷有限公司
印刷委托书号 (宁)0031782

开 本 880 mm×1230 mm 1/16
印 张 21
字 数 300千字
版 次 2024年12月第1版
印 次 2024年12月第1次印刷
书 号 ISBN 978-7-5525-7754-9
定 价 298.00元

《原州年鉴 2024》编委会

《原州年鉴 2024》编辑部

编　辑　说　明

一、《原州年鉴 2024》(以下简称“年鉴”)是由固原市原州区委党史和地方志研究室编纂的正式出版物,是具有公报性质的大型资料性工具书。

二、年鉴以习近平新时代中国特色社会主义思想为指导,主要反映原州区 2023 年各项事业发展状况、重大事件和主要成就。所刊载的资料由各乡镇、各部门(单位)和部分中央、自治区、固原市直属单位提供,真实、全面,具有资政、教化、存史价值,为宣传、建设美丽新原州提供信息服务。

三、年鉴采取分类编辑法,以类目、分目、条目组成框架结构的主体部分。少数分目中增设子分目。全书条目标题统一用黑体字加【 】表示,目录层次清晰,便于检索。

四、年鉴设特载、专文、大事记、区情概览、中国共产党固原市原州区委员会、原州区人民代表大会、原州区人民政府、中国人民政治协商会议原州区委员会、中共原州区纪律检查委员会　原州区监察委员会、民主党派　工商联、群众团体、法治、军事、经济管理、农业、工业、商贸服务业、交通　城乡建设　住房保障、自然资源管理与生态环境保护、水务、应急管理、科学技术、教育　体育、文化　旅游、卫生健康、社会生活、乡镇街道概览、人物荣誉、附录等 29 个部类。

五、年鉴表述形式有专文、条目、大事记、表格、图片等多种,其中条目为最基本的表述形式。

六、年鉴对各分目、条目之间的交叉重复内容,采取详略互见等不同记述方法。

七、年鉴不录入涉密内容。

八、年鉴所收录数据由各单位审核提供,重要数据以统计部门公布的数据为准。

九、年鉴严格执行《出版物汉字使用管理规定》《出版物上数字用法》《标点符号用法》等国家标准及规定,力求规范、统一。

十、除专载、表彰奖励、重要文献外,市指“固原市”。

十一、年鉴的编写得到了各乡镇、各部门(单位)和自治区、固原市直属单位以及有关方面、有关人士的大力支持,在此深表感谢!

2023 年 3 月 31 日，原州区 2023 年整治电信网络诈骗攻坚行动暨“全民反诈 你我同行”宣传文艺汇演在宁夏固原博物馆举行 （原州区融媒体中心 供图）

2023 年 4 月 1 日，原州区彭堡镇举办了农用机械现场培训暨机械化作业演示会 （原州区融媒体中心 供图）

2023年4月4日,原州区委宣传部、原州区公安分局开城派出所、原州区第四小学、原州区第十七小学、原州区开城镇中心小学的党员干部、师生300余人,来到红军长征青石嘴战斗纪念碑,联合开展"弘扬革命精神　缅怀革命先烈"清明节祭扫活动　(原州区融媒体中心　供图)

2023年4月4日,原州区三营镇高标准黄芪种苗示范基地,妇女们挖沟、点种、覆土,种植中药材(原州区融媒体中心　供图)

2023年4月7日，在第35个爱国卫生月暨世界卫生日到来之际，固原市、原州区爱卫办，原州区文明办联合12家单位在固原市原州区人民广场举行"提升全民健康水平——'助你健康'科技志愿服务"活动启动仪式（原州区融媒体中心　供图）

2023年4月15日，原州区黄铎堡镇组织镇村500多名党员干部群众在金堡村开展环境清扫、垃圾转运、杂物清除、林带清理、树木修剪等整治作业　（原州区融媒体中心　供图）

2023年4月16日，原州区第十八小学在固原市图书馆举办最美诗词大会，激发学生们学习经典诗词的热情，拓宽学生的鉴赏视野 （原州区融媒体中心　供图）

2023年4月17日，由原州区委、原州区人民政府主办，原州区委宣传部、统战部、区文广局、文联承办的原州区"2023年全媒体达人探原州"活动正式启动 （原州区融媒体中心　供图）

2023 年 5 月 18 日，原州区战国秦长城博物馆开馆，4 号为清代掐丝珐琅瓶 （原州区融媒体中心 供图）

2023 年 5 月 18 日，由原州区委统战部、原州区民政局、南关街道办事处联合举办的“学习贯彻党的二十大精神·共谱民族团结一家亲新篇章”为主题的社区邻里节文艺汇演活动在宋家巷社区举行 （原州区融媒体中心 供图）

2023年5月18日，原州区寨科乡湾掌村的“天然牧场”里，210头肉牛悠闲享受着阳光的沐浴　（原州区融媒体中心　供图）

2023年5月24日，原州区残联在市区博物馆广场举行“文化进残疾人家庭五个一”活动启动仪式　（原州区融媒体中心　供图）

2023 年 7 月 6 日，原州区彭堡镇吴磨村的西兰花基地　（原州区融媒体中心　供图）

2023 年 7 月 6 日，原州区彭堡镇姚磨村“三个零”新技术冷凉蔬菜基地　（原州区融媒体中心　供图）

2023年8月14日，原州区张易镇种植麒麟瓜拓宽群众"甜蜜"致富路 （原州区融媒体中心 供图）

2023年8月15日，原州区中河乡千亩荞麦 （原州区融媒体中心 供图）

2023 年 8 月 27 日，原州区三营镇代表队迎来全国和美乡村篮球大赛(村 BA)西北赛区第一比赛日首战　(原州区融媒体中心　供图)

2023 年 9 月 27 日，原州区委宣传部、区文广局主办，区文化馆、图书馆承办的“诗意原州　月映万家”2023 年“庆国庆　迎中秋”诗文朗诵会在小西湖广场举行　(原州区融媒体中心　供图)

2023 年 10 月 10 日，原州区开展医保全民参保集中宣传活动 （原州区融媒体中心 供图）

2023 年 10 月 11 日，原州区中河乡万亩马铃薯收获 （原州区融媒体中心 供图）

2023年10月20日,原州区三营镇甘沟村刘姥姥农庄百亩山楂种植基地,村民在采摘山楂 （原州区融媒体中心　供图）

2023年10月25日晚,原州区三营镇代表队在贵州省台江县台盘村参加“全国和美乡村篮球大赛(村BA)总决赛”（原州区融媒体中心　供图）

2023年12月20日，原州区中河乡上店小学荣获姚基金篮球季宁夏赛区“双冠军”（原州区融媒体中心　供图）

2023年12月27日，原州区人武部、退役军人事务局联合相关乡镇、街道办为2023年荣立三等功的现役军人家庭送喜报（原州区融媒体中心　供图）

目　　录

中国共产党固原市原州区委员会

原州区人民代表大会

原州区人民政府

中国人民政治协商会议
原州区委员会

中共原州区纪律检查委员会 原州区监察委员会

民主党派　工商联

群众团体

法　　治

军　　事

经济管理

农　　业

自然资源管理与生态环境保护

水　　务

应急管理

科学技术

教育　体育

文化　旅游

卫生健康

社会生活

乡镇街道概览

人物荣誉

附　录

特　　载

原州区委常委会工作报告(摘要)

2023年11月9日在中共原州区委四届第五次全体会议上的讲话

固原市委常委、原州区委书记　何永吉

这次全会的主要任务是:以习近平新时代中国特色社会主义思想为指导,深入学习贯彻党的二十大精神、习近平生态文明思想和习近平文化思想,全面贯彻落实习近平总书记视察宁夏重要讲话指示批示精神,认真贯彻落实自治区党委十三届五次和市委五届九次全会决策部署,紧紧围绕铸牢中华民族共同体意识这条主线,动员全区上下统一思想、统一意志、统一行动,坚定担当生态环境保护和建设宁夏副中心城市核心区、生态文旅特色市集聚区使命任务,奋力描绘人与自然和谐共生的美丽原州新画卷。

这次全会的重头戏是审议《原州区贯彻落实自治区党委十三届五次全会精神任务清单》《加快宁夏副中心城市高质量发展原州区任务清单》《加快建设生态文旅特色市原州区任务清单》"三个清单",随后小路、铁军同志还要分别对"三个清单"作说明。请大家集思广益、群策群力,讨论审议好"三个清单",使审议的过程成为统一思想、凝聚共识的过程。下面,我讲四点意见。

一、提高站位、统一思想,切实增强生态文明建设的政治责任感和历史使命感

从党的十八大提出建设美丽中国,到党的十九大报告指出"加快生态文明体制改革,建设美丽中国",再到党的二十大报告专章对美丽中国建设作出战略部署,充分体现了以习近平同志为核心的党中央对生态文明建设的高度重视。我们要深刻认识加快生态文明建设的重大意义,准确把握面临的新形势新要求,加快推进生态文明建设。

一要深刻领悟习近平生态文明思想和习近平文化思想的实践伟力。党的十八大以来,习近平总书记创造性提出一系列新理念新思想新战略,形成了习近平生态文明思想,为推进美丽中国建设、促进人与自然和谐共生提供了科学指引和根本遵循。在今年的全国生态环境保护大会上,总书记深刻阐述了我国生态文明建设的"四个重大转变",提出了新征程继续推进生态文明建设需要处理好的"五个重大关系",部署了全面推进美丽中国建设的"六个方面重大任务",这是习近平生态文明思想的新阐释、新发展,为新征程加强生态环境保护提供了科学指引。习近平总书记把宣传思想文化工作摆在治国理政的重要位置,深刻把握新时代历史方位,以坚定的文化自觉、宏阔的历史视野、深远的战略考量,就文化建设提出了一系列新思想新观点新论断,形成了习近平文化思想。近日召开的全国宣传思想文化工作会议，首次提出习近平文化思想。这一重要思想既有文化理论观点上的创新和突破，又有文化工作布局上的部署要求，为做好新时代新征程宣传思想文化工作、担负起新的文化使命提供了强大思想武器和科学行动指南。各级党组织和广大党员干部要坚持读原著、学原文、悟原理，用习近平生态文明思想和习近平文化思想武装头脑，在真学真懂真信真用上下功夫、求实效，不断增强政治判断力、政治领悟力、政治执行力，以实际行动坚定捍卫“两个确立”、坚决做到“两个维护”。

二要深刻领会区市党委全会作出的战略部署。自治区党委十三届五次全会对新征程全面加强生态环境保护、推进美丽宁夏建设作出全面部署。全会审议通过的“1+4”系列文件，提出的“111369”指导思想(一个指导，就是坚持以习近平新时代中国特色社会主义思想为指导；一条主线，就是坚持以铸牢中华民族共同体意识为主线；一个使命，就是坚定扛起先行区建设使命任务；“三个坚持”，就是坚持以人民为中心、坚持绿水青山就是金山银山、坚持绿色低碳可持续发展；“六个全”，就是全领域转型、全方位治理、全要素提升、全地域建设、全过程防范、全社会行动；“九大战”，就是打好绿色转型整体战、污染防治攻坚战、防沙治沙阵地战、保护修复系统战、稳妥降碳持久战、体制创新突破战、生态安全守护战、环境保护人民战、基础支撑协同战)，架起了宁夏生态文明建设的“四梁八柱”，绘就了美丽宁夏的“全景图”。

市委五届九次全会坚定担当“建设先行区、固原作贡献”历史使命，对“两个市”建设作出全面部署。为加快宁夏副中心城市建设提出“136”目标任务(锚定五年、抓实三年、干好每年“这一目标”，建设引领宁夏中南部高质量发展经济中心、辐射六盘山区宜居宜业中心、全国生态文化旅游中心“三个中心”，抓实产业优势提升、基础设施扩能、城市功能升级、乡村全面振兴、改革开放突破、生态文旅融合“六大工程”)；在加快生态文旅特色市建设上提出“4646”思路(坚持生态优先、文化引领、旅游搭台、创新机制“四个坚持”，开展生态空间布局优化、“三山五河”生态保护修复、城市生态系统建设、“绿水青山就是金山银山”转化、自然保护地提升、污染防治攻坚“六项行动”，实施培根铸魂、国家文化公园建设、公共文化惠民、文化生态保护区建设“四项工程”，推进“品牌固原”、“康养固原”、“体验固原”、“乐购固原”、“畅游固原”、“智游固原”“六项计划”)。尤其是志敏书记在全会上的讲话进一步理清了固原“赶超式”发展的思路，优化了现代化固原建设的实践路径。我们要切实把思想和行动统一到区、市党委决策部署上来，紧密结合原州实际学深悟透、谋细抓实，坚定把区市党委明确的时间表、路线图和任务书变成原州的施工图。

三要深刻把握生态环境保护是原州所需。党的十八大以来，区委有效统筹高水平环保和高质量发展，迭代升级治山治水、治林治田，生态环保工作取得显著成效。截至2022年底，累计完成营造林75.2万亩、退耕还林56万亩、小流域综合治理2067平方公里，改造高标准农田49.97万亩、高效节水灌溉23.67万亩。森林覆盖率由党的十八大前的12.7%增加到26%，提高了13.3个百分点，草原植被综合盖度达84.6%，清水河水质稳定达标，空气优良天数连续多年保持在90%以上。先后荣获全国节水型社会建设达标县、国家水土保持示范县，成功创建自治区全域旅游示范区，全国避暑旅游目的地已通过初审，将于12月授牌。通过不懈努力，使昔日的荒山峁变成了今日的绿山林，原州日渐成为六盘山水源涵养区的重要支撑，为固原乃至宁夏担当起生态屏障重要作用，良好的生态环境也为建设宁夏副中心城市核心区、生态文旅特色市集聚区打下坚实基础。

在肯定成绩的同时，区委认真分析我们面临的困难和挑战，主要有四个方面。一是用水形势严峻。原州区水资源总量是1.29亿方，其中天上水(地表水)4400万方、黄河水4800万方、地下水3100万方、中水600万方，因自治区核减地下水指标，从明年开始全区能用的水资源只有8500万方左右，但随着城镇化、工业化进程的加快，我们发展工业每年要用水1000万方，生活用水2400万方，未来40万亩的高效节水灌溉每年要用水6400万立方米，现有水量难以满足发展需要。二是极端天气多。原州极易受沙尘、高温、强对流等极端天气影响，2023年出现冰雹、短时强降雨天气12次，沙尘等污染天数达40天，给生态环境保护和治理带来极大挑战。三是生态环境脆弱。截至2022年，原州的森林覆盖率是26%，排名全市第4，低于全市平均水平3.67个百分点。同时我们人工造林的树种单一，抵御自然灾害能力非常弱。四是防火压力大。2021年张易镇“3.13”火灾，过火面积达4000亩，造成2人死亡，教训非常惨痛。我们要正视问题，抢抓难得发展机遇，顺应老百姓过去“盼温饱”、现在“盼环保”，过去“求生存”、现在“求生态”的美好向往，进一步理清思路，及时转换赛道，全面承接“两个市”建设任务，努力建设青山常在、绿水长流、空气常新的美丽家园，创造经得起历史检验的生态环保实绩，真正做到“为官一任、造福一方”。

二、锚定目标、务实苦干，推动生态文明建设取得新成果

我们对标对表区市党委决策部署，结合原州实际研究制定了《原州区贯彻落实自治区党委十三届五次全会精神任务清单》，进一步明确到2027年的近期目标和到2035年的中长期任务。重点抓好三个方面工作。

一要坚持问题导向，深入打好污染防治攻坚战。污染防治既是广大群众关注的热点，又是生态文明建设的难点。要突出重点区域、重点领域、关键环节，着力打好“四场硬仗”，守护好群众身边的健康环境。一是打好蓝天保卫硬仗。原州区大气污染具有明显的季节性特点，春夏季受沙尘天气侵蚀，秋冬季由于集中供暖、群众烧煤、秸秆焚烧、燃放烟花爆竹等容易出现污染天气。我们要深入实施冬春季大气污染攻坚行动，督促六盘山热电厂、南塬、北塬等供热公司严格落实脱硫脱硝和除尘降碳等环保措施，坚决禁止秸秆焚烧，严格落实《固原市烟花爆竹燃放管理条例》，实施好农村清洁取暖改造项目，加快电煤替代，确保空气优良天数比例稳定在90%以上。二是打好碧水保卫硬仗。持续推进“五水共治”，加快实施小流域综合治理、三营污水处理厂、二营湿地等重点工程项目，严格落实三级河长制，扎实开展河湖“清四乱”行动，确保清水河二十里铺国控断面二类水质、三营国控断面四类水质稳定达标，绝不能让污水流入清水河、汇入黄河。三是打好净土保卫硬仗。继续强化源头减量、资源利用，积极推广蔬菜种植“三个零”新技术，覆膜玉米全部使用生物降解地膜，建设一个年产100万吨的有机肥生产厂，扩大有机肥使用面积，最大限度减少农业面源污染和农村畜禽粪污对土壤的污染。四是打好问题整改歼灭硬仗。整改中央和区市环保督察反馈问题是我们义不容辞的政治责任。各部门各单位要盯着还没有整改的7个问题，一项一项抓整改，确保按时限要求整改到位、清仓见底。对已经整改完成的问题要再花一定的时间进行巩固，开展“回头看”，确保改到位、改彻底、不反弹。同时要举一反三，建立健全生态环保长效机制，以问题整改推动工作落实。各级干部要切实增强环保问题整改的紧迫感，对2024年、2025年需完成整改的问题，提前着手整改，防止错过最佳整改时机，出现改不彻底的情况。

二要坚持系统观念，深入打好植绿增绿守护战。围绕打造“绿水青山就是金山银山”实践创新基地，统筹森林、草原、湿地、流域等生态系统的保护修复，到2027年全区森林覆盖率、草原植被综合盖度和水土保持率分别达到30.1%、87.1%和78.89%。

一是坚持保护和修复双管齐下。坚持以自然恢复为主、人工修复为辅，宜林则林、宜草则草，科学选择行之有效的植被恢复模式和治理方式，深入开展清水河生态保护修复行动，加快实施山水林田湖草一体化保护和修复工程，打造集防洪护岸、水源涵养、生物栖息等功能为一体的绿色生态廊道，全面加固守护生态的绿色长城。二是坚持工程造林和义务植树统筹兼顾。对全区荒山、荒沟、国省道公路沿线等能种树的地方进行全面勘察，算好还能种树的面积，精准开展国土绿化行动。一方面，统筹实施“三北”防护林六期、天然林保护、六盘山水源涵养林建设等重点造林工程；另一方面，把春秋两季干部职工义务植树作为雷打不动的规矩定下来，一任接着一任种，一年接着一年植，让原州所有能种树的地方都绿树成荫。三是坚持防护和管理齐头并进。原州区国土面积410.85万亩，累计造林127.47万亩，加上耕地及村庄占地，全区还有30万亩左右的土地都能种树，加之82.4万亩人工林中，还有53.7%的没有成活，因此，一定要把管理和防护放在至关重要的位置。一要树牢护林就是护财富的理念，摒弃过去重建轻管、重栽轻养的做法，切实加强巡逻巡查，做好病虫害防治，严格落实禁牧封育、禁伐禁垦、禁烟禁火要求，保护好来之不易的造林成果。二要优化树种结构，今后植树造林必须针对不同地形地貌、土壤性质、植被状况实际，科学选取树种，根据不同地形合理布局，形成近自然林群落结构，同步规划建设防火通道和远程智能监控系统，督促企业履行好养护责任，确保种一棵、活一棵，种一片、成一片。

三要坚持稳中求进，深入打好降碳减碳转型战。习近平总书记指出，绿色低碳发展是解决生态环境问题的治本之策。要从根本上解决生态环境问题，必须坚持生态优先，加快发展方式绿色低碳转型，不断厚植高质量发展的绿色底板。一是实施绿色改造。对全区所有工业企业进行摸底调查，找出能耗高的企业、排放大的企业、技术低的企业进行绿色改造，力争把能耗高的改成能耗低的、排放大的降成排放小的、技术水平低的转成高科技企业。要严把“两高一低”项目准入关口，宁可一个不上，也绝不要发臭发黑的GDP，绝不能以牺牲环境为代价换取一时的经济增长。二是全力降碳减碳。原州区降碳减碳要抓住两个关键。一是柴油货车。截至2022年底，全区登记大货车15638辆，一辆重型柴油货车每年排放的二氧化碳相当于200辆小轿车。要加快淘汰国三及以下的柴油货车，有序推进重型货车电动化。另一个是养殖。目前全区养殖肉牛30万头，一头牛每年排放3吨温室气体，对环境的影响超过一辆小轿车。要加强与中国农科院饲料研究所合作，组建肉牛产业技术研究与创新中心，从饲料研发和添加剂应用等方面入手，加强源头治理，减少氨气、甲烷等有害气体的产生，降低二氧化碳和氮磷排放。三是倡导绿色生活方式。积极引导群众选择公共交通、共享单车、自行车和步行等绿色出行方式，减少汽车尾气污染，缓解城市交通拥堵。把绿色生活方式纳入文明村镇、文明单位、文明家庭、文明校园等精神文明创建内容，引导群众抵制和反对各种形式的铺张浪费，树立简约舒适、绿色低碳、文明健康的生活理念和消费方式，让节约用电、“光盘行动”、垃圾分类成为群众的自觉行动。

三、抢抓机遇、乘势而上，在“两个市”建设上奋勇争先

一是坚定担当主力军，加快建设宁夏副中心城市核心区。市委五届九次全会提出宁夏副中心城市建设的目标要求、功能定位和任务举措。区委对标对表，深入研究在宁夏副中心城市建设中固原所需、原州所能，提出“把原州全域建成宁夏副中心城市核心区”的目标定位，加快建设全市经济发展、宜居宜业、生态文化旅游“三个核心区”，扎实开展“六大行动”，力争到2025年地区生产总值占全市46%左右，到2027年占全市50%左右。之所以提出这样的目标任务，一方面是深入贯彻落实区市党委决策部署的需要，另一方面是为了顺应老百姓对美好生活向往的需要，目的是激励全体干部跑起来干工作、跳起来摘桃子，以人一之、我十之的干劲苦干、实干、加油干。

一要扎实开展产业提升行动，持续深化“产业倍增计划”，做足“土特产”文章，助推“五特五新五优”产业绿色转型升级，逐步向高端化、绿色化、智能化、融合化发展，力争到2027年农业、工业、服务业总产值达到730亿元，占到全市的46%左右。“五特”产业上，要围绕建设“国家现代农业产业园、全国绿色食品生产基地”目标，在优布局、扩规模、提品质、拓市场、建机制上下功夫，到2027年“五特”产业总产值达到255亿元。冷凉蔬菜产业要在新品种引进、“新技术”推广、数字化转型上精准发力，建设预制菜产业园、蔬菜集配中心，组建产业联盟，到2027年种植面积达到40万亩，净菜入超比例达到35%，预制菜品种达到20个；马铃薯产业要在精深加工、出口创汇上精准发力，面积稳定在20万亩，加快打造全国优质马铃薯种薯繁育基地、标准化生产基地和精深加工基地；中药材产业要在成药生产、美容产品和功能食品研发上精准发力，支持长生良药、明德制药、紫苏药业壮大发展，种植面积稳定在5万亩，年加工量5000吨以上；生态经济要在林下经济和碳汇交易上精准发力，带动产业绿色高效发展，创建“双碳”“双控”实践基地。“五新”产业上，要加快布局清洁煤电、风力光伏、新型储能等新能源产业，到2027年“五新”产业总产值达到217亿元。实施青石峡抽水蓄能、运瓴储能电站等项目，开展建筑屋顶光伏行动，推动炭山煤矿年产360万吨煤项目投产，力争原州的清洁能源装机总量达到300万千瓦以上。谋划盐化工50万吨工业盐新出路，培育发展真空制盐、电石深加工、氯碱下游产品、硅材及衍生产品、氨纶等产业链，打造西北地区重要的盐化工新材料产业基地。加强与国铁集团协调培育发展装备制造业，承接福建长乐区纺织业转移，大力发展轻工纺织业，壮大提升闽宁电子信息产业园。“五优”产业上，通过文旅产业带动现代物流、健康养老、电子商务、特色餐饮业绿色健康发展，到2027年“五优”产业总产值达到168亿元。规划建设农产品集散中心、快递物流分拨中心，打造西北地区重要物流节点和宁南区域综合物流中心。加快实施六盘山生态中医医养基地、社区医养照护服务中心等项目，积极创建全国示范性老年友好型社区。加大“原洲源味”等电商品牌培育力度，推动现代服务业扩规提质增效。

二要扎实开展基础设施扩能行动。重点是加快完善交通、水利、信息“三张网”。第一，完善综合交通网。持续巩固“四好农村路”、农村公路管理养护体制改革两个“全国示范县”成果，实施农村公路改造提升工程，到2025年所有乡镇通三级及以上公路，加快构建“四纵六横六联多辐射”的农村公路网。第二，完善现代水利网。加快普及“互联网+城乡供水”模式。加强全域山洪灾害防治、病险水库、淤地坝除险加固，治理水资源超载超采，到2027年高效节水灌溉率达到88%以上。第三，完善数字信息网。实施城市千兆光纤、5G基站、新型数据机房等工程，力争城区家庭千兆光纤宽带网络覆盖率达到80%以上，农村千兆骨干网全覆盖。

三要扎实开展城市更新行动。实施老旧小区、棚户区、老旧街区改造工程，完善居民小区公共服务设施，打好小区物业服务管理提升攻坚战，积极推进垃圾分类和资源化利用。实施城市公园改造提升工程，新建改造一批生态文化园、城市公园、街头小微公园，不断延伸以慢行交通、健身休闲为主的城市道路绿道辐射半径。加快建设社会治理智慧平台，推行“互联网+监管”模式，统筹推进智慧政务、智慧社区、智慧交通、智慧健康、智慧教育、智慧旅游等民生服务一体建设、一网通办、一网统管，打通城乡社会治理“最后一米”。

四要扎实开展乡村建设行动。顺应群众对美好生活的向往，适度超前规划建设三营1个中心和张易、寨科2个节点乡镇，建成“1个中心、2个节点、148个零距离”的农村综合服务体系。第一，实施三营小城镇建设工程，对三营进行全面规划建设和改造提升，大力支持发展货运、商贸物流等优势产业，强化教育、医疗、就业、科技、文化、购物等功能，让三营成为承接全市人口转移、产业转型、服务延伸的中心镇。第二，不断提升农业综合服务能力，把张易、寨科打造成为服务周边乡村的节点乡镇。第三，落实落细148个村庄规划，不断提升村庄公共服务和基础设施水平，盘活闲置的土地、学校、农房等资源，因地制宜发展康养农业、休闲农业、观光农业，打造乡村振兴“新引擎”。

五要扎实开展乡村全面振兴行动。要坚持农业农村优先发展，统筹推进巩固脱贫成果和乡村产业、人才、文化、生态、组织“五大振兴”，努力绘就六盘山下“富春山居图”。要守牢底线。认真落实总书记“四个不摘”“三个转向”指示精神，高度聚焦乡村振兴重点帮扶县主责主业，坚决守牢不发生规模性返贫底线，高质量完成5年过渡期目标任务。要振兴产业。聚焦“四项收入”抓落实，广泛建立联农带农机制，大力实施农村富余劳动力就业创业行动，持续深化农村资源变资产、资金变股金、农民变股东“三变”改革，确保实现“两个高于”目标。要振兴人才。大力实施人才强区战略，每年引进20名紧缺专业大学毕业生，培养一批“土专家”“田秀才”，打响“才聚六盘·智汇原州”人才返乡行品牌，新建人才公寓，落实相关政策，聚天下英才而用之。要振兴文化。深入贯彻落实《原州区推动移风易俗革除陈规陋习助力乡村振兴暂行办法》，积极选树“零彩礼户”、“道德模范户”和“身边好人”，实现乡村由表及里、神形兼备的全面提升。要振兴生态。继续实施以屋里屋外、院里院外、村里村外“三里三外”干净整洁为内涵的农村环境综合整治，川区村建好院内院外“两小园”，山区村种好房前屋后“10棵树”，加快建设宜居宜业和美乡村。要振兴组织。不断强化农村基层党组织政治功能和组织功能，积极探索村集体经济发展的新机制新模式，深入实施“两个带头人”工程，坚决整顿软弱涣散基层党组织，加强和改进党员教育管理，引领群众感党恩、听党话、跟党走。

六要扎实开展改革开放赋能行动。改革开放是建设宁夏副中心城市核心区的关键之招。要统筹推进农业农村、“放管服”等重点领域改革，纵深推进“六权”改革，加快构建资源有价、使用有偿、交易有市、节约有效的市场化机制和格局，为推动经济社会高质量发展注入新动能新活力。要以开放带动发展，用好闽宁协作、央企定点帮扶两大平台，开展招商引资和特色农产品推介交流活动，招商引资到位资金年均增长8%以上，加快打造宁夏南部开放的“桥头堡”。始终坚持“两个毫不动摇”，本着“能让企业赚钱”、“说话算数、说到做到”的原则，建立科技、财政、税收、投资、土地、政府采购等政策直达企业机制，持续打造“办事不求人、合规自然行”的营商环境，让原州成为投资创业的沃土。

二是全力以赴做贡献，加快建设文旅特色市集聚区。区委认真贯彻落实市委加快建设生态文旅特色市“4646”安排部署，在深入挖掘原州生态文旅资源潜力的基础上，提出原州文旅产业“避暑胜地、锦绣原州”的形象定位，“游在六盘大地，吃住娱购在原州” 的发展定位，“把原州建成全国避暑养生基地”的目标定位，力争到2027年改造提升A级景区10个，创建全国旅游重点村镇5个、自治区特色旅游村10个，年接待游客突破600万人次，旅游综合收入达到30亿元。为实现上述目标，我们明确以乡村游为重点、彰显“两色”、擦亮“三大国字号品牌”、实施“四项培优计划”的“1234”生态文旅特色市集聚区建设思路。

一要突出“乡村游”这个重点。民宿是文旅融合的新阵地，是产业发展的新抓手，是乡村振兴的新希望。我们要以民宿经济为突破口，坚持走农文旅融合发展的路子，大力实施“万户农家旅游致富计划”，让老百姓吃旅游饭、赚旅游钱。首先，要做精民宿。围绕创建民宿经济先行区，坚持走精品化、品质化、高端化路线，积极探索乡村旅游“院地”、“企地”合作新模式，建设一批特色鲜明、内涵丰富、吸引力强的民宿经济集聚区，打造“各美其美、美美与共”的诗意栖居地。2024 年建成官厅薛庄、开城双泉 2 个西北地区一流的乡村旅游示范点，今后每年打造 2—3 个精品民宿旅游示范村，加快建设“宿在原州”基地。其次，要做美乡宴。规划建设三营小吃一条街，支持创建一批涵盖西北传统美食、文化美食、绿色美食的精品旅游饭店和农家乐，打造遍布乡村的十乡百村“生态宴”，全面推介雪川薯条、融侨牛肉、黄天鹅鸡蛋、老白师泡馍、马德国羊头、机场羊羔肉、杨三女烤馍等系列原州风味美食，让原州的“好吃头”有影响力和知名度，打响“吃在原州”品牌。第三，要做特乡趣。积极开发室外滑雪、休闲垂钓等旅游产品，提升露营、滑草滑道等大众业态，有序铺设乡村花海、创意市集、自创咖啡等创意业态，丰富“玩在原州”内涵。

二要加快“两色”资源开发。“红色”上，要讲好中央红军长征在固原五天四夜的原州篇，真实还原毛主席夜宿张易镇以及从张易毛庄经莲花沟、黑鹰峁翻越六盘山到青石嘴战斗场景，实施青石嘴长征国家文化公园和下青石红色美丽乡村项目，打造走一遍红军小道、吃一顿红军餐、看一场红色战斗、听一次红歌会的“四个一”旅游体验项目，着力塑造“红色吸引人、故事感动人、情景感染人、气势震撼人”的红色旅游新高地。积极争取建设杨郎红色小镇，扩建赫光纪念馆，新建隐形将军韩练成纪念馆，深度挖掘并讲好红军与东北军和平相处“杨郎协议”佳话、“满缸水”“桦树皮饭盒”等红色故事，让红色历史代代相传，激励广大干部群众感党恩、听党话、跟党走。“古色”上，落实好清水河沿岸文旅产业发展、须弥山旅游景区提升两个规划，保护利用战国秦长城文化遗存，建设国家长城公园，打造原州长城文化旅游“新名片”。丰富固原博物馆、须弥山博物馆、农耕博物馆和秦长城博物馆内涵，实施古城堡群落开发保护工程，讲好美丽传说故事，利用现代科技手段再现原州“回”字形古城、安西王府、黄铎堡古城、大营城以及一二三营养马营盘等古城堡的昔日辉煌，打造精品旅游线路，让全国各地的游客真切体验古色原州的岁月沧桑。

三要擦亮“三大国字号品牌”。第一，持续擦亮“全国避暑旅游目的地”品牌。“全国避暑旅游目的地”将于 12 月授牌。要借着这股东风，深入挖掘原州优质避暑旅游资源，线上线下双向发力，大张旗鼓宣传原州“18 度的夏天”，吸引全国的游客来原州避暑纳凉，把我们的气候、生态资源转化为现实、稳定的客流量，让宝贵的“凉”资源变成优质的“热”产业，打造全国避暑旅游目的地“原州样板”。第二，持续擦亮“中国诗歌之乡”品牌。积极推进诗歌进校园行动，在青少年中种下诗歌的种子。把诗歌植入原州的景区景点和农家乐，通过诵诗、赛诗等活动让游客在尝美食、赏美景的同时品诗歌、寄诗情。提高“六盘山诗歌节”等级和规模，办成宁夏乃至全国的诗歌盛会，不断扩大“中国诗歌之乡”品牌影响力。第三，持续擦亮“中国民间文化艺术之乡”品牌。实施历史文化村落保护、“拯救老屋”行动，因地制宜嵌入二十四孝、二十四节气等中华优秀传统文化、农耕文化元素，既让村庄有看头、能体验，又深切感受浓郁的乡韵、乡愁。加快健全非物质文化遗产传承保护体系，建设原州非遗展示馆、非遗工坊、金糜子酿酒非遗体验馆，改造提升大原古建非遗基地，积极推动非遗研学体验游，实现让文化唤起乡愁、让艺术活化乡村。

四要实施“四项培优计划”。第一，实施“康养原州”重构计划。原州气候凉爽，风效指数、湿润指数、穿衣指数均在人体最适宜区间，负氧离子含量丰富，是全国少有的避暑纳凉、调理身心的康养之地。要发挥好这种没有工业污染、接近原生态的环境优势，把六盘山道地中药材与糜谷、荞麦等小杂粮结合起来，生产功能食品，让游客在风景如画的大环境中洗药浴、吃药膳，尽享山水养眼之福、清爽养肺之福、珍馐养胃之福、文化养心之福。第二，实施“体验原州”丰富计划。今年，三营篮球队荣获“全国村BA”季军，彭堡河东成功举办全国“村晚”，极大提高了原州在全国的知名度和影响力。要复制放大这些好做法，把“村晚”、“村秀”“村BA”等“村”文化演出、体育竞赛、“农民丰收节”等节庆活动同乡村旅游深度融合，不断丰富种植、观光、采摘等服务项目，大力开发亲子游、体验游、研学游等“全时段、全群体、全周期”的乡村旅游新业态，加快打造独具原州特色的“村娱”品牌。第三，实施“乐购原州”激活计划。加快打造城区15分钟商圈，大力培育夜间经济、假日经济、共享经济。用好“六盘山”系列品牌，积极开发如鎏金银壶、大原古建、剪纸、刺绣、泥塑等“原”字号文创产品，定期举办促销展销活动，加快发展定制生产、电商直采、共同配送、即时零售等销售模式，让游客带上称心如意的原州伴手礼。第四，实施“畅游原州”升级计划。改造提升须弥山旅游景区，有序开发禅塔山和东、西、北三大海子等旅游资源，把原州的景区景点以及乡村旅游示范点、特色民宿、农家乐等串起来，推出“四季慢游原州”主题精品路线，规划建设游客集散咨询中心、智慧旅游服务中心，完善旅游步道、观景平台、骑行休闲绿道，增建旅游厕所、旅游风景道，让游客来原州游得舒心、玩得开心、吃得放心。

四、扛牢责任、真抓实干，为建设美丽原州提供坚强组织保障

抓好生态文明建设功在当代、利在千秋。全区各级党组织要站在为全局谋、为长远计、为子孙虑的高度，把生态环境保护摆在更加突出的位置，加强领导，精心组织，全力推进，让党中央部署和区市党委要求在原州大地落实落细。

一要拧紧工作责任链条。自治区“1+4”系列文件中组织保障类的第一个文件就是《各级党委和政府及自治区有关部门（单位）生态环境保护责任办法》，我们2022年也出台了《原州区各级党委和政府及有关部门生态环境保护责任》，明确了生态环境保护职责和责任追究情形。区委、区政府班子成员要严格落实“党政同责、一岗双责”，结合自身职责，积极主动作为，经常深入基层一线抓落实，层层压实责任，层层传导压力。人大、政协要履行监督责任，深入调查研究，开展执法检查和民主监督，推动工作落实。各相关部门要始终坚持管发展必须管环保、管生产必须管环保、管行业必须管环保，切实把责任链拉紧绷直，落实到神经末梢。各乡镇（街道）要切实履行属地责任，把生态环境保护工作抓在手上、落到实处、干出成效。

二要完善政策保障体系。建立跨部门、跨乡镇联合执法机制，严格执行生态环保各项法律法规，坚决严厉打击破坏生态环境行为。要大力弘扬生态文化，在全社会营造像保护眼睛一样保护生态环境，像对待生命一样对待生态环境的浓厚氛围。要强化重点领域环境隐患排查和风险防控，不断提升生态安全风险研判评估、监测预警、应急处置能力，切实夯实生态安全根基。要围绕建设宁夏副中心城市核心区、生态文旅特色市集聚区，组建包抓、督导两个专班，明确牵头县级领导和主责单位，定期研究安排重点工作、协调解决存在问题，要积极争取中央和区市政策、项目、资金支持，谋划实施一批带动强、支撑硬、质量高的项目，推动目标任务具体化、项目化、清单化、责任化。

三是健全督导检查机制。自治区党委十三届五次全会将明责、督责、追责的要求贯穿“1+4”系列文件始终。我们要按照自治区党委要求，严格落实企业单位自查、行业主管部门排查、属地乡镇检查、生态环境部门巡查、“四防”常态化督查、纪委监委倒查的“六查”联动机制，紧盯重点区域、重点领域、重点行业，开展不打招呼、“一竿子插到底”的突击暗访，既要查问题，又要查问题背后的责任、作风，对作风漂浮、敷衍塞责、落实不力的，坚决依纪依规严肃问责处理，绝不姑息迁就。要进一步完善考核评价体系，将生态环保和建设宁夏副中心城市核心区、生态文旅特色市集聚区纳入区委年度督检考计划和效能目标管理考核，进一步加大赋分权重，以严督实考倒逼严负其责，促进工作落实。

各位委员、同志们，推进美丽原州建设的冲锋号已经吹响，让我们更加紧密地团结在以习近平同志为核心的党中央周围，坚持以习近平新时代中国特色社会主义思想为指导，坚决贯彻落实党中央决策部署和区市党委工作安排，感恩奋进，真抓实干，加快建设宁夏副中心城市核心区、生态文旅特色市集聚区，奋力谱写中国式现代化原州新篇章。

政府工作报告（摘要）

2024年1月6日在固原市原州区第四届人民代表大会第三次会议上

原州区政府区长　马　波

2023年工作回顾

2023年是全面贯彻党的二十大及自治区第十三次党代会精神的开局之年，也是巩固拓展脱贫攻坚成果、有效衔接乡村振兴提质增效的重要一年。一年来，我们坚持以习近平新时代中国特色社会主义思想为指导，全面贯彻落实区市党委、政府及区委部署要求，坚持稳中求进工作总基调，团结带领全区干部群众，高效统筹发展和安全、发展和环保、发展和民生，在把握大势、抢抓机遇中开拓奋进，在应对挑战、抵御风险中担当作为，交出了一份经济回升向好、民生普惠共享、社会大局稳定的高质量发展答卷。

预计全年实现地区生产总值185亿元，增长7%左右；实现社会消费品零售总额73.41亿元，增长3%左右，位居全区前列；实现地方一般公共预算收入1.87亿元，增长10.6%；一般公共预算支出53.49亿元，增长3.3%；城镇居民人均可支配收入达到39152元，增长7%左右；农村居民人均可支配收入达到16160元，增长9%左右，基本完成了区四届人大二次会议确定的目标任务。

这一年，我们狠抓乡村振兴，“三农”工作呈现新气象。坚持因地制宜、分类施策，有力有效推进乡村全面振兴。脱贫成果持续巩固。持续用好“115”领导干部包抓、督导检查、动态监测帮扶“三项机制”，对重点人群和特殊群体常态化开展“八必访”，新识别纳入监测对象277户1091人。狠抓移民致富提升行动，围绕产业、就业、社会融入三件事情，投入资金2.4亿元实施重点项目237个，移民群众生产生活条件得到了更好改善。深化拓展闽宁协作和中央定点帮扶，投入资金9350万元，实施产业、基础设施等项目36个。脱贫人口人均纯收入达到15178元，同比增长16.5%，帮扶成效更加显著，有力守住了不发生规模性返贫的底线。发放小额信贷和富民贷8167户5.2亿元，农户经营融资需求得到进一步满足。乡村建设稳步推进。完成148个村庄规划编制，乡村发展格局全面优化。深入开展农村人居环境整治行动，建成“两小园”3.2万处，打造头营杨郎、河川寨洼等示范村25个。实施农村冬季清洁取暖改造2万户，新建卫生厕所2300座，三营污水处理厂（二期）建成运行。新建农村公路21.6公里，改造提升235公里，抢修水毁路段204处，高分通过全国“四好农村路”示范县复核评估验收。除险加固郭庙、蒋河水库，新增自来水入户426户。农村危房危窑即增即改、动态清零。农业基础不断夯实。严格落实“藏粮于地、藏粮于技”战略，粮食播种面积稳定在76万亩，粮食总产量21万吨，新增旱作高标准农田4.7

万亩、高效节水灌溉3万亩，粮食产能得到有效提升，粮食安全得到有效保障。全面提升农业科技水平，推介雪育23号马铃薯等主导品种124个，推广肉牛冷配改良等实用技术80项，农产品加工转化率、农业综合机械化率分别达到58%和77%。新培育自治区级以上龙头企业合作社3家，彭堡新星土地股份合作社被评为全国农民专业合作示范社。原州区入选全国第二批乡村振兴示范创建县，乡村振兴工作入选央视乡村振兴品牌节年度典型案例。

这一年，我们狠抓结构优化，产业发展形成新格局。坚持调优结构、壮大能级，全力构建现代化产业体系。“五特”产业提质增效。肉牛产业越做越大，融侨肉牛精深加工项目投产入规，丰霖源牧业、好水川食品荣获国家级龙头企业，在上海、福建等地开设“六盘山牛肉”产品体验店8个，新建“出户入园”标准化养殖场8个，饲养量达到30万头。头营镇成功入选全国农业产业强镇。蔬菜产业越做越强，引进上海孙桥溢佳、深圳百果园等知名蔬菜企业，成功种植“三个零”高品质有机果蔬2350亩，建成5个万亩、16个千亩蔬菜标准化种植基地，种植面积达到25万亩，年产量突破100万吨，成功举办首届宁夏冷凉蔬菜节暨全国知名蔬菜销售商走进宁夏活动，助力原州冷凉蔬菜“走俏”全国。彭堡镇被评为全国“一村一品”示范村镇。马铃薯产业越做越优，“四业”并进取得新突破。建立万亩种薯繁育基地，年繁育原原种1万粒，全国马铃薯种薯质量认证交流会在原州召开。商品薯种植面积达到16.5万亩，9家淀粉生产企业年生产淀粉达10万吨，占到全国市场份额的16%以上，西北地区马铃薯交易集散中心初具雏形。雪川农业年加工薯条薯饼达9万吨，其中出口1.7万吨，创汇1.6亿元，市场份额占国内16.3%、全球4%，被认定为2023年农业国际贸易高质量发展基地，成功入选“2023中国品牌500强”。中药材产业越做越活，明德中药、长药良生等3家龙头企业高效发展，建成黄芪育苗基地1个、标准化示范基地10个，种植道地中药材5万亩，加工各种饮片5300吨。生态经济产业越做越精，建设官厅庙台、炭山古湾等千亩小杂粮（油料）示范基地5个，种植面积6.7万亩。依托兴百业高品蛋鸡产业园，带动全区鸡饲养量达到330万羽，生产高品质鸡蛋3.2万吨。黄天鹅鸡蛋荣获“世界食品品质评鉴大会金奖”。“五新”产业提速扩能。加快推动能源产业绿色转型升级，50MW分布式光伏发电、500MW集中式风电等项目落地实施，配合固原市加快推动六盘山电厂2×1000MW扩建项目建设，新能源装机总量达到440MW。闽宁电子信息产业园挂牌运行，宁夏引创电子科技年产值2亿元的数据线、手机电池贴片实现量产出货，电子信息制造业实现“零”的突破。新培育闽泰纺织、长药良生等5家企业达产入规，总数达到48家，占到固原市56%，在化工、建材企业停减产面大幅增加的情况下，规上工业增加值实现转正，预计全年增长2%，工业结构进一步优化，新型工业化迈出新步伐。“五优”产业提档升级。改造提升嘉泰农贸批发市场，建成33个镇村物流服务站点，区乡村三级现代物流体系初步形成。新培育电商企业5家，全年网络零售量1200余万件，销售额突破2亿元。宋洼藜麦获评全国名特优新农产品产销对接最受欢迎产品。培育限上商贸企业25家，开展“寻味原州”美食推介系列活动12期，福苑饭庄、机场羊羔肉等“老字号”“原字号”餐饮名店在区内外扩展至17家。原州区羊羔头被评为宁夏十大头牌菜。编制完成清水河沿岸文旅产业发展和须弥山旅游景区提升两个规划，官厅薛庄、开城双泉两个农文旅融合示范村开工建设，“七星映月·原州看海”和“千年古泉·康养福地”的美丽构想落地生根，战国秦长城博物馆挂牌运营，文化游、乡村游的旅游线路逐步形成，全年接待游客350万人次，实现旅游综合收入18亿元，同比分别增长25%和28.6%。

这一年，我们狠抓有效投资，项目攻坚取得新进展。坚持项目为王、服务至上，以优质项目支撑高质量发展。项目建设提速提效。全面开展项目“五比”和“扩大有效投资巩固提升年”活动，银昆高速原州段等重大基础设施项目加快推进，农村冬季清洁取暖等重大民生保障项目全面实施，山水林田湖草沙一体化系统修复和保护等重大生态修复项目破土动工，2023年确定的154个重点项目开工率达到100%，年度投资达到99.4亿元。招商引资有力有效。健全完善招商引资推进机制、优惠政策和奖励办法，先后外出招商22次，对接企业66家，举办农文旅福州招商推介大会，成功引进江西祥川生物、浙江运达等行业领军企业，实施招商引资项目20个，到位资金37.3亿元。项目保障见行见效。持续深化“专班+专项”项目推进机制，紧盯前期、建设、投产、达效等各个环节，服务解决企业用地、用水、用能等要素保障40余个，助力雪川农业二期13万吨薯制品生产线、1.5万吨耐候环保地膜等一批重大项目如期开工，为强基础、稳增长提供有力支撑。

这一年，我们狠抓动能提升，改革创新释放新活力。坚持破立并举、引育并重，扎实有力推进全面深化改革。重点改革纵深推进。清水河城乡供水工程如期通水，有效解决清水河川道区人饮和灌溉用水矛盾，推动用水权改革走向深入，全国省级水网宁夏先导区建设推进会在原州举行。完成头营蒋河第二轮土地承包到期后再延长30年整村试点任务，在全区率先颁发农村土地承包经营权不动产权证书。入市交易农村集体经营性建设用地2宗，跨省交易复垦闲置集体建设用地2000余亩，土地资源有效盘活。流转林地2.5万亩，林地规模化、集约化经营走在全区前列。聚焦“降污增益”和“控能增产”，排污权、用能权改革体系进一步完善，有效助力原州绿色低碳发展。科技创新成效显著。深入实施创新驱动发展战略，持续推进科技创新主体培育，新认定国家高新技术企业3家，入库国家科技型中小企业15家，新培育自治区级“专精特新”中小企业4家、创新型中小企业和公共服务示范平台11家，备案自治区科技型中小企业14家，登记科技成果29个。全社会R&D经费投入达到1.28亿元、强度达到0.75%，本级财政经费投入稳定增长10%以上。“马铃薯抗晚疫病基因资源挖掘与种质材料创制” 项目成为宁夏科技型中小企业首次牵头实施的国家重点研发计划项目。营商环境持续优化。不断深化“放管服”改革，项目审批时限再减一半，“一网通办”事项占比90%，全程网办率达35%。30项高频事项“跨省通办”，有效解决企业和群众异地办事难等问题。千方百计为各类经营主体减负担、增动能，全年减税降费、退税缓费5.7亿元，新增市场主体4456户，总量突破5万户，均居全市第一。

这一年，我们狠抓绿色发展，生态文明彰显新成效。坚持深耕厚植、擦亮底色，奋力绘就人与自然和谐共生的美好画卷。生态建设持续推进。全力打好黄河“几字弯”攻坚战，狠抓国土绿化和“三山”生态保护修复，坚持山水林田湖草沙一体化治理和保护，完成营造林13万亩，草原生态修复4000亩，修复历史遗留废弃矿山787亩，治理河道25公里，完成张易田堡、河川康沟等水土流失综合治理9.2万亩，森林覆盖率、草原综合植被盖度和水土保持率分别达到27.3%、84.7%和76.9%。污染防治扎实推进。坚决打好“蓝天、碧水、净土”三大攻坚战，空气质量优良天数比例达到91.2%，连续5年蝉联8个市辖区第一。清水河三营国控断面、二十里铺国控断面水质分别稳定达到Ⅳ类和Ⅱ类。固体废物和危险废物安全处置率均达到100%，土壤环境质量总体保持稳定。耕地保护有力推进。坚决扛牢耕地保护政治责任，严格用途管控，整治“非粮化”“非农化”4531亩，拆除整治乱占耕地81处153.2亩。扎实开展农业面源污染治理，全区化肥使用量实现零增长，农膜资源化利用率、残膜回收率分别达到100%和95%，畜禽粪污综合利用率、秸秆综合利用率分别达到97.5%和95%，耕地质量不断提升。

这一年，我们狠抓普惠共享，民生福祉得到新改善。坚持念民所忧、行民所盼，不断提升群众幸福指数。教育资源优质均衡。积极适应新型城镇化发展和学龄人口变化趋势，新建十一幼、十二幼、三营四小，改扩建第五中学，学位供给不断优化，基础教育质量持续改善。中考700分以上人数、总分优秀率、高考一本、二本上线率均创近三年新高，“优学在原州”的共识深入人心。卫生健康高效便捷。深化“健康原州”建设，居民健康素养水平达到27.2%。深入推进“三医联动”改革，多元复合式医保支付方式全面覆盖。加快推进“互联网+医疗健康”示范区建设，医共体信息化平台建成投用。引进组团式帮扶专家21名，开展各项新技术24项，疑难杂症在家门口就医得以实现，医疗帮扶成效显著。什里社区、景园社区成功评选为“全国示范性老年友好型社区”。文体活动异彩纷呈。深入实施文化惠民工程，成功举办第四届六盘山诗歌节、须弥山文化艺术节等活动，《锦绣原州好地方》等本土原创文艺作品受到群众广泛好评。首届原州·福州“两地四区”文化艺术作品展成功举办，文化艺术交流交融实现新突破。彭堡河东“金秋”村晚入选全国“村晚”，三营篮球队斩获全国和美乡村篮球赛（村BA）季军。社会保障坚实有力。成功打造城乡居民养老保险经办“15分钟”服务圈，养老待遇资格认证率连续四年居自治区首位。医疗、养老“两险”实现应参尽参、应保尽保。全区低保扩围增效8269人，高龄老年人津贴实现全覆盖。发放创业担保贷款5535万元，提供就业岗位3万余个，新增城镇就业3483人，城镇调查失业率控制在5.5%以内。宁夏飞毛腿技工学校成功申报国家职业技能鉴定站。城市管理精细完善。持续巩固国家卫生城市、自治区文明城市创建成果，扎实开展城区市容环境秩序综合整治行动，城市精细化管理水平持续提升，垃圾分类稳步推进，城市“十乱”现象治理取得显著成效。实施老旧小区改造项目3个，改造完成古雁岭森林公园二期生态修复工程，居民生活舒适度、幸福感进一步提升。

这一年，我们狠抓风险防范，社会治理迈上新台阶。坚持守土有责、守土尽责，全力推动社会大局和谐稳定。安全形势平稳向好。对标自治区“1+37+8”安全生产系列文件，全面落实“深、准、狠”总要求和“十字”重点任务，聚焦城镇燃气、非煤矿山、道路交通等重点领域，排查整改隐患问题14491个，安全生产事故起数、死亡人数同比下降83.3%和80%，燃气“三件套”安装率达到100%，治理地质灾害险点126处，实施农村道路生命安全防护工程362公里，“生态护栏+堆土拦挡设施”的经验做法得到中央主题教育督导组充分肯定。全力守护人民群众“舌尖上的安全”，顺利通过“国家食品安全示范城市”省级初评验收。基层治理赋能增效。坚持和发展新时代“枫桥经验”，全面落实“1+1+3”基层治理机制，打造北塬、金三营等14支义警队伍，建成社区协商议事平台，常态化开展四级分层议事协商。引入“一线处置平台”，建立社区治理“智治大脑”，基层治理更具现代化。头营杨郎被评为全国乡村治理示范村。法治环境规范有序。纵深推进“八五”法治宣传教育，全民尊法学法守法用法的思想自觉和行动自觉在全社会蔚然成风。严厉打击各类违法犯罪行为，形成了“五降两升”的良好局面。扎实推进反诈人民战争，电诈案件发案率、财损数分别下降20.7%和43.3%，群众的安全感得到进一步提升。

这一年，我们狠抓作风转变，政府效能实现新提升。坚持政治引领、固本强基，持续提升履职能力和服务水平。政治建设持续强化。坚决落实全面从严治党要求，锲而不舍落实中央八项规定及其实施细则精神。全面落实“第一议题”制度，第一时间传达党中央、区市党委及区委各项决策部署，推动政府系统党员干部深刻领悟“两个确立”的决定性意义，增强“四个意识”、坚定“四个自信”、做到“两个维护”。依法行政扎实推进。深入践行习近平法治思想，持续完善重大事项集体决策机制，严格执行“三重一大”制度，全面落实行政机关负责人出庭应诉制度，出庭应诉率达到100%，政府工作法治化、规范化、科学化水平不断提升。自觉接受人大法律监督、政协民主监督，高质量办理人大代表建议（议案）11件、政协提案48件。作风建设持续巩固。扎实开展主题教育，“四下基层”解决民生问题1083件。深入推进“干部作风转变年”活动，认真落实“四盯两提一见效”工作法，调查研究、改革攻坚、服务群众等工作能力不断加强。树牢“政府过紧日子、群众过好日子”思想，持续压减一般性支出，“三公” 经费只减不增。公共财政支出91.2%用于改善民生，2023年承诺兴办的10件民生实事全部兑现。

与此同时，我们统筹兼顾，积极支持全区各条战线开展工作，国防动员、双拥共建、退役军人等工作全面加强，工会、共青团、妇联、残联、工商联、文联、科协、红十字会等群团组织作用充分发挥，审计、统计、民族宗教、机关事务、保密、档案、史志等各项事业也取得新成绩。

各位代表！过去的一年，我们经历了风雨洗礼，看到了美丽风景，每一个平凡的人都做出了不平凡的贡献。奋斗历程令人难忘，发展成果鼓舞人心！这些成绩的取得，根本在于习近平总书记掌舵领航、在于习近平新时代中国特色社会主义思想科学指引，是区市党委、政府正确领导，区委总揽全局、科学决策的结果！是区人大、政协和社会各界有效监督、鼎力支持的结果！是广大干部群众团结一心、奋力拼搏的结果！在此，我代表区人民政府，向人大代表、政协委员，向各民主党派、无党派人士和各人民团体，向驻原单位、驻原部队，向全区干部群众、政法干警、应急救援人员、离退休老同志，以及所有为原州建设和发展做出贡献的社会各界人士，致以崇高的敬意和衷心的感谢！

各位代表！前行路上，有风有雨是常态。在肯定成绩的同时，我们也清醒地认识到，原州发展仍处于滚石上山、爬坡过坎的关键期，经济社会发展还面临一些困难和不足，主要表现在：一是产业链条还不长，“五特”产业中单品规模化发展滞后；二是有效投资潜力挖掘还不深，缺乏持续推进、滚动发展的大项目、好项目支撑；三是城乡居民增收渠道还不宽，联农带农机制还不健全，等等。对此，我们将接续奋斗、久久为功，尽心竭力加以解决。

2024年目标任务和重点工作

2024年是中华人民共和国成立75周年，是完成脱贫摘帽五年过渡期目标任务的关键之年，也是加快建设宁夏副中心城市核心区和生态文旅特色市集聚区的发力之年。做好今年工作事关长远、至关重要。今年政府工作的总体要求是：坚持以习近平新时代中国特色社会主义思想为指导，以铸牢中华民族共同体意识为主线，深入学习宣传贯彻党的二十大、二十届二中全会和中央经济工作会议精神，坚定不移把总书记视察宁夏重要讲话指示批示精神作为“纲”和“魂”，认真贯彻落实自治区党委十三届六次全会、市委五届十次全会和区委四届六次全会部署，把推进中国式现代化作为最大政治，把坚持高质量发展作为新时代的“硬道理”，坚持稳中求进工作总基调，完整准确全面贯彻新发展理念，以先行区建设为牵引，立足“绿色产业科创引领区”建设定位，着力推动经济实现质的有效提升和量的合理增长，着力增进民生福祉，保持社会稳定，不断夯实现代化原州建设基础。

今年主要预期目标是：GDP增长6.5%左右，其中，一产增长8%，二产增长6%，三产增长6.3%，全社会固定资产投资增长6.5%左右，社会消费品零售总额增长5%，地方一般公共预算收入增长5%，城乡居民人均可支配收入分别增长7%和9%。各项约束性指标均完成自治区下达的目标任务。

实现上述目标，我们必须坚持稳中求进、以进促稳、先立后破，全面落实区委“12233”总体部署，重点抓好以下工作：

（一）聚焦扩大有效需求，全力拓展高质量发展空间。坚持把扩投资、促消费摆在优先位置，以有效益的投资促进有潜力的消费。

上争外引扩大有效投资。全面开展“项目投资攻坚年”和“百日无冬闲”行动，抓实项目前期谋划、立项审批、储备及招商“四项机制”，抢抓第二批国债、地方政府债投放、扩大中央预算内投资，以及自治区安排10亿元预算内投资等机遇，强化专班包抓、定期调度、协调推进，推动100MW/200MWh共享储能、“宁湘直流”500MW集中式风电等重大项目开工建设，确保155个重点建设项目一季度开(复)工率达到60%以上，二季度开工率达到90%以上，三季度全部开工，推广以“以工代赈”方式实施的达到10%以上。实施政府和社会资本合作新机制，放大政府投资带动效应，吸引浙江海亮集团、杭州四维生态科技等“链主”企业落户原州，力争全年招引项目达到15个以上、签约金额力争突破40亿元、到位资金37亿元以上。

多措并举激发消费潜能。深化拓展“消费需求促进年”活动，培育壮大新型消费，不断提升荣华锦汇、闽宁商业特色街综合品质，打造三营镇美食特色街区，做特乡趣、做美乡宴，以新业态构建新场景，以新场景吸引新消费。稳定和扩大传统消费，不断提振社会心理预期，大力发展假日经济、夜间经济等，积极促进住房改善、汽车家电、电子产品等大宗消费，持续提升商业活跃度和市场繁荣度。

（二）聚焦乡村全面振兴，全力夯实高质量发展根基。坚持农业农村优先发展，认真学习运用“千万工程”经验，谋实抓细乡村振兴示范县创建重点任务，加快推动农业农村现代化。

全力提升乡村产业水平。始终把保障粮食安全作为头等大事，加强耕地数量、质量、生态“三位一体”保护，坚持稳面积、增单产两手发力，坚决守住125.8万亩耕地红线，确保全年粮食播种面积稳定在76万亩、总产量保持在21万吨以上，争创自治区粮食生产先进县。新建高标准农田8万亩、高效节水灌溉7万亩，进一步夯实粮食安全根基。做足做好“土特产”文章，促进一二三产融合发展，加大数字化赋能，加快培育新型经营主体，在单品规模、区域品牌、联农带农上联合发力，实现农民与村集体经济双增收。

全力提升乡村建设水平。坚持实事求是、因地制宜，规划建设三营1个中心镇和张易、寨科2个节点乡镇，建成“1个中心、2个节点和148个零距离”农村综合服务体系。持续开展“农村人居环境整治五年行动”，推进治污、治散、治乱“三治”并举，实施彭黑公路沿线美化提标工程，创建示范乡镇4个、示范村18个，建设高质量美丽宜居村庄5个。新建卫生厕所800座，持续推进农村问题厕所整改，农作物秸秆、畜禽粪污综合利用率分别达到95%和97%以上。实施农村公路路况提升316公里。深化拓展“互联网+城乡供水”模式，实施城乡人饮供水提升工程3个。

全力巩固脱贫攻坚成果。坚持“四个不摘”“三个转向”要求，精准落实帮扶措施，确保不发生规模性返贫。广泛建立联农带农机制，持续深化农村资源变资产、资金变股金、农民变股东“三变”改革，大力实施农村富余劳动力就业创业行动，推动脱贫人口人均收入增长17%。深入推进移民致富提升行动，持续对三营团结、头营三和等19个移民村基础设施改造提升。高度聚焦乡村振兴重点帮扶县主责主业，整合财政涉农资金7亿元，争取中央定点帮扶和东西部协作资金9100万元以上，实施产业富农、人才助农等项目54个，打造自治区级移民示范安置区1个、乡村振兴示范乡镇1个、闽宁示范村3个。深入推进移风易俗，持续整治高价彩礼、厚葬薄养等突出问题，打造善治乡村、法治乡村、文明乡村。

（三）聚焦产业转型升级，全力培育高质量发展动能。坚持“壮大一产、带动三产、撬动二产”，扬优势、壮链条、促融合，加快构建现代化产业发展新体系。

农业延链提质。坚决树立大农业观、大食物观，持续用力把农业建成现代化大产业。全力推动冷凉蔬菜净菜入超、订单生产和预制菜研发，建成集预冷贮藏、分拣加工、冷链物流和市场销售为一体的蔬菜集配中心，加快建设菜心、西兰花全国单品主产区，积极申报国家级冷凉蔬菜优势产业集群，带动瓜菜种植面积保持在25万亩以上，依托黄铎堡穆滩、铁沟高效节水灌溉片区建设，发展观光农业，种出田园色彩、种出农村风景、种出农业效益。推动肉牛产业向精深加工延伸，力争饲养量达到32万头以上，打造宁南重要的高端肉牛生产加工基地。加快推进马铃薯国家数字种植创新应用基地项目建设，扩大专用薯订单种植，种植面积稳定在16.5万亩以上。大力发展道地中药材，推进三营六盘山道地中药材种植示范基地建设，打造集育苗、示范种植、加工销售为一体的中药材集散地。充分发挥“藏地于林”优势，大力发展林下经济，推进实施江西祥川食用菌产业园建设，不断拓展农业增值增效空间。

工业集链成群。始终以“工业强区”为目标，深入推进新型工业化。扩大电子信息产业规模，吸引产业链上下游企业入驻闽宁电子信息产业园，力争电子信息产业年产值达到2亿元以上。力争宁夏福苑预制菜加工、伊鑫瑞肉制品等4个深加工项目年内建成投产，全年完成工业投资10亿元以上，同比增长5%左右，净增规上工业企业5家以上，培育自治区级“专精特新”中小企业2家、绿色工厂企业和数字化车间企业各1家。

服务业壮链强基。紧盯“游在六盘大地，吃住娱购在原州”的发展定位，创响“避暑胜地·锦绣原州”文旅品牌。深入实施生态文旅特色市集聚区“七项计划”，推出“四季慢游原州”主题精品路线，积极开发乡村旅游新业态，推动官厅薛庄、开城双泉2个乡村旅游示范村开村，建设青石嘴长征国家文化公园和毛庄、下青石两个红色美丽村庄，利用“AR”技术真实再现安西王府等古城堡原景，保护、挖掘、开发战国秦长城文旅资源，打造“上六盘—登长城—做好汉”原州游主题打卡地，年接待游客突破400万人，旅游综合收入达到20亿元。积极发展“康养+”“医疗+”等健康养老新模式，建设六盘山生态医养基地、社区医养照护服务中心，把原州建成全国避暑养生基地。深化“原洲源味”等电商品牌培育，促进电商销售额年增长30%以上。提升火车站、西兰银物流园等物流节点能级，打造宁南区域综合物流中心，构建优质高效的服务业新体系。新增限上企业25家以上、市场主体5000户以上。

（四）聚焦深化改革创新，全力激活高质量发展潜力。坚持用改革创新突破发展瓶颈，不断增强发展活力，推动改革创新和高质量发展深度融合、高效联动、相互促进。

以创新增动能。强化科创人才引领驱动，认真办好第二届“才聚六盘·智汇原州”人才返乡行活动，进一步聚人气、求支持、引项目。支持雪川农业、明德中药、好水川食品等重点企业自主创新。加大科创企业梯次培育，引导中小企业向科技型、创新型、示范型企业发展，重点培育润宇塑业等10家中小企业发展为科技型企业，争取凯瑞电力等2家企业获批国家高新技术企业，培育宝发农牧发展为高成长创新型企业，力争全社会研发经费投入达到1.46亿元、强度达到0.85%以上。促进科技成果有效转化，加快长药良生中药材产业信息化技术创新中心、马铃薯国家数字种植业创新应用基地建设。加强与中国农科院蔬菜花卉研究所和饲料研究所、浙江大学、上海理工大学、宁夏师范大学等科研院所合作，推进科研项目“揭榜挂帅”，借力借智提升产业技术研发和成果转化水平，完成自治区级科研项目2项，转化落地科技成果5项以上。

以改革添活力。深入实施国企改革深化提升行动，通过财政资金撬动、引进社会资本、挖掘自身优势等措施，有效盘活闲置低效资产，全面增强国有资本活力和持续盈利能力。纵深推进“六权”改革，建立用水权市场化收储机制，开展用水权抵押贷款和交易。稳步推进农村宅基地改革及审批管理，有序开展农村承包地“三权”分置改革，在三营、河川开展第二轮土地承包到期后再延长30年乡镇试点。积极推进山林权不动产登记颁证，实现应确尽确、应颁尽颁。

以服务优环境。始终坚持“两个毫不动摇”，全面落实支持民营经济发展各项政策措施，深化政银企合作，着力稳预期、强保障、降成本，建立科技、税收、土地等政策直达企业机制，常态化举办“亲清直通车、政企恳谈会”，有力促进民营企业发展壮大。纵深推进“放管服”改革，大力弘扬“马上就办”，持续优化“办事不求人、合规自然行”的营商环境。严格落实行政执法“三项制度”和“双随机、一公开”监管机制，保护各类投资者合法权益。

（五）聚焦提升生态质量，全力优化高质量发展环境。坚定不移走生态优先、绿色发展道路，协同推进降碳、减污、扩绿、增长，持续厚植高质量发展的绿色底色和质量成色。

在生态治理上出实招。全力打好黄河“几字弯”攻坚战和宁南护绿涵水系统战，扎实开展山水林田湖草沙一体化保护和系统治理，接续实施“三北”防护林、天然林保护、生物多样性保护等重点生态工程，完成营造林11.6万亩，退化林修复8万亩，草原生态修复0.5万亩，新增水土流失治理面积95平方公里，森林覆盖率、草原综合植被盖度和水土保持率分别达到28.5%、85.1%和77.4%。

在污染防治上下实功。深入践行绿色发展理念，扎实推进中央、自治区环保督察反馈问题整改。持续打好“蓝天、碧水、净土”保卫战，加强大气污染防治联防联控，确保空气优良天数保持在90%以上。持续提升城乡饮用水源和清水河流域水质，确保清水河三营国控断面、二十里铺国控断面水质分别稳定在Ⅳ类和Ⅱ类。持续推进化肥农药减量、秸秆多元化利用、畜禽粪污资源化利用和农用残膜回收加工转化，全面减少土壤面源污染。

在绿色转化上见实效。全面推进重点领域减污降碳，有效有序推进煤炭减量替代和节能技改降碳，推动清洁生产、循环利用等节能技术改造，严把“两高一低”项目准入关，积极创建绿色工厂。建立生态保护补偿机制，加快推进碳汇交易改革。争创“绿水青山就是金山银山”实践创新基地。

（六）聚焦提高生活品质，全力共享高质量发展成果。坚持以人民为中心，尽力而为、量力而行，加强基础性、普惠性、兜底性民生建设，办好10件民生实事，让发展更有效率、幸福更有质感。

用灵活高效促进就业增收。切实把稳就业作为民生头等大事，坚持转移就业和就近就业并重，助力群众稳定增收。健全就业保障机制，落实就业帮扶政策，确保零就业家庭动态清零。健全“三级”劳务体系，全力促进高校毕业生、农民工、城镇困难人员等重点群体多渠道就业，确保城镇新增就业3000人以上、农村劳动力转移就业7万人以上、失业人员再就业1700人以上。鼓励返乡青年、自由职业者自主创业，全年培育创业实体400个以上。

用扩优提质深化优学原州。坚持教育优先发展，全面落实立德树人根本任务，统筹推进教育数字化建设，创建“教育信息化应用示范校”4所、“互联网+教育融合应用标杆校”2所。积极推进城乡教育教学一体化发展，开展“组团式”教育帮扶，组建“优质学校+”联合办学共同体29个，优化教研共同体32个，加快推进十四幼、固原五中扩建（二期）等重点项目建设，持续扩大优质教育资源覆盖面。

用优质均衡守护康养原州。深入实施健康水平提升行动，加强“外引内联”医联体建设，用好与福建医科大学第一附属医院和四川大学华西医院的远程会诊平台，引进名医团队15个，让疑难病、常见病、多发病在家门口“看得上、看的好”，不断降低群众就医经济负担。争取实施张易、三营等重点乡镇医疗分中心建设，提升区域卫生健康综合服务水平。加快建设社区居家养老网络，布设社区老年活动中心16个，新建综合养老服务中心3个。深化爱国卫生运动，倡导文明健康生活方式，居民健康素养水平提高到30%以上。

用优秀文化涵养文明原州。深入挖掘农耕、历史、民俗、非遗等文化资源，用好用活文化资源“富矿”，配合固原市创建国家历史文化名城和全国文明城市。坚持以文化人、以体聚人，大力开展“村BA”“村晚”、六盘山诗歌节等活动，全年开展群众性文艺演出1500场以上，更好满足群众精神文化需求。做好红色资源保护利用，真实还原毛主席夜宿张易镇、青石嘴战斗等场景，建设红色研学游精品线路，讲好中央红军长征在固原五天四夜原州篇故事。加大文物和文化遗产保护力度，推进须弥山石窟、固原古城墙开发保护等项目建设。

用暖心服务补齐民生短板。坚持公共财政支出80%以上用于民生领域，全力办好民生实事，做好市场保供稳价。推进全民参保计划，确保城乡居民养老保险参保率稳定在97%以上、医疗保险参保率达到100%。扎实做好抗震房建设、地质灾害险点治理，切实保障群众基本住房需求。健全分层分类社会救助体系，抓好“三留守”、因病因灾等重点人员救助。

用绣花功夫雕琢宜居原州。加强城市精细化管理水平，全面提升环境卫生、市容市貌、民生服务、城市执法、物业服务“五项效能”，大力推进城市生活垃圾分类提质增效，持续推进城市“十乱”现象治理，积极推进城市更新行动，加快实施老旧小区、棚户区、老旧街区改造、城市公园提升、智慧社区建设“五项工程”，打好小区物业服务管理提升攻坚战，试点建设东海、和平门等6个完整社区，打造宜居、韧性、智慧城市。

（七）聚焦社会安全稳定，全力筑牢高质量发展底线。坚持总体国家安全观，牢牢守好经济社会发展安全线，实现高质量发展和高水平安全良性互动。

坚决抓好安全生产。认真落实国家“十五条硬措施”“三管三必须”和自治区系列文件要求。实施“本质安全示范创建三年行动”和“全区智慧安全工程”，开展本质安全达标单位创建，推动安全形势稳定向好。全面加强企业负责人和一线员工教育培训，不断提升企业安全意识和能力。切实抓好城镇燃气、非煤矿山、道路交通等重点行业领域隐患排查整治，坚决遏制重特大安全生产事故发生。广泛开展安全常识“八进”活动，在全社会养成“人人讲安全、个个会应急”的良好习惯。落实“四个最严”要求，强化食品药品安全监管，确保国家食品安全示范城市通过评价验收。

坚决抓好社会治理。坚持和发展新时代“枫桥经验”，深入推动“平安原州”建设，深化“1+1+3”基层治理机制，扎实开展矛盾纠纷排查化解，依法依规解决群众合理诉求。常态化开展扫黑除恶斗争，精准打击电信网络诈骗等违法犯罪，建设更高水平的平安原州。坚持重基层、重平时，“富口袋”和“富脑袋”两手抓，坚决铸牢中华民族共同体意识，有形有感有效促进民族团结进步创建，促进各民族广泛交往交流交融。加强妇女儿童、未成年人关心关爱和权益保护。做好国防动员、双拥共建、退役军人服务保障等工作，推动军民融合深度发展，配合固原市共同创建全国双拥模范城。

防范化解重大风险。统筹化解房地产、政府债务、中小金融机构等风险，坚决守住不发生系统性风险的底线。落实“1+4+3”一揽子化债方案和配套措施，持续降低债务风险等级。全面加强中小金融机构和各类金融活动监管，有效防范化解金融风险，妥善处置企业债务风险，严厉打击非法金融活动，支持解决“执行难”问题，严密防范重要产业、能源资源、网络安全等各领域安全风险。

(八)聚焦政府自身建设,全力凝聚高质量发展合力。始终牢记“三个务必”,全面加强政府自身建设,持续推进政府治理体系和治理能力现代化,全力打造人民满意政府。

坚决把忠诚为政贯穿始终。深入学习贯彻习近平新时代中国特色社会主义思想,上好政治理论必修课、学通经济发展专业课、掌握社会治理公共课,不断提高面向现代化、适应现代化、引领现代化的新能力。始终坚持从政治上看、全局上谋、战略上抓,加强思想淬炼、政治历练、实践锻炼,不断提高政治判断力、政治领悟力、政治执行力,忠诚拥护“两个确立”,不断增强“四个意识”,坚定“四个自信”,坚决做到“两个维护”。

坚决把依法行政贯穿始终。深入贯彻习近平法治思想,坚持会前学法制度,做到依法行政、依法办事。严格执行重大行政决策法定程序,全面推行行政执法责任制,坚决维护法律权威。主动向区人大及其常委会报告工作,依法接受人大监督,自觉接受政协民主监督,主动接受监察监督、社会监督和舆论监督,加强审计监督和统计监督,加快数字政府建设,深化政务公开,推动政府行为全面纳入法治轨道。

坚决把高效施政贯穿始终。认真贯彻区委各项决策部署,大力倡导“四盯两提一见效”工作法,注重速度和效率,多想成事的办法,不讲推脱的理由,把全部心思用在干事创业上,把全部精力用在办实事求实效上。大力发扬“马上就办”和“钉钉子精神”,对作出的决策、部署的工作,立说立行、紧盯不放,事不避难、一抓到底。

坚决把廉洁从政贯穿始终。锲而不舍落实中央八项规定精神及区市党委和区委相关规定,认真履行全面从严治党主体责任,扎实推进政府系统党风廉政建设和反腐败斗争,持续推进工程建设和政府采购领域系统治理。坚决反对形式主义、官僚主义,持续巩固风清气正的政治生态。坚持勤俭办一切事业,持续压减“三公”经费和一般性支出,习惯过紧日子,压减论坛展会、取消无实质性内容的外出考察等活动,兜牢“三保”底线。坚持不搞“政绩工程”“形象工程”,不搞违规项目、违规投资,不搞统计造假、数据造假,让廉洁用权、干净干事蔚然成风。

各位代表,路虽远,行则将至,事虽难,做则必成。让我们更加紧密地团结在以习近平同志为核心的党中央周围,深入学习贯彻党的二十大和习近平总书记视察宁夏重要讲话指示批示精神,坚定信心、增强底气,在区市党委、政府和区委的坚强领导下,以自强不息的精神奋力攀登,以实干推动发展,以实绩兑现承诺,奋力开创原州经济社会高质量发展新局面!

名词解释

1.八必访:家庭人均纯收入较低和明显减少,特别是收入在当地监测范围内的家庭必访、大病重病患者或负担较重的慢性病患者家庭必访、分散供养特困人员特别是单人户等特殊困难家庭必访、农村低保对象特别是新识别和申请低保的家庭必访、农村残疾人家庭特别是新致残和重度残疾人家庭必访、多子女特别是非义务教育阶段在读子女较多的家庭必访、务工收入占比高且务工时间不稳定的家庭必访、遭遇重大变故和自然灾害的家庭必访。

2.“五特”产业:肉牛产业、冷凉蔬菜产业、马铃薯产业、中药材产业、生态经济产业。

3.三个零:种植、生产过程中不使用化学肥料、不使用化学农药、不使用化学激素。

4.“四业”并进:种薯繁育、鲜薯外销、淀粉加工、主食化生产。

5.“五新”产业:新型材料产业、清洁能源产业、轻工纺织产业、数字信息产业、装备制造产业。

6.“五优”产业:文化旅游产业、现代物流产业、健康养老产业、电子商务产业、特色餐饮产业。

7.项目“五比”:春比开工、夏比建设、秋比成果、冬比储备、全年比质效。

8.“专精特新”企业:具有“专业化、精细化、特色化、新颖化”特征的企业。

9.R&D:“research and development”,指科学研究与试验发展。

10.“放管服”改革:简政放权、放管结合、优化服务。“放”即简政放权,降低准入门槛,“管”即创新监管,促进公平竞争,“服”即高效服务,营造便利环境。

11.三医联动:医疗、医保、医药改革联动。

12.城市“十乱”现象:乱贴乱画、乱泼乱倒、乱拉乱挂、乱搭乱建、乱停乱放。

13.“十字”重点任务:防、查、改、教、强、技、制、督、调、究。

14.燃气“三件套”:燃气报警器、自闭阀和金属波纹管。

15.“枫桥经验”:发源于浙江省诸暨县枫桥镇,其基本内涵是“发动和依靠群众,坚持矛盾不上交,就地解决”。新时代枫桥经验主要内容是在开展社会治理中实行“五个坚持”,即坚持党建引领,坚持人民主体,坚持自治、法治、德治“三治融合”,坚持人防、物防、技防、心防“四防并举”,坚持共建共享。

16.“1+1+3”机制:一个功能型党支部+一个综治中心+三张清单(问题清单、责任清单、考核清单)。

17.“五降两升”:接报警数、刑事案件数、侵财类案件数、电信网络诈骗发案数、电诈案件财损数同比下降,刑事抓获人员数、行政案件结案率同比上升。

18.四下基层:宣传党的路线、方针、政策下基层,调查研究下基层,信访接待下基层,现场办公下基层。

19.四盯两提一见效:盯任务、盯节点、盯到人、盯成效,提高政治站位、提高业务水平,工作效率明显改善。

20.三公经费:因公出国(境)费用、公务接待费用、公务用车购置和运行维护费用。

21.“12233”总体思路,坚持一个“硬道理”(也就是高质量发展这个“硬道理”),守牢两个底线(粮食安全底线、不发生规模性返贫底线),聚焦“两大”任务(宁夏副中心城市核心区、生态文旅特色市集聚区),做好三个统筹(统筹高质量发展和高水平安全、统筹高质量发展和高颜值生态、统筹高质量发展和高品质生活),加快“三区”建设(黄河流域生态保护和高质量发展先行区、乡村全面振兴样板区、铸牢中华民族共同体意识示范区)。

22.千万工程:“千村示范、万村整治”工程,是习近平总书记在浙江工作时亲自谋划、亲自部署、亲自推动的一项重大决策,全面实施20年来深刻改变了浙江农村的面貌。

23.四个不摘:摘帽不摘责任、摘帽不摘政策、摘帽不摘帮扶和摘帽不摘监管。

24.三个转向:把工作对象转向所有农民,把工作任务转向推进乡村产业振兴、人才振兴、文化振兴、生态振兴、组织振兴,把工作举措转向促进发展,使农业农村与国家同步实现现代化。

25.七项计划:乡村旅游再造、“红色”资源升级、“古色”资源活化、“中国诗歌之乡”品牌擦亮、“中国民间文化艺术之乡”重塑、“乐购原州”丰富、“全国避暑养生基地”塑型计划。

26.六权:用水权、土地权、排污权、山林权、用能权、碳排放权。

27.三权分置:对农地的所有权、承包权、经营权的分置。

28.两个毫不动摇:必须毫不动摇巩固和发展公有制经济,必须毫不动摇鼓励、支持和引导非公有制经济发展。

29.行政执法“三项制度”:行政执法的公示制度,行政执法全过程的记录制度,重大执法决定的法制审核制度。

30.双随机、一公开:在监管过程中随机抽取检查对象,随机选派执法检查人员,抽查情况及查处结果及时向社会公开。

31."两高一低"项目:指高耗能、高排放、低水平的项目。

32.三留守:留守儿童、留守妇女、留守老人和残疾人。

33.十五条硬措施:一是严格落实地方党委安全生产责任;二是严格落实各级政府安全生产责任;三是严格落实部门安全生产责任;四是严肃追究领导责任和监管责任;五是严格落实企业主要负责人责任;六是立即深入扎实开展安全生产大检查;七是牢牢守住项目审批安全红线;八是严厉查处违法分包转包挂靠资质行为;九是切实加强劳务派遣灵活用工安全管理;十是重拳出击开展打非治违;十一是坚决整治执法检查宽松软问题,安全生产不得选择性执法,强化精准执法;十二是加强安全生产监管执法队伍建设,不得以改革为名层层下放执法责任;十三是重奖激励安全生产举报;十四是严肃查处瞒报谎报迟报漏报生产安全事故行为;十五是统筹做好经济发展安全生产疫情防控,处理好红灯绿灯黄灯之间的关系。

34.三管三必须:管行业必须管安全、管业务必须管安全、管生产经营必须管安全。

35.八进:进机关、进企业、进村社、进学校、进工地、进市场、进社区、进家庭。

36.四个最严:最严谨的标准、最严格的监管、最严厉的处罚、最严肃的问责。

37.三个务必:全党同志务必不忘初心、牢记使命,务必谦虚谨慎、艰苦奋斗,务必敢于斗争、善于斗争。

专 文

关于“冷凉蔬菜新品种引进　新技术推广加快延伸产业链的对策建议”的调研报告(摘要)

固原市委常委、原州区委书记　何永吉

调查研究是我们党的传家宝,是马克思主义方法论,是发现问题、解决问题的重要抓手。今年4月,党中央和区市党委作出大兴调查研究的部署后,我聚焦原州区冷凉蔬菜这一富民产业,在前期掌握的基础上,从10月13日至15日,利用三天时间深入彭堡、姚磨、闫堡、申庄、头营、马园、杨郎等蔬菜专业村进行蹲点式调研,于10月18日在众丰种植专业合作社召开专题座谈会,邀请区市农业农村、科技部门和农科院专家,以及来原投资企业代表负责人,蔬菜种植区行政村党支部负责人代表,本地蔬菜种植企业、合作社负责人和种植大户代表召开座谈会,围绕“如何引进新品种、推广新技术,加快延伸冷凉蔬菜产业链”,广泛听取意见建议,深入分析蔬菜产业发展面临的“瓶颈”和存在的问题。在此基础上,组织区委、区政府分管领导和涉农部门负责人深入讨论,形成本调研报告。

一、主要工作成效

2016年7月18日习近平总书记冒雨视察原州姚磨冷凉蔬菜基地时的深情嘱托,为我们指明了发展方向,使原州的蔬菜产业迎来了新的春天。总书记视察7年多来,历届区委认真学习贯彻总书记指示精神,立足原州的资源禀赋,着力在优布局、扩规模、提品质、创品牌、拓市场、建机制上精准发力,在推动一二三产融合发展上趟路子、促增收。冷凉蔬菜远销广州、重庆、西安、郑州等十多个大中城市,被授予“中国冷凉蔬菜之乡”称号。

(一)种植规模越来越大。一是经营主体多。培育经营主体86个,其中龙头企业9家、专业合作社77个,这些龙头企业和合作社按照“经营主体+基地+农户”的模式,引领带动2.2万户群众参与蔬菜育苗、种植、田间管理、贮藏、加工、冷链物流、销售以及有机肥制造、包装箱加工等上下游配套等各个环节,建成21个设施农业园区(18个日光温室园区、3个拱棚园区)、5个万亩、16个千亩蔬菜标准化种植基地,2023年蔬菜种植面积达到25万亩,产量实现100万吨,产值达到20亿元。二是种植模式新。创新实施蔬菜“跨村跨镇集中连片种植”模式,围绕清水河、冬至河两岸科学布局,打破乡界村界限制,统一流转土地、统一规划基础设施,跨村跨镇建设集中连片蔬菜产业带,既推动蔬菜产业规模化种植,又实现了土地资源优势向经济优势的转化。

（二）产业链条越来越长。一是在“种”上实现了种苗自给。引进全自动点播育苗技术，建成智能化育苗温室6栋3.8万平方米，年育苗能力4.5亿株，全区蔬菜育苗面积10万平方米，自给率达到100%。二是在“加”上有了预制菜。建成福苑、好水川等预制菜加工厂，开发预制菜品30个，建立完善的蔬菜分拣、预冷、包装和冷链物流体系，建成规模化预冷库、制冰车间8处5万平方米，年加工能力达到60万吨。三是在“销”上突破了传统的“毛菜”销售。建成4个冷凉蔬菜集配中心、交易大棚2.4万平方米，拥有各类冷藏运输车119辆。与百果园、永辉超市等全国连锁大型超市建立基地与商超直供关系，大力发展订单种植，产品外销率达85%，净菜入超率20%以上。调研时，宁夏众丰农业科技有限公司大院内十分热闹。公司负责人王彦辉一边电话接单，一边安排工人清洗、分装早上现摘的西兰花。他说：“我们与盒马鲜生、叮咚买菜等多个平台合作。这批西兰花是销往兰州的，赶晚上要全部发走，目前公司的订单有60%来自线上市场”。

（三）蔬菜品质越来越好。一是种植标准逐步规范。严格控制化肥、农药使用，积极使用生物源农药和有机肥，推广绿色防控、水肥一体化等技术，今年引进深圳百果园进行的“三个零”（零化学肥料、零化学农药、零化学激素）技术试验成功，农残检测合格率提高到98%以上。百果园集团蔬菜事业群总裁谢勇在座谈会上说：“今年，我们在全国推广“三个零”技术4750亩，原州区就达到2350亩，占总面积的49.5%。从今年6月开始，我们在原州种植的娃娃菜、菜心、西兰花等6个蔬菜单品已在北上广深等一线城市的高端商超及百果园集团线上销售，每公斤价格高于同类蔬菜6倍。二是绿色体系逐步健全。所有蔬菜基地全部按照良好农业规范（GAP）标准进行种植，不断加大“三品一标”认证力度，取得绿色、无公害产品认证35个，有机蔬菜基地认证1个；推行食用农产品合格证制度，构建了来源可查、去向可追、责任可究的质量追溯体系。姚磨、河东、吴磨、丰堡4个基地被粤港澳大湾区认证为菜篮子基地。

（四）科技服务能力越来越强。一是技术水平不断提升。加大与福建农业科学院、宁夏农林科学院、自治区园艺技术推广站等科研院所合作力度，聘请院校专家同本地农技人员组成技术服务团队，采取包村蹲点方式，建立“技术人员+基地+科技示范户+普通农户”服务机制，随时提供技术服务。二是科技投入不断增加。争取实施自治区科技特派员创新创业、乡村振兴指导员、乡村振兴科技成果引进示范推广等蔬菜产业领域各类科技项目和原州区科技研发项目26项，投入研发资金390万元。三是现代化程度不断提高。采用旋耕、起垄、覆膜、移栽一体化机械设备，蔬菜种植机械化率50%以上。配套建设露地蔬菜物联网系统，建成“互联网+农业”信息平台，实时监测蔬菜基地各项数据信息。与中国电信签订数字赋能带动农业产业高质量发展合作协议，开启蔬菜产业数字化、智能化、现代化发展之路。四是新品种、新技术推广应用力度不断加大。从2017年开始，每年建立蔬菜新品种展示试验示范基地30亩以上，展示蔬菜新品种220多个，每年至少筛选蔬菜新品种10个，累计大面积推广种植蔬菜品种43个。试验推广蚯蚓生物循环种养、集约化育苗、绿色防控等重大技术8项；引进西兰花、西蓝苔等4个优新蔬菜种类，宁夏菜心、龙芽白菜、上海青等13个蔬菜品种。科技特派团成员秦小军同志在原州区多个行政村，指导新品种、新技术示范种植面积3800余亩，开展以“高效低耗”为技术核心的主栽叶类蔬菜新品种、高效轮作模式、水肥精量管理、病虫害绿色防控等关键环节机械设备引改和栽培模式集成配套，亩均降低劳动力60.4%，亩均节省种子41.48%，亩节本增效1000元以上。

（五）蔬菜产业效益越来越好。一是联农带农机制增效益。由于蔬菜产业属于劳动密集型产业，每年吸引大量的农村富余劳动力到蔬菜基地务工，务工时间在6个月以上的有2.5万人，年务工收入平均1.2万元。在促进产业增效的基础上，采取“带动种植”、“入股分红”、“村企互动”等多种形式，多渠道建立联农带农利益联结机制，使农民附着在蔬菜产业全产业链上增收致富。二是区域品牌增效益。由于这里昼夜温差大、光照时间长、自然隔离好，没有工业污染、接近原生态，冷凉蔬菜品质特别好。经过7年多的发展，实现了从分散种植到规模化发展，从供应当地到面向全国大市场，从南方农民种、当地农民看到当地经营主体引领千家万户参与“三个”根本性转变，蔬菜产业真正让老百姓的钱袋子越来越鼓。”拿姚磨村来说，姚磨村通过示范基地建设，提高蔬菜产品质量，拓宽蔬菜产品销售市场，增加附加值，基地亩净增产值1000元以上，户均增收2000元以上。在姚磨走访时，村民程广锦扳着指头算细账：“我一年种露地蔬菜20亩，从菜苗、有机肥到销售都由合作社统一管理，我只负责田间管理，今年种了20亩西兰花，每亩纯收入4200元，20亩就是8.4万元，我家四口人的人均收入达到了2.1万元”。这个收入高于全国农民人均可支配收入900元，有了科技支撑的蔬菜产业的确是一个朝阳产业。

二、制约因素和存在的问题

原州的蔬菜产业发展到今天，最大的“瓶颈”就是效益提升难的问题，如果不解决这一问题，低产低效的蔬菜产业是没有前景的。效益提升难主要有以下四个表现：

（一）新品种少，现有蔬菜品种品牌效应没有显现。一是老品种淘汰慢。蔬菜种植区的部分蔬菜品种，其推广年限有的可以追溯到十几年前，一些老品种虽然没有高产优质的优势，但在稳产方面有较好的表现，从而获得了老百姓的认可，部分老品种退出市场困难。二是新品种引进少。受传统观念、种植技术等影响，总的来看，产量高、市场认可度高、效益高的菜品引进试种的比较少，造成蔬菜品种更替慢，从而影响了产业升级和市场竞争力。三是主打菜品缺。以前大部分种植户种的是甘蓝、芹菜等传统菜品，只在周边销售，如果大规模种植就会出现滞销的问题，近些年，虽然引进种植西兰花、广东菜心等高品质菜品，但由于市场意识不强，各个合作社各自为政，各有各的市场，每个合作社种植七八个品种，没有形成规模化的主打品种。

（二）科技水平不高，新技术的应用和推广欠缺。一是连作障碍。由于连续多年种植同一种蔬菜或者采用固定季节种植固定蔬菜的单一种植模式，导致病害日益严重，加之缺少有效的防治根腐病、蔬菜轮作倒茬、绿色栽培管理、规范种植、穴盘无土育苗等技术，影响蔬菜的产量和品质。二是机械化程度低。从全国或全区来看，前期耕作、整地、起垄、覆膜以及田间管理、收获等各个环节都有机械，已经实现全程机械化。但原州的机械化程度目前只有50%左右，很多环节尤其是收获环节还需要大量人力。

（三）产业链不壮，抵御风险能力弱。一是加工能力弱。缺少深加工，目前做的预制菜，存在产量不大、品种不多、牌子不亮的问题。还没有蔬菜食品，比如蔬菜脆、蔬菜汁等直接食用的精深加工产品。二是“毛菜”占比大。虽然有20%的净菜直接入超，但80%的菜只进行简单的去除黄叶、清洗扎把后以“毛菜”的形式在大的批发市场中销售，“好菜买不上好价”，大部分收益被中间商赚走。三是订单销售的少。因为大部分蔬菜都不是订单销售，受市场环境的不确定性影响，蔬菜价格波动剧烈，造成“菜贱伤农”现象时有发生。

（四）从业者整体素质不高，思想不解放。随着城镇化迅速发展和农村经济结构的日趋多元，农村大量有文化和一技之长的青壮年选择外出务工，从事蔬菜种植的劳动力数量逐年下降和渐次高龄化，对蔬菜生产新技术、新成果、新信息的接受、消化、吸收和应用能力都比较差，大部分仍停留和拘泥于传统的种植管理方式，新技术、新品种、新农艺学习的少,应用的少。

三、对策建议

一要转变思想观念。俗话说:“思路决定出路”“观念一变天地宽”。思想不解放,谋产业、抓产业的办法就不多。所以,首先,要牢固树立人无我有、人有我多、人多我优、人优我特的精品理念。我们拥有得天独厚、没有被工业污染、近似原生态的自然环境,加上即将改造面积有 37 万多亩的高效节水灌溉,清水河两岸一马平川的土地,发展绿色有机蔬菜的基础在全宁夏乃至全国都是较好的。另外,我们要坚定信心,采取引进培育新品种、壮大发展现有好品种两条腿走路,逐步培育几个原州独有、全国最多、品质最好的特色菜品。比如说,西兰花、广东菜心,这两个菜品首先要做到规模最大。有人说,规模大了是不是会滞销、卖不出去?这个问题吴磨的党支部书记、众丰种植专业合作社负责人王升做过详细调研,他讲:“今年,他跑的是云南的西兰花市场,订单量比较大,原州的所有西兰花都让我买到了云南,也没有满足市场需求。如果我们冬季到南方各地跑订单,然后根据订单种,就不怕滞销,而且单品面积应该能做到全国最大”。其次,要转变小富即满、小富即安的思想。我们调研过程中发现,很大一部分种植大户,受文化程度等影响,视野不够宽,不关注全球蔬菜产业最前沿的技术,对全国蔬菜产业种植关注得也不全面,不研究新菜品、不关注新技术,没有把科学技术作为第一生产力。如果这种观念不转变,被市场淘汰是迟早的事情。所以,政府要加大引导支持力度,把全国最好的蔬菜品种、最先进的技术引进来,让蔬菜产业插上腾飞的翅膀。比如数字农业技术已经非常成熟,要通过深化与中国电信的合作,建立从种苗到餐桌全程溯源体系,让老百姓放心吃原州的绿色有机蔬菜。

二要推进科技创新和成果转化。实践证明,新品种、新技术示范的展示为企业和菜农提供了直观评价新品种的平台。一是建设新品种、新技术展示园。农技部门要充分发挥新品种示范推广职能,依托农技推广部门信息和技术优势,加快国内外新品种、新技术引进后的试验进度,严格筛选出适宜原州的新品种、新技术,建设新品种、新技术展示园,通过直观感受吸引老百姓参与进来,再进一步延伸向各乡村示范点进行多点示范,做到乡有示范点,村有示范户。二是加快新品种培育。对一些已经成熟的新品种、新技术可以采取边验收边推广的办法,加快成果转化;对示范成功的新品种、新技术,根据各乡镇不同的生态区域特点,因地制宜地确定主推品种与搭配品种的合理布局,按照优胜劣汰的自然法则,制定退出机制,培育几个享誉全国的原州知名蔬菜品种,加快原州蔬菜品种更新和结构调整。三是加强新技术推广。集成推广测土配方施肥、有机肥替代化肥、水肥一体化、病虫害统防统治及绿色防控、精准水肥管理等高效减药施肥技术,加快构建“测、配、产、供、施”一条龙推广服务模式,提升产业发展质量效益。全面落实农药减量及科学安全用药措施,加快绿色防控产品、高效低毒农药、现代植保机械及科学用药技术推广。四要克服连作障碍。在轮作倒茬上,要通过多种轮作方式预防或减少连作障碍的发生,我们可以向河北高邑、辽宁北票、山东寿光、山东莘县、陕西安塞等设施蔬菜连作障碍综合治理示范点学习他们的土壤理化性状和病原微生物检测技术。

三要推动产业转型升级。第一,要做大规模。把原州的蔬菜产业放在全市一盘棋下统筹谋划,瞄准全国蔬菜大市场,调整优化蔬菜产业结构,稳定露地蔬菜栽培、扩大设施蔬菜栽培、调减耗水耗肥量大的低端叶类蔬菜、积极发展中高端蔬菜,服务区内外市场,打造“一乡一品”或“多乡一品”。比如,要扩大彭堡、头营镇高品质绿色蔬菜栽培规模,以连片为主组织一个单品的标准化生产,不断开拓热销蔬菜产品市场,规范蔬菜企业营销标准,在收购、贮藏、加工、包装和销售环节上下功夫,丰富蔬菜栽培茬口，避免集中上市，缓解价格波动风险，实现均衡上市，稳定市场行情，提高经济效益。第二，要抱团发展。把全原州从事蔬菜产业的人都聚集起来，由龙头企业牵头首先建设一个大型集配中心，主要从事市场对接、信息服务等；其次依托集配中心成立产业联盟；再次由联盟主导细化分解各个企业合作社的任务，哪些企业负责育苗、育什么苗？哪些企业来种菜？哪些企业搞加工、怎么加工？哪些企业专门跑市场、签订单，决定种什么菜，都细化出来，各司其职、各干各的，有效避免菜品雷同和抢市场两个问题。座谈会上，帝融集团投资部总经理刘惊涛建议“由帝融集团建设一个多方位、多渠道、全品种储配、运输和分拣加工的集配中心”，一方面，解决各个合作社、种植户，蔬菜集中上市的预冷、贮藏、运输等问题；另一方面，通过建立智慧数字化机械调用机制，让全原州的各类机械在各个片区合理使用。第三，要提升三产融合度。一方面要积极招引全国知名的瓜菜深加工企业，开发原州的果蔬脆、果蔬汁、果蔬罐头等食品；另一方面要围绕多功能拓展、多业态聚集、多场景应用，发展农事体验、观光旅游、休闲采摘、特色蔬菜观赏等新业态，推进种养加、产供销、游购娱的多元融合，延伸产业链条，提高综合效益和知名度。

四要强化宣传推介。影响力可以说是知名度和口碑的结合，原州蔬菜一旦有了更高的知名度和口碑，就会有更多的消费者慕名而来。一方面要加大推介力度。每年至少在西安、福州、重庆、郑州、兰州等大中型城市召开推介和招商原州区冷凉蔬菜品牌大会，提升原州区冷凉蔬菜品牌影响力；每年至少举办一次全国知名蔬菜销售商及区内外媒体记者走进原州活动和网络达人进基地活动，推介原州区冷凉蔬菜，让原州的冷凉蔬菜品牌越来越靓。另一方面，要拓展市场。首先，要引进各地知名蔬菜生产经营企业在原州区落地，建设预制菜加工产业园。今年我们已经与宁夏福苑公司、广东帝融集团签订了预制菜产业园建设协议。其次，要在大中城市大量建设原州蔬菜档口。虽然现在已经有 12 个，但远远不够，以后，每年要新建一批销售档口，同时要加强管理，对销售好的给予奖励，销售不好的要采取惩处措施，不断激发销售积极性。再次，要加快绿色认证。要把绿色有机作为原州蔬菜的命根子，像保护眼睛一样保护原州的蔬菜品质和品牌，所有蔬菜基地全部按照良好农业规范（GAP）标准进行种植，不断加大“三品一标”认证力度，推行食用农产品合格证制度，构建来源可查、去向可追、责任可究的质量追溯体系。最后，要推动蔬菜标准制定。“一流企业定标准、二流企业做品牌、三流企业卖技术、四流企业做产品”。标准之争其实是市场之争，谁掌握了标准，就意味着先行拿到市场的入场券，甚至成为行业的定义者，这个规律放在蔬菜产业一样奏效。我们要加强与中国农科院等科研院所合作，对原州最好的蔬菜菜品比如西兰花、菜心，要加大工作力度，积极推动由我们来制定标准，进而制定指导价。

五要提高从业者素质。农民是农业发展的主体力量，推广应用科技成果和先进技术的最终主体就是农民。一要大力实施新型农民科技培训工程。推动农民科技书屋建设，选树科技示范户，多渠道、多层次、多形式培育新型农民，全面提高农民的科技文化素质。二要利用好线上线下媒体和平台。通过报纸开辟专栏，电台、电视台设立专题节目，印发宣传资料以及结合“三下乡”活动到农村进行现场培训等多种形式，大力宣传新品种、新技术的特征特性和技术要点，尽快使新品种、新技术深入民心，并在大田生产中得到全面使用。三要引进和招入蔬菜产业方面的人才。要成立蔬菜种植技术专班，构建产业技术服务体系，从根源上解决量升质不保和产业发展受限等问题。

六要强化保障支撑。一要出台最优惠扶持政策。认真梳理国家和区市蔬菜产业扶持政策，细化出台原州蔬菜产业支持政策，一方面，要制定好产业园区建设、龙头企业引进培育、合作社和种植大户支持政策；另一方面，要制定新品种引进和新技术推广补助政策。这些政策全都要达到中央和区市政策上限，使原州成为蔬菜政策洼地。二要投入最大财政资金。要持续加大科技创新投入力度，2024年政府科技投入要达到500万元以上。切实发挥财政资金作用，撬动更多社会科技投入。要把好钢用在刀刃上，财政资金重点用于新品种引进和新技术推广，不能撒胡椒面。三要提供最优质贴心服务。农业农村和科技部门，包括乡镇村都要安排专人，为各级专家和来原投资的企业提供“金牌店小二”式的优质服务，声音要应得快、腿脚要跑得勤，着力构建亲清统一的新型政商关系。

关于农村卫生厕所建设与管护体系的思考

原州区政府区长　马　波

农村卫生厕所建设一头连着群众生活，一头连着乡风文明，事关农民切身利益，事关乡村振兴战略实施，是加快建设宜居宜业和美乡村的应有之义和必然要求。近年来，我区坚持以习近平新时代中国特色社会主义思想为指导，认真贯彻落实习近平总书记关于深入推进农村厕所革命的重要指示批示精神及中央、自治区、固原市决策部署，因地制宜、真抓实干，农村改厕工作全面推进，农村人居环境明显改善，农民生活品质不断提升，老百姓得到了实实在在的获得感和幸福感。

一、主要工作成效

2019年以来，我区深入学习借鉴浙江“千村示范、万村整治”工程经验，按照“有序推进、整体提升、建管并重、长效运行”的工作思路，从规划到实施、从数量到质量、从建设到管理，大力推进农村卫生厕所建设，农村地区卫生厕所普及率逐年上升、粪污资源化利用率稳步提高、群众文明意识不断增强，探索形成了以“农村厕所革命”撬动人居环境升级的“原州路径”。

（一）示范带动农村人居环境变革。坚持把改厕工作作为农村人居环境整治的突破口，推动全区农村人居环境持续优化。一是持续推进农村厕所革命。按照农村户用厕所愿改尽改原则，分类推进农村卫生厕所改造。2013年以来共实施卫生厕所25215座，涉及11个乡镇138个村，惠及群众25215户98946人，普及率39%。二是持续提升农村生活垃圾治理水平。加快推进农村生活垃圾源头分类减量，截至目前，实现农村生活垃圾处置体系全覆盖，生活垃圾得到治理的村庄达到100%，农村生活垃圾分类和资源化利用覆盖面达到28%以上，创建农村生活垃圾分类示范村41个。三是加快推进农村生活污水治理。结合农村地形条件、村落分布、人口聚集等因素，根据现有污水处理厂（站）接收能力，进一步完善污水管网，以“控、清、疏、制”为主要内容，构建农村黑臭水体治理和监管体系。截至2023年，农村生活污水治理率达到17%，城乡接合部生活污水治理实现全覆盖。四是持续推动乡村面貌整体提升。着眼“三内三外”（村内村外、院内院外、屋内屋外）整体提升，推动农村“四美”（环境美、田园美、村庄美、庭院美），全面提升村容村貌。截至目前，村庄绿化覆盖率达到32%，全区畜禽粪污资源化利用率达到97%。2022年被评为“全国村庄清洁行动先进县”。

（二）有效提升生态文明建设水平。坚持因地制宜、分类施策，积极探索与生态环保相匹配的改厕模式，采用“无害化处理+定期清掏”的方式，就地消纳、综合利用，不断提升农村厕所粪污无害化处理与资源化利用水平。主要采取三种模式：开城、中河等城市周边沿路村庄直接接入排污主管道模式；三营镇安和村等移民村建设排污管网，将粪污排入小型污水处理站进行集中处理；居民相对分散、受地理条件限制污水不便于接入乡（镇）处理站的村庄采用节水防冻地下储水电动高压冲水三格式户厕改厕模式。2023年自治区农村厕所革命观摩培训会在开城镇大马庄村举办，探索形成的节水防冻地下储水电动高压冲水三格式厕所模式作为典型经验在全区推行。

（三）加快补齐农村基础设施短板。全面推进农村卫生厕所建设是补齐农村基础设施短板的重要抓手。一是分步实施改厕任务。2019年以来，每年制定出台《农村户用厕所改造实施方案》，对建设任务、改厕模式、补助标准和补助方式等内容作出明确要求，为卫生厕所建设提供坚强的组织保障和科学依据。二是探索建立管护机制。按照"专人管理，快速维修，及时服务，科学利用"的工作目标，探索建立"县（区）有监管部门、乡镇有管护中心、村有维护站"的农村厕所长效运维体系，逐步实现有制度、有标准、有队伍、有经费、有督查的"五有"长效管护机制，确保厕具坏了有人修、粪池满了有人抽、粪液能够有效用、厕所实现长久用。三是多元筹措建设资金。2013年到2023年，各类财政支持改造的农村户用厕所数量25212户，涉及财政资金2.19余亿元。其中，自治区级层面设立由自治区人民政府的关于农村"厕所革命"的省级补助资金；区农业农村局、区乡村振兴局积极向国家和省级层面争取农村人居环境整治、农业综合开发、移民致富提升行动及特色旅游村等相关项目资金，用于推进"厕所革命"；区政府落实一定预算资金用于厕所建设改造，并统筹各部门清理闲置沉淀资金用于厕所革命。

（四）不断推动群众文明意识提升。农村卫生厕所建设，改的不仅仅是厕所，更是一场传统行为习惯和生活方式的深刻变革。"一个土坑两块板，三尺土墙围四边"，这是过去农村大部分家庭厕所的真实景象，不仅脏乱差，还恶臭难闻，"如厕"难成为群众生活中的"难言之隐"。但随着农村改厕工作的全面推进，"如厕"难问题得到有效解决，越来越多的群众不仅把"将就"如厕变成"讲究"如厕，还在卫生如厕的潜移默化中，逐渐接受了饭前便后洗手、不喝生水、不吃生食的卫生文明习惯，广大群众的文明意识不断提升，农村现代化文明生活方式正在逐渐形成，农村卫生厕所已成为展示农村面貌、展示农村文明的重要窗口。

二、当前现状和存在的问题

截至目前，我区问题厕所共7157座（2013—2017年46座，2018年228座，2019年2730座，2020年2536座，2021年1617座），问题率28%，目前整改完成3216座，整改率45%，未整改3941座，未整改率55%。按问题原因分：厕屋问题（缺失或损坏）746座，占比10%；厕具问题（便器、冲水设备缺失或损坏）2148座，占比30%；粪池问题（储粪池缺失或损坏，过粪管、清掏口等安装不规范、口径过小）1443座，占比20%；用水问题（没有上水或水压、水量不足，没有配备储水设施等）2767座，占比30%；防冻问题（冬季厕所管道、冲水设备等被冻住无法正常使用）1293座，占比18%；粪污处理问题（粪污清掏困难、渗漏或溢出，或直排到开放环境或水体、污染环境等）179座，占比2%；后期维护问题（厕所维修缺乏服务支持等）209座，占比3%；其他问题711座，占比10%。目前整改完成3216座，整改率45%，未整改3941座，未整改率55%。

从当前现状来看，虽然我区农村卫生厕所建设工作正在稳步推进，并取得了一定的成效，但宣传引导力度不够、专业技术指导不足、建管机制不一等方面仍存在很多问题，距建设清洁宜居、文明和谐的美丽村庄目标还有一定差距。

（一）宣传引导力度不够。一是干部思想认识有待提高。个别部门、乡镇没有将农村改厕作为重大民生工程、民心工程来抓，对农村"厕所革命"重大意义认识不足，仅满足于对照上级文件下发建设方案，在工作会上安排部署，完成规定的改厕任务，对农村厕所建设工作缺乏深层次思考，没有认识到农村改厕工作不仅能带动人居环境的改善，还能够带来绿水青山的效益与生产生活方式的变革。二是政策宣传效果有待提升。一些乡镇没有结合不同群众的具体情况，采取"一户一策"的宣传方式，没有从乡村振兴、生态环境治理、精神文明建设等角度进行宣传，只是简单地摸排改厕名单，推进卫生厕所建设，没有让农民全面理解卫生厕所意义，导致农民对卫生厕所改建配合度不高。三是农民参与积极性有待调动。从调研的实际情况来看，在靠近村庄主要居民区的地方，村民的参与率更高，在村庄比较密集的地方，情况也更好，但是在边远的地方，村民们对“厕所革命”的认知却很低，一些村民受传统观念、生活习惯和经济条件等因素影响较大，对改厕积极性不高。

（二）专业技术指导不足。一是技术指导力量不足。卫生厕所的建设与科学的技术指导是分不开的，虽然农业农村局对各乡镇能源干事进行了培训，但是在具体改厕过程中乡镇能源干事指导每村每户数量相对有限。加之农村卫生厕所改建数量庞大，坐落分布广，时间紧任务重，且基层干部岗位调动频繁，导致技术指导队伍不够稳定，尤其是三格马桶的设置，技术指导相对严格，因各家情况不一，难免会出现安装不规范难以达到设计的要求，实际使用中容易出现故障，严重地影响群众卫生厕所改造积极性。二是技术创新运用不够。自2013年以来，主要探索形成了水冲三格式、双瓮式、水冲管网式三种模式。综合来看，水冲三格式是覆盖率最高的，水冲管网式是使用效果最理想的，但水冲三格式还存在粪便堆积需要定期清掏，缺乏粪污处理的专业化公司等问题，水冲管网式存在建设费用高，建设周期长等问题。还需要进一步加大改厕创新技术运用，结合本地的实际情况、村民的居住分布、经济发展、地理结构和农民的实际愿望，设计出一种既具有性价比，又便于安装和使用的卫生厕所。三是技术处理不规范。从调研情况看，农村卫生厕所建设工作能够按照计划落实，农民初期感受非常好，整洁标准，无污无味，但使用一段时间以后，相关问题不断产生，一方面，农户使用时为节约用水不去冲刷，厕具长期得不到清理，缩短了使用年限，另一方面，只注重前期建设，缺乏后期粪污处理与管护运营的技术规范，导致粪污不能及时清掏，产生污水污物外渗等问题，影响改厕整体效果。

不同卫生厕所比较

	水冲三格式	双瓮式	水冲管网式	备注
安装条件	家庭供水常年稳定，水资源丰富，可以施农家肥的地区	家庭供水常年稳定，水资源丰富，可以施农家肥的地区	城镇化程度高，居住集中的农村，具备完整下水道及粪污处理设施	
运行费用	修建资金1500—2000元，后期需要配备抽粪车或者村民自行雇人清理，每年花费约200元	修建资金1500—2000元，后期需要配备抽粪车或者村民自行雇人清理，每年花费约200元	修建资金相对较高，3000—3500元，后期几乎没有什么维护费用，约60元/年	
优点	结构简单，造价低廉，使用维护方便，废弃物资源化利用	结构简单，造价低廉，使用维护方便，废弃物资源化利用	清洁卫生出水水质稳定，实现粪污和生活污水一体治理	
缺点	对后期粪便处理要求较高，清掏难度大，过粪管易堵塞	对后期粪便处理要求较高，清掏难度大，过粪管易堵塞	前期安装费用高，消耗大量的人力、物力、财力，且具备完整下水网管	

（三）“建管”机制存在缺失。一是工作部门协调不畅。农村“厕所革命”立足于改善农村人居环境，需要多方参与并建立一套切实管用的长效运营机制和管控机制，“建管”机制的缺失必然导致参与部门在执行中相互推诿、协同不足、衔接不够，进而影响到农村“厕所革命”计划方案的长效落实。一方面，虽然每年都制定《农村户用厕所改造项目实施方案》，明确部门乡镇职责任务，并要求相关部门加

强交流协调，共同推动农村“厕所革命”顺利进行，但在具体工作中，由于各单位责任分工、指导方式、资金投入不同，各个单位的工作目的也不一样，从而造成了各个单位的协作不够充分，联系不够密切。另一方面，由于建管机制不健全，导致卫生厕所建设权力上移，行业部门争当卫生厕所建设者，卫生厕所管护责任又被层层下移，由属地乡镇负责卫生厕所后续管护工作，权责不一致使得乡镇工作积极性不高，导致乡镇部门在问题厕所整改时互相推诿。二是改厕长效机制缺失。当前，粪污处理成为卫生厕所后续使用的重点难点，我区在农村“厕所革命”考评验收上，更多的是注重数量方面的考核，缺乏对农村改厕效果方面的考核，考评验收机制的“重建轻管”，导致农村改厕后期管控没有跟上。一方面，粪污处理设施建设投入费用高，运行维护管理成本高，县(区)级财政配套资金压力较大。同时，由于交通距离远、运输成本高，部门乡镇粪污转运车、清淘车等配备不足，存在粪污清淘不集中、不及时问题。另一方面，群众“等靠”思想不同程度存在，认为改厕属于政府行为，后续管护也依赖于政府，对粪污处理及厕具维修，等靠政府解决，将小问题拖成大问题，甚至闲置或弃用。

四、对策及建议

(一)加强统筹谋划，加快推进农村人居环境整治。农村厕所革命是一项系统性工程，不能就厕所论厕所。要把农村厕所革命与农村人居环境整治有机结合，进一步完善顶层设计，统筹考虑拆违治乱、农村生活垃圾治理、农村生活污水治理等，将改厕基础设施建设与农村污水管网建设、污水处理站建设等项目统一规划、相互衔接，发挥最佳整合效能。对已经完成整改的厕所，要因地制宜地抓紧完善粪污处置、管护体系等建设，形成相对完备的卫生厕所系统。对即将开始建设的厕所，要按照厕所系统集合体的思路，统筹考虑水从哪里来、便往哪里排的问题，合理规划厕所系统建设和运行维护系统，一次性实现卫生保障和环境污染控制的目标，避免重复建设。

(二)健全完善机制，全力确保改厕工作顺利推进。农村改厕工作涉及多个部门，要认真学习借鉴浙江“千村示范、万村整治”工程经验，进一步完善部门乡镇的衔接机制，以及区、乡镇、村三级联动机制，确保农村户厕改造工作无缝衔接、合力推进。在项目实施过程中，强化督导检查，及时发现问题、解决问题，对一些好的做法和经验及时进行总结和推广。加快编制《农村卫生厕所管护体系建设方案》，建立完善符合我区实际的卫生厕所后续管护机制，切实将改厕后续维修和粪污处理作为改善民生的基础性工作抓实抓好，真正实现从“建起来”“用起来”到“管起来”的转变。

(三)强化技术支撑，不断提高改厕整体水平。改厕技术是影响厕改成效的关键因素之一。针对各乡镇地理位置、基础设施等现状，推广实用性强、成本低廉、农民接受的改厕方法和技术方法，确保乡村卫生厕所建设符合农户庭院实际和使用实际，特别是有效解决好水冲式厕所冬季防冻问题、粪渣处理问题等。制定与环境承载力相一致、可执行性强的粪污处理标准，推动村庄粪污治理系统由粗放型向精细化管理转变，实现经济效益、社会效益和生态效益共赢。在改厕设备招投标环节加强专业检验鉴定，严格把控质量关。同时，加大技术培训力度，提高技术指导人员的业务水平和施工队伍建设能力，确保农村改厕的工程质量。

(四)坚持问题导向，持续巩固问题厕所整改成果。健全问题厕所摸排整改长效机制，畅通群众问题反映渠道，定期走访了解使用情况，及时收集处理动态问题。对未完成整改的问题厕所，分类制定整改方案，明确整改时间表和路线图，分步骤推进整改，实行台账式销号管理；对已完成整改的问题厕所，适时开展“回头看”，确保整改到位、使用正常；对建设后闲置、堆放杂物等更改用途问题，下大力气整治，引导农户用好改建的卫生厕所，提高厕所使用率；对正常损耗的问题厕所，引导群众掌握维护方法，自行整改解决；对施工不规范、产品质量不达标导致的问题厕所，要求施工单位和企业履行整改责任，明确整改时限，保证整改质量。

（五）加强宣传引导，充分发挥群众主体作用。要结合转变生产生活方式习惯，结合绿水青山生态理念，结合乡村振兴战略向群众宣传卫生厕所建设意义，进一步发挥好党员的引领作用，考核评选的激励作用，通过党员干部带头建设卫生厕所试点样板、开展卫生光荣户评选等载体，突出农民主体作用，带动群众主动参与改厕。通过党务、村务公开等方式，在农村改厕规划、建设、管理的各个环节，充分征求群众意愿，真正做到村里的事情让村民知晓，村里的事情让村民做主，村里的事情接受村民监督，实现村民的自我管理、自我教育与自我服务。

大事记

1月

2日　中国人民政治协商会议第四届固原市原州区委员会第二次会议开幕。固原市委常委、原州区委书记何永吉出席会议并讲话。会议应到委员213人，实到152人，符合规定人数。何永吉、马波、李佐田、马仲尧、马小路、单亮、马耀军、金占海、张世林、赵向辉、何秀霞在主席台前排就座。原州区委、人大、政府、原州区人民法院、原州区人民检察院、固原国家农业科技园区管委会以及综合执法局领导在主席台就座。政协副主席张世林主持会议。会上，何永吉代表中共固原市原州区委向大会召开表示热烈祝贺，并作了讲话。马仲尧代表政协第四届固原市原州区委员会常务委员会向大会报告工作。受政协第四届固原市原州区委员会常务委员会委托，金占海向大会报告四届一次会议以来的提案工作情况。乡镇党委书记、镇（乡）长及街道办事处党工委书记、主任，不是政协委员的部门（单位）、群团负责人以及驻本区的市直有关部门（单位）负责人列席会议。

是日　固原市原州区第四届人民代表大会第二次会议举行预备会议。固原市委常委、原州区委书记何永吉出席会议，原州区人大常委会主任李佐田主持会议，原州区人大常委会副主任白莉、王正奇、罗永耀、丁洁出席会议并在主席台就座。会议应到代表229人，实到代表184人，符合法定人数。预备会上，代表资格审查委员会作了关于代表资格审查的报告，表决通过了原州区第四届人民代表大会第二次会议议程（草案），大会主席团组成人员和秘书长名单（草案），大会议案审查委员会、计划预算审查委员会组成人员名单（草案）。

3日　固原市原州区第四届人民代表大会第二次会议开幕。会议由主席团常务主席、执行主席何永吉主持。大会执行主席何永吉、马波、李佐田、马仲尧、马小路、单亮、陈启、白莉、王正奇、罗永耀、丁洁在主席台前排就座。会议应到代表229人，实到184人，符合法定人数。原州区政府区长马波代表区人民政府向大会作政府工作报告。报告共分为2022年工作回顾、2023年重点工作、全面加强自身建设三个部分。受区四届人大常委会委托，区人大常委会主任李佐田向大会作人大常委会工作报告。区人民法院院长李全德、区人民检察院检察长黄浩分别代表原州区人民法院、原州区人民检察院向大会报告工作。大会还审查了2022年国民经济和社会发展计划执行情况与2023年国民经济和社会发展计划（草案）的报告、2022年全区及区本级财政预算执行情况和2023年全区及区本级财政预算（草案）的报告。出席政协第四届原州区委员会第二次会议的全体委员、区直部门（单位）不是本届代表的负责人、驻原州区的自治区、市直有关部门（单位）负责人等列席会议。

4日　固原市原州区第四届人民代表大会第二次会议圆满完成各项议程，胜利闭幕。固原市委常委、原州区委书记何永吉出席大会并讲话。大会执行主席何永吉、马波、李佐田、马仲尧、马小路、单亮、陈启、白莉、王正奇、罗永耀、丁洁在主席台前排就座。主席团常务主席、执行主席、区人大常委会主任李佐田主持会议。其他在家的县级领导和主席团其他成员在主席台就座。会议应到代表229人,实到184人,符合法定人数。会议表决通过了关于原州区人民政府工作报告的决议；表决通过了关于2022年国民经济和社会发展计划执行情况与2023年国民经济和社会发展计划的决议、关于2022年原州区及区本级财政预算执行情况和2023年原州区及本级财政预算的决议；表决通过了关于原州区人大常委会工作报告的决议、原州区人民法院工作报告的决议和原州区人民检察院工作报告的决议。

是日　中国人民政治协商会议第四届固原市原州区委员会第二次会议圆满完成各项议程,胜利闭幕。固原市委常委、原州区委书记何永吉,原州区委副书记、原州区政府区长马波,原州区政协党组书记、主席马仲尧,原州区委副书记马小路、单亮,原州区政协党组副书记、统战部部长马耀军,原州区政协副主席金占海、张世林、赵向辉、何秀霞,秘书长王晓杰出席会议并在主席台前排就座。马仲尧主持会议并讲话。原州区委、原州区人大、原州区政府、原州区人民法院、原州区人民检察院、原州区综合执法局领导在主席台就座。大会应出席委员213人,实到162人,符合规定人数。大会审议通过了政协第四届固原市原州区委员会第二次会议政治决议、政协第四届固原市原州区委员会第二次会议关于常务委员会工作报告的决议、政协第四届固原市原州区委员会2023年度协商工作计划、政协第四届固原市原州区委员会提案委员会关于政协四届二次会议提案审查情况的报告。

是日　原州区四届人大二次会议主席团举行第三次会议。大会主席团常务主席何永吉主持会议。主席团常务主席马波、李佐田、马小路、单亮、陈启、白莉、王正奇、罗永耀、丁洁出席会议。会议应到主席团成员45人,实到38人,符合法定人数。会议听取和审议了议案审查委员会关于代表议案的审查报告(草案);听取了各代表团关于审议区人民政府及计划、预算工作报告、区人大常委会、区人民法院、区人民检察院工作报告的决议(草案)情况的汇报;听取了各代表团审议区四届人大二次会议选举办法(草案)情况的汇报;听取了各代表团酝酿、讨论主席团关于提名区监察委员会主任候选人建议名单(草案)情况的汇报;确定了区监察委员会主任候选人名单;确定了总监票人、监票人名单,决定提交全体会议表决通过。

是日　政协第四届原州区委员会第二次会议举行选举大会。原州区政协党组书记、主席马仲尧主持会议。马仲尧、马耀军、陈启、金占海、张世林、赵向辉、何秀霞出席会议并在主席台就座。会议应到委员213名,实到162名,符合《政协章程》规定。会议通过了政协第四届固原市原州区委员会第二次会议选举办法(草案);政协第四届固原市原州区委员会第二次会议总监票人、监票人名单;补选出了政协第四届固原市原州区委员会秘书长、常务委员。王晓杰当选为秘书长,王永福等6名同志当选为常务委员。

5日　原州区委副书记、原州区区长马波调研城乡三级医疗机构医疗救治服务体系建设和重点群体疫情防控救治等工作。原州区卫健、农业农村、乡村振兴等相关部门负责人陪同调研。

是日　原州区副区长张小荣带领原州区应急管理局、市场监管局、工信商务局、消防大队等单位负责同志对工贸领域安全生产、消防安全等工作进行全面督导检查。

6 日 固原市宣讲团先后到原州区各乡镇和街道宣讲党的二十大精神，并与基层干部群众互动交流，推动党的二十大精神深入人心。固原市宣讲团成员，固原市委常委、统战部部长胡斌为原州区河川乡宣讲党的二十大精神。固原市宣讲团成员，固原市委常委、宣传部部长褚一阳到原州区北塬街道办事处宣讲党的二十大精神。

6—7日 原州区委副书记、原州区政府区长马波主持召开农业发展合作洽谈会，分别与贵州航天智慧农业有限公司、深圳百果园实业（集团）股份有限公司达成农业高效节水灌溉、现代农业种植示范园区建设等方面的合作意向。马波代表区委、区政府对贵州航天智慧农业有限公司党委书记、董事长刘正波，清华大学水联网研究院副院长杜超一行表示热烈欢迎，并向企业代表团介绍了我区农业、水利等方面相关情况。原州区委常委、政府副区长宋兆璐陪同参加座谈。

7 日 原州区有效整合各方资源力量，成立 189 个暖心配送服务小分队，陆续发出 1 万份健康防疫“暖心包”，优先保障农村地区有居家治疗需求的 60 岁及以上老年人群、患基础疾病的重点人群和残疾、低保等生活困难人群以及养老院、儿童福利院等，确保农村地区新冠感染者能看上病、能吃上药。

8 日 固原市文联、原州区文联、西安市篆书协会主办的“我们的中国梦·文化进万家·送福送春联”文艺志愿服务系列活动启动仪式暨第四届西安固原两地书画名家交流笔会在中瑞悦汇广场举行。

9 日 固原市、原州区宣传文化旅游部门组织开展“在宁夏·非遗过大年”年货大集暨迎新春送文化活动。1 月 9 日至 20 日，原州区将陆续开展年货大集暨迎新春送文化系列活动。

11日 2023 年度“志愿服务送关爱 文明实践树新风”迎新春文明实践活动走进原州区古雁街道康居社区和彭堡镇别庄村。原州区委常委、宣传部部长樊勇出席活动。本次活动由原州区委宣传部、区文明办主办，彭堡镇人民政府、古雁街道办事处和原州区卫健局、原州区文联、邮储银行原州区支行、固原市原州区雨露社会工作服务中心共同承办。

是日 原州区开城镇下青石村首届农民篮球运动会在村文化广场如期举行。来自开城镇、大湾乡、古城镇等地的 10 支队伍 100 余名运动员参赛。

14日 原州区开城镇大马庄村的“乡村春晚”上演，有歌曲、舞蹈、快板、戏剧、小品、秦腔等节目，演出期间，还表彰了马振仁等一批关心村集体、孝老爱亲、移风易俗的先进个人。大马庄村现有文化大院 1 个（旭玲文化大院），文化志愿服务队 1 个，参与秦腔、舞蹈、合唱业余演出团队 42 人，不定期在本村演出慰问，多次到区、镇参加演出比赛并获得奖项。

15日 效力于陕西信达俱乐部的宁夏固原小伙杨文学荣获 2022 赛季 NBL 全明星赛最有价值球员。

17日 原州区召开 2023 年安全生产暨疫情防控工作专题会议，传达学习全国疫情防控电视电话会议、全区安全生产、道路交通安全管理工作电视电话会议精神，听取原州区安全生产工作汇报，安排部署相关工作。原州区委副书记、区长马波出席会议并讲话。原州区委常委、常务副区长吴铁军主持会议。

18日 原州区委副书记、区长马波带队开展春节前安全生产督查检查工作。马波一行先后来到原州区东关路中石油加油站、原州区凯运商行、六盘山水务公司、青石峡水库等地，实地督导检查节假日期间燃气生产安全、烟花爆竹销售安全、供水保障、水库区安全等工作。原州区委常委、常务副区长吴铁军，原州区应急管理局、原州区水务局、原州区消防救援大队等部门主要负责人陪同。

是日　在原州区实施乡村振兴战略工作领导小组办公室统一安排下，原州区225户家庭收到福州马尾区爱心慰问。福州市马尾区爱心企业此次筹集18万元资金，慰问原州区困难群众。

18—19日　固原市委常委、原州区委书记何永吉，原州区委副书记、区长马波，原州区人大常委会主任李佐田，原州区政协主席马仲尧分别带领慰问组走访慰问驻原部队、老党员、困难群众和一线干部职工，向他们送去党和政府的关怀，并致以亲切问候和新春祝福。原州区领导马小路、单亮、吴铁军、陈启、白莉、王正奇、何冬华、马文东、金占海、张世林、赵向辉分别参加慰问。

19日　中央定点帮扶单位国铁集团向原州区人民医院捐赠新冠患者急救设备。原州区副区长曹国祥出席发放仪式。2023年国铁集团定点帮扶原州区医疗卫生系统共投入资金110万元，其中90万元为原州区人民医院配备10台高流量供氧湿化治疗仪、3台无创呼吸机，20万元用于乡村医生培训。

是日　原州区红十字会联合退役军人事务局开展“博爱家园·老兵你好”春节慰问活动。原州区委常委、副书记单亮，原州区副区长曹国祥参加。

20日　原州区委副书记、区长马波亲切看望慰问坚守在一线的环卫工人，向他们致以新年的问候和美好的祝愿，并送上慰问金。原州区委副书记单亮、原州区人大常委会副主任王正奇、原州区政协副主席赵向辉参加慰问。

是日　原州区乡村振兴局联合原州区启明社会工作服务发展中心，组织开展了“乡村振兴活水计划·困难群众防疫关爱行动”。此次活动共为2000名困难群体发放“健康守护包”，包含退烧止咳药品、N95口罩等。

28日　原州区领导干部学习贯彻党的二十大精神专题学习班正式开班。固原市委常委、原州区委书记何永吉，原州区人大常委会主任李佐田，原州区政协主席马仲尧等在家县级领导参加学习班。原州区委副书记马小路主持开班式。此次培训班为期两天，邀请宁夏党校霍岩松教授、王琼教授作专题辅导。原州区委各部委、原州区直各部门(单位)、各人民团体、各乡镇(街道)党政主要负责同志参加专题学习。

30日　固原市委常委、原州区委书记何永吉深入头营镇、三营镇、黄铎堡镇等地，实地调研现代农业基地、高效节水灌溉、“出户入园”等重点产业项目建设情况，强调要大力践行习近平总书记“社会主义是干出来的”伟大号召，深入学习贯彻中央1号文件精神和中央、自治区党委农村工作会议各项部署，立足原州产业发展实际，全力以赴打好新年“第一仗”。原州区委常委、副区长宋兆璐陪同调研。

是日　原州区召开安全生产暨全区森林草原防灭火工作推进会议，传达学习有关文件精神，通报原州区近期森林草原防灭火工作开展情况，安排部署相关工作。原州区委副书记、区长马波主持会议并讲话。原州区委常委、常务副区长吴铁军，原州区副区长马文东参加会议。

2月

2 日　固原市委常委、原州区委书记何永吉深入彭堡镇姚磨村、开城镇双泉村等地，调研指导乡村旅游示范村建设工作。政府副区长曹国祥陪同调研。

是日　原州区委副书记、政府区长马波调研原州区工业企业复工复产和重点建设项目工作。马波一行先后到彭堡镇申庄村“渔农综合种养”基地建设现场、姚磨村闫堡村百果园“三个零”绿色蔬菜种植基地规划区，查看项目建设进展和一二三产业融合发展情况。在明德中药、雅士洁、顺和电工、六盘珍坊、润宇塑业、宝发农牧等企业调研企业复工复产情况。原州区委常委、政府副区长宋兆璐，政府副区长张小荣、曹国祥陪同调研。

3 日　原州区人民政府召开 2023 年第二次全体（扩大）会议，传达学习自治区人民政府第一次全体（扩大）会议及固原市人民政府第三次全体（扩大）会议精神，研究贯彻意见；安排部署下一步工作。原州区委副书记、政府区长马波主持会议并讲话。

6 日　原州区委副书记、政府区长马波调研督导原州区 2023 年农业、水利、道路交通等领域重点项目规划和建设工作。原州区委常委、副区长宋兆璐陪同。

是日　原州区科级领导干部学习贯彻党的二十大精神专题培训班开班。此次培训班为期 5 天，分两期对原州区 340 余名科级领导干部进行全覆盖轮训。

是日　由原州区人社局等部门联合主办的 2023 年“春风行动暨就业援助月”招聘会在固原市新时代购物中心广场举行。原州区人社局和福建省福州市马尾区人社局在招聘现场进行了签约仪式，其中闽籍企业 12 家，涉及 1551 个岗位。

7 日　在固原六盘山机场，原州区 2023 年第二批“点对点”包机输送 61 名务工人员赴闽，到福建福州市东龙集团、飞毛腿集团有限公司和闽威电子科技有限公司务工。

10日　中国共产党固原市原州区第四届纪律检查委员会第三次全体会议召开。固原市委常委、原州区委书记何永吉出席全会并讲话。原州区委、人大、政府、政协领导班子成员，原州区人民法院院长，人民检察院检察长出席了会议。出席这次全会的原州区纪委委员 18 人，列席 139 人。全会由原州区纪律检查委员会常务委员会主持。全会以习近平新时代中国特色社会主义思想为指导，深入学习贯彻党的二十大、二十届中央纪委二次全会和自治区第十三次党代会精神，全面落实自治区纪委十三届二次全会、固原市委五届五次六次七次全会、市纪委五届三次全会和原州区委四届四次全会精神，回顾总结 2022 年纪检监察工作，安排部署 2023 年工作任务，审议通过了张雯萍同志代表原州区纪委常委会所作的《全面贯彻落实党的二十大精神坚持不懈推动全面从严治党为建设现代化原州开局起步提供坚强保障》工作报告。

是日　原州区委农村工作会议召开，全面贯彻落实党的二十大和习近平总书记在中央农村工作会议上的重要讲话精神，以及自治区、固原市党委农村工作会议部署要求，安排原州区 2023 年“三农”工作。固原市委常委、原州区委书记何永吉出席会议并讲话，原州区委副书记马小路主持会议。会上，原州区委、区政府与各乡镇签订了《2023 年农业农村工作目标责任书》。会议还研究讨论了《固原市原州区 2023 年全面推进乡村振兴重点工作实施方案》《固原市原州区 2023 年巩固拓展脱贫攻坚成果同乡村振兴有效衔接实施方案》《固原市原州区2023年农业产业奖补方案》。

是日　由宁夏回族自治区党委宣传部、自治区文明办主办的“推动移风易俗 倡导文明新风”主题文艺节目赴基层巡演活动走进原州区头营镇杨郎村、三营镇新三营村。

13日　共青团固原市原州区第四次代表大会召开，回顾总结过去五年原州区共青团工作，讨论制定今后五年原州区共青团工作任务，选举产生共青团原州区新一届委员会。原州区委副书记马小路、原州区人大常委会副主任丁洁出席开幕会。团固原市委相关负责人应邀出席会议。大会听取并通过了团区委书记张晨雯代表共青团固原市原州区第三届委员会所作的工作报告。大会选举产生了共青团固原市原州区新一届委员会。丁成龙等23名同志当选为共青团固原市原州区第四届委员会委员；马贵花等7名同志当选为共青团固原市原州区第四届委员会候补委员；选举产生了出席共青团固原市第五次代表大会的代表50名和出席共青团宁夏回族自治区第十三次代表大会的代表15名。

18日　固原市2023年一季度重大项目集中开工，原州区在固原市分会场同步举行一季度重点建设项目集中开工仪式。固原市委常委、原州区委书记何永吉，原州区委副书记、政府区长马波等在固原市分会场参加开工仪式。

是日　原州区2023年“推动移风易俗 遏制高额彩礼 助力乡村振兴”活动启动仪式在彭堡镇文化广场举行。原州区委常委、宣传部部长樊勇致辞并宣布活动正式启动，原州区领导白莉、慕夙、赵向辉出席。

21日　固原市委常委、原州区委书记何永吉调研一季度重点项目建设情况。何永吉先后到古雁岭森林公园、固原市第五中学、原州区第十三幼、十五幼、长城博物馆、和煦家园、沈家河水库、二营水库、青石峡水库等地察看2023年产业、生态、民生、基础设施等领域重点项目开工建设情况，现场协调解决项目推进中的困难。在三营镇、彭堡镇、河川乡等地，了解了高标准重点小城镇、坡耕地水土流失综合治理、“低水高用”、大型淤地坝等项目前期谋划工作。原州区委副书记马小路，原州区委常委、政府副区长宋兆璐以及发改局、财政局等部门主要负责同志陪同。

24日　固原市委常委、原州区委书记何永吉调研工业企业复工复产和生产经营情况。先后到宁夏丰源纺业、长药良生制药、福宁广业、顺和电工、双文科技、正杞红、羽欣华耀新材料、好水川食品、宝发农牧、润宇塑业等企业，了解企业生产经营情况，协调解决企业生产经营中的困难和问题。原州区委副书记单亮，原州区委常委、政府区长吴铁军，财政、农牧、工信商务等部门负责人陪同。

是日　原州公安工作会议召开，传达学习习近平总书记对全国政法工作重要指示精神和中央、自治区政法工作等会议精神，通报原州区公安分局2022年目标管理考核情况，总结2022年公安工作，安排部署2023年重点工作。原州区委副书记马小路出席会议并讲话，固原市公安局党委委员、副局长刘世平，原州区领导何冬华、罗永耀、赵向辉出席会议。

26日　全区扶贫志编纂篇目(原州区)评审会召开。宁夏社科院院长马文锋、副院长田光锋，自治区原扶贫开发办公室副主任丁建懿，自治区地方志办公室主任负有强，专家组成员张志海、王元明、王晓华、黄鑫、薛强等到会参加评审。原州区委副书记单亮，原州区委常委、宣传部部长樊勇出席会议。

26日　固原市委常委、原州区委书记何永吉调研春耕备耕工作。何永吉先后对固原农资城、官厅镇程儿山防雹增雨作业点、头营镇泉港村蔬菜育苗基地、张易镇宋洼村万亩春小麦种植基地，了解种子、化肥、农机等储备、销售情况，实地察看人工影响天气、土壤墒情、蔬菜种苗培育等情况，对粮食种植基地布局规划、高标准农田建设和“五特”产业发展布局提出具体要求。要严守127万亩耕地红线，做好春小麦、小杂粮、玉米、大豆等粮食规模化种植，加快高标准农田建设速度，抢抓农时开展春耕备耕，全力稳面积保产量，确保完成全年76万亩粮食生产目标任务。原州区委常委、政府副区长宋兆璐以及农业农村等部门主要负责同志陪同。

27日　自治区政府副秘书长，固原市委常委、副市长，福建省第十二批援宁工作领队陈论生一行来原州区看望慰问福建省教育医疗“组团式”帮扶团队成员。原州区领导慕夙及相关部门（单位）负责人陪同。

28日　原州区2023年“学雷锋志愿服务月”活动正式启动。

3月

2日　原州区工会第三次代表大会召开。固原市委常委、原州区委书记何永吉，原州区领导单亮、王正奇、马文东、金占海出席开幕会。大会听取并通过了原州区总工会第二届委员会工作报告。选举产生了原州区总工会新一届委员会和经审委委员、主任。王正奇当选为主席，张宏羽、施小红等5名同志当选为副主席，王志怀、白雪梅等11名同志当选为常委。丁玉明等33名同志当选为原州区总工会第三届委员会委员。

2—3日　原州区委副书记、政府区长马波深入原州区官厅镇吴家沟、开城镇大马庄、张易镇田堡小流域综合治理项目，张易闫关坡耕地水土流失综合治理工程，头营镇石羊子至张崖公路建设等重点项目工程现场，实地调研项目建设工作。原州区委常委、副区长宋兆璐陪同调研。

3日　固原市委常委、原州区委书记何永吉以普通党员身份参加原州区委办公室党支部组织生活会。他强调，要深入学习贯彻党的二十大精神和习近平总书记对党办工作“五个坚持”重要要求，坚决扛牢“三服务”工作责任，切实做好区委的“坚强前哨”“巩固后院”工作。

是日　原州区召开纠治形式主义官僚主义等五个专项治理暨干部作风转变年活动动员部署会，传达学习中央、区、市纪委全会精神及自治区、固原市开展形式主义官僚主义等五个专项治理安排部署会议精神，安排部署原州区干部作风转变年活动和五个专项治理工作。原州区委副书记马小路出席会议并讲话，原州区领导吴铁军、张雯萍、宋兆璐出席会议。

是日　2023年是毛泽东“向雷锋同志学习”题词发表60周年，为深入学习贯彻党的二十大精神及习近平总书记对深入开展学雷锋活动重要指示精神，大力弘扬“奉献、友爱、互助、进步”的志愿精神，在全社会营造学雷锋、做志愿的浓厚氛围，原州区各单位纷纷组织开展形式多样的志愿服务活动，传承雷锋精神，弘扬时代新风，为共建美好幸福家园贡献志愿力量。

6日 原州区委副书记、区长马波深入原州区中河乡庙湾村、彭堡镇河东村、黄铎堡镇穆滩村、黄铎堡镇南城村南城拐子泵站、头营镇南塬村调研全区高效节水灌溉、用水权改革、春耕生产工作。原州区委常委、副区长宋兆璐及相关部门、乡镇负责人参加调研。

7日 原州区召开闽宁协作工作座谈会,特邀2022年福建援宁专技人员代表、闽籍企业家代表等,共续山海情缘,共话闽宁协作。原州区委副书记、政府区长马波主持会议并讲话,原州区副区长曹国祥出席。

是日 原州区召开全区组织、宣传、统战、政法工作会议,深入学习贯彻习近平新时代中国特色社会主义思想和党的二十大精神,认真贯彻落实中央及区市党委关于组织、宣传、统战、政法工作部署要求,回顾总结去年工作,安排部署今年重点工作。原州区委副书记马小路主持会议并讲话,原州区领导马耀军、陈启、张守忠参加会议。

是日 公安部、全国妇联对全国公安机关200名成绩突出女民警、296名好警嫂、294名爱警母亲予以通报表扬,固原市公安局原州区分局陈雅楠榜上有名,荣获全国公安机关成绩突出女民警称号。

是日 原州区妇联召开"巾帼心向党 奋进新征程"座谈会,命名表彰了2022年度30名优秀基层妇联主席、100户"最美家庭"、100户"健康家庭"、100户"绿色家庭"。

11日 福建省委农办主任,福建省农业农村厅党组书记、厅长,福建省乡村振兴局局长陈明旺带队来原州区调研闽宁协作工作。固原市、原州区领导陈论生、马波、潘振强及区市县乡村振兴局负责人等参加调研。

12日 原州区委副书记、政府区长马波主持召开原州区与上海孙桥溢佳农业、辉文生物技术开展项目洽谈工作座谈会,就全面合作事宜进行深入交流,推动项目早日在原州区落地见效。原州区委常委、副区长宋兆璐参加座谈会。

是日 原州区张易镇张易村耕地"非粮化"工作全面开展。将占用耕地的苗木清空,退苗还田,并完善苗木清退地块农田基础设施,确保将有限的耕地资源优先用于粮食生产。

13日 原州区文化旅游广电局主办,原州区文化馆承办的"原州区2023年基层文艺骨干培训班"开班。本次培训为期5天,共分为扬琴、二胡、书法、绘画四个类别。各乡镇(街道)、文化大院、业余文化团队的100余名基层文艺骨干参加培训。

是日 原州区第十八小学举办首届"图书跳蚤市场"活动。同学们从家里拿来看过的旧书到"市场"上进行交易,一本本图书像"小跳蚤"一样,从一个同学的手里"跳"到另一个同学手里,原本尘封的图书资源活了起来。

14日 原州区召开四届原州区委第四轮巡察动员部署会,传达学习中央和自治区、固原市党委及原州区委关于巡视巡察工作的新部署新要求,安排部署四届区委第四轮巡察工作。原州区委常委、纪委书记、监委主任、原州区委巡察工作领导小组组长张雯萍作动员讲话,原州区委常委、组织部部长、原州区委巡察工作领导小组副组长陈启主持会议。

15日 原州区举行2023年上半年入伍新兵欢送、退伍老兵欢迎暨在伍军人表彰仪式,热烈欢送优秀青年奔赴军营,欢迎老兵光荣返乡,并对现役军人代表进行立功受奖荣誉激励。原州区领导及固原市、原州区退役军人事务局,原州区人武部相关负责人出席活动。

16日 农业农村部公布了第十二批全国"一村一品"示范村镇及2022年全国乡村特色产业产值

超十亿元镇和超亿元村名单。宁夏固原市原州区彭堡镇(冷凉蔬菜)荣获全国“一村一品”示范村镇。截至2023年,原州区共有张易镇(马铃薯)、头营镇石羊村(万武牛肉)、彭堡镇姚磨村(六盘清水河娃娃菜)、寨科乡蔡川村(肉牛养殖)、头营镇杨郎村(西甜瓜)等4个村镇先后入选全国“一村一品”示范村镇。其中头营镇杨郎村入选2021年全国乡村特色产业亿元村。

17日 原州区召开打击治理电信网络诈骗工作推进会,传达学习固原市工作推进会精神,通报原州区、开发区2022年及2023年第一季度工作开展情况,安排部署下一步工作。原州区委常委、政法委书记张守忠出席会议并讲话。固原经济开发区公安分局局长王生琦出席会议,原州区副区长、原州区公安分局局长何冬华主持会议。

18日 宁夏回族自治区妇联主办、固原市妇联和原州区妇联承办的“携手献爱心·点亮微心愿”“小树苗”困境儿童关爱行动在固原新华百货广场正式启动。活动现场,原州区妇联共为40名困境儿童赠送了心愿礼包。现场发动社会各界爱心企业、爱心人士、本土艺人捐款5万余元,将帮助困境儿童实现微心愿。

19日 原州区召开干部廉政警示教育暨“廉政警示教育月”活动启动会。固原市委常委、原州区委书记何永吉在会上作了讲话。原州区人大常委会主任李佐田、政协主席马仲尧等全体在家县级领导出席会议。原州区委副书记马小路主持会议。各乡镇(街道)、部门(单位)党政负责人和区属国有企业主要负责人参加会议。

19—24日 原州区委副书记、政府区长马波带领原州区考察组,到福建省福州市、南平市考察交流,共商深化“两地四区”2023年闽宁协作相关事宜,同时开展招商引资工作。原州区委常委、副区长潘振强,原州区副区长张小荣,原州区政府办、农牧、工信、文旅、乡村振兴、卫健等部门负责人参加考察。

21日 固原第五中学扩建项目计划新建综合楼1栋,教学楼2栋及配套附属设施建设等,概算投资4969万元;原州区第十三幼儿园新建项目概算投资2880.72万元,计划建设规模为18个教学班,增加公办园位540个,实现该区域住户子女就近入园。

24日 原州区卫健局联合原州区教育体育局、原州区人民医院、区红十字会在固原七中进行春季传染病预防知识宣讲活动。

25日 原州区组织县处级领导干部及部分部门(单位)、乡镇(街道)主要负责同志赴彭阳县乔家渠廉洁文化教育基地开展现场廉政警示教育活动。原州区人大常委会主任李佐田、原州区政协主席马仲尧、原州区委副书记马小路等在家县级领导及部分部门(单位)、乡镇(街道)主要负责同志参加活动。

27日 原州区委副书记、政府区长马波深入官厅镇乔洼村、南关街道峡口社区、中河乡庙湾村就业帮扶车间和固原市经济开发区爱心园康复中心纸尿裤生产就业帮扶车间、彭堡镇惠德村就业帮扶车间,实地调研原州区乡村振兴就业帮扶车间工作。并在彭堡镇吴磨村主持召开全区乡村振兴就业帮扶车间工作座谈会。原州区委副书记马小路,区委常委、副区长宋兆璐,政府办、人社、乡村振兴等部门负责人陪同调研。

是日 宁夏演艺集团歌舞剧院“送戏下乡”活动走进原州区开城镇,把精彩文艺演出送到老百姓的家门口。

28日 原州区委副书记、政府区长马波深入原州区头营镇蒋河村、黄铎堡镇穆滩村、河川乡康沟村村集体肉牛养殖场，三营镇金轮村村集体育肥羊养殖场，及开城镇冯庄村村集体日光温室和光伏电站、河川乡上黄村香菇菌棒生产基地、三营镇新三营村村集体商展销售直播带货项目现场，实地调研原州区村集体经济发展情况并主持召开座谈会。原州区委常委、组织部部长陈启，相关部门（单位）、乡镇负责人，村支书代表参加。

是日 原州区11个乡镇共设有20个残膜回收网点，3个加工厂，每年回收率均有95%以上。2023年，原州区按照每公斤0.7元进行回收，截至3月底，已回收残膜2000余吨。

30日 原州区召开2023年第二季度安全生产暨消防、道路交通、森林草原防灭火工作会议。原州区委副书记、区长、原州区安委会主任马波出席会议并讲话，原州区委常委、副区长、原州区安委会副主任吴铁军主持会议。原州区领导宋兆璐、何冬华、曹国祥、慕夙，各相关部门（单位）、各乡镇（街道）主要负责人参加。

31日 原州区2023年整治电信网络诈骗攻坚行动启动仪式暨“全民反诈 你我同行”文艺会演在固原博物馆广场举行。固原市、原州区领导位西北、何永吉、马波和原州区四大机关有关领导出席活动。原州区反诈人民战争工作领导小组各成员单位、各乡镇（街道）部门（单位）负责人及市区群众2000余人现场参加活动。

是日 原州区2023年春季农田水利基本建设大会战暨农村人居环境大整治行动启动大会在原州区头营镇马园村举行。自治区农业农村厅党组成员、总农艺师康波出席启动仪式并讲话，固原市委常委、原州区委书记何永吉宣布活动启动，原州区委副书记、政府区长马波作具体安排部署，原州区委副书记马小路主持启动仪式。

4月

4日 原州区委宣传部、原州区公安分局开城派出所、原州区第四小学、原州区第十七小学、原州区开城镇中心小学的党员干部、师生300余人，冒着雨雪，来到青石嘴红军长征战斗纪念碑前，联合开展“弘扬革命精神 缅怀革命先烈”清明节祭扫活动。

6日 石嘴山市惠农区文联组织40余名文艺骨干来到原州区，与原州区文联联合开展“寻红色足迹 赏山花之美 品锦绣原州”采风交流创作联谊活动。

7日 固原市、原州区爱卫办，原州区文明办联合12家单位在人民广场举行“爱国卫生月”活动启动仪式。

是日 原州区医疗保障局在博物馆广场举行以“安全规范用基金，守好人民‘看病钱’”为主题的医保基金监管和打击欺诈骗保集中宣传月活动。

10日 固原市委常委、原州区委书记何永吉等在家县级领导和原州区干部职工1700余人参加植树活动，用实际行动践行“绿水青山就是金山银山”的理念。

11日 原州区总工会举行新就业形态劳动者集中入会仪式，来自固原市爱心园康复中心的70多名职工庄严宣誓入会。

12日 原州区残联在各乡镇举行保单入户发放仪式。今年，原州区共为10012名残疾人购买了

"圆梦护航保"。

13日 原州区召开全区"三农"干部"大学习大轮训"培训视频会议，邀请自治区党委农办副主任、农业农村厅副厅长罗全福和自治区农业农村厅农村改革与经营指导处处长牛彦文授课指导。原州区委副书记马小路主持会议。

14日 固原市暨原州区2023年"4·15"全民国家安全教育日宣传教育活动在博物馆广场启动。固原市、原州区领导位西北、褚一阳、马小路出席启动仪式。市、区3000余名干部群众参加活动。启动仪式上，对自治区命名的国家安全宣传教育基地和示范点进行了授牌。

是日 原州区"银税互动"战略合作暨打造"家门口的税务局"启动仪式举行。固原市税务局党委书记、局长关泰鸿，原州区委常委、政府副区长吴铁军出席启动仪式。固原农村商业银行代表及纳税人缴费人代表150余人参加活动。启动仪式上，原州区税务局与固原农村商业银行签署了"加强银税互动 优化营商环境 助力原州区经济高质量发展"战略合作协议。并向7家乡村振兴便民服务点授牌和7家小微企业授信。

是日 由原州区委宣传部，区文明办、卫健局牵头组织的"文明有礼原州人"理论宣讲活动在区新时代文明实践中心举行，原州区各乡镇街道新时代文明实践所、站3200余名干部群众同步线上参加活动。

15日 原州区举行"职引未来·就业在原州"2023年高校毕业生、退伍军人及城乡务工人员专场招聘会。本次招聘会共27家企业参加，提供销售、餐饮、制药、建筑、电子制造等就业岗位1000余个。

16日 由福建省福州市篮球协会、宁夏银川市篮球协会、宁夏固原市篮球协会共同发起的2023年"闽宁协作 情系大山"摩腾体育——大山里的篮球梦公益行活动（固原站）走进原州区，开展体育交流活动。团固原市委副书记王志东和福州市篮球协会负责人分别作了致辞。福州市篮球协会向原州区100名青少年学生捐赠价值3.4万元体育用品。

17—18日 由中共固原市原州区委员会和固原市原州区人民政府主办的2023年"全媒体达人探原州"活动邀请来自传统媒体、自媒体等平台的31位全媒体达人赏山花、品美食，看原州发展、品原州文化。

21日 固原市原州区张易镇基层党校开展第一期村"两委"干部能力素质提升培训班，兼任基层党校校长的张易镇党委书记张进茂，以党建引领乡村振兴为主题，就产业发展、村集体经济壮大等方面讲解。

26日 原州区2023年庆"五一"系列职工文体活动正式启动。原州区领导马小路、王正奇、何冬华、金占海出席启动仪式。

28日 原州区委召开农村工作领导小组暨实施乡村振兴战略领导小组2023年第2次会议，传达学习《中国共产党农村工作条例》《乡村振兴责任制实施办法》和《中共宁夏回族自治区委员会贯彻落实〈中国共产党农村工作条例〉实施办法》，听取防止返贫动态监测帮扶工作情况汇报，安排部署相关工作。原州区委副书记马小路主持会议。

29日 由原州区人民政府，固原市住建局、市商务局、市新闻传媒中心主办，原州区工信商务局等单位承办的"星动固原"——2023年固原市（原州区）首届房车文化旅游节在固原博物馆广场启动。

5月

4日　原州区团委组织西部计划志愿者到战国秦长城博物馆开展“观摩长城古迹 弘扬五四精神”为主题的观摩活动。

是日　2023年以来，原州区150户残疾人实现生活无“碍”，原州区配套落实资金75万元。

是日　原州区综合执法局根据相关法律法规，决定对南河滩市场违法建筑进行依法拆除。原州区综合执法局本次共对南河滩市场600余平方米68户临建违建下达了《限期拆除违法建筑物通知书》。

5日　原州区“法治宣传教育月”暨民法典宣传月启动仪式在原州区头营镇举行。原州区委副书记、政府区长马波出席启动仪式。原州区领导马小路、张守忠、樊勇、白莉、何冬华、赵向辉等出席。

7日　全自治区事业单位公开招聘工作人员与特岗教师招聘笔试开考。固原市设614个考场，1.54万余名考生参加。

8日　原州区“马兰花”妇女创业支持行动——“香姐手工”创业就业培训班走进古雁街道西城路社区，为辖区50余名女性开展手工制作培训。

11日　全国第八届“万步有约”健走激励大赛原州区赛区启动仪式在原州区古雁岭广场举行。原州区人大常委会副主任、原州区总工会主席王正奇出席启动仪式。

12日　固原市、原州区联合开展“防范灾害风险　护航高质量发展”为主题的防灾减灾宣传活动，进一步普及防灾减灾知识，提高公众防灾减灾自救能力。原州区应急管理局、原州区红十字会、固原市蓝天救援队、宋家巷卫生服务中心等单位联合在南关街道宋家巷社区组织开展防震减灾应急疏散演练活动。

13日　原州区总工会、教育体育局联合举办主题为“中国梦·劳动美——凝心铸魂跟党走 团结奋斗新征程”的“教育原州·园丁颂”教职工朗诵比赛，进一步增强教师的社会责任感和历史使命感，教育引导广大教职工坚定不移听党话、跟党走。当天共有来自全区各中小学、幼儿园的46支参赛队伍167名老师参加比赛。

是日　原州区妇联举行“春蕾阳光计划”助学金发放仪式，为12名品学兼优、家庭困难的女学生发放助学款5.4万元，帮助她们健康成长，接受良好教育。

15日　原州区举行2023年“中国梦·劳动美——我为‘五区’建设添光彩”职工演讲比赛，各单位及企业的30名干部职工参加比赛。

16日　浙江大学旅游学院院长周玲强一行来原州区考察文化旅游产业发展情况。

是日　原州区工业信息化和商务局主办的“全年乐享·全民盛惠”2023年原州区双品网购节暨“原州好物”促销活动圆满结束。为期10多天的双品网购节，线下展销实现销售额50余万元，线上累计开展直播带货30多场，累计销售额300万元。

18日　宁夏固原市原州区战国秦长城博物馆举行挂牌仪式，正式面向公众开放。宁夏回族自治区党委宣传部副部长、文化和旅游厅党组书记、文物局局长蔡菊，固原市委副书记、市长杨青龙，固原市委常委、原州区委书记何永吉，固原市委常委、宣传部部长褚一阳出席挂牌仪式并共同为战国秦长城博物馆挂牌。原州区委副书记、区长马波致辞。全区各文博单位负责同志、文博领域专家学者、新闻媒体记者和社会各界代表共同见证仪式。战国秦长城博物馆馆藏文物1100余件(套),以铜器、砖石、陶瓷和钱币为主,藏品来源主要为征集、出土、捐赠等。

19日 固原市委书记滑志敏在原州区调研产业发展、乡村振兴、民族团结等工作时强调,争先进位奋勇直追 努力实现经济社会高质量赶超式发展。滑志敏在头营镇陶庄村融侨(丰霖)肉牛屠宰加工厂,察看标准化屠宰生产线和肉牛养殖园区;在杨郎村,调研万亩连栋拱棚瓜菜种植基地扩规提质情况和网纹甜瓜种植情况;在利民村,调研原州区肉牛良种繁育基地发展情况;在三营镇安和村走访移民群众;在中河乡的宁夏飞毛腿技工学校,调研技能型人才培养及飞毛腿实训基地发展情况;在雪川六盘山食品(宁夏)有限公司,调研马铃薯产业绿色高质量综合开发情况;在官厅镇镇政府,滑志敏听取铸牢中华民族共同体意识示范镇创建工作汇报。

是日 原州区人大常委会举办了人大代表履职能力提升培训班,邀请了自治区人大常委会代选工委一级调研员高宏和固原市委党校教授陈燕,重点围绕深入学习贯彻党的二十大精神、全面加强人大代表履职能力建设等内容进行专题授课。原州区人大常委会主任李佐田,各副主任、委员及各级人大代表等160余人参加培训。

是日 原州区举行第三十三次全国助残日系列活动启动仪式暨扶残助残工作汇报展。原州区残疾人代表、助残社会组织、爱心企业、爱心人士约300人参加了活动仪式。活动仪式上,区人民政府残工委表彰了7个扶残助残先进集体、7名先进个人、5名残疾人"自强模范"、5个"最美残疾人家庭"、5名"最美助残志愿者",为原州区11个志愿助残服务分队(小分队)分别授旗,为40名"小树苗"点亮微心愿。活动得到了社会各界爱心企业和爱心人士的关注和支持,现场捐款3.75万元、捐赠价值2.4万元的爱心物资。

20日 原州区委统战工作会议暨建设铸牢中华民族共同体意识示范区推进会召开。固原市委常委、原州区委书记何永吉出席会议并讲话。原州区人大常委会主任李佐田、原州区政协主席马仲尧出席,原州区委常委、副区长吴铁军主持会议。原州区委常委、统战部部长马耀军就有关文件稿作说明。三营镇、古雁街道、区委宣传部、教体局作交流发言。原州区委常委,原州区副区长,法检两长,各乡镇(街道)党(工)委、原州区直部门、各人民团体、直属事业单位主要负责人参加会议。

是日 原州区宗教工作会议召开。固原市委常委、原州区委书记何永吉出席会议并讲话。原州区人大常委会主任李佐田、原州区政协主席马仲尧出席,原州区委常委、副区长吴铁军主持会议,原州区委常委、统战部部长马耀军就有关文件稿作说明。

是日 原州区召开2023年防汛抗旱工作会议,传达学习习近平总书记关于防汛抗旱救灾工作的重要指示精神和全国、全区和全市防汛抗旱工作相关文件和会议精神,分析通报今年汛期天气形势,安排部署原州区防汛抗旱工作。原州区委常委、副区长、原州区防汛抗旱指挥部常务副指挥长宋兆璐出席会议。会上,与各乡镇(街道)、部门(单位)签订了2023年防汛抗旱工作目标管理责任书。

是日 原州区人民政府主办的"牡丹花开盛世美·清凉夏日浪原州"为主题的牡丹山花文化旅游节在河川乡寨洼村黄土塬牡丹山庄开幕。200余名宁夏师范学院音乐舞蹈学院师生、网络达人、本地书画家、摄影爱好者参加开幕式。

23日 原州区委副书记、政府区长马波在原州区开城镇双泉村调研文旅村庄规划建设情况。原州区委常委、副区长潘振强，原州区财政、文旅、发改等相关部门负责人陪同调研。

24日 原州区饲草配送中心在圆德慈善产业园内正式挂牌运营，标志着原州区草畜产业发展步入了一个新阶段。“饲草配送中心是为服务‘三农’而建设的。”据原州区饲草配送中心负责人姚杰介绍，运营后将从安徽、贵州等源头产地采集新鲜的牧草，以每吨草料价格至少低于市场价格的50—100块钱，直接送到农户手里，用来降低饲养成本，提高饲养效益。

是日 原州区举办“移风易俗培育新风新貌 文明守约共建美丽原州”为主题的“村规民约·居民公约”诵读大赛活动，来自12个乡镇(街道)的代表队同台竞技，头营镇马庄村代表队拔得头筹。

25日 原州区乡村振兴局联合铁道党校举办的乡村振兴人才培训班在乡村振兴局开班。铁道党校副校长乔继宁、原州区副区长曹国祥出席开班仪式。培训班邀请农业农村部经济研究中心高级研究员姜楠、铁道党校领导科学和现代科技教研部副教授伍业君授课。各乡镇(街道)分管领导及工作人员、村干部、驻村第一书记、致富带头人等共100余人参加培训。

26日 原州区2023年“廉洁文化宣传周”启动仪式暨“诵红色经典 传廉洁家风”诵读活动在博物馆广场举行。固原市纪委副书记、监委副主任马志彪，原州区领导吴铁军、张雯萍、樊勇、丁洁、何秀霞出席启动仪式并观看诵读活动。

是日 原州区在彭堡镇姚磨村开展2023年度山洪灾害防御暨冬至河水库调度、淤地坝防洪抢险应急演练活动。原州区应急管理指挥部副总指挥、副区长宋兆璐担任现场总指挥，抢险救援组、医疗卫生组、灾害信息组等6支队伍共180余人参加演练活动。

27日 原州区委副书记、政府区长马波在原州区头营镇调研水库联蓄联调、道路维修情况。在头营镇石羊村毛家沟水库、头营镇坪乐村黑洞沟水库工程实施现场、头营镇南屯村冬南路道路维修工程现场了解工程规划、施工建设等情况。原州区领导吴铁军、宋兆璐陪同调研。

是日 原州区第十八届校园文化艺术节暨庆“六一”艺术展演在第十一小学多功能厅举行。本届校园文化艺术节从5月初开始，在全区各中小学、幼儿园等49所学校的6万余名师生中进行初赛选拔，各学校筛选出了129个优秀节目，自27日开始进行为期4天的连续集中展演。

28日 2023年健康中国行暨固原市原州区健康水平提升行动和第36个“世界无烟日”大型宣传活动在我区全民健身活动中心举行。

29日 原州区文联、原州区教育体育局联合主办开展的文艺进万家 健康你我他“致敬经典 弘扬国粹 传承有我”中华优秀传统文化进校园文艺志愿服务活动在固原七中正式启动。

30日 原州区文明委召开2023年第一次全体会议，安排部署2023年全区精神文明建设工作，通报了自治区、固原市文明村镇、文明单位、文明校园动态调整情况；审议通过《原州区精神文明建设工作委员会2023年工作安排》《原州区巩固提升自治区文明城市争创全国文明城市“十大专项行动”方案》《原州区“善行六盘”志愿服务“十百千万”优培工程实施方案》；乡镇(街道)、部门(单位)代表在会上作了表态发言。

是日 原州区人民法院组织开展“法治伴成长、同心护未来”主题开放日活动，邀请100余名师生代表走进法院,零距离感受法院文化,体验司法工作、接受法治教育。

是日　原州区第十七小学教育集团与开城镇、官厅镇中心小学办学共同体6所学校在青石红色教育基地开展了主题为“传承红色基因 培育时代新人”的思政教育研学活动,共同开展优秀课例展示、青石红色教育基地参观和文艺节目会演等。

31日　原州区委副书记、政府区长马波,原州区人大常委会主任李佐田分别带队慰问部分城乡学校少年儿童及教师。原州区领导白莉、慕夙、何秀霞参加慰问。

是日　固原市原州区疾病预防控制局正式挂牌成立。标志着原州区疾控工作职能从预防控制疾病,向全面维护和促进全人群健康转变,是“以治病为中心”向“以人民健康为中心”的转变。原州区副区长慕夙出席挂牌仪式。

6月

1日　宁夏首届暨固原市第一届“黄河流域生态保护主题宣传实践月”活动在原州区清水河东岸文化广场举行。

2日　原州区委副书记、政府区长马波在原州区彭堡镇姚磨村调研“三个零”生态农业科技试验示范基地绿色蔬菜种植情况。

是日　原州区召开行政复议咨询委员会第一次会议暨第一届委员聘任仪式。副区长何冬华出席会议。

3—4日　宁夏回族自治区人民政府驻福建办事处同福建省宁夏商会爱心企业家在原州区张易镇张易村开展“千里传递爱心 万里情系闽宁”为主题的公益爱心捐赠活动,并组织闽籍企业家在原州区开展招商项目考察、产业对接活动。宁夏驻福建办事处及爱心企业为原州区捐赠了价值12.78万元的爱心物资。原州区政府副区长张小荣参加。

5日　固原市委常委、原州区委书记何永吉来到固原六中考点,调研检查原州区高考准备工作情况。原州区共设置固原一中、宁师附中、固原六中、固原八中和原州五小5个考点、199个考场,全区报名参加高考人数共5930人。

6日　固原市委常委、原州区委书记何永吉深入原州区主要水库库区、在建水利工程现场等,实地督导检查原州区防汛减灾工作。原州区委常委、政府副区长宋兆璐参加。在青石峡水库、在沈家河水库、毛家沟水库、头营镇马园村灌溉蓄水池、清水河(原州段)二营湿地建设与生态修复工程和郭庙水库除险加固工程施工现场,何永吉实地察看各水库安全度汛情况和重点水利工程进展情况,听取原州区水资源调度、项目储备、防汛抗旱等工作情况汇报。

7日　原州区总工会组织劳模宣讲团及志愿服务队走进原州区头营镇杨郎村田间地头,开展“中国梦·劳动美——凝心铸魂跟党走 团结奋斗兴乡村”主题宣讲活动。固原齐力合作社100余名村民、技术人员及周边农户现场聆听宣讲。

9日　原州区召开纠治形式主义官僚主义等专项治理暨干部作风转变年活动工作推进会,传达学习习近平总书记关于力戒形式主义官僚主义等重要论述精神,通报原州区六个专项治理及干部作风转变年活动督查情况,听取各专项治理工作汇报,安排下一步工作。原州区领导马小路、吴铁军、张雯萍、马文东出席会议。

11日　固原市原州区人民政府与浙江大学圆正文化旅游研究院签订院地合作框架协议。固原市委常委、原州区委书记何永吉，原州区委副书记、政府区长马波与浙江大学圆正文化旅游研究院院长周玲强一行进行座谈交流，并见证签约。原州区领导吴铁军、樊勇、丁洁、何秀霞参加签约仪式。

12日　原州区召开《固原市原州区扶贫志》县（区）级评审会议，听取编纂情况汇报。原州区领导马小路、樊勇出席会议。

是日　原州区召开2023年城区生活垃圾分类工作推进会。原州区政府副区长马文东，固原市城管局副局长、原州区综合执法局局长梁龙祥出席会议。

是日　2023年原州区应急救护培训进校园活动启动仪式在固原五中举行。原州区政府副区长慕夙出席活动。全校约200名师生参加。此次活动以“救在身边·校园守护”为主题，由原州区红十字会联合区教体局、区应急管理局和团区委联合举办。

13日　原州区“百美村庄·薛庄村”项目策划规划方案汇报会暨运营评审会议召开。固原市委常委、原州区委书记何永吉出席会议，原州区委副书记、政府区长马波主持会议，原州区政府有关领导，有关乡镇和部门主要负责同志，中国乡村发展基金会有关负责人和专家及三家运营企业代表参加会议。

13日　自治区审计厅对固原市原州区乡村振兴重点帮扶县相关政策落实和资金审计进点会召开。自治区审计厅一级巡视员张龙、农业农村处处长雍文选等一行出席会议。原州区委副书记、政府区长马波作表态发言，原州区委副书记马小路参加会议。

15日　由原州区纪委监委、区委政法委、区委网信办联合举办的2023年离任村干部及村监会履职能力培训班在中河乡举办。培训覆盖原州区11个乡镇148个行政村。

16—21日　固原市委常委、原州区委书记何永吉在陪同市委主要领导与福州市对接闽宁协作工作和开展农文旅推介期间，专门赴马尾区、长乐区、鼓楼区对接闽宁协作工作，赴福建省连江第一中学和福建医科大学附属第一医院对接“组团式”帮扶工作。原州区领导吴铁军、张守忠、潘振强以及相关部门主要负责人参加。

16日　原州区致富带头人助推乡村振兴培训班在福州开班。原州区47名致富带头人参加培训。

是日　用科普讲好中国式现代化故事——2023年“大手拉小手科普报告汇”暨宁夏“蒲公英”科教育苗提质行动科普专家进校园巡讲活动走进原州区第十一小学，全校450余名师生聆听了讲座。

17日　由固原市委宣传部、市文明办主办，原州区委宣传部、区文明办等单位承办的“移风易俗 浓情端午 守望相助”固原市首届幸福邻里节启动仪式在雁岭社区举行。

20日　原州区委副书记、政府区长马波深入原州区辖区部分企业、生活垃圾填埋场和污水处理场湿地，督导调研生态修复和环境保护工作。主要督导了清河南街伊鑫瑞肉制品销售有限公司、机场路城市生活垃圾填埋场、东关南路城市污水处理场2号湿地、头营镇马园村顺鑫汇废旧汽车回收拆解有限公司。原州区委常委、政府副区长宋兆璐陪同调研。

是日　固原市原州区六盘山少年军校挂牌仪式在原州十一小举行，标志着原州区首家、固原市第2家少年军校正式挂牌成立。原州区领导马小路、王继亮、曹国祥出席大会。

20—21日　原州区到彭阳县、青铜峡市和贺兰县观摩学习双拥文化设施建设工作。原州区政府副区长曹国祥带队，退役军人事务局组织部分双拥成员参加。

21日　固原市政协党组书记、主席余剑雄率团来原州区观摩政协组织体系和体制机制建设情况。原州区委副书记、政府区长马波，原州区政协党组书记、主席马仲尧参加观摩。观摩团先后来到原州区中河乡三级政协委员联络站、古雁街道雁岭社区三级政协委员联络站、陈昊委员会客室、马永刚委员会客室进行观摩。

21日　原州区新的社会阶层人士联谊会第一次会员代表大会暨党外知识分子联谊会第二次会员代表大会召开。固原市委统战部副部长张冰河应邀出席会议。原州区委常委、统战部部长马耀军，原州区人大常委会副主任白莉出席会议。选举产生了新一届新联会常务理事会理事和领导班子，知联会常务理事会理事和领导班子。

21日　宁夏固原市农文旅推介招商大会在榕城福州举行。当天，固原市各县(区)在现场进行了特色农产品和文旅精品路线推荐。固原市委常委、原州区委书记何永吉在推介原州区时真诚邀请大家到“有缘之州”——原州，赏不一样的山水、品不一样的美食、享不一样的生活，真正给心灵放个假。何永吉以体验之州、润心之州、康养之州对原州区做全方位推介。

是日　原州区委副书记、政府区长马波深入原州区官厅镇乔洼村、头营镇马园村、三营镇老三营村调研重点项目推进情况。

22日　由原州区委统战部主办的2023年原州区健康饮茶“送茶入户”边销茶推广项目启动仪式暨原州区第三届社区(村)邻里节活动在开城镇三十里铺村举行。原州区领导马耀军、白莉、赵向辉出席活动。本次活动向2001户7439人共发放了9670.7公斤价值59.5万元的低氟边销茶。

是日　原州区委常委、政府副区长牵头的八个工作组，立即牵头带队到农村、城市和重点行业领域，对原州区煤气燃气安全隐患进行全面排查整治，严防各类安全事故发生，确保群众平安祥和过节。

26日　原州区在市区博物馆广场举办“健康人生 绿色无毒”“6·26”国际禁毒日大型文艺宣传活动。原州区领导马小路、白莉、何冬华出席活动。

27日　固原市委常委、原州区委书记何永吉来到固原三中考点，调研检查原州区中考准备工作情况。2023年，原州区共设固原一中、固原三中、固原六中、固原八中、宁师附中五个考点，252个考场，共7538人报名参加中考。

是日　原州区召开2023年第五次安委会(扩大)会议，传达学习习近平总书记对宁夏银川市兴庆区富洋烧烤店燃气爆炸事故作出的重要指示精神、自治区党委常委会紧急会议和专题会议、自治区政府第17、18次常务会议、自治区安委会会议、自治区事故分析研判会、市委常委会会议等相关会议和文件通知精神，听取原州区安全生产工作情况汇报，安排部署下一步工作。原州区委副书记、政府区长、区安委会主任马波主持会议并讲话。

是日　由区委统战部、南关街道办事处、原州区文联主办的原州区2023年铸牢中华民族共同体意识暨“清水河畔石榴红·同心共圆中国梦”文艺会演活动在东海宋家巷社区举行。原州区委常委、统战部部长马耀军，原州区政协副主席赵向辉出席。

7月

1日　原州区乡镇(街道)"一窗受理"系统正式上线运行。系统可实现43个事项乡镇(街道)一窗受理,45个事项实现村级代办,将有力推动基层政务服务"就近办"、"一网通办"能力再上台阶。

是日　原州区全面整治遮挡楼窗广告牌。6月27日至7月1日,共排查门头招牌、防护窗遮挡窗户662家,存在安全隐患164家,下发《责令整改通知书》164份,整治拆除数量64家。其余100家正在整改中。

4日　原州区召开2023年第7次安委会(扩大)会议暨全区瓶装液化石油气安全监管会议,传达学习自治区主要领导同志近期暗访督查、检查安全生产工作情况通报,传达学习"四防"常态化督查通报,通报国务院及自治区、固原市督察反馈问题整改情况;对区市领导批示、暗访及自治区"四防"督查组反馈的问题一一进行了安排部署并交办,要求县级干部及相关部门对问题整改情况要一一"回头看",确保整改到位。原州区委副书记、政府区长马波主持会议。

是日　原州区与京东科技集团召开产业合作项目调研座谈会,双方就原州区特色产业资源与京东科技的发展优势结合点进行了洽谈交流。原州区政府副区长张小荣、京东科技集团商务副总监王世伟出席座谈。

5日　四届原州区委第五轮巡察动员部署暨第四轮巡察结果反馈会议召开。会议传达学习了全国巡视工作会议暨二十届中央第一轮巡视动员部署会主要精神传达提纲、王鸿津在全国新任职县级巡察办主任培训班上的讲话提纲等,对本轮巡察作出安排,对上轮巡察结果进行了集中反馈。原州区委常委、纪委书记、监委主任、巡察工作领导小组组长张雯萍出席会议并作动员讲话,原州区委常委、组织部部长、巡察工作领导小组副组长陈启主持会议。第五轮巡察将对原州区水务局、人社局、司法局、医保局、退役军人事务局、科技局、审批局、团委、工商联、伊协等10个单位开展常规巡察。

6日　上午9点30分,随着成都—固原EU2415航班降落在固原六盘山机场停机坪上,标志着固原至成都往返航线航班正式开通。

是日　原州区总工会联合原州区书法家协会、美术家协会举办了"避暑胜地·锦绣原州"职工书画比赛。经过广泛征稿,共收到原州区及部分外县(区)干部职工作品114幅,其中书法作品76幅,绘画作品38幅。

7日　宁夏冷凉蔬菜节暨全国知名蔬菜销售商走进宁夏活动开幕式在固原举行,邀请了全国知名蔬菜专家、蔬菜销售企业、媒体等各界嘉宾。中国农产品市场协会会长张玉香,自治区政协副主席王和山,农业农村部种植业管理司司长潘文博、科技发展中心副主任陈彦宾,固原市委书记滑志敏,固原市委副书记、固原市市长杨青龙等出席。中国工程院院士、沈阳农业大学副校长李天来作《树立大食物观,推进设施蔬菜产业高质量发展》主旨发言。

是日　原州区委宣传部、统战部联合文明办等单位,在新时代文明实践中心以"线下宣讲+线上直播"的形式,开展铸牢中华民族共同体意识理论宣讲活动。原州区14个乡镇(街道)、148 个行政村新时代文明实践所、站设 162 个分会场,共 3000 余名基层干部群众实时收听收看宣讲内容。

是日　全国知名蔬菜销售商及区内外媒体记者,走进固原市原州区冷凉蔬菜产、供、销基地,体验感受“中国冷凉蔬菜之乡”魅力。原州区现有 6 个蔬菜育苗中心、21 个设施园区、5 个万亩露地基地、16 个千亩露地基地,蔬菜种植面积达到 25 万亩,实现产值 20 亿元。建成姚磨、杨郎、吴磨、马园 4 个冷凉蔬菜集配中心,带动全区规模化预冷库、制冰车间面积达到 5 万平方米,交易大棚 2.4 万平方米,建有蔬菜分拣包装车间、泡沫箱厂各 2 处,年预冷分拣包装销售各类蔬菜 60 万吨以上,原州冷凉蔬菜远销全国,成为粤港澳大湾区重要的菜篮子基地。

7—9日　原州区乡村振兴局组织工作人员,重点围绕全区帮扶车间管理运行、光伏电站、移民安置村(点)安全防范等,结合 6 月 21 日以来排查的安全生产问题清单,对乡村振兴领域安全隐患排查整改再进行一次“回头看”,坚决打好查到边、改到底、防到位的主动仗,切实保障人民群众生命财产安全。

7—9日　由中华医学会神经外科分会、宁夏神经外科专科联盟主办,宁夏固原市原州区人民医院承办的中华医学会神经外科分会脊柱脊髓共建示范单位全国巡讲（宁夏—固原站)暨第三届六盘山神经脊柱与脑出血微创论坛在原州区人民医院成功举办,众多国内神经外科领域专家、学者出席并开展义诊活动。

8 日　原州区召开开展燃气用户免费入户安全检查专题会议,传达学习《自治区人民政府办公厅关于组织开展全区燃气用户免费入户安全检查的紧急通知》,安排部署原州区开展燃气用户免费入户安全检查工作。原州区委副书记、政府区长马波主持会议。

10日　原州区北塬街道工作人员联合液化石油气专业技术人员,挨家挨户开展燃气入户安全检查,共排查用天然气 779 户,液化石油气 834 户。

11日　原州区召开 2023 年第 8 次安委会(扩大)会议,传达学习自治区《关于规范开展安全隐患排查检查工作的通知》、固原市《关于进一步加强农村道路交通安全管理工作的紧急通知》,安排部署原州区农村道路交通安全管理工作。原州区委副书记、政府区长马波主持会议并讲话。

14日　固原市妇联、原州区妇联、雨露社会工作服务中心联合开城镇共同开展“少年儿童心向党 关爱守护伴成长”2023 暑期儿童关爱服务活动。“小树苗”困境儿童关爱服务项目对原州区 300 多名困境儿童进行心理普查,为留守、孤残、单亲等 85 名困境儿童免费提供心理疏导服务。

16日　原州区抽调各部门单位工作人员 213 名,开展集中培训后,安排到各乡镇街道,共同参与原州区燃气用户免费入户安全检查。

17日　石窟寺水害精细探测与防治学术研讨会在原州区召开,来自敦煌、云岗、龙门、麦积山、大足等全国各大石窟寺和全国高等院校、科研院所 100 多名专家学者参加会议,共同探寻石窟寺水害探测与防治的深层次问题。原州区委常委、宣传部部长樊勇致辞。原州区政府副区长曹国祥就须弥山石窟大规模保护修缮工作作了简要介绍。此次学术研讨会会期四天,之后专家学者们还将前往须弥山石窟、战国秦长城博物馆、西北农耕博物馆参观。

是日　原州区学子马翔、李梦宇，同时签收了来自清华大学的本科新生录取通知书，这是宁夏也是原州区2023年投递的首封高考录取通知书。

18日　2023年度马尾—原州闽宁协作结对帮扶签约仪式在原州区举行。福州经济技术开发区委员会书记、马尾区委书记庄永智，固原市委常委、原州区委书记何永吉共同出席签约仪式。原州区委副书记、政府区长马波主持签约仪式。签约仪式上，两区签订了《福建福州市马尾区—宁夏固原市原州区2023年东西部合作协议》，马尾区人社局、福建师范大学第二附属中学、马尾区总医院分别与原州区人社局、固原市第五中学、原州区人民医院签订了劳务、教育、医疗领域协作协议，马尾区琅岐镇、亭江镇、马尾镇、罗星街道、福建闽宁情商贸有限公司、福建省致和社会组织孵化与创新中心分别与原州区三营镇、张易镇、官厅镇、头营镇、团结村、薛庄村签订乡村振兴、产业帮扶等领域协作协议。马尾区人民政府、科大讯飞股份有限公司向原州区捐赠了价值100万元的智慧教育设备。福州经济技术开发区委员会副书记、马尾区委副书记张清泉，马尾区领导陈巍、余颖凌、陈晓彬、陈雪霞，原州区委副书记马小路，区领导张守忠、潘振强、宋兆璐参加签约仪式。

是日　闽宁电子信息产业园暨闽宁协作原州区公共实训基地揭牌仪式在宁夏飞毛腿技工学校举行。福州经济技术开发区委员会书记、马尾区委书记庄永智，固原市委常委、原州区委书记何永吉共同为“闽宁电子信息产业园”揭牌；福州经济技术开发区委员会副书记、马尾区委副书记张清泉，飞毛腿集团公司副总裁江志成和原州区委副书记、政府区长马波，原州区委副书记马小路共同为“闽宁协作原州区公共实训基地”揭牌。马尾区领导陈巍、余颖凌、陈晓彬、陈雪霞，原州区领导张守忠、潘振强、慕夙以及两地相关部门、乡镇，有关企业负责人参加揭牌仪式。

是日　原州区召开第五次全国经济普查工作会议，通报原州区第五次全国经济普查准备工作情况，安排下一步工作。原州区委常委、政府副区长吴铁军主持会议并讲话。

19日　原州区委宣传部、统战部、网信办等多部门（单位）联合在中河乡高坡村、彭堡镇吴磨村、开城镇双泉村开展新时代文明实践巡演活动。此次巡演节目融合了婚事新办、厚养薄葬、崇尚科学、健康生活等与文明习俗有关内容，以秦腔、小品、舞蹈等表演形式为主。

20日　原州区三营污水处理厂扩建及污水管网建设有序推进。原州区（三营）污水处理厂扩建及污水管网建设项目总投资8383.53万元，主要建设包括扩建原州区三营污水处理厂，使污水提标改造规模为0.5万吨/日；提升建设头营村至马路村压力流管网12.5公里，一体化污水提升泵站4座、杨郎街区及马路村至三营污水处理厂重力流管网7.6公里；新建清水池、调蓄水池及表流湿地、生态隔离带等项目工程。

21日　由固原市委政法委、原州区委政法委主办，固原市区各部门（单位）、各乡镇（街道）协办的以“共建平安固原 共享美好生活”为主题的平安固原建设集中宣传日活动在博物馆广场举行。固原市领导位西北、马有芳、童东、杨耀峰及原州区领导张守忠、白莉、潘振强、赵向辉出席活动。

23日　原州区委副书记、政府区长马波深入原州区张易镇田堡村固原市瑞冠建材有限公司、炭山乡古湾村宁夏茹河兴业建设工程有限公司,实地督导自治区“四防”督查组反馈问题整改工作。原州区政府副区长马文东陪同调研。

是日 2023年固原“旺洁·石榴杯”青年足球赛在宁夏师范学院(文苑校区)开赛。团固原市委副书记王志东及原州区领导丁洁、赵向辉出席开幕式。此次比赛共有满天星校园U16足球队、原州青年足球俱乐部、十一人阵地球队等10支足球队232名运动员参赛,在9天进行29场比赛。

24日 原州区举办驻村干部履职能力提升培训班,对原州区第五轮选派的351名驻村干部进行全员培训,培训班采取线上线下相结合的方式开展,117名驻村第一书记在固原市委党校主会场集中参加培训,234名驻村工作队员通过腾讯视频会议在乡镇(街道)分会场同步参加培训。原州区委副书记马小路出席开班式并讲话,原州区委常委、组织部部长陈启主持。

是日 原州区文化馆荣获第九届自治区少儿书画大赛优秀组织奖。

27日 原州区抽调原州区综合执法局、公安分局、市场监管分局、应急管理局、司法局、消防大队等多部门工作人员,组成联合执法组,对北塬街道辖区民富商行、手擀臊子面等遮挡建筑物窗户的栅栏进行依法拆除,有效消除安全风险隐患。

是日 固原市退役军人事务局、原州区退役军人事务局、原州区文联联合开展“翰墨庆八一 妙笔壮军魂”送书画进军营活动。

是日 原州区教育体育局在固原五中体艺馆举办首届以“强队伍、促质量、保安全”为主题的校园安保技能大赛。全区各中小学、幼儿园校(园)长及专职保安等260余人参加。

30日 原州区举办首届村党组织书记乡村振兴“擂台比武”活动,来自全区11个乡镇的13位村党支部书记齐聚一堂,登场“比武”,晒思路、拼实绩、显身手、争先进。原州区委副书记马小路,原州区委常委、组织部部长陈启,固原市委组织部党代表联络办公室主任张繁参加活动并进行点评。

31日 由自治区农业农村厅、固原市农业农村局、原州区农业农村局及中国种子协会共同主办的中国马铃薯种业与种薯质量认证交流会在固原市原州区举办。交流会邀请了区内外农科院研究所及高等院校研究员、马铃薯种业企业负责人、固原市马铃薯种植大户等70余人参加。

8月

1日 固原市委常委、原州区委书记何永吉,原州区委副书记、政府区长马波带队开展八一建军节走访慰问活动,向驻原部队官兵、武警部队官兵、消防指战员和部分困难退役军人等送上节日的问候和祝福。原州区领导张守忠、金占海参加慰问活动。

是日 原州区总工会开展2023年“工会送清凉防暑保安康”慰问活动,看望慰问炎热天气坚守岗位的一线劳动者,为他们带去防暑降温物品。原州区委副书记单亮参加。

是日 固原市企业家创新精神培训班(原州区专场)举办,原州区各行业企业主要负责人及业务骨干，固原市县科技管理部门工作人员，各类科技服务人员共100余人参加培训。

是日　原州区出现大风暴雨极端天气，降雨强度大，破坏力强，城区多处树木被狂风折断，部分路段出现积水、淤泥、路面塌陷。原州区综合执法局迅速进行维修抢修工作。自8月1日晚上7点至10点对明堡路等路段淤泥、砂石开展大清扫，共计清理30余吨。

2日　自治区农业农村厅组织的全自治区农技推广观摩培训会在原州区举行，来自全区各市、县(区)农技推广中心主要负责人、农业技术骨干、新型经营主体代表等100余人来原州区观摩交流。先后到中河乡丰堡村马铃薯高产提升示范基地、彭堡镇彭堡村玉米大豆带状复合种植单产提升示范区进行实地观摩。

4日　原州区文联和固原新华书店主办的"文润原州·读书与做事永远是人生第一要务"文学公益讲座在固原新华书店举行。

5日　原州区工贸企业学习贯彻自治区党委十三届四次全会精神专题宣讲会召开，传达学习自治区党委十三届四次全会精神和"1+37+8"与工贸企业相关文件方案。原州区政府副区长张小荣出席会议并讲话。

6日　原州区召开煤矿、非煤矿山、危险化学品等领域学习贯彻自治区党委十三届四次全会精神宣讲会。原州区应急管理局全体干部及辖区工矿、危险化学品、烟花爆竹零售店等企业负责人100余人参加。

7日　原州区举办第五次全国经济普查(简称"五经普")单位清查暨业务和软件培训班，布置原州区五经普单位清查工作，与各乡镇签订目标责任书，开展单位清查业务和软件培训。原州区委常委、原州区副区长、原州区第五次全国经济普查领导小组组长吴铁军出席开班仪式并讲话。

8日　原州区委召开理论学习中心组学习会，认真学习习近平总书记关于安全生产重要论述和对银川富洋烧烤店燃气爆炸事故作出的重要指示精神、自治区党委十三届四次全会精神。固原市委常委、原州区委书记何永吉主持会议。原州区领导马波、白莉、马文东、赵向辉分别作交流发言。

9日　原州区委副书记、政府区长马波深入原州区应急管理局、固原强力燃气有限公司、固原华帝燃气具有限公司、开城镇等单位、企业、乡镇，实地督导检查自治区党委十三届四次全会精神学习贯彻情况及燃气安全、防汛工作。

9—10日　自治区党委书记、人大常委会主任梁言顺深入固原市继续暗访督查学习贯彻落实自治区党委十三届四次全会精神、重点领域安全风险隐患整治情况。他强调，要在坚决贯彻落实习近平总书记关于安全生产重要论述和重要指示精神上下实功、见行动，把自治区党委全会的部署要求落实落细落到位，夯实基层基础，守住安全底线，以硬实举措、严实作风守护人民群众生命财产安全。梁言顺到原州区消防救援大队暗访督导学习贯彻全会精神、应急救援值守、安全隐患排查整治情况。自治区党委常委、秘书长雷东生参加。

11日　原州区召开2023年第10次安委会(扩大)会议，传达学习梁言顺在石嘴山市、吴忠市、中卫市、固原市暗访督查自治区党委全会精神学习贯彻情况精神，安排部署下一步工作。原州区委副书记、政府区长马波主持会议并讲话。

是日　原州区召开迎接自治区文明城市到届验收暨2022年自治区年度测评反馈问题整改工作

推进会，通报自治区文明城市2022年度测评反馈问题和原州区第一轮实地督导突出问题,安排部署下一步重点工作。原州区委副书记、政府区长马波出席会议并讲话,原州区委副书记马小路主持会议。原州区领导樊勇、丁洁、赵向辉出席会议。

16日 原州区委宣传部、区文明办、区民政局联合举办2023年志愿服务工作专题培训会,进一步引导志愿者、志愿服务团队在社会治理、乡村振兴、文化振兴、创建文明城市中发挥“主力军”作用,推动原州区志愿服务规范化、制度化、常态化,促进志愿服务事业高质量发展。

17日 原州区召开深入贯彻自治区党委十三届四次全会精神推进会,认真学习贯彻习近平总书记关于安全生产重要论述和重要指示精神,全面落实自治区党委十三届四次全会和市委五届八次全会精神,纵深推进原州区安全生产工作。固原市委常委、原州区委书记何永吉出席会议并讲话。原州区委副书记马小路就《原州区贯彻落实自治区党委十三届四次全会精神任务清单》作说明。原州区委常委、原州区副区长宋兆璐主持会议。

是日 原州区森林草原消防大队消防员申强在首届全国林草行业森林消防员职业技能竞赛中,取得了个人项目三等奖,较好的展示了宁夏森林草原防灭火整体水平。

18日 原州区召开安全生产工作推进会议,传达学习近期自治区主要领导继续暗访督查学习贯彻落实自治区党委全会精神情况和有关文件通知,听取原州区近期安全生产工作督查情况汇报、城区四个网格组落实自治区党委“四防”督查反馈问题整改及重点领域风险隐患排查整治情况和“三件套”安装等燃气领域问题隐患排查整治情况,安排部署下一步工作。原州区委副书记、政府区长马波主持会议并讲话。

是日 浙江大学—香港理工大学旅游与酒店管理专业硕士学位项目（HTM)2022级旅游业规划与发展课程原州移动课堂正式举办,旨在进一步加强校地合作,找准原州文旅产业发展坐标,发挥原州区位优势,不断擦亮“避暑胜地 锦绣原州”文旅品牌,全面推进原州区文化旅游产业高质量发展。浙江大学圆正文旅研究院院长、博士生导师周玲强教授应邀参加活动。开班仪式上,浙江大学—香港理工大学联合中心向固原市委常委、原州区委书记何永吉授予了“一日教授”称号。开班仪式后,原州区委副书记马小路作了讲座发言。

19日 本届全国“村BA”西北赛区比赛落地固原,将于8月27日至31日在西吉县吉强镇团结村篮球公园、兴隆镇兴隆村篮球场,原州区中河乡中河村励志篮球俱乐部举行。

21日 原州区住房城乡建设和交通局深入全区11个乡镇开展农村道路交通安全隐患排查工作。共排查出隐患道路231条,维修水毁道路204处。

22日 原州区2023年度“三支一扶”岗前培训班开班,培训为期5天。2023年,原州区共招募“三支一扶”人员230名,其中支教30名,支农80名,支医30名,帮扶乡村振兴工作90名,9月1日正式上岗。

23日 宁夏金昱元化工集团股份有限公司捐资助学仪式在原州区彭堡镇杨忠堡村举行。宁夏金昱元集团股份有限公司为田丰年等4名考取本科一批的学生颁发3000元助学金，为马小琴等11名考取本科二批的学生颁发助学金2000元。

24日 原州区召开2023年拥军优属拥政爱民工作领导小组会议,传达学习全国双拥会议精神、纪念延安双拥运动80周年座谈会精神和自治区、固原市相关重要文件，听取原州区2022年度双拥工作汇报，安排部署2023年双拥工作任务。原州区委副书记、政府区长、原州区双拥工作领导小组组长马波主持会议并讲话。

是日　原州区召开2023年以工代赈项目推进会暨2024年以工代赈项目谋划储备工作会，传达学习自治区2023年以工代赈工作现场会精神和国家、自治区以工代赈相关政策要求，听取原州区各乡镇工作推进及项目谋划情况汇报，安排部署相关工作。原州区委副书记、政府区长马波主持会议并讲话。原州区委常委、政府副区长宋兆璐参加会议。原州区政府办、发改局、自然资源局、住建交通局等8个相关部门和11个乡镇主要负责人参加会议。

26—27日　交通运输部“四好农村路”全国示范县复核验收组来到原州区，通过听取汇报、核查内业资料、实地考察等方式，对原州区“四好农村路”全国示范县工作进行复核验收。复核验收组组长、河南省交通事业发展中心党委书记马会带队。固原市委常委、原州区委书记何永吉，原州区委副书记、政府区长马波等参加汇报会或陪同考察。

29日　原州区召开“才聚六盘·智汇原州”原州籍在外人才返乡行活动座谈会。固原市委常委、原州区委书记何永吉主持会议并讲话，原州区人大常委会主任李佐田、原州区政协主席马仲尧等参加座谈会。原州区委常委、政府副区长吴铁军介绍了原州的基本情况。来自全国各地的原州籍在外返乡人才100余人参加活动。

9月

1日　原州区妇女第三次代表大会召开，固原市委常委、原州区委书记何永吉出席开幕会议。会议全面总结过去五年原州区妇女事业发展的成就，选举产生原州区妇联新一届执行委员会，安排部署今后五年原州区妇女事业的奋斗目标和工作任务。固原市妇联党组书记、主席马红英到会指导，原州区人大常委会主任李佐田，政协主席马仲尧等出席。原州区委副书记单亮主持会议。大会听取并审议通过了原州区妇联第二届执行委员会工作报告。选举产生了原州区妇联第三届执行委员会主席、副主席、常务委员。黄丽萍被选举为主席，方秀丽、杨喜春、杨世梅、尚旭香、魏娟被选举为副主席。

是日　原州区召开2023年度福州市马尾区、长乐区援宁专业技术人才交流座谈会。深入开展教育、医疗“组团式”帮扶，本次援宁专业技术人才共有19名，其中教育人才11名，医疗人才8名。原州区政府副区长张小荣出席座谈会。

2日　由原州区文化旅游广电局和原州区寨科乡人民政府主办，原州区寨科乡蔡川村承办的“守望相助 共建美丽家园”首届邻里节文化活动文艺会演在蔡川村社区举行。

3日　原州区召开2023年第11次安委会(扩大)会议，传达学习全国安全生产电视电话会议和全国城镇燃气安全专项工作部署推进视频会议精神，听取各行业领域安全生产工作进展情况汇报，安排部署下一步工作。原州区委副书记、政府区长马波主持会议并讲话。

4—5日　宁夏回族自治区党委副书记庄严来到固原市调研“三农”工作，强调要深入学习贯彻习近平总书记关于“三农”工作的重要论述和视察宁夏重要讲话指示批示精神，坚决扛牢巩固拓展脱贫攻坚成果同乡村振兴有效衔接的重要政治责任。庄严来到青石嘴战斗纪念碑，重温红色历史、缅怀革命先烈。在原州区的肉牛、冷凉蔬菜、高品蛋鸡、马铃薯等种植养殖基地，了解了农业产业化和企业联农带农等情况。

6 日　福州市马尾区政协考察组来固原市原州区开展闽宁协作考察交流活动，并举行马尾—原州“万企兴万村”结对帮扶签约仪式，马尾区企业家代表与原州区四个行政村进行结对帮扶签约。马尾区政协主席张林、原州区政协主席马仲尧出席签约仪式并讲话。

是日　固原市原州区古雁街道雁岭社区“雁岭青年中心”正式揭牌启用。雁岭青年中心占地面积1600 平方米。

8 日　原州区领导何永吉、马波、李佐田等分组开展教师节走访慰问活动。市委常委、区委书记何永吉带领第一慰问组，先后来到原州区第十九小学、固原市第四中学，看望慰问一线教育工作者。原州区委副书记、政府区长马波带领第二慰问组，先后来到原州区第七幼儿园、第六小学看望慰问，并慰问原州区第二幼儿园退休教师冯芝芳。原州区人大常委会主任李佐田带领第三慰问组先后来到固原市第五中学、原州区头营镇杨郎中学、原州区三营镇第一小学，向奉献在一线的教师致以节日的问候。原州区领导马小路、宋兆璐、王正奇、丁洁、慕夙、张世林、赵向辉分别参加慰问活动。

11日　原州区召开 2023 年第 12 次安委会全体（扩大）暨消防安全、道路交通、防汛抗旱、森林草原防灭火工作会议，传达学习自治区、固原市有关会议精神，通报原州区相关工作开展情况，安排部署下一阶段工作。原州区委副书记、政府区长马波出席会议并讲话。原州区领导吴铁军、何冬华、慕夙参加会议。

是日　原州区委副书记、原州区区长马波深入原州区城区居民住宅小区，实地调研察看原州区燃气安全“三件套”安装及“燃气卫士”应用工作推进情况。原州区委常委、政府副区长吴铁军陪同调研。

12日　农业农村部官网公布了 2023 年国家乡村振兴示范县创建名单，宁夏回族自治区固原市原州区成功入选创建名单。

是日　农业农村部公布第三批全国乡村治理示范村镇名单，原州区头营镇杨郎村入选第三批全国乡村治理示范村。

是日　宁夏首届残特奥运动会圆满完成各项赛程。本届运动会上，原州区共选派 17 名残疾人运动员参赛，参加残运会田径、乒乓球、举重、飞镖、旱地冰壶、象棋，特奥会田径等项目。取得了 8 金 6 银 6 铜的好成绩，金牌数和奖牌总数均居固原市各县（区）第一。

13日　中国农业科学院蔬菜花卉研究所副所长张扬勇来原州区考察，就“共建平台、人才培养、科技研发与成果推广、品牌建设、招商推介”等合作进行交流，张扬勇一行先后来到雪川六盘山食品公司、彭堡镇姚磨村万亩冷凉蔬菜种植基地、博弘农业观光科普体验园、众丰合作社、齐力种植专业合作社等地，进行实地考察交流，原州区委常委、副区长宋兆璐陪同。

14日　原州区召开学习贯彻习近平新时代中国特色社会主义思想主题教育工作会议，传达学习习近平总书记关于主题教育系列重要讲话和重要指示批示精神以及党中央和区市主题教育相关会议精神，对原州区学习贯彻习近平新时代中国特色社会主义思想主题教育进行动员部署。自治区党委第四巡回督导组副组长妥成军，固原市委常委、原州区委书记、原州区委主题教育领导小组组长何永吉出席会议并讲话。原州区委副书记、政府区长、原州区主题教育领导小组副组长马波主持。自治区党委第四巡回督导组成员郑坤、周亚昞参加。

是日 原州区人大常委会党组召开会议，传达学习习近平总书记关于主题教育系列重要讲话和重要指示批示精神，传达学习中央和自治区学习贯彻习近平新时代中国特色社会主义思想主题教育第一批总结暨第二批部署会议以及固原市、原州区学习贯彻习近平新时代中国特色社会主义思想主题教育工作会议精神，安排部署人大常委会党组学习贯彻习近平新时代中国特色社会主义思想主题教育工作。原州区人大常委会党组书记、主任李佐田主持会议。

15日 原州区政协党组召开2023年第13次（扩大）会议，传达学习中央和自治区党委学习贯彻习近平新时代中国特色社会主义思想主题教育第一批总结暨第二批部署会议及固原市、原州区学习贯彻习近平新时代中国特色社会主义思想主题教育工作会议精神，安排政协党组及机关学习贯彻习近平新时代中国特色社会主义思想主题教育工作。

是日 固原市原州区举行2023年秋季入伍新兵欢送、退伍老兵欢迎暨在伍军人受奖荣誉激励活动，热烈欢送即将踏上军旅征程的63名优秀青年、欢迎30名老兵光荣返乡，为16名现役军人立功受奖家属颁发奖状。原州区委副书记、政府区长马波出席活动并致辞。固原市征兵办、退役军人事务局相关负责人，原州区领导吴铁军、张守忠、樊勇、郭兆江、王继亮、白莉、曹国祥、赵向辉参加活动。

16日 原州区委宣传部、原州区文明办、公安分局、科协、红十字会、消防救援大队等部门单位联合承办的“千人万场”家庭安全素养提升教育培训活动在三营镇安和村和金轮村新时代文明实践站举行。

17日 是我国第20个全国科普日，今年主题为“提升全民科学素质，助力科技自立自强”。当天，2023年固原市、原州区全国科普日活动启动仪式在市区博物馆广场举行。启动仪式上，宣读了《固原市科学技术协会关于命名固原市科普教育基地（2023—2027年）的决定》，并为新命名的原州区第十八小学、宁夏云雾山国家级自然保护区、榆树村农耕文化园、宁夏食添康现代农业科技开发有限公司、宁夏须弥山旅游有限公司、宁夏云雾山果品开发有限责任公司“固原市科普教育基地”授牌。

19日 第四届六盘山诗歌节进校园赠书活动在原州区第十一小学举行。

21—22日 全国工商联国际合作部二处一级调研员李圣汉带领调研组来到原州区开展乡村振兴重点帮扶县联系工作。自治区工商联秘书长袁业虎，固原市委统战部党组书记、副部长杨立慧，原州区委常委、统战部部长马耀军陪同调研。

22日 由原州区委宣传部、原州区文化旅游广电局主办，原州区文化馆承办的2023年廉政文化进乡村（社区）暨庆祝农民丰收节笔会在头营镇蒋河村开展，邀请14位艺术家用书画形式送去对农民兄弟的节日祝福。

23日 原州区人才工作者能力素质提升专题培训班在中山大学开班。原州区委人才工作领导小组成员单位、各乡镇（街道）、部门（单位）人才工作分管领导或业务骨干共50人参加培训。本次培训班为期5天。

是日 为庆祝第六个中国农民丰收节，原州区举行主题为“庆丰收　促和美”观摩交流活动。来自全区各乡镇农业工作人员代表等参加观摩活动。

26日 自治区“互联网+教育”示范县(区)建设成果展示暨现场推进会在原州区召开。自治区教育厅党组成员、副厅长马丽出席会议并讲话。推进会上,原州区委副书记马小路作了致辞;沙坡头区、海原县、原州区作了交流发言;对前期工作进行了全面总结、分析了当前的问题形势,对深入开展教育数字化工作进行安排部署。

是日 由原州区委统战部主办,民盟原州区总支、原州区文联、原州区文化馆、原州区侨联办公室协办,原州区美术家学会承办的“侨心向党心·舞墨寄深情”——柴培科《红楼梦人物白描百图》绘画展在原州区帝豪商业广场举行。

是日 原州区工信商务局召开2023年十一假期系列促销活动推进会,十一假期,原州区将开展系列促销活动。本次促销活动从9月28日开始,10月7日结束。活动期间,广大消费者可通过“云闪付”等App平台领取百货、餐饮、住宿、汽车、家电等各类政府消费券并使用。

27日 原州区召开2023年第13次安委会(扩大)会议暨秋冬季森林草原防灭火工作会议,传达学习全国、自治区、固原市森林草原防灭火工作电视电话会议及文件精神,安排部署秋冬季森林草原防灭火工作和中秋、国庆期间安全生产工作。原州区委常委、政府副区长吴铁军主持会议。

是日 固原市原州区人民政府与中国农业科学院饲料研究所签订“政产学研”合作协议。固原市委常委、原州区委书记何永吉,中国农业科学院饲料研究所党委书记陆建中出席签约仪式。中国农业科学院饲料研究所副所长杨培龙以及相关专家,原州区领导单亮、吴铁军、宋兆璐、罗永耀、张世林参加签约仪式。

是日 原州区人民法院举行2023年度第二次电诈案款集中发放仪式,为多起电信诈骗案件中的被骗群众发放案款125.5万元,有力地维护了人民群众的合法利益。原州区委常委、政法委书记张守忠,原州区人民法院院长李全德、原州区人民检察院检察长黄浩出席发放仪式。

是日 原州区委宣传部、原州区文化旅游广电局主办,原州区文化馆、图书馆承办的“诗意原州 月映万家”2023年“庆国庆 迎中秋”诗文朗诵会在小西湖广场举行。

28日 原州区委、原州区政府主办,原州区工业信息化和商务局承办的“国庆欢乐购 特惠迎金秋”惠民消费暨汽车展销、家电促销、线上消费券发放活动在新百广场正式启动。原州区领导马小路、丁洁、张小荣、张世林出席活动。

是日 “月圆同心庆中秋暖侨心,石榴花开迎国庆庆华诞”中秋联谊活动暨“侨胞之家”揭牌仪式在古雁街道雁岭社区举行。固原市委统战部副部长张帆、原州区委常委、统战部部长马耀军为古雁街道雁岭社区“侨胞之家”揭牌。

30日 固原市、原州区各界向人民英雄敬献花篮仪式在原州区区长城梁烈士陵园举行。固原市委书记滑志敏、固原市人大常委会主任李志达、固原市政协主席余剑雄以及固原市在家副厅级以上领导出席。固原市委常委、原州区委书记何永吉主持。原州区人大常委会主任李佐田、政协主席马仲尧等在家县级领导,市直、原州区直干部职工代表,烈属代表、退役军人代表,立功受奖现役直军人家属代表,学校师生代表、各界群众代表,驻固部队官兵代表、消防救援人员代表等800余人参加。

10月

9日　原州区召开2023年第三季度驻村帮扶工作推进会，传达学习自治区驻村帮扶工作推进会精神，安排部署下一步驻村帮扶工作。原州区委副书记马小路出席会议并讲话，原州区委常委、组织部部长陈启主持会议。

10日　原州区在博物馆广场举行以“全民医保手牵手 医保护航心连心”为主题的2024年度城乡居民医疗保险全民参保集中宣传活动。

11日　原州区委召开理论学习中心组（扩大）学习会暨主题教育读书班交流会。固原市委常委、原州区委书记、区委主题教育领导小组组长何永吉主持会议并讲话。会上，李佐田、马仲尧、马小路、单亮、马耀军、陈启、张守忠、张雯萍、宋兆璐、郭兆江围绕学习贯彻习近平新时代中国特色社会主义思想作了交流发言。按照“双随机”交流研讨机制，随机点人、随机点题，抽点罗永耀、慕夙、金占海、李全德、黄浩5名县级领导干部和农业农村局负责同志作交流发言。

是日　原州区总工会组织开展新就业形态劳动者健康体检活动，免费为659名货运司机和231外卖配送员进行健康体检。本次免费体检活动将持续到10月31日。

12日　四届原州区委第六轮巡察动员部署暨第五轮巡察结果反馈会召开，宣布第六轮巡察任务分工和巡察组组长、副组长授权及成立巡察组临时党支部的决定，对本轮巡察作出安排，对上轮巡察结果进行了集中反馈。原州区委常委、纪委书记、监委主任、巡察工作领导小组组长张雯萍出席会议并作动员讲话，原州区委常委、组织部部长、巡察工作领导小组副组长陈启主持会议。本轮巡察决定对寨科乡、炭山乡和卫健局、财政局、档案馆、妇联等6个党委（党组）开展常规巡察，对北淌村、蔡川村、古湾村、阳洼村4个村党组织及原州区人民医院、疾控中心2个二级单位开展直接巡察，并延伸巡察部门（单位）所属基层党组织，其他村开展乡村一体巡。

是日　原州区召开2023年人口变动情况抽样调查培训会，传达学习国家和自治区相关会议精神，对原州区抽样调查工作进行业务安排。各乡镇、街道和区统计局分管领导及专业骨干166人参加培训会。

13日　原州区退役军人事务局开展“政府开放日”活动，邀请退役军人代表、优抚对象代表、单位职工代表、群众代表及政务公开义务监督员等参加观摩活动并召开座谈会。

17日　福州市马尾区人大常委会调研组在固原市第五中学开展“闽宁协作一家亲 马尾人大原州行”捐资助学活动。马尾区人大常委会党组书记、主任郑是平，原州区人大常委会党组书记、主任李佐田出席捐赠仪式。活动现场，郑是平为固原市第四中学、第五中学授予了捐助牌；与会领导为受助学生代表发放了助学金；受助学生代表进行发言；原州区红十字会为马尾区4家爱心企业授予了荣誉证书。本次捐赠共为固原市第四中学、第五中学100名困难学生发放助学金10万元，同时捐资10万元用于两校校园文化建设和购买办公设备等。

18日　原州区委网信办举办2023年网络安全防范和舆情应对处置培训会。培训会邀请到固原市委网信办网络宣传与舆情管理科赵力军、网络安全与信息化发展协调科海恒虎进行授课培训。全区各乡镇(街道)、各部门(单位)网络安全工作分管领导和工作人员136人参加培训会。

是日　中国建设银行与中华慈善总会“善建家园”乡村振兴公益项目启动仪式在原州区张易镇贺套村举行。固原市委常委、常务副市长任立新出席启动仪式，原州区委副书记、政府区长马波致辞。启动仪式上，中国建设银行向中华慈善总会捐赠500万元，用于“善建家园”乡村振兴公益项目；与会领导为“善建家园”乡村振兴公益项目揭牌。乡村振兴公益项目为贺套村捐助太阳能路灯80盏。中国建设银行宁夏分行于2014年10月开始帮扶张易镇贺套村，至今已累计投入600余万元用于扶贫帮扶工作，共发放432万元涉农贷款用于支持农户产业发展。

19日　福州市马尾区人大常委会调研组在原州区中河乡小沟村开展“闽宁协作一家亲 马尾人大原州行”捐资助困活动。马尾区人大常委会党组书记、主任郑是平，原州区人大常委会党组书记、主任李佐田出席捐赠仪式。本次捐资助困活动共为中河乡小沟村捐助帮扶资金10万元。捐助仪式上，郑是平主任为小沟村授予了捐助牌，与会领导为10户困难村民发放了慰问金，原州区红十字会为马尾区2家爱心企业颁发了荣誉证书。

是日　福州市鼓楼区委副书记、政府区长杨辉带领考察组来原州区考察并召开2023年度鼓楼·原州闽宁协作座谈会。原州区委副书记、政府区长马波陪同考察并出席座谈会。考察组先后来到固原博物馆、须弥山旅游区、黄铎堡镇和润村、彭堡镇姚磨村、蒋口村等地，实地考察原州区人文历史、须弥山文物保护工作、乡村振兴示范村建设、彭堡镇万亩冷凉蔬菜基地建设、蒋口村闽宁协作对口帮扶村结对帮扶及榕城小院建设等情况，并在彭堡镇蒋口村开展慰问物资发放仪式。会上，还举行了信息化建设软件“一线处置平台”捐赠仪式和社会帮扶物资捐赠仪式。鼓楼区政府向原州区政府捐赠了价值518万元的信息化建设软件“一线处置平台”，福州定有福电子商务有限公司向原州区彭堡镇蒋口村捐赠价值60万元物资，原州区政府授予福州定有福电子商务有限公司原州区“闽宁协作帮扶爱心企业”荣誉称号。

16—20日　马尾区人大常委会党组书记、主任郑是平一行来原州区调研乡村振兴工作并开展捐资助学助困活动。原州区人大常委会党组书记、主任李佐田，原州区委、区政府、法院、检察院有关负责同志先后陪同调研。调研组先后来到融侨丰霖肉牛生态产业园、三营法庭、须弥山文管所、河川乡寨洼村、飞毛腿技工学校考察。

20日　原州区第三次全国土壤普查工作全面启动，邀请宁夏农林科学院固原分院研究员为各乡镇、第三方采样机构等相关人员开展专业技术培训，并在中河乡中河村开展外业调查采样培训，提升普查水平。

25日　固原市委常委、原州区委书记、区委主题教育领导小组组长何永吉主持召开原州区委主题教育领导小组第二次会议，传达学习习近平总书记关于主题教育最新重要讲话精神，认真学习蔡奇同志在陕西宁陕县调研时的讲话、李干杰同志在主题教育推进会上的讲话、中央第十五巡回指导组来固调研座谈会和自治区党委第二批主题教育工作推进会以及固原市委主题教育领导小组第二次会议精神，听取原州区委主题教育进展情况汇报，研究部署下一步工作。

26日　原州区第二届"雁岭杯·千名职工万步走"竞赛活动在古雁文化广场举行。固原市委常委、原州区委书记何永吉，原州区人大常委会主任李佐田等出席活动，原州区委副书记单亮致辞。来自各乡镇(街道)、部门单位、企业的42支代表队1400名干部职工参加，竞赛全程4.5公里。

是日　原州区红十字会举行发放仪式，集中为全区86个红十字会基层组织发放价值30余万元的急救箱(包)。此次发放严格按照"5·8人道公益日"募捐活动内容，共为全区86个部门(单位)、企业发放急救箱(包)627个，实现了全区所有286个基层组织全覆盖，包括所有村(组)和社区。其中公益日募捐采购357个。

28日　2023全国和美乡村篮球大赛(村BA)总决赛圆满落幕。经过为期四天的激烈角逐，宁夏三营队四战三赢，最终捧得季军奖杯。

30日　原州区委副书记、政府区长马波前往原州区开城镇开城村、河川乡寨洼村、头营镇三和村、彭堡镇硝沟村、中河乡丰堡村，实地调研2023年新建卫生厕所与历年问题厕所整改工作。原州区委常委、副区长宋兆璐陪同调研。

11月

1日　江西祥川生物科技有限公司和原州区人民政府举行食用菌智能化产业链建设项目签约仪式。原州区委副书记、原州区区长马波出席签约仪式。

是日　原州区公安分局在北塬街道丽景社区举行六盘情警务室暨"新区义警"成立启动仪式。原州区政府副区长、公安分局局长何冬华出席。

2日　原州区委网信办、原州区公安分局联合举办2023年网络直播规范管理专题培训会。原州区99名网红、大V及新媒体账号主播参加培训。

3日　由固原市原州区委宣传部，福州市鼓楼区、马尾区、长乐区委宣传部联合主办的"山海情深共筑梦 文艺振兴谱新篇"艺术交流展在福州市鼓楼区三坊七巷顺利开展。

是日　固原市原州区在三营镇全民健身活动中心为全国"村BA"总决赛季军获得者宁夏三营镇代表队隆重举行欢迎仪式。自治区农业农村厅党组成员、总农艺师康波，固原市政府副市长杨生俊分别致辞。固原市委、固原市政府向三营镇奖励资金10万元，原州区委、原州区政府为三营队每位队员奖励了独具"乡土味"的奖品一头牛，并赠送一套珍藏书籍。向前去贵州支援的球迷马文才、周小文、马亚勤颁发"最美奉献者"奖和荣誉锦旗；为杨佰忠颁发"和美乡村形象大使"荣誉证书；向穆向彪颁发"体育精神传播者"奖；向马强颁发"全民健身达人"奖。

7日　固原市委常委、原州区委书记何永吉来到原州区融媒体中心，看望慰问奋战在一线的新闻工作者，向大家致以节日的问候和诚挚的祝福。原州区委常委、宣传部部长樊勇陪同。

是日　"山海情深共筑梦 文艺振兴谱新篇"首届原州·福州"两地四区"文化艺术作品展在福建省海峡民间艺术馆开幕。活动现场，还举行了"诗书原州 书送情谊"赠书画活动，原州区向鼓楼区、马尾区、长乐区及海峡民间艺术馆赠送艺术作品合集和《原州》文学内刊各

200套,总计2500余册。本次展出的部分书画、民间工艺作品共计40余幅作品也将赠予鼓楼区、马尾区、长乐区及福建省海峡民间艺术馆。活动期间,还邀请了福建省篆刻学会会长、福州市书协主席吴昌钢进行“山海情 篆刻美”公益讲座;两地四区的文艺工作者共同开展“山海相依 艺笔生辉”书画笔会和采风活动等。

8日 由自治区党委宣传部、自治区文明办主办的“推动移风易俗 培育新风新貌”主题文艺节目赴基层巡演活动走进原州区头营镇圆德村。

是日 福建省福州市福建师大二附中、连江尚德中学、连江文笔中学等六所学校骨干教师在固原五中开展主题为“‘四新’背景下课堂教与学方式的转变”的送教送培活动。

9日 中国共产党固原市原州区第四届委员会第五次全体会议召开。出席这次全会的有区委委员32人,候补委员1人。不是区委委员、候补委员的在职副县级领导同志,区纪委委员和固原市、原州区部分党代表,各乡镇(街道)、部门(单位)、各民主党派主要负责同志及有关方面负责同志列席会议。全会由区委常委会主持。固原市委常委、原州区委书记何永吉同志作了讲话。全会坚持以习近平新时代中国特色社会主义思想为指导,全面贯彻党的二十大精神,深入践行习近平生态文明思想和习近平文化思想,认真贯彻落实自治区党委十三届五次和市委五届九次全会精神,紧紧围绕铸牢中华民族共同体意识这条主线,对新征程生态环境保护和加快建设宁夏副中心城市核心区、生态文旅特色市集聚区作出全面部署。全会审议通过了《原州区贯彻落实自治区党委十三届五次全会精神任务清单》《加快宁夏副中心城市高质量发展原州区任务清单》和《加快建设生态文旅特色市原州区任务清单》。

是日 固原市人大常委会副主任师淑莲,固原市红十字会党组书记、副会长马秀梅,原州区委常委、副区长吴铁军一行来到原州区头营镇头营村,看望慰问固原第14例、原州区第7例造血干细胞志愿捐献者黎龙。

13日 固原市委常委、原州区委书记、原州区委主题教育领导小组组长何永吉带领区委常委会班子成员、在家副县级以上领导干部,在彭堡镇姚磨村开展“沿着总书记足迹、感悟思想伟力”主题教育实践活动,重温习近平总书记在姚磨村考察调研时的点滴,汲取奋进力量。

是日 原州区委常委会召开专题研讨交流会,进一步学习贯彻习近平总书记关于树立和践行正确政绩观的重要论述,围绕“为谁创造业绩、创造什么样的业绩、怎样创造业绩”开展研讨交流。固原市委常委、原州区委书记、原州区委主题教育领导小组组长何永吉主持会议并讲话。会上,马波、马小路、吴铁军、马耀军、陈启、张守忠、张雯萍、郭兆江分别联系思想和工作实际,作了交流发言。原州区在家县级领导及各部门(单位)负责人参加会议。

16日 原州区法学会召开第二届会员代表大会。大会听取并审议通过了《原州区法学会第一届理事会工作报告》,选举产生了新一届法学会会长、常务副会长、副会长、常务理事、理事和秘书长。

17日 原州区与中国建设银行固原分行召开政银座谈会,共同签订原州区“水银行”合作协议。协议明确,由建行固原分行为原州区用水权改革方面的产业和重点项目、具有特色和发展潜力的中小企业提供全方位、综合化的金融服务,助力原州区用水权改革向纵深迈进。

18日 原州区委召开理论学习中心组(扩大)学习会暨主题教育“四下基层”专题学习研讨会,深入学习贯彻习近平总书记关于“四下基层”重要批示精神。固原市委常委、原州区委书记、原州区委主题教育领导小组组长何永吉主持会议并讲话。在家县级领导及各部门(单位)、乡镇(街道)负责人参加会议。

是日 原州区委人大工作会议召开。会议坚持以习近平新时代中国特色社会主义思想为指导,深入学习贯彻党的二十大精神和习近平总书记关于坚持和完善人民代表大会制度的重要思想,全面贯彻落实中央和区市党委人大工作会议精神,研究部署当前和今后一个时期原州区人大工作。固原市委常委、原州区委书记何永吉出席会议并讲话,原州区委副书记、政府区长马波主持会议,原州区人大常委会主任李佐田作表态讲话,原州区政协主席马仲尧出席。原州区委常委,原州区人大常委会副主任,政府副区长,法检两长,各乡镇(街道)党政主要负责人、人大主席,原州区直各部门(单位)、原州区人大各工作委员会主要负责人参加。

是日 叶峻铭慈善基金发放仪式在固原五中举行。发放仪式上,来自福建的叶勇夫妇向固原五中25位品学兼优的学生发放了共计5万元的慈善资金。叶峻铭慈善基金是福建的爱心人士叶勇夫妇在了解到闽宁协作帮扶的背景和西北教育情况后,以自己儿子叶峻铭的名义设立的教育慈善基金,每年捐献5万元,发放给固原五中品学兼优且生活困难的学生。

22日 固原市委常委、原州区委书记、原州区委主题教育领导小组组长何永吉到头营镇马园村开展“信访接待下基层”活动。他强调,要深入学习贯彻习近平总书记关于加强和改进人民信访工作的重要思想,牢固树立以人民为中心的发展理念,进一步加强源头治理、健全化解机制、做细群众工作,依法依规、用心用力解决好群众合理诉求,用“群众满意”标尺衡量主题教育成效。

是日 固原市委常委、原州区委书记、原州区委主题教育领导小组组长何永吉前往宁夏飞毛腿技工学校开展“现场办公下基层”活动,协调解决学校当前遇到的问题和困难。

是日 宁夏医科大学党委副书记、校长姜怡邓一行来原州区黄铎堡镇和润村,调研指导驻村工作队工作开展情况,并开展捐助帮扶、走访慰问活动。原州区委副书记马小路参加活动。

23日 原州区委常委会召开主题教育调研成果交流会,深入学习习近平总书记关于调查研究的重要论述,交流调研成果,总结典型做法和成熟经验,推动调研成果转化为促进各项工作提质增效的不竭动力。固原市委常委、原州区委书记、原州区委主题教育领导小组组长何永吉主持会议并讲话。自治区党委第四巡回督导组副组长妥成军出席会议并讲话。

27日 原州区电池贴片量产出货仪式和电子设备加工生产组装项目签约仪式在宁夏飞毛腿技工学校举行。第十三批福建援宁工作队领队吴顺意,原州区委副书记、政府区长马波出席仪式。

是日 原州区农业技术学会成立大会暨第一次会员大会召开,选举产生了原州区农业技术学会第一届理事会、监事会,标志着原州区农业技术学会正式成立,将成为一支能够真正助力乡村振兴的生力军。

28日 固原市委常委、原州区委书记何永吉对原州区政协重点提案《关于继续加强清水河流域国土绿化及综合整治的建议》进行现场督办。原州区政协主席马仲尧、原州区政府副区长慕夙参加。

28—29 日　原州区应急管理局举办全区乡镇(街道)、部门(单位)、工贸企业和矿山企业安全生产管理能力提升培训班。对各乡镇内煤矿山管理,工贸企业、特种设备作业等企业主要负责人、安全管理人员共计 180 余人进行了专题培训。

29日　原州区举办"一线处置"平台操作培训会,对原州区 26 个部门(单位)、3 个试点街道分管领导和工作人员及 40 个社区书记、网格员进行培训。至此,鼓楼区捐赠的"一线处置"平台在原州区经过一个多月的准备和部署,正式上线试运行。

30日　原州区召开巩固拓展脱贫攻坚成果同乡村振兴有效衔接工作推进会,传达学习自治区《关于开展巩固拓展脱贫攻坚成果同乡村振兴有效衔接工作自查自评的通知》精神,通报原州区巩固拓展脱贫攻坚成果同乡村振兴有效衔接工作核查情况,听取问题厕所整改、医疗保险收缴、小额信贷及各类反馈问题整改情况,安排部署国家考核评估准备工作。固原市委常委、原州区委书记何永吉出席会议并讲话,原州区委副书记、政府区长马波主持,在家县级领导、各乡镇(街道)、部门(单位)主要负责人参加会议。会议以视频形式开至村一级,乡村干部、驻村干部在分会场参加会议。

12月

4 日　固原市委常委、原州区委书记、原州区委主题教育领导小组组长何永吉主持召开区委主题教育领导小组第四次会议,传达学习习近平总书记在北京河北考察灾后恢复重建工作时的重要讲话、在中央金融工作会议上的重要讲话精神和关于推进生态文明建设需要处理好几个重大关系的重要论述,蔡奇同志在中央主题教育领导小组第 7 次会议上的讲话,中央巡回指导组座谈会、全区县(市、区)主题教育工作推进会,第二次自治区主题教育整改整治工作会商视频会以及固原市委主题教育领导小组第三次会议精神,听取原州区主题教育工作进展情况汇报,研究部署下一步工作。

5 日　原州区委副书记单亮一行来到原州区北塬街道华城国际小区,看望慰问固原第 15 例、原州区第 8 例造血干细胞志愿捐献者毕丰江先生。

7 日　原州区委召开理论学习中心组集体学习(扩大)会议暨主题教育专题学习研讨会,学习习近平法治思想、强军思想、外交思想和习近平总书记关于党的建设的重要思想,开展交流研讨。固原市委常委、原州区委书记、原州区委主题教育领导小组组长何永吉主持会议并讲话。

是日　农业农村部官网发布通知,公布了第六批全国农村创业优秀带头人典型案例名单。宁夏好水川养殖有限公司马玉芳是宁夏固原市原州区唯一获此殊荣者!

13日　原州区委副书记、政府区长马波带队对区四届人大二次会议部分代表建议和区政协四届二次会议部分委员提案办理情况进行督导调研,并邀请原州区人大常委会副主任罗永耀、原州区政协副主席金占海参加调研。马波一行先后来到彭堡镇撒门村、头营镇蒋河村、三营镇孙家河村、黄铎堡镇穆滩村等地,了解区人大常委会重点督办建议"关于在孙家河村实施‘引水上山’工程发展林下经济的建议”、区政协重点提案“关于加快何家沟水库灌溉渠系配套工程的建议”等建议的办理进展情况。

15日　原州区委副书记、政府区长马波带队调研原州区2024年重点项目推进情况。先后到中河乡中河村、黄沟村，彭堡镇闫堡村、黄铎堡镇南城村、三营镇甘沟村、头营镇泉港村等地，察看2024年产业、民生、基础设施等领域重点项目谋划和前期要素保障情况。原州区领导吴铁军、宋兆璐陪同调研。

10—16日　固原市委常委、原州区委书记何永吉随同固原市委主要领导赴国家有关部委对接工作，深入北京、上海、杭州等地意向企业开展招商引资活动。原州区领导张小荣、曹国祥以及发改、农业农村、工信商务等部门负责人参加活动。

16日　原州区供销合作社第二次代表大会召开，全面总结过去五年原州区供销合作事业发展的成就，选举产生原州区供销合作社第二届理事会、监事会，安排部署今后五年全区供销合作事业的奋斗目标和工作任务。自治区供销社党组成员、理事会副主任孙向前，固原市供销社理事会主任杨自远受邀出席会议。固原市委常委、原州区委书记何永吉向大会发来贺信，对大会的召开表示热烈的祝贺。原州区领导马小路、宋兆璐、罗永耀、赵向辉出席会议。

19日　原州区民政局与原州区人民检察院签署了《关于加强服刑人员信息共享协作配合的意见（试行）》，进一步加强原州区社会救助对象认定的准确性，实现核对机制的“精、快、专、细、准”，有效防范遏制“骗保”行为的发生。

21日　原州区慈善会第一届会员代表大会第一次会议召开，选举产生了第一届理事会及其领导班子。固原市民政局党组书记、局长、固原市慈善总会常务副会长邵春霞应邀出席会议，原州区政府副区长陈雪霞出席会议。会议审议通过了原州区慈善会章程、会员代表大会制度、会员大会选举办法等；选举产生了原州区慈善会第一届第一次理事会会长、常务副会长、副会长、秘书长。原州区慈善会新任会长李宏霞代表第一届理事会作了表态发言。

23日　为积极响应原州区委、区政府的号召，区委统战部牵头，团区委、区工商联、区伊协、区红十字会第一时间组织辖区商协会、新联会、民营企业家和爱心人士，开展抗震救灾捐赠活动。12月22日，原州区筹集的总价值22.4万元的自热米饭、鸡蛋、炉具等物资已送达甘肃积石山县。“此次原州区再次筹集的18万余元救灾物资共计1800件左右。

是日　原州区文明委召开2023年第二次全体会议，深入学习贯彻习近平总书记关于社会主义精神文明建设重要论述精神，传达学习《新时代公民道德建设实施纲要》《新时代爱国主义教育实施纲要》《固原市文明行为促进条例》；研究审议有关报告、拟推荐名单等，对各项创建工作进行再安排、再落实。原州区委常委、宣传部部长樊勇讲话。

26日　原州区委副书记单亮一行来到原州区南关街道祥和家园小区，看望慰问宁夏第117例、固原市第16例、原州区第9例造血干细胞志愿捐献者陈鑫。

27日　固原市委常委、原州区委书记、原州区委主题教育领导小组组长何永吉主持召开区委主题教育领导小组第五次会议，传达学习习近平总书记近期关于主题教育的重要讲话精神，中共中央政治局专题民主生活会、中央学习贯彻习近平新时代中国特色社会主义思想主题教育领导小组第8次会议、中央巡回指导组座谈会和落实“四下基层”交流会、区市党委主题教育领导小组会议精神，听取原州区部分基层党组织主题教育进展情况汇报，研究部署下一步工作。

是日 原州区人武部、区退役军人事务局联合相关乡镇、街道办为2023年荣立三等功的现役军人马浩、杨庭忠、赵常瑞和退役军人夏号号送去喜报，并为他们颁发奖牌、送上褒扬金。

是日 原州区人民医院与西安市第五医院举行“西北风湿免疫专科联盟”共建医联体授牌及签约仪式。西安市第五医院副院长颜伟生与原州区政府副区长张小荣共同授牌。

29日 固原市委常委、原州区委书记何永吉，原州区委副书记、政府区长马波分别带队调研检查节前市场保供、安全生产等工作。原州区委常委、政府副区长吴铁军，政府副区长张小荣参加调研检查。

区情概览

建置区划

【位置面积】 原州区位于宁夏南部，六盘山东麓，是固原市委、市政府所在地，是固原市政治、经济、文化中心。总面积2739平方千米，耕地面积158万亩。地处西安、兰州、银川三省会城市三角中心地带，东临彭阳县，南接泾源县，西连西吉县，北靠海原县、同心县，东北、西南分别与甘肃环县、隆德县毗壤。

【建置沿革】 春秋时期，原州称大原（亦称太原）、朝那。先秦置朝那县、乌支县。周赧王时，秦灭义渠，置陇西、北地、上郡。朝那、乌支属北地郡。秦并六国，分天下为三十六郡，朝那、乌支仍属北地。汉初，置高平县（今治）、三水县、廉县，隶北地郡。汉武帝元鼎三年，析北地郡置安定郡，郡治即今固原城，领县二十一。东晋置平凉郡。北魏置原州，原州之名始见。隋复置平凉郡。唐复置原州。五代为吐蕃地。北宋州县废，置镇戎军。金为镇戎州。元复为原州，寻废；建安西王行都开成府，寻降为州，置广安县，旋升州。元视开成府为上都。明置广安州，开城州降为县；置固原卫，固原之名遂显；置三边总制府，节制延绥、宁夏、甘肃三边，卫升为州，固原之名大显。清驻三边总督、陕西提督，升州为直隶州。民国州废，分州地置固原县。新中国成立后，置固原县，隶甘肃省平凉专区。1958年划归宁夏，隶固原专区、固原地区。2002年，撤固原地区设固原市，撤固原县设原州区。今原州区辖十一个乡镇三个街道办事处。

自然环境

【地质地貌】 原州区地势南高北低，西南为六盘山山地，东北为黄土丘陵，中部为清水河河谷冲积平原。六盘山地山基由砂岩、页岩、砾岩及石灰岩构成。黄土丘陵除个别地方有基岩出露外，其余均系第四纪松散的黄土覆盖。清水河河谷冲积平原以古生代结晶灰岩为基底，其上沉积巨厚的白垩系、第三系和第四系物质。地貌由黄土台原、山前洪积扇和冲积平原组成。原州区境内主要山峰有：六盘山、香炉山、马东山、禅塔山、须弥山、黄峁山、东岳山、程儿山、云雾山、炭山等。

【河流湖泊】 原州区境内有清水河、茹河、张易河三大水系。清水河，为黄河一级支流，是原州区主要水系，发源于开城镇黑刺沟、张易镇西海子等地，由南向北流经全境，蜿蜒80公里。茹河，为泾河重要支流，发源于甘肃环县和原州区境内的寨科乡、官厅镇、河川乡、开城镇等地，经廼河、黄家河等进入彭阳，境内最长河沟43.4公里。张易河即马莲川河上游段，为葫芦河重要支流，发源于张易镇东部和北部的六盘山上，流经张易镇全境，在樊西堡进入西吉马莲乡，境内23公里，流域面积204平方公里。

【土壤植被】 原州区在土壤的水平分布上处于黑垆土地带内，并且是黑垆土向灰钙土过渡的边缘地区。垂直分布上从上至下由山地草甸土和山地灰褐土组成。2300米以上为山地草甸土，以下为山地灰褐土。原州区植被在水平带上属于温带草原带，具有由森林草原向干旱草原过渡的特点。六盘山主脉一带为森林草原和落叶阔叶林，向北逐渐变化为森林草原，灌丛草原和干旱草原。由于长期破坏，森林严重退化，草原成为原州区内植被主体，主要分布在黄土丘陵区，且退化严重。原州区内森林主要是人工林，占原州区森林总面积的70%。

【气候物候】 原州区气候属内陆暖温带半干旱区。境内降水少、蒸发量大，干燥度较高，大陆性气候特征明显，四季气候分明。冬季寒冷漫长，春季气温多变，夏季短暂凉爽，秋季降温迅速，差异性大。2023年，原州区年平均气温为8.4℃；年降水量为441.9毫米，偏少3%。

自然资源

【土地资源】 原州区国土总面积4108561.5亩，其中耕地面积1272447.9亩，林地面积1252594.65亩，耕地和林地面积2525042.55亩，占全区土地总面积的61.46%；草地面积932428.35亩其他农用地274934.55亩，建设用地面积303827.7亩，未利用地面积72328.35亩。全区划定耕地保有量83848.03公顷，永久基本农田保护面积71213.42公顷，占耕地保有量面积的85%。

【矿产资源】 原州区境内有多种矿藏，可分为燃料矿、金属矿、建材矿和化工原料矿四大类15种。原州区主要有煤矿、石灰岩、石英砂、石膏、芒硝等矿产储量丰富，其中品位高、质地好的玻璃原料——石英砂储量达1.3亿吨，经地质勘查，境内还蕴藏着大量的石油、天然气。

【野生动物资源】 原州区境内有脊椎动物25目62科213种，昆虫17目123科905种，其中国家一级保护动物有豹、金雕、玉带海雕、白尾海雕、大鸨；国家二级保护动物有猞猁、林麝、雀鹰、白尾鹞、大鵟、草原雕、燕隼、红脚隼、红隼、红角鸮、雕鸮、纵纹腹小鸮。六盘山外围区野生动物资源较丰富，共有陆栖脊椎动物207种，2个亚种，隶属于24目60科，其中属宁夏新纪录36种，占总数的17.39%；两栖类5种，隶属于1目3科；爬行类4种，隶属于2目4科；鸟类158种，隶属于15目36科；哺乳类39种，隶属于6目17科。

【野生植物资源】 原州区拥有野生植物资源110科442属1072种，其中维管植物180种，经济价值较高的资源植物153种，重要药用植物51种。国家重点保护植物杜松仅分布在蝉塔山林区，仅有7棵菩提树分布在须弥山景区。宁夏云雾山国家级自然保护区内有种子植物51科131属182种。这些植物包括裸子植物1科1属1种和被子植物50科130属181种。该保护区内有中国特有种植物文冠果和虎榛子2种，这两种植物均为古老属种。

【自然景观资源】 原州区现有各类自然景观16处。其中纳入国家级自然保护区有须弥山AAAA级景区、清水河国家湿地公园、云雾山自然保护区。纳入自治区级森林（湿地）公园有古雁森林公园和东岳山森林公园、九龙山半岛公园、丝路公园、冬至河湿地公园、北海公园。纳入自治区级文化保护景观有东朝那湫和西朝那湫、二十里铺拱北。新开辟适合的市民休闲郊游区域有，中庄水库郊游区、贺家湾水库郊游区、蝉塔山迷魂沟、水沟次森林区。红色自然资源景观有青石嘴战斗纪念碑、张易莲花沟红军长征小道。

区划人口

【人口】 2023年，原州区常住人口47.91万人，比上年末增加0.24万人。其中城镇常住人口28.14万人，占常住人口比重（常住人口城镇化率）为58.74%，比上年末提高0.53个百分点。2023年全区出生人口0.52万人，出生率10.88‰；死亡人口0.29万人，死亡率6.07‰；自然增长率4.81‰。

【行政区划】 原州区辖7镇4乡3个街道办事处，150个行政村，41个居委会。“7镇”即三营镇、头营镇、官厅镇、张易镇、开城镇、彭堡镇、黄铎堡镇；“4乡”即寨科乡、炭山乡、中河乡、河川乡；“3个街道办事处”即南关街道办事处、古雁街道办事处、北塬街道办事处。

历史文化

【历史遗存】 原州区境内有各个历史时代的文化遗存399处。被誉为“丝路明珠”的须弥山石窟，为全国十大著名石窟之一；战国秦长城、黄铎堡古城、安西王府遗址远近闻名；固原博物馆、西北农耕博物馆馆藏丰富，鎏金银瓶为国宝级文物；清水河、东海子、西海子和禅塔山、叠叠沟山水相映，绿色清凉。特别是被誉为“胜利之山、高原绿岛”的六盘山纵贯南北，是驰名中外的红色旅游胜地。

【革命英烈】 赫光（1902—1931），原名万锡绂，甘肃省海原县（今属宁夏固原市原州区）杨郎镇人。1922年考入洛阳讲武堂，1925年加入中国共产党。中国工农红军第24军军长。

陈良璧（1907—1941），甘肃省固原县（今宁夏固原市原州区）七营乡八营村人，先后参加过保卫上海、南京、九江、武汉等战役。西安事变后，他投身抗日前线，编入王劲哉任师长的128师。1941年夏，日寇大肆攻击宜昌，铁蹄从武汉踏向洪湖峰口镇，为国壮烈捐躯。1986年7月1日，中华人民共和国民政部批准陈良璧为革命烈士。

孙寿名（1916—1949），甘肃省固原县人（今宁夏固原市原州区），1917年，被选送到胡宗南在天水办的中央军官学校西北分校学习军事。1937年7月，邓宝珊部组织抗日先遣队，孙寿名被编入国民革命军二十七师任营长，与日寇鏖战于山西中条山。1944年，加入中国民主同盟。1949年2月在兰州被捕，组织越狱未成，于8月21日被敌人枪杀于大沙坪，时年33岁。

【革命遗址】 原州区境内有张易堡红军长征毛泽东宿营地旧址、红军长征固原青石嘴战斗纪念碑、固原革命烈士纪念碑、韩练成将军故居遗址、原州区头营镇杨郎村赫光纪念馆等革命遗址。

风景名胜

【须弥山石窟】 位于宁夏固原市原州区须弥山南麓100多米处，总称“须弥山石窟”，是全国重点文物保护单位。始建于北魏年代，以后历代均有扩建，迄今仍保留有20多个洞窟。须弥山石窟为佛教石窟寺，中国十大石窟之一，处于固原西北55千米寺口子河（古称石门水）北麓的山峰上，属六盘山脉，山基以紫色砂岩，砂砾岩及页岩组成，海拔2003米，峰峦叠嶂，怪石嶙峋，山中流水，风景秀丽，是宁夏著名景区之一，原州（今固原）规模最大的佛寺遗址。1982年，须弥山石窟被国务院列为“国家重点文物保护单位”。

【固原博物馆】 国家文物局1998年确定的全国70个重点博物馆之一，隶属于宁夏回族自治区文化厅，筹建于1983年，1988年9月25日落成开放。占地面积40000平方米，建筑面积16000平方米。馆内收藏文物2万余件，时间跨度自远古至明清，具有显著的完整性，其中国家一级文物123件（组），国宝级文物3件。藏品以春秋战国时期北方系青铜器和北魏、北周、隋唐时期丝路文物最具特色，在国内外有一定影响力。北周鎏金银瓶、凸钉玻璃碗为国之瑰宝,为中西文化交流的实物依据。

【西北农耕博物馆】 西北农耕博物馆是由原州区人民政府筹资兴建的以农耕文化为主题的专题性博物馆,博物馆位于固原市原州区北京路,占地面积24.65亩,建筑面积4050平方米。有馆藏文物及近现代农耕器具1万多件,其中:国家一级文物2件,二级文物43件,三级文物379件。西北农耕博物馆实行全年免费对外开放,主题展览为《农耕之魂》。分为序厅、尾厅、原始社会农耕、先秦时期农耕、秦汉至隋唐时期农耕、宋元明清时期农耕和近现代农耕文化厅七个部分,共展出历代农耕器具、文物2000余件。2018年被确定为国家二级博物馆。

【战国秦长城博物馆】 原州区战国秦长城博物馆位于固原市北京路415号西北农耕博物院内,建筑面积2000平方米,以长城文化为内容的专题性博物馆。主题展览为:西陲雄风。分为五部分,共展出文物1100余件(套)。第一部分长城雄风今犹在。第二部分西陲边塞迤千里。第三部分故塞雄关绾三边。第四部分不到长城非好汉。第五部分长城两边是故乡。

2023年经济社会发展

【政治建设】 第二批学习贯彻习近平新时代中国特色社会主义思想主题教育启动后,原州区认真学习贯彻习近平新时代中国特色社会主义思想,牢牢把握主题主线和根本任务,突出实践实效。举办为期7天的读书班并召开研讨交流会,沉浸式学习领悟习近平新时代中国特色社会主义思想。坚持分类指导,对2860名青年党员通过"线上+线下"的方式组织同步参加学习,对610名行动不便的老党员结对帮学、送学上门,组织131名流入党员在3个商圈党群服务中心和41个社区党员活动阵地就近就便学习研讨,对956名流出党员与所在地组织部门"双向管理",实现主题教育党员有效覆盖。高度聚焦制约原州高质量发展的突出问题,副处级以上领导干部从"小切口"入手领题32个,形成调研报告20个,累计检视经济社会发展方面问题96个已整改62个;各基层党组织针对本单位存在的突出问题认领1个课题开展集体调研,动员广大党员建言献策288条,收集群众急难愁盼问题155个已解决108个,真正做到解民忧、办实事。党的建设迈出新步伐。始终把政治建设摆在首位,统筹推进党的基层组织建设,整顿软弱涣散村党组织2个,培育"两个带头人"1682名。积极发展壮大村级集体经济,扎实推进"红色六盘"党建品牌"四个一"创建行动,基层党组织的政治功能和组织功能不断提升。联系原州籍在外人才6246人,成功举办"才聚六盘,智汇原州"原州籍在外人才返乡行活动,引导原州籍在外人才争做"形象代言人","发展谏言人","项目招引人"。

【经济建设】 2023年,实现地区生产总值184.33亿元,按不变价格计算,比上年增长5.4%。实现社会消费品零售总额74.94亿元,比上年增长5.1%。全年全区完成地方一般公共预算收入1.87亿元,同比增长10.6%;完成一般公共预算支出53.48亿元,同比增长3.3%。全年全区全体居民人均可支配收入25725元,比上年增长8.2%。城镇居民人均可支配收入38530元,增长5.3%;农村居民人均可支配收入16131元,增长8.8%。

脱贫攻坚成果得到新巩固。聚焦5年巩固期目标任务,不断深化"115"包抓机制,扎实开展"四查四补""八必访",新排查危房户32户,不通自来水户375户,新识别纳入"三类监测"对象193户736人,落实开发式帮扶措施350项,不仅做到应纳尽纳、应帮尽帮,消除隐患、化解风险,还提高了老百姓自主发展的能力。按照“全面认领、逐户排查、举一反三、一体整改”的原则，建立问题、任务、责任“三个清单”，一项一项抓落实，各级各类反馈问题都已清仓见底、整改到位。2023年，脱贫人口人均纯收入达到15178元，增长16.55%。

特色产业实现新突破。“五特”产业实现质量和效益双提升。深圳百果园“三个零”（0化学合成肥料、0化学农药、0化学激素）技术试验、上海孙桥溢佳孙番系列小番茄新品种试种成功，实现蔬菜技术和品种的新突破，全区种植蔬菜25万亩，总产值达20亿元，头营镇被授予2023年全国农业产业融合发展强镇，彭堡镇入选全国“一村一品”示范村镇。出台10条针对性奖补措施，有效应对6月以来活牛及牛肉市场行情下行冲击，肉牛饲养量达到30万头，综合产值达到18亿元，融侨肉牛生态园被评为肉牛养殖国家级农业农村信息化示范基地，宏科农民养殖专业合作社被评为国家深化社企对接合作典型。种植马铃薯16.5万亩，生产马铃薯33万吨，加工薯条薯饼和马铃薯全粉20万吨，综合产值达到16亿元，雪川农业第二条生产线建成投产，被农业农村部认定为2023年农业国际贸易高质量发展基地，入选“2023中国品牌500强”榜单。建成10个中药材标准化示范基地和1个黄芪标准化育苗基地，带动种植道地中药材5万亩，总产量达9000吨，加工饮片5300吨，实现产值2.2亿元。经果林面积达到13万亩，养鸡330万只，生产高品质鸡蛋4.2万吨，屠宰加工鸡肉2880吨，实现产值15亿元，黄天鹅可生食鸡蛋连续四年荣获“世界食品品质评鉴大会金奖”。“五新”产业实现项目和资金双落实。大力实施规上企业培育工程，新培育规上企业3家，达到47家，新培育自治区级“专精特新”中小企业4家，创新型中小企业7家，中小企业公共服务示范平台2家，配合固原市启动六盘山电厂2×1000兆瓦扩建项目，闽宁电子信息产业园暨闽宁协作原州区公共实训基地挂牌运行。“五优”产业实现民宿和消费双突破，坚持以文旅产业带动现代服务业，落实言顺书记关于清水河流域文旅岸线建设调研要求，挖掘整理旅游景点和美丽传说故事，编制清水河沿岸文旅产业发展、须弥山旅游景区提升2个规划，开工建设薛庄、双泉两个乡村旅游示范点。打造精品旅游线路，创新发展文旅产业，全年接待游客350万人次，实现旅游综合收入18亿元，同比分别增长14%和9%，“游在六盘大地，吃住娱购在原州”综合示范基地建设取得实质性成果。福苑集团获得2023年度全国巾帼建功先进集体，原州区成功创建自治区全域旅游示范区，全国避暑旅游目的地已通过国家初审将于12月授牌。

【文化建设】 开展文化文艺惠民活动。举办原州区2023年“迎新春送文化”系列活动、原州区2023年新春诗会、原州区第五届群众书画摄影大赛等活动40余场次。举办了第四届六盘山诗歌节、安全生产专项文艺演出、原州区首届少儿文化艺术节、“庆国庆·迎中秋”诗文朗诵会等大型文化文艺活动20余场次，开展“戏曲进乡村”60场次、“送戏下乡”35场次、文化广场活动55场次。加强文化遗产传承保护。实施了须弥山石窟大佛病害治理前期研究项目和须弥山石窟相国寺治水工程等项目。举办了石窟寺水害精细探测与防治学术研讨会。组织开展文物安全风险隐患排查整治，确保文物安全。成功举办了第九届须弥山石窟文化旅游节、牡丹山庄文化旅游节、刘姥姥农庄乡村旅游节、彭堡镇河东村金秋“村晚”等大型文化旅游宣传活动。引进中国乡村发展基金会和宁苗生态研究院2家企业，实施原州区官厅镇薛庄村百美村庄项目和开城镇双泉村乡村生态文旅建设项目；与浙大圆正文旅研究院签订合作框架协议，正在编制《原州区清水河沿岸文旅产业发展规划》和《原州区须弥山景区提升规划》；与北京市门头沟签订支持和发展民宿经济框架协议。着力发展文化旅游，建成沈家河国家湿地公园。打造河州乡寨洼村、彭堡镇姚磨村2个全国乡村旅游重点村和杨郎村、乔洼村、小马庄3个自治区级特色旅游村;开发了红色文化、历史古迹、非遗传承、农耕体验4条研学线路,培育了柳林庄园、牡丹山庄、篱外居、南山生态园等15家具有发展潜力的重点乡村旅游示范点,打造具有原州特色的历史文化游、城市休闲游、美丽乡村游3条精品旅游线路。2023年原州区接待游客360万人次,实现旅游综合收入18亿元,同比增长37%和43%。加强宣传推介。在西安、福州开展了农文旅推介和招商活动,取得了圆满成功。开展“两晒一促”大型文化旅游宣传活动。首届原州·福州“两地四区”文化艺术交流活动在福州鼓楼区三坊七巷举行,加强了两地四区文艺的深度交往交流交融,共促文艺繁荣。

【社会建设】 教育资源优质均衡。积极适应新型城镇化发展和学龄人口变化趋势,新建十一幼、十二幼、三营四小,改扩建第五中学,学位供给不断优化,基础教育质量持续改善。中考700分以上人数、总分优秀率、高考一本、二本上线率均创近三年新高,“优学在原州”的共识深入人心。卫生健康高效便捷。深化“健康原州”建设,居民健康素养水平达到27.2%。深入推进“三医联动”改革,多元复合式医保支付方式全面覆盖。加快推进“互联网+医疗健康”示范区建设,医共体信息化平台建成投用。引进组团式帮扶专家21名,开展各项新技术24项,疑难杂症在家门口就医得以实现,医疗帮扶成效显著。什里社区、景园社区成功评选为“全国示范性老年友好型社区”。文体活动异彩纷呈。深入实施文化惠民工程,成功举办第四届六盘山诗歌节、须弥山文化艺术节等活动,《锦绣原州好地方》等本土原创文艺作品受到群众广泛好评。首届原州·福州“两地四区”文化艺术作品展成功举办,文化艺术交流交融实现新突破。彭堡河东“金秋”村晚入选全国“村晚”,三营篮球队斩获全国和美乡村篮球赛(村BA)季军。社会保障坚实有力。成功打造城乡居民养老保险经办“15分钟”服务圈,养老待遇资格认证率连续四年居自治区首位。医疗、养老“两险”实现应参尽参、应保尽保。全区低保扩围增效8269人,高龄老年人津贴实现全覆盖。发放创业担保贷款5535万元,提供就业岗位3万余个,新增城镇就业3483人,城镇调查失业率控制在5.5%以内。宁夏飞毛腿技工学校成功申报国家职业技能鉴定站。城市管理精细完善。持续巩固国家卫生城市、自治区文明城市创建成果,扎实开展城区市容环境秩序综合整治行动,城市精细化管理水平持续提升,垃圾分类稳步推进,城市“十乱”现象治理取得显著成效。实施老旧小区改造项目3个,改造完成古雁岭森林公园二期生态修复工程,居民生活舒适度、幸福感进一步提升。

【生态环境建设】 全力打好黄河“几字弯”攻坚战,狠抓国土绿化和“三山”生态保护修复,坚持山水林田湖草沙一体化治理和保护,完成营造林13万亩,草原生态修复4000亩,修复历史遗留废弃矿山787亩,治理河道25公里,完成张易田堡、河川康沟等水土流失综合治理9.2万亩,森林覆盖率、草原综合植被盖度和水土保持率分别达到27.3%、84.7%和76.9%。污染防治扎实推进。坚决打好“蓝天、碧水、净土”三大攻坚战,空气质量优良天数比例达到91.2%,连续5年蝉联8个市辖区第一。清水河三营国控断面、二十里铺国控断面水质分别稳定达到Ⅳ类和Ⅱ类。固体废物和危险废物安全处置率均达到100%,土壤环境质量总体保持稳定。耕地保护有力推进。坚决扛牢耕地保护政治责任,严格用途管控,整治“非粮化”“非农化”4531亩,拆除整治乱占耕地81处153.2亩。扎实开展农业面源污染治理,全区化肥使用量实现零增长,农膜资源化利用率、残膜回收率分别达到100%和95%,畜禽粪污综合利用率、秸秆综合利用率分别达到97.5%和95%,耕地质量不断提升。

中国共产党固原市原州区委员会

综　述

【深入开展学习贯彻习近平新时代中国特色社会主义思想主题教育】 第二批主题教育启动后，认真学习贯彻习近平总书记“五个更加注重”“三个实实在在”指示精神，牢牢把握主题主线和根本任务，突出实践实效。举办为期7天的读书班并召开研讨交流会，沉浸式学习领悟习近平新时代中国特色社会主义思想。坚持分类指导，对2860名青年党员通过“线上+线下”的方式组织同步参加学习，对610名行动不便的老党员结对帮学、送学上门，组织131名流入党员在3个商圈党群服务中心和41个社区党员活动阵地就近就便学习研讨，对956名流出党员与所在地组织部门“双向管理”，实现主题教育党员有效覆盖。高度聚焦制约原州高质量发展的突出问题，副处级以上领导干部从“小切口”入手领题32个，形成调研报告20个，累计检视经济社会发展方面问题96个已整改62个；各基层党组织针对本单位存在的突出问题认领1个课题开展集体调研，动员广大党员建言献策288条，收集群众急难愁盼问题155个已解决108个，真正做到解民忧、办实事。

【巩固脱贫攻坚成果】 聚焦5年巩固期目标任务，不断深化“115”包抓机制，扎实开展“四查四补”“八必访”，新排查危房户32户，不通自来水户375户，新识别纳入“三类监测”对象193户736人，落实开发式帮扶措施350项，做到应纳尽纳、应帮尽帮，消除隐患、化解风险。按照“全面认领、逐户排查、举一反三、一体整改”的原则，建立问题、任务、责任“三个清单”，一项一项抓落实，各级各类反馈问题都已清仓见底、整改到位。2023年，脱贫人口人均纯收入达到15178元，增长16.55%。

【特色产业】 “五特”产业实现质量和效益双提升。深圳百果园“三个零”（零化学合成肥料、零化学农药、零化学激素）技术试验、上海孙桥溢佳孙番系列小番茄新品种试种成功，实现蔬菜技术和品种的新突破，全区种植蔬菜25万亩，总产值达20亿元，头营镇被授予2023年全国农业产业融合发展强镇，彭堡镇入选全国“一村一品”示范村镇。出台10条针对性奖补措施，有效应对6月以来活牛及牛肉市场行情下行冲击，肉牛饲养量达到30万头，综合产值达到18亿元，融侨肉牛生态园被评为肉牛养殖国家级农业农村信息化示范基地，宏科农民养殖专业合作社被评为国家深化社企对接合作典型。种植马铃薯16.5万亩，生产马铃薯33万吨，加工薯条薯饼和马铃薯全粉20万吨，综合产值达到16亿元，雪川农业第二条生产线建成投产，被农业农村部认定为2023年农业国际贸易高质量发展基地，入选“2023中国品牌500强”榜单。建成10个中药材标准化示范基地和1个黄芪标准化育苗基地，带动种植道地中药材5万亩，总产量达9000吨，加工饮片5300吨，实现产值2.2亿元。经果林面积达到13万亩，养鸡330万羽，生产高品质鸡蛋4.2万吨，屠宰加工鸡肉2880吨，实现产值15亿元，黄天鹅可生食鸡蛋连续四年荣获“世界食品品质评鉴大会金奖”。“五新”产业实现项目和资金双落实。大力实施规上企业培育工程，新培育规上企业3家，达到47家，新培育自治区级“专精特新”中小企业4

家，创新型中小企业7家，中小企业公共服务示范平台2家，配合固原市启动六盘山电厂2×1000兆瓦扩建项目，闽宁电子信息产业园暨闽宁协作原州区公共实训基地挂牌运行。“五优”产业实现民宿和消费双突破，编制清水河沿岸文旅产业发展、须弥山旅游景区提升2个规划，开工建设薛庄、双泉两个乡村旅游示范点。打造精品旅游线路，创新发展文旅产业，2023年接待游客350万人次，实现旅游综合收入18亿元，同比分别增长14%和9%，“游在六盘大地，吃住娱购在原州”综合示范基地建设取得实质性成果。福苑集团获得2023年度全国巾帼建功先进集体，原州区成功创建自治区全域旅游示范区，全国避暑旅游目的地已通过国家初审将于12月授牌。

【统筹发展】 投入12.92亿元实施山水林田湖草一体化保护和修复工程项目21个，累计营造人工林75.1万亩。两个经营主体被评为自治区级林下经济示范基地，原州区自然资源局被评为全国绿化模范单位。继续实施“三里三外”农村环境综合整治，完成148个村庄规划，在川区村建成菜园、果园“两小园”3.2万个，山区村种好房前屋后10棵树6.5万株，三营污水处理厂、二营湿地等环保项目加快建设，摸排问题厕所7900座，已整改7100座，完成冬季清洁能源取暖5514户，清水河水质稳定达标，空气优良天数连续多年保持在90%以上。

【党的建设】 始终把政治建设摆在首位，统筹推进党的基层组织建设，整顿软弱涣散村党组织2个，培育“两个带头人”1682名。积极发展壮大村级集体经济，扎实推进“红色六盘”党建品牌“四个一”创建行动，基层党组织的政治功能和组织功能不断提升。联系原州籍在外人才6246人，成功举办“才聚六盘，智汇原州”原州籍在外人才返乡行活动，引导原州籍在外人才争做“形象代言人”，“发展谏言人”，“项目招引人”。选树移风易俗示范村55个、示范户和“最美家庭”1310个，评选道德模范、身边好人2200个。

重要会议

【区委四届第五次全体会议】 中国共产党固原市原州区第四届委员会第五次全体会议，于2023年11月9日召开。出席这次全会的有区委委员32人，候补委员1人。不是区委委员、候补委员的在职副县级领导同志，区纪委委员和固原市、原州区部分党代表，各乡镇（街道）、部门（单位）、各民主党派主要负责同志及有关方面负责同志列席会议。全会由区委常委会主持。固原市委常委、原州区委书记何永吉同志作了讲话。全会坚持以习近平新时代中国特色社会主义思想为指导，全面贯彻党的二十大精神，深入践行习近平生态文明思想和习近平文化思想，认真贯彻落实自治区党委十三届五次和市委五届九次全会精神，紧紧围绕铸牢中华民族共同体意识这条主线，对新征程生态环境保护和加快建设宁夏副中心城市核心区、生态文旅特色市集聚区作出全面部署。全会审议通过了《原州区贯彻落实自治区党委十三届五次全会精神任务清单》《加快宁夏副中心城市高质量发展原州区任务清单》和《加快建设生态文旅特色市原州区任务清单》。

【四届区委2023年第1次常委会会议】 2023年1月10日，何永吉同志主持，会议传达学习了习近平总书记在中央政治局民主生活会、全国政协新年茶话会上的重要讲话和二〇二三年新年贺词精神，研究贯彻意见；传达学习了中共中央、国务院《关于做好2023年全面推进乡村振兴重点工作的意见》精神、自治区党委农村工作会议精神，研究贯彻意见；研究《关于原州区基层党组织建设提质增效工程实施方案（送审稿）的请示》《关于原州区深入推进城市基层党建引领基层治理实施方案（送审稿）的请示》和《关于原州区星级和谐社区创建考评暂行办法（送审稿）的请示》；研究《关于2023年“两节”慰问活动工作方案（送审稿）的请示》；召开2022年度区委议军会议；召开全区重大安全风险研判防控工作机制第三次会议；研究《关于蒋秋斐等同志任职的请示》。

【四届区委2023年第2次常委会会议】 2023年1月31日，何永吉同志主持，会议传达学习了习近平总书记在二〇二三年春节团拜会上、在春节前夕视频连线看望慰问基层干部群众时的重要讲话精神，研究贯彻意见；传达学习了习近平总书记在二十届中央纪委二次全会上的重要讲话及李希同志所作的工作报告精神，自治区纪委十三届二次全会精神，研究贯彻意见；听取全区党风廉政建设和反腐败工作情况汇报，审议原州区纪委四届三次全会《工作报告（送审稿）》，研究《关于召开原州区第四届纪律检查委员会第三次全体会议的请示》；传达学习自治区两会精神，研究贯彻意见；传达学习《中国共产党处分违纪党员批准权限和程序规定》，研究贯彻意见；传达学习自治区《中央生态环境保护督察整改工作领导小组会议纪要》，研究贯彻意见；传达学习《关于转发〈宁夏深学细悟笃行实干推动党的二十大精神落地生根开花结果〉的通知》，研究贯彻意见；研究《关于召开原州区委农村工作会议的请示》《原州区2023年巩固拓展脱贫攻坚成果任务清单》；研究《关于2022年度村党组织评星定级结果暨“一抓两整”示范乡、示范村命名的请示》；通报“1·29”火情，安排部署森林草原防灭火工作；研究政府党组相关议题；研究《关于闫儒红等同志职务任免的请示》。

【四届区委2023年第3次常委会会议】 2023年2月8日，何永吉同志主持，会议传达学习习近平总书记在中共中央政治局第二次集体学习时的重要讲话精神，研究贯彻意见；传达学习习近平总书记对政法工作的重要指示精神、中央政法工作会议精神和梁言顺同志对全区政法工作的批示精神、自治区党委政法工作会议精神，研究贯彻意见；传达学习全国、全区宣传部长会议精神，研究贯彻意见；传达学习全国、全区统战部长会议精神，研究贯彻意见；审议《原州区委常委会关于坚定维护以习近平同志为核心的党中央集中统一领导的若干规定重点任务清单（送审稿）》《原州区委常委会关于贯彻落实中央八项规定及其实施细则精神的实施方案（送审稿）》；研究《共青团固原市原州区第四次代表大会方案》；研究《原州区区直机关事业单位工作人员调配管理暂行办法》；研究政府党组相关议题。

【四届区委2023年第4次常委会会议】 2023年2月18日，何永吉同志主持，会议研究了干部相关事宜。

【四届区委2023年第5次常委会会议】 2023年2月28日，何永吉同志主持，会议传达学习了2月16日中共中央政治局常务委员会会议、2月21日中共中央政治局会议精神，习近平总书记在新进中央委员会的委员、候补委员和省部级领导干部学习贯彻习近平新时代中国特色社会主义思想和党的二十大精神研讨班开班式、中共中央政治局第三次集体学习时重要讲话精神，对内蒙古阿拉善左旗一露天煤矿坍塌事故重要指示精神，研究贯彻意见；传达学习《中共宁夏回族自治区委员会关于印发〈自治区党委常委会2023年工作要点〉的通知》，审议《原州区委常委会2023年工作要点（送审稿）》；传达学习《自治区党委办公厅印发〈关于加强和改进新时代宁夏青年和共青团工作的意见〉的通知》，研究贯彻意见；通报《原州区科协被评为2022年度县级科协工作优秀单位的函》；传达学习全国、全区组织部长会议和全国、全区老干部局长会议精神，研究贯彻意见；传达学习《宁夏回族自治区巡视整改和成果运用实施办法》和自治区纪委监委开展纠治形式主义官僚主义等6个专项治理部署会议精神，审议《关于在全区开展纠治形式主义官僚主义专项整治的实施方案（送审稿）》《原州区开展“干部作风转变年”活动实施方案（送审稿）》；通报《冼国义同志批示清样》，听取原州区扶贫志编纂进展情况汇报，安排部署下一步工作；传达学习中央、自治区全国两会维稳安保部署会议精神、自治区党委办公厅《关于进一步加强紧急突发和重要敏感情况信息报送工作的通知》，听取近期全区安全生产和信访维稳工作汇报，安排部署全国两会期间相关工作；听取到中央定点帮扶单位和北京市门头沟区对接沟通工作以及考察民宿经济情况、到长三角地区开展经贸洽谈活动情况、到福建福州开展招商活动情况汇报；研究《关于成立原州区医疗健康总院党委的请示》；召开原州区委人才工作领导小组 2023 年第 1 次会议；研究《关于大力推进新时代人才强区战略的实施方案（送审稿）》《原州区中长期人才发展规划（送审稿）》。

【四届区委 2023 年第 6 次常委会会议】 2023 年 3 月 17 日，何永吉同志主持，会议传达学习了习近平总书记在中央党校（国家行政学院）建校 90 周年庆祝大会暨 2023 年春季学期开学典礼、中共中央举行民主协商会时的重要讲话精神，对深入开展学雷锋活动作出的重要指示精神，研究贯彻意见；传达学习中国共产党第二十届中央委员会第二次全体会议精神，研究贯彻意见；传达学习习近平总书记在全国两会上的重要讲话和全国两会精神，研究贯彻意见；传达学习习近平总书记重要批示和全国、全区纪检监察干部队伍教育整顿动员部署会议精神，研究贯彻意见；审议《原州区纪委监委开展纪检监察干部队伍教育整顿实施方案（送审稿）》《原州区 2023 年全面从严治党党风廉政建设和反腐败工作主要任务分工方案（送审稿）》《2023 年原州区领导干部廉政警示教育月活动方案（送审稿）》；传达学习自治区人大常委会副主任董玲来原州区调研精神，研究贯彻意见；传达学习《关于深化统计管理体制改革提高统计数据真实性的意见》《统计违纪违法责任人处分处理建议办法》《防范和惩治统计造假、弄虚作假督察工作规定》《关于更加有效发挥统计监督职能作用的意见》，研究贯彻意见；传达学习全区基层党建工作重点任务推进会精神，研究贯彻意见；研究《原州区 2023 年软弱涣散村党组织台账和整顿清单（送审稿）》；传达学习全市打击治理电信网络诈骗工作推进会会议精神，安排部署下一步工作；听取了原州区迎接国家“双检”工作准备情况汇报，安排部署下一步工作；听取四届区委第三轮巡察情况汇报；听取到浙江省湖州市、杭州市和陕西省咸阳市考察民宿经济及开展招商引资活动等情况的汇报；研究《原州区 2022 年寨科乡中川村高标准农田建设等重点项目建设内容及投资有关事宜》；十三、召开原州区委审计委员会第九次会议。

【四届区委 2023 年第 7 次常委会会议】 2023 年 4 月 11 日，何永吉同志主持，会议传达学习了习近平总书记在中国共产党与世界政党高层对话会上的主旨讲话、对国家安全工作的重要批示、在中共中央政治局第四次集体学习时、在学习贯彻习近平新时代中国特色社会主义思想主题教育工作会议上的重要讲话精神，中共中央政治局 3 月 30 日会议精神，《中共中央关于在全党深入开展学习贯彻习近平新时代中国特色社会主义思想主题教育的意见》，全区学习贯彻习近平新时代中国特色社会主义思想主题教育工作会议精神，研究贯彻意见；重温学习习近平总书记关于“土特产”相关重要论述，研究贯彻意见；传达学习习近平总书记在 2023 年全国巡视工作会议暨二十届中央第一轮巡视动员部署会上重要讲话精神，审议《自治区党委第一巡视组巡视原州区自查发现问题整改方案（送审稿）》《自治区党委第一巡视组巡视原州区交办信访件办理任务分工清单（送审稿）》；传达学习《中共中央办公厅印发〈关于在全党大兴调查研究的工作方案〉的通知》、《自治区党委办公厅印发〈关于大兴调查研究的实施方案〉的通知》，研究贯彻意见；传达学习中共中央办公厅印发《省级党委和政府落实耕地保护和粮食安全责任制考核办法》，研究贯彻意见；传达学习《地方党政领导干部食品安全责任制规定》，研究贯彻意见；听取区委专项督查组对我区巩固拓展脱贫攻坚成果同乡村振兴有效衔接重点工作督导检查情况和原州区扶贫（帮扶）项目资产集中大排查工作以及盘活闲置低效扶贫项目资产专项行动开展情况汇报；听取到重庆市城口县考察学习民宿经济等情况的汇报；听取到福建省福州市、南平市和江西省抚州市考察及开展招商引资活动等情况汇报；听取到自治区各厅局对接工作情况汇报；研究《原州区推进落实污染防治攻坚战成效考核任务工作方案（送审稿）》；研究《关于固原市原州区头营中学综合教学楼建设等重点项目内容及投资有关事宜》；召开原州区委全面深化改革委员会第9次会议；研究《关于熊伟等同志职务任免的请示》。

【四届区委2023年第8次常委会会议】 2023年4月26日，何永吉同志主持，会议传达学习了习近平总书记在广东考察和视察南部战区海军时的重要讲话精神，研究贯彻意见；传达学习中共中央办公厅《关于印发〈规范地方党委政策性文件制定工作规定〉的通知》和自治区党委书记梁言顺的批示精神，研究贯彻意见；通报《自治区党委办公厅人民政府办公厅关于2022年度自治区效能目标管理考核结果的通报》；听取自治区党委第一巡视组移交信访案件办理情况和我区重点信访案件化解情况的汇报；传达学习全区一季度经济形势分析会议精神，听取我区第一季度经济运行情况汇报，安排部署下一步工作；听取一季度全区安全生产工作汇报，安排部署下一步工作；审议《关于大兴调查研究的实施方案（送审稿）》；研究政府党组有关议题；研究了干部有关事宜。

【四届区委2023年第9次常委会会议】 2023年5月23日，何永吉同志主持，会议传达学习了习近平总书记在二十届中央全面深化改革委员会第一次会议、二十届中央财经委员会第一次会议上的重要讲话精神和给中国农业大学科技小院的学生回信、向全国广大劳动群众五一节日的祝贺和慰问精神，4月28日中共中央政治局会议精神，研究贯彻意见；传达学习中共中央关于学习《习近平著作选读》第一卷、第二卷的通知精神，研究贯彻意见；传达学习《中共中央办公厅关于印发〈中央巡视工作规划（2023—2027年）〉的通知》《中共中央纪委关于青海省6名领导干部严重违反中央八项规定精神问题查处情况及教训警示的通报》，研究贯彻意见；传达学习自治区党委书记梁言顺调研清水河流域生态保护治理和文旅岸线建设讲话精神，研究贯彻意见；传达学习五届市委2023年第8次常委会会议精神，研究贯彻意见；通报《关于2022年度五县（区）党委和市委直属党（工）委书记抓基层党建工作述职评议考核结果的通报》；听取自治区党委第一巡视组移交信访案件办理情况汇报，安排部署下一步工作；审议《关于全面优化营商环境推动民营经济高质量发展的实施细则（送审稿）》；研究政府党组有关议题；审定《2022年度全区效能目标管理考核结果》；研究干部事宜。

【四届区委2023年第10次常委会会议】 2023年6月14日，何永吉同志主持，会议传达学习习近平总书记在二十届中央审计委员会第一次会议上、在文化传承发展座谈会上、在中共中央政治局第五次集体学习时、在听取陕西省委和省政府工作汇报时、在山西运城考察时、在河北考察并主持召开深入推进京津冀协同发展座谈会时、在北京育英学校考察时、在首届中国—中亚峰会上主旨讲话和在欧亚经济联盟第二届欧亚经济论坛全会开幕式上致辞精神，对一艘中国籍远洋渔船在印度洋中部海域倾覆作出重要指示精神，向康复国际百年庆典、"2023·中国西藏发展论坛"、2023中关村论坛致的贺信精神，给上海市虹口区嘉兴路街道垃圾分类志愿者、中国美术馆的老专家老艺术家、澳门科技大学师生的回信精神，研究贯彻意见；传达学习习近平总书记对"四好农村路"建设重要指示精神、《交通运输部 国家发展改革委 财政部 自然资源部 农业农村部 国务院扶贫办 国家邮政局 中华全国供销合作总社〈关于推动"四好农村路"高质量发展的指导意见〉》，研究贯彻意见；传达学习自治区党委政府黄河流域生态保护和高质量发展先行区建设推进会精神，研究贯彻意见；传达学习《关于房全忠严重违纪违法案件的通报》《关于河南虞城"麦田里长出高楼"相关问题查处情况的通报》，研究贯彻意见；听取四届区委巡察整改落实情况汇报，安排部署下一步工作；传达学习中组部来原调研干部人才"组团式"帮扶工作精神，研究贯彻意见；审议《原州籍在外人才返乡行活动实施方案（送审稿）》《区委人才工作会议暨"才聚六盘·智汇原州"原州籍在外人才返乡行活动方案（送审稿）》，研究《关于调整原州区干部人才"组团式"帮扶工作领导小组的请示》；听取到中央部委、国铁集团和中国农业科学院对接工作情况汇报，安排部署下一步工作；听取中央环保督察反馈问题汇报，安排部署下一步工作；审议《原州区关于加强新时代妇女工作的实施方案（送审稿）》；审议《原州区乡镇、村领导班子届中分析方案（送审稿）》；研究政府党组议题；召开区委国家安全委员会第五次会议暨重大安全风险研判防控工作机制第三次会议；审定《2022年度乡镇（街道）党政正职和部门（单位）主要负责人考核结果》《2023年度嘉奖人员及记三等功人员名单》；研究干部处理事宜。

【四届区委2023年第11次常委会会议】 2023年6月22日，何永吉同志主持，会议传达学习了习近平总书记对宁夏银川市兴庆区富洋烧烤店燃气爆炸事故重要指示精神，研究贯彻意见；传达学习6月22日自治区党委常委会会议、自治区安委会会议精神，研究贯彻意见；传达学习市委常委会会议精神，研究贯彻意见。

【四届区委2023年第12次常委会会议】 2023年6月28日，何永吉同志主持，会议传达学习了习近平总书记在内蒙古考察期间重要讲话重要指示精神，向全球人权治理高端论坛、首届文化强国建设高峰论坛开幕、第十五届海峡论坛致的贺信精神，研究贯彻意见；传达学习习近平总书记同团中央新一届领导班子成员集体谈话时重要讲话精神，中国共产主义青年团第十九次全国代表大会精神，审议《原州区关于加强和改进新时代青年和共青团工作的实施方案（送审稿）》；传达学习《自治区统计局关于转发〈国家统计局关于2022年查处的7起重大统计违法案件的通报〉的通知》，研究贯彻意见；传达学习五届市委2023年第12次常委会会议精神，听取全区安全生产工作情况汇报，安排部署下一步工作；听取铸牢中华民族共同体意识示范县（区）创建和民族宗教工作督查情况汇报，安排部署下一步工作；听取关于宁夏冷凉蔬菜节暨全国知名蔬菜销售商走进宁夏活动准备情况汇报；通报赴西安、福州开展农文旅推介和赴福建马尾等地对接闽宁协作、"组团式"帮扶工作情况，审议《福州来原游客接待方案（送审稿）》；通报赴成都考察乡村文旅产业发展情况；审议《2022年度巩固拓展脱贫攻坚成果同乡村振兴有效衔接考核评估整改方案（送审稿）》；研究政府党组相关议题；召开了原州区生态环境保护领导小组2023年第1次会议；召开了四届区委网络安全和信息化委员会2023年第1次会议。

【四届区委2023年第13次常委会会议】 2023年6月29日上午，何永吉同志主持，会议深入学习习近平总书记对银川市兴庆区富洋烧烤店燃气爆炸事故作出的重要指示精神；研究重点行业领域风险隐患排查标准。

【四届区委 2023 年第 14 次常委会会议】 2023 年 6 月 29 日晚上，何永吉同志主持，会议传达学习了习近平总书记关于安全生产的重要论述；听取原州区开展燃气、“九小场所”和农村安全隐患排查情况汇报。

【四届区委 2023 年第 15 次常委会会议】 2023 年 7 月 2 日，何永吉同志主持，会议传达学习了习近平总书记关于安全生产重要论述、习近平生态文明思想；传达学习十三届自治区党委 2023 年第 20 次常委会会议精神关于“究”、“调”相关内容、《宁夏较大及以上安全事故情况》和《全国特别重大安全事故情况》；传达学习 7 月 2 日上午市委安全生产专题会议精神，研究贯彻意见；11 位包抓乡镇县级领导和 4 位城区包片副区长汇报近期安全隐患排查情况；安排部署当前安全生产工作。

【四届区委 2023 年第 16 次常委会会议】 2023 年 7 月 7 日，何永吉同志主持，会议深入学习习近平总书记对银川市兴庆区富洋烧烤店燃气爆炸事故作出的重要指示精神；传达学习《自治区党委常委会会议研究部署安全生产风险隐患问题排查、整改整治工作情况通报》，研究贯彻意见；传达学习五届市委 2023 年第 14 次常委会会议精神，研究贯彻意见。

【四届区委 2023 年第 17 次常委会会议】 2023 年 7 月 14 日，何永吉同志主持，会议传达学习了习近平总书记对防汛救灾工作的重要指示精神，在视察东部战区机关时、在江苏考察时、在中共中央政治局第六次集体学习时、在上海合作组织成员国元首理事会第二十三次会议上的重要讲话精神，向“鼓岭缘”中美民间友好论坛、第三届文明交流互鉴对话会暨首届世界汉学家大会致贺信和给南京审计大学审计专业硕士国际班留学生的回信精神，研究贯彻意见；传达学习习近平总书记对党的建设和组织工作的重要指示精神，听取 2023 年上半年党的建设工作和 2022 年度五县（区）党委和市委直属党（工）委书记抓基层党建工作述职评议考核反馈问题整改情况汇报，安排部署下一步工作；听取了 2023 年上半年意识形态工作汇报，安排部署下一步工作；审议《原州区医疗人才“组团式”帮扶工作方案（送审稿）》《原州区教育人才“组团式”帮扶工作实施方案（送审稿）》《国家乡村振兴重点帮扶县原州区科技特派团 2023 年工作方案（送审稿）》（卫健局、教体局、农业农村局分别汇报）；听取城区重点领域安全隐患排查整治情况汇报和自治区“四防”常态化督查反馈重点问题整改情况汇报；研究干部处理事宜；召开原州区党风廉政建设和反腐败工作领导小组会议。

【四届区委 2023 年第 18 次常委会会议】 2023 年 7 月 28 日，何永吉同志主持，会议传达学习了习近平总书记在全国生态环境保护大会上、中央全面深化改革委员会第二次会议上、中央财经委员会第二次会议上、在中共中央政治局第七次集体学习时的重要讲话精神，对网络安全和信息化工作的重要指示精神，中共中央政治局 7 月 24 日会议精神，研究贯彻意见；传达学习了自治区党委深入学习贯彻习近平总书记视察宁夏重要讲话精神“沿着总书记足迹、感悟思想伟力”座谈会精神，研究贯彻意见；传达学习自治区党委第十三届四次全会精神，研究贯彻意见；传达学习《自治区党委办公厅关于对落实自治区党委部署不力防范安全隐患失职失责人员进行追责问责和组织处理情况的通报》，研究贯彻意见。

【四届区委 2023 年第 19 次常委会会议】 2023 年 8 月 4 日，何永吉同志主持，会议传达学习了习近平总书记在四川和陕西汉中考察时重要讲话精神，对防汛救灾工作的重要指示精神，听取全区当前防汛工作情况汇报，研究贯彻意见；传达学习《自治区党委 人民政府〈关于深入学习贯彻习近平总书记重要指示精神统筹发展和安全 提高安全生

产工作水平 切实保障人民群众生命财产安全的意见〉》，研究贯彻意见；传达学习全区上半年经济形势分析会议精神，听取原州区2023年上半年经济运行情况汇报，安排部署下一步工作；传达学习《自治区党委办公厅 人民政府办公厅关于印发〈宁夏回族自治区乡村振兴责任制实施细则〉的通知》，研究贯彻意见；传达学习《自治区党委办公厅〈关于进一步严肃会风会纪的通知〉》，研究贯彻意见；听取原州区2023年上半年食品安全工作汇报，安排部署下一步工作；听取生态环境保护督察反馈问题整改情况汇报，安排部署下一步工作；听取全区2023年上半年信访形势汇报，研究部署下一步工作；审议《固原市原州区推进领导干部能上能下实施细则（送审稿）》《固原市原州区领导干部任前公示办法（送审稿）》；研究政府党组有关议题；研究关于韩彦龙等同志职务任免的请示；召开原州区2023年总河长会议。

【四届区委2023年第20次常委会会议】 2023年8月16日，何永吉同志主持，会议深入学习习近平总书记对党的建设和组织工作作出的重要指示精神，传达学习全国、全区组织工作会议精神，研究贯彻意见；传达学习《中共中央办公厅关于深化拓展整治形式主义为基层减负工作的通知》和自治区党委办公厅《关于深化拓展整治形式主义为基层减负工作的若干措施》精神，研究贯彻意见；传达学习梁言顺书记在自治区党委书记专题会议听取第二轮巡视情况汇报时的讲话精神，研究关于成立自治区党委第一巡视组巡视原州区反馈意见整改落实工作领导小组的请示，安排部署巡视整改工作；传达学习市委五届八次全会精神，研究贯彻意见，审议《原州区关于贯彻落实自治区党委十三届四次全会精神的任务清单（送审稿）》；听取了2022年耕地保护和矿产资源督察反馈违建图斑整改情况汇报，安排部署下一步工作；审议《原州区委巡察工作规划（2022—2026年）（送审稿）》，听取四届区委第四轮巡察情况综合汇报，安排部署下一步工作；召开四届区委审计委员会第六次会议。

【四届区委2023年第21次常委会会议】 2023年8月31日，何永吉同志，会议传达学习了习近平总书记在中共中央政治局常务委员会会议上研究部署防汛抗洪救灾和灾后恢复重建工作、在听取新疆维吾尔自治区党委和政府、新疆生产建设兵团工作汇报时的重要讲话、在首个全国生态日之际作出的重要指示精神，研究贯彻意见；传达学习《习近平法治思想学习纲要》第十一部分"坚持抓住领导干部这个'关键少数'"、中共中央办公厅、国务院办公厅《法治政府建设与责任落实督察工作规定》，听取原州区2022年度和2023年上半年法治政府建设情况报告，安排部署下一步工作；传达学习地方机构改革工作推进会精神，自治区党委机构编制委员会第二次会议和全区机构改革动员部署会精神，研究贯彻意见；传达学习了自治区"六权"改革推进会会议精神，研究贯彻意见；传达学习《中华人民共和国统计法》，听取原州区统计造假屡禁难绝专项治理行动和原州区第五次全国经济普查工作开展情况汇报，安排部署下一步工作；传达学习全区巡视工作会议暨十三届自治区党委第三轮巡视动员部署会议精神，审议《自治区党委第一巡视组巡视原州区反馈意见整改工作方案（送审稿）》《自治区党委第一巡视组对原州区选人用人专项检查反馈问题整改方案（送审稿）》《自治区党委第一巡视组对原州区意识形态工作责任制专项检查反馈问题整改方案（送审稿）》《自治区党委第一巡视组对原州区巡察工作专项检查反馈问题整改方案（送审稿）》；审议《原州区关于加强新时代离退休干部党的建设工作的具体措施》；研究政府党组有关议题；研究关于固原市第五届人民代表大会代表候选人的请示；研究关于原州区妇联第三届执行委员会和常务委员会候选人建议名单的请示；召开原州区林长第3次会议。

【四届区委 2023 年第 22 次常委会会议】 2023 年 9 月 13 日，何永吉同志主持，会议传达学习了习近平总书记在 8 月 31 日中共中央政治局会议上的重要讲话精神，对四川凉山州金阳县山洪灾害作出的重要指示精神，在黑龙江考察以及主持召开新时代推动东北全面振兴座谈会时的重要讲话精神，研究贯彻意见；深入学习习近平总书记对网络安全和信息化工作作出的重要指示精神，传达学习全国、全区网络安全和信息化工作会议精神，研究贯彻意见；传达学习《中国共产党党组工作条例》《党政领导干部选拔任用工作条例》，研究贯彻意见；传达学习中央、自治区学习贯彻习近平新时代中国特色社会主义思想主题教育第一批总结暨第二批部署会议精神，固原市委学习贯彻习近平新时代中国特色社会主义思想主题教育工作会议精神，审议《关于在全区深入开展学习贯彻习近平新时代中国特色社会主义思想主题教育的实施方案（送审稿）》，研究贯彻意见；传达学习梁言顺书记、张雨浦主席、滑志敏书记、杨青龙市长批示精神，研究贯彻意见；研究《关于共青团固原市原州区第四次代表大会选举结果的请示》《关于固原市原州区妇女第三次代表大会选举结果的请示》《关于固原市原州区团委兼职副书记人选的请示》；研究全国和谐劳动关系创建工作先进个人、自治区全面深化改革工作先进个人推荐人选事宜；研究政府党组有关议题；研究干部事宜；召开区委全面深化改革委员会第十次会议暨“六权”改革推进会。

【四届区委 2023 年第 23 次常委会会议】 2023 年 9 月 23 日，何永吉同志主持，会议传达学习了习近平总书记对新时代办公厅工作作出的重要指示、给东北大学全体师生的回信、向北京文化论坛致的贺信精神，研究贯彻意见；传达学习陈文清、王小洪同志视察调研禁毒工作时的讲话精神和梁言顺、张雨浦同志对禁毒工作批示精神，研究贯彻意见；传达学习自治区重大项目建设推进会精神和五届市委 2023 年第 24 次常委会会议精神，听取区人民政府党组 1—8 月份全区经济运行情况汇报，安排部署下一步工作；传达学习《中共中央办公厅关于加强年轻干部教育管理监督的意见》，听取原州区年轻干部培养选拔情况汇报，安排部署下一步工作；研究政府党组有关议题。

【四届区委 2023 年第 24 次常委会会议】 2023 年 9 月 27 日，何永吉同志主持，会议传达学习习近平总书记在浙江考察时的重要讲话精神，在第六个“中国农民丰收节”到来之际作出的重要指示精神，研究贯彻意见；传达学习中共宁夏回族自治区第十三届委员会第五次全体会议精神，研究贯彻意见；听取全区安全生产和信访维稳工作汇报，安排部署中秋、国庆期间安全生产和信访维稳工作。

【四届区委 2023 年第 25 次常委会会议】 2023 年 10 月 11 日，何永吉同志主持，会议传达学习习近平总书记在 9 月 27 日中共中央政治局会议、中共中央政治局第八次集体学习、庆祝中华人民共和国成立 74 周年招待会上的重要讲话精神，对妇女儿童工作、推进新型工业化、就深入推进自由贸易试验区建设作出的重要指示精神，向全球可持续交通高峰论坛致贺信精神，研究贯彻意见；传达学习习近平总书记关于耕地保护和保障国家粮食安全的重要指示批示精神，《自治区党委办公厅 人民政府办公厅关于印发〈宁夏回族自治区市、县（区）党委和政府落实耕地保护和粮食安全责任制考核办法〉的通知》，研究贯彻意见；传达学习中央主题教育领导小组办公室《关于认真贯彻落实习近平总书记重要批示精神在主题教育中推动树立和践行正确政绩观的通知》，研究贯彻意见；传达学习《中共中央办公厅 国务院办公厅〈关于进一步加强矿山安全生产工作的意见〉》，研究贯彻意见；传达学习《自治区党委 人民政府〈关于深入学习贯彻习近平总书记重要讲话精神 全面推进新征程生态文明建设 加快建设美丽宁夏的意见〉》,研究贯彻意见。

【四届区委 2023 年第 26 次常委会会议】 2023 年 10 月 26 日,何永吉同志主持,会议传达学习习近平总书记在江西考察时和在进一步推动长江经济带高质量发展座谈会上的重要讲话精神,对宣传思想文化工作作出的重要指示精神,学习国务院安全生产委员会印发《关于进一步强化安全生产责任落实坚决防范遏制重特大事故的若干措施》的通知和自治区党委办公厅、人民政府办公厅印发《关于进一步加强全区安全生产工作的若干措施》的通知精神,研究贯彻意见;传达学习全区党委和政府办公厅(室)工作会议精神,研究贯彻意见;传达学习市委五届九次全会精神,研究贯彻意见;审议《2023 年度原州区效能目标管理考核方案(送审稿)》;研究政府党组有关议题;召开原州区实施乡村振兴战略领导小组 2023 年第 7 次会议;研究干部相关事宜。

【四届区委 2023 年第 27 次常委会会议】 2023 年 10 月 29 日,何永吉同志主持,会议传达学习了习近平总书记在第三届"一带一路"国际合作高峰论坛开幕式上的主旨演讲精神,在同中华全国总工会新一届领导班子成员集体谈话时的重要讲话精神,向中华全国工商业联合会成立 70 周年、欧美同学会成立 110 周年致的贺信精神,研究贯彻意见;传达学习中共中央印发《干部教育培训工作条例》和《全国干部教育培训规划(2023—2027 年)》,研究贯彻意见;传达学习《自治区党委办公厅 人民政府办公〈关于进一步严格财政支出管理坚决落实过紧日子要求的通知〉》,研究贯彻意见;听取全区公安工作情况汇报,安排部署下一步工作;审议《原州区推进社会主义文艺繁荣发展实施方案(送审稿)》;研究《关于补选固原市原州区第四届人民代表大会代表的请示》《关于固原市原州区第四届人民代表大会代表候选人建议人选的请示》;研究《关于原州区纪检监察系统监察官等级首次确定建议名单的请示》;审议区委四届五次全会相关议题;召开原州区 2023 年食品药品安全委员会全体会议。

【四届区委 2023 年第 28 次常委会会议】 2023 年 11 月 14 日,何永吉同志主持,会议传达学习了习近平总书记在中共中央政治局第九次集体学习时、在中央金融工作会议上、在同全国妇联新一届领导班子成员集体谈话时的重要讲话精神,中共中央政治局 10 月 27 日会议精神,中共中央办公厅、国务院办公厅《关于全面加强新形势下森林草原防灭火工作的意见》精神,研究贯彻意见;传达学习习近平总书记关于巡视工作的重要论述和二十届中央第二轮巡视工作动员部署会议精神,听取自治区党委第一巡视组巡视原州区反馈问题整改情况汇报(包括选人用人、意识形态、巡察工作三个检查专项汇报)和四届区委前四轮巡察整改情况汇报,安排部署下一步工作;传达学习全国全区全市干部人才"组团式"帮扶国家乡村振兴重点帮扶县工作推进会精神,研究贯彻意见;听取医疗、教育、科技特派团"组团式"帮扶工作进展情况汇报;传达学习雷东生同志、董玲同志批示精神,研究贯彻意见;传达学习市委书记滑志敏对《2024 年度西海固地区及邻区地震区市会商情况的报告》的批示精神,研究贯彻意见;传达学习全区人大代表家站规范化建设工作推进会精神,研究我区贯彻意见;审议《原州区委人大工作会议方案(送审稿)》《中共固原市原州区委员会关于贯彻落实中央、自治区党委、固原市委人大工作会议重点任务的分工方案(送审稿)》;研究《原州区 2023 年度北方地区清洁取暖(建筑节能)改造项目建设内容及投资有关事宜》。

【四届区委 2023 年第 29 次常委会会议】 2023 年 12 月 4 日,何永吉同志主持,会议传达学习了习近平总书记在中央全面深化改革委员会第三次会议、在北京河北考察灾后恢复重建工作时的重要讲话精神，对山西吕梁市永聚煤矿一办公楼火灾事故作出的重要指示、向2023年世界互联网大会乌镇峰会开幕式发表视频致辞、致第六届中国国际进口博览会、2023两岸企业家峰会10周年年会、中俄执政党对话机制第十次会议、第二届全球数字贸易博览会的贺信精神，研究贯彻意见；传达学习纪念毛泽东同志批示学习推广“枫桥经验”60周年暨习近平总书记指示坚持发展“枫桥经验”20周年大会精神、全国调解工作会议精神和《中共中央办公厅 国务院办公厅〈关于坚持和发展新时代“枫桥经验”提升社会矛盾纠纷预防化解能力的意见〉》，研究贯彻意见；传达学习《中共中央宣传部、中共中央组织部印发〈关于进一步提高党委（党组）理论学习中心组学习质量的意见〉的通知》和全区宣传思想文化工作、全区文物工作会议精神，研究贯彻意见；传达学习《自治区机构编制委员会办公室关于转发〈中央编办关于地方机构编制违规违纪典型案件的通报〉的通知》，研究贯彻意见；传达学习全区新型工业化推进大会精神，研究贯彻意见；传达学习全区第九次民族团结进步表彰大会、全市民族团结进步表彰大会精神和《自治区党委办公厅 人民政府办公厅关于印发〈贯彻中央民族工作会议精神检查暨宗教工作督查反馈意见整改方案〉的通知》，审议《原州区关于贯彻中央民族工作会议精神检查暨宗教工作督查反馈意见整改实施方案（送审稿）》、《关于深入学习宣传贯彻习近平总书记重要指示精神 紧紧围绕铸牢中华民族共同体意识主线开展系列活动的工作方案（送审稿）》；通报《自治区党委督查室〈关于对全区中央预算内投资项目建设进展情况的督查调研报告〉》，对我区相关项目进度情况作出说明；听取原州区新时代文明实践中心和未成年人思想道德建设工作开展情况汇报，安排部署下一步工作；研究《固原市原州区供销合作社第二次代表大会方案（送审稿）》《固原市原州区供销合作社联合社第二次代表大会候选人建议名单的请示（送审稿）》；研究政府党组有关议题；研究干部事宜。

【四届区委2023年第30次常委会会议】 2023年12月8日，何永吉同志主持，会议传达学习了习近平总书记在11月27日中共中央政治局会议上、上海考察、主持召开深入推进长三角一体化发展座谈会、二十届中共中央政治局第十次集体学习、视察武警海警总队东海海区指挥部时的重要讲话精神，在第十个国家宪法日之际作出的重要指示精神，向“声援巴勒斯坦人民国际日”纪念大会致的贺电、向2023年“读懂中国”国际会议（广州）、首届“良渚论坛”、“2023从都国际论坛”致的贺信精神，研究贯彻意见；传达学习《自治区党委办公厅 人民政府办公厅印发〈关于严格耕地保护落实党政同责的实施意见〉的通知》，听取我区耕地保护工作情况汇报，安排部署下一步工作；听取全区2023年党风廉政建设和反腐败工作汇报，安排部署下一步工作；听取全区2023年度全面从严治党工作汇报，研究部署下一步工作；听取全区2023年度意识形态工作汇报，安排部署下一步工作；召开2023年度区委议军会议；召开区委退役军人事务工作领导小组第五次全体会议。

【四届区委2023年第31次常委会会议】 2023年12月22日，何永吉同志主持，会议传达学习了习近平总书记在12月8日中共中央政治局会议、在广西考察、在党外人士座谈会上的重要讲话精神，对低温雨雪冰冻灾害防范应对工作、甘肃临夏州积石山县6.2级地震作出的重要指示精神，研究贯彻意见；传达学习中央经济工作会议、十三届自治区党委2023年第43次常委会会议、五届市委2023年第36次常委会会议精神，研究贯彻意见；传达学习《领导干部干预统计工作记录报告制度》，研究贯彻意见；听取赴国家部委对接工作、到北京上海杭州开展招商引资情况汇报，安排部署有关工作；听取区人大常委会、政府、政协、法院、检察院党组，总工会、团委、妇联、科协、文联、残联、伊协、红十字会和少先队工作汇报，安排部署下一步工作；听取四届区委第五轮巡察情况和区委2023年度巡察工作汇报，安排部署下一步工作；研究关于召开中国共产党固原市原州区第四届委员会第六次全体会议暨区委经济工作会议的请示和关于召开固原市原州区第四届人民代表大会第三次会议的请示、政协第四届固原市原州区委员会第三次会议的请示；研究政府党组议题；召开区委外事工作委员会第1次会议；召开原州区2023年全民国防教育工作领导小组第1次全体会议。

【四届区委2023年第32次常委会会议】 2023年12月29日，何永吉同志主持，会议传达学习了习近平总书记在中共中央政治局专题民主生活会上的重要讲话精神、对“三农”工作的重要指示和中央农村工作会议精神，研究贯彻意见；传达学习自治区党委十三届六次全会暨自治区党委经济工作会议、固原市委五届十次全会暨固原市委经济工作会议精神，研究贯彻意见；传达学习《自治区党委办公厅 人民政府办公厅〈关于做好2024年元旦春节期间有关工作的通知〉》，研究贯彻意见；审议区委四届六次全会相关议题；研究《关于固原市原州区供销合作社联合社第二次代表大会选举结果的请示》；研究《关于推荐自治区“四防”工作先进集体先进个人表彰对象的请示》；研究干部有关事宜。

区委综合事务

【文稿起草】 原州区委办公室组织起草区委主要领导讲稿和区委各类汇报等文件文稿100余篇，牵头制定统筹发展和安全、环保、民生“三个方面”11个任务清单，采集编报参考信息300余篇，40篇成果被中办、自治区党办采用。

【督促检查】 聚焦自治区党委巡视、“四防”督导等反馈问题，紧盯原州区委主要领导重要指示批示和常委会会议议决事项，按每周、每半月、每月、每季度进行督办通报。2023年已跟踪督办领导批示件、常委会会议定事项465项，整改“四防”督查问题317个，制发督查通报8期，1人被评为全区督查和信息工作先进个人。

【机要保密】 带头坚持三级带班值班制度，及时妥善处理突发事件；慎终如始做好保密管理、机要密码、国家安全、外事等工作，国安办获得固原市平安建设先进集体，安可替代工作完成进度为固原市首位。

【保障服务】 服务保障自治区、固原市领导及外省市领导来原调研视察20次；报备、备案审查党内规范性文件38件，签收、印发各类公文4100余件；筹备召开区委全委会、原州区“两会”及区委常委会、专题会等各类会议80余场次。

组织工作

【第二批学习贯彻习近平新时代中国特色社会主义思想主题教育】 理论学习。举办县处级干部读书班，组织交流研讨15次，开展宣讲辅导70场次；抓实“五个载体”，县处级领导干部赴长城梁烈士陵园开展党性实践和现场教学活动，组织党员、干部观看主题教育专题片52次；519个党支部采取“三会一课”、板凳会等形式开展学习1700余场次，通过固原市委党校现场教学和基层党校，对519名党支部书记、农村（社区）党员、机关党员和“三新”领域党员进行轮训。调查研究。县处级领导领题调研32项，开展调研127批次，发现并梳理问题107个，阶段性解决65个，已完成调研32项，形成综合性调研报告32份，提出对策建议122条。推动发展。紧盯“五新五特五优”产业，实施的154个重点项目已完成投资74.7亿元。百美村庄项目落地官厅薛庄、开城双泉，成功举办彭堡镇河东村2023年金秋“村晚”、顺利承办全国和美乡村篮球大赛（村BA）西北赛区大区赛。通过12345便民服务热线、信访反映、走访调研等渠道，梳理民生实事项目71项，已推动解决60项。检视整改。四大机关从影响制约原州区高质量发展、人民群众急难愁盼等10个方面列出问题14个，带动各部门（单位）、乡镇（街道）深刻查摆问题85个，已整改61个；由分管县级领导牵头制定“8+1”专项整治方案和推进计划，查找问题27个，已整改21个，其他问题倒排工期、挂图作战。建章立制。制定了《原州区机关事业单位工作人员请销假管理办法》《关于进一步规范挂职干部管理的通知》等17项规范性文件，建立了“政府项目+企业建设+经营主体”市场化模式、“政府规划引领+干部义务植树+群众积极参与+社会资本投入”国土绿化机制等20项工作制度，确保主题教育成果常态长效。

【干部管理】 干部选拔任用。紧扣干部素质潜力、领导岗位配备、班子功能结构、队伍规划建设等内容，先后调整使用干部7批239人次，晋升职级5批156人次；建立年轻干部墩苗历练机制，储备“90后”副科级领导干部41人、“85后”正科级领导干部5人，选派4名年轻干部到自治区、固原市直单位“上挂”锤炼品质，4名年轻干部到信访维稳一线“特挂”锻炼能力，推荐10名优秀驻村第一书记、村书记挂任乡镇党委副书记，为原州区委政法委、原州区司法局、检察院配备3名具有法律相关专业和背景的“90后”班子成员。干部监督管理。完善机关单位工作人员请销假管理办法，累计登记备案外出培训、病事和公休假122人次；印发领导干部能上能下实施细则，对1名不适宜担任现职的干部作出“下”的处理；坚持“凡提四必”，共查核填写干部任前档案审核记录表312份，补充档案资料400余份；制定印发《关于进一步规范国家工作人员因私出国（境）管理工作的通知》，进一步规范科级干部因私出国（境）审批及证件管理，开展领导干部因私出国（境）有关情况自查工作；分2批对新录用的51名公务员和选调生开展谈心谈话，对8名领导干部进行约谈，对2名履职不力的干部作出停职处理，2名干部调整岗位，给予4名干部诫勉，确保干部日常监督责任落实落细。干部教育培训。围绕党的二十大精神、乡村振兴、安全生产等主题举办各类培训班15期，培训党员干部2077人次，有效提升各级领导干部政治能力、思维能力和实践能力。

【基层党组织建设】 持续深化“一抓两整”示范县乡创建行动，坚持驻村干部“片区”交流机制，按季度组织开展跨乡镇、跨县观摩交流活动10余次；大力实施农村“两个带头人”广进优备行动，培育产业带头人1682人，储备培育村级后备干部457人，建立村级“小微权力清单”，从严落实村党组织书记县级党委组织部门备案管理制度。城市党建引领基层治理。建立健全党建引领社区治理体制机制，推广实行“1+3+N”红色联盟议事机制，深化网格化管理和服务；提升网格精细化治理精准化服务能力，设置网格359个，开展“网格大走访活动”，鼓励引导离退休干部党员参与网格党支部工作；建立街道“吹哨派单”，职能部门主动承接、限时办理反馈的工作机制，开展志愿者活动400次，职能部门解决辖区各类问题83件；强化党建引领社区治理基本保障，整合党建、治理、服务多种功能，优化社区综合服务设施布局，实现“一室多用、一室多能”；开展星级和谐社区创建工作，每月为社区书记（主任）发放200元岗位津贴，对社区党组织书记、居委会主任全覆盖轮训；加强社区（村）应急管理体系和能力建设，健全完善组织有力、“平战”结合的应急工作机制，组建社区应急救援队伍40支，消防应急救援队伍2支，建立社区微消防站40个，提升社区应急处突能力；推进“五社联动”机制，推行“积分兑换”等志愿者服务激励机制，开展“积分兑换”活动80次。其他领域基层党建工作。全面提高机关党建质量，创新开展“亮比促”活动，为2000余名机关党员亮身份，设置“党员先锋岗”“党员示范岗”500余个，推动机关党建与业务深度融合；大力实施国有企业党建质量提升“八大工程”，深化拓展“六化六提升”工程，以高质量党建引领保障国有企业高质量发展，健全完善4个国有企业党支部基本制度，将国有企业党建工作要求写入公司章程；持续加强中小学党建工作，推动中小学建立党组织领导的校长负责制；强化党建引领公立医院高质量发展，深化“双培双带”模式，党员担任科室主任、副主任、护士长20人，科室主任担任党支部书记7人，以党建引领师德师风、医德医风建设；实施非公有制企业和社会组织党组织夯基扩面行动，选优配强非公和社会组织党组织书记，“双向进行、交叉任职”出资人和企业管理层人员达到32名占比61.5%；深入推进离退休党工委工作高质量发展，探索建立“原单位+社区+老年协会社团”党建融合发展模式，推动离退休党支部与社区党组织资源共享、活动联办，持续深化“家园共享”行动，成立自治区“塞上乐龄”老年大学分校，采取“老干部局+单位(部门)+社区”模式，在社区挂牌建立老年人活动室5个。党员教育管理。严把发展党员关口，认真落实发展党员“十项机制、五项制度、一个清单”，2023年高质量发展党员158名，发展党员指导计划有序完成；拨付党员教育补助经费30万元，支持建设6所乡镇基层党校，并结合主题教育开展全区农村(社区)党员冬季轮训工作；全面推行党员“挂联诺”活动，为3000余名农村无职党员设岗定责，办理民生实事6000余件。

【人才工作】 完善机制。制定“人才强区战略”、中长期人才发展规划、乡村人才振兴实施方案，明确人才工作方向措施；制定《原州区委人才工作领导小组工作规则》《原州区委人才工作领导小组办公室工作细则》《原州区委人才工作领导小组成员单位人才工作职责任务》，强化部门单位配合协作机制，加强对人才工作的领导。建好平台。开展“组团式”帮扶工作，制定“一县一方案”，为35名帮扶人才任实职、给实权，强化组织保障，提升原州区教育、医疗、科技水平；大力发展“五特五新五优”产业人才，围绕生态经济、全域旅游、互联网销售等新兴产业需求，制定“人才+重点特色产业”行动计划，吸引各类人才来原创业，引进创业人才46人；依托农民“田间学校”，通过网络平台、集中办班培训等方式，培训本土技术骨干和农村实用型人才500人。聚人才。招录公务员51人、事业编107人、公费师范生55人、订单定向医学生3人，上报4名事业单位高层次人才需求；依托各类合作项目和人才政策，邀请一批科技特派员、支教讲师等152名专业人才“候鸟式”来原工作；举办2023年“才聚六盘·智汇原州”原州籍在外人才返乡行活动，邀请百名在外人才返乡座谈、观摩，吸引和鼓励在外人才回乡创业。

宣传工作

【理论学习】 坚持把学习贯彻习近平新时代中国特色社会主义思想作为首要政治任务，深入贯彻落实习近平文化思想和全国、自治区宣传思想文化工作会议精神。狠抓“关键少数”。制定《原州区委理论学习中心组2023年专题学习计划》，将《习近平谈治国理政》《习近平著作选读》、新修订的《习近平新时代中国特色社会主义思想学习纲要》等辅导读物作为中心组重要学习内容，严格落实“第一议题”、巡听旁听、“双随机”交流研讨等制度。2023年，原州区委组织理论学习中心组集体学习17次，其中理论大讲堂4次，开展专题研讨10次，交流发言72人次。强化理论宣讲。深入开展党的二十大和习近平总书记视察宁夏重要讲话指示批示精神“大学习、大讨论、大宣传、大实践”活动，充分利用“两平台一栏目”线上媒体和新时代文明实践中心(所、站)等线下阵地，区委书记示范讲，区委班子成员带动讲，部门(单位)主要负责人交叉讲，乡镇(街道)党(工)委书记包片讲，村(社区)

党支部书记入户讲，广泛开展对象化、分众化、差异化宣讲阐释，已开展线上线下宣传宣讲活动1000余场次，受众有5万余人。扎实开展主题教育。建立“读书班+个人自学+交流研讨+随机提问”学习机制，32名县处级领导干部制定个人自学计划，深入学习“必读篇”“宁夏篇”“行业篇”和“最新篇”，举办为期7天的读书班，引领原州区四套班子开展交流研讨29次，沉浸式学习领悟习近平新时代中国特色社会主义思想。建立县级领导带头的“1+4”宣讲体系，结合习近平新时代中国特色社会主义思想“七进”示范点建设，32名县处级领导干部到所在支部、分管部门、包抓乡镇和党建联系点讲党课40次，宣讲团面向基层开展多种形式的宣讲584场次，受众8000余人次，带动各基层党组织书记、5200多名党员干部进村入户，向群众宣传宣讲，切实把新思想传入千家万户。

【媒体宣传】 正面宣传。精心做好党的二十大、二十届二中、自治区党委十三届四次、五次全会及固原市委等重要会议宣传报道，开设“二十大精神在基层”“学思想 强党性 重实践 建新功”等专题专栏，推出图文信息、宣传视频2000余篇(条)，全方位展示了原州区上下建设现代化原州的生动实践。主题宣传。围绕铸牢中华民族共同体意识主题，严格落实中央“一督一检”任务，将铸牢中华民族共同体意识元素融入大宣传中，布设民族团结相关宣传标语、展板等160余条(块)，开设“民族团结一家亲 同心共筑中国梦”等专题专栏，依托“我们的节日”，举办“粽叶飘香迎端午 团结和谐邻里节”主题活动，有效促进各族群众广泛交往全面交流深度交融。围绕生态环境保护和建设宁夏副中心城市、生态文旅特色市集聚区等使命任务，聚焦乡村振兴、生态建设、产业发展等中心工作，开设了“乡村行 看振兴”“守好改善生态环境生命线”等专题专栏，深入报道习近平总书记视察宁夏重要讲话指示批示精神在原州落地生根、开花结果的生动实践。围绕农文旅融合，推出《寻味原州》美食栏目，宣传推广了一批“食材好、口感好、味道好”的原州“好吃头”。安全宣传。制定下发《关于全面落实安全宣传教育工作任务的通知》和《学习宣传贯彻自治区党委十三届四次全会精神进一步加强2023年全区安全宣传的工作计划》，聚焦群众关切的安全生产、生态环保等内容，开设“天天讲安全”“大排查 大整治”等专题专栏，权威解读“1+37+8”系列文件，广泛宣传普及安全生产知识，深入推进安全宣传“十四进”。通过“微宣讲”、主题党日、竞赛问答、知识测试等多种形式学习贯彻自治区党委十三届四次全会精神。围绕“5·12”全国防灾减灾日、“安全生产月”、“安全生产万里行”等主题活动日，向广大群众大力宣传国家安全生产的方针政策及安全生产法律法规。开展“千人万场”家庭安全素养提升教育培训活动189场，实现安全宣传村(社区)全覆盖。通过广播、电视、网站、微信微博、户外显示屏等多种媒体和渠道，发布安全知识图文900期，发放各类宣传知识手册9.5万份，受教育人数8.8万余人，切实将全会精神和安全生产理念传递到基层末梢、覆盖到各行业领域、传播到千家万户，让“人民至上、生命至上”的理念深入人心。外宣推介。邀请区内外媒体来原采访，推动更多的原州新闻进入央媒、宁夏主流媒体头版头条。2023年，中央及自治区、固原市媒体共刊(播)发原州区稿件1195篇(条)，其中中央媒体刊(播)发466篇(条)，自治区级媒体刊(播)发416篇(条)，固原市级媒体刊(播)发313篇(条)。其中《“权”解旱塬渴——西海固用水权改革见闻》《“苦甲”之地靠种菜红火了日子——宁夏蔬菜“出圈”的秘诀》等新闻浏览量均突破100万人次。举办“赏山花，看产业，品美食，浪原州”2023年“全媒体达人探原州”暨“看见原州美”短视频、摄影创意大赛活动，集纳作品714条，全平台播放量1274万余次。积极探索户外直播，中秋诗会、金秋“村晚”等大型文艺活动获得广大网友点赞。成功在福州市举办了固原市农文旅推介和招商活动。精心组织好“宁夏冷凉蔬菜节暨全国知名蔬菜销售商走进宁夏”活动、“村 BA”西北赛区及总决赛的宣传报道。先后共有 244 名媒体记者参与报道，刊发新闻及各类短视频 1500 余条，“村 BA” 西北赛区总浏览量达 2.26 亿，媒体参与规模、发稿数量、传播效果创原州区历年来宣传之最。

【精神文明建设】 大力培育践行社会主义核心价值观，统筹推进文明培育、文明实践、文明创建，推进城乡精神文明建设融合发展，树立崇德向善、共建文明的鲜明导向。公民道德建设。深入贯彻落实“一条例两纲要”，广泛培育和践行社会主义核心价值观，张贴公益广告 5000 余幅。在古雁岭西侧打造原州区全民国防教育主题广场 1 处，在原州区十一小成立原州区首所六盘山少年军校，在黄铎堡陈庄小学建立少年军校分校，深耕厚植青少年国防观念。新时代文明实践。整合资源，加强阵地建设，设立中河乡中河村励志体育馆、中河乡庙湾村梁云文化大院、头营镇杨郎村赫光纪念馆等文明实践点 6 处，建设新时代文明实践广场 2 个，进一步拓宽与群众联系沟通渠道。加强志愿者队伍建设，截至 2023 年底，共注册志愿服务队伍 462 支、志愿者 10.6 万人，达到原州区常住人口的 22%，位列固原市第一。党政机关、企事业单位党员干部职工参与新时代文明实践志愿服务率达 80%。各级志愿服务队，常态化开展理论政策宣讲、文化文艺服务、助学支教、科学普及、法律服务等文明实践活动 7300 余场次。打造南关街道西湖路社区“银丝线”、下东海社区“石榴花开”和古雁街道康居社区“妈妈邦”等志愿服务品牌 20 个。移风易俗新风尚。全覆盖开展以“移风易俗志愿行 铁路帮扶助振兴”为主题的移风易俗宣讲、红白理事会培训、志愿者培训、移风易俗典型人物事迹分享等系列活动。拍摄制作《彩礼》《随礼》《文明原州》等移风易俗系列宣传短片，号召居民群众共同参与移风易俗，抵制高价彩礼、随礼行为。举办原州区首届“村规民约”“居民公约”诵读大赛，让更多群众“知规守规”，积极参与乡风民风建设。开展“移风易俗” 宣传巡演系列活动 19 场次。文明创建。开展“最美家庭”“移风易俗示范户”“优秀志愿者”“身边好人”“好婆婆、好儿媳” 等评选活动，2023 年共选树各类典型人物 400 余人。依托新时代文明实践所（站）平台开展“道德讲堂”活动，邀请各级道德模范进农村、进社区、进校园分享交流先进事迹 300 余场次。广泛开展“扣好人生第一粒扣子”“传承雷锋精神 弘扬时代新风”“道德模范”“最美人物”“身边好人”走进校园现身说法、“青年演说大赛”等活动，引导未成年人见贤思齐、崇德向善。推荐 2023 年自治区“新时代好少年”人选 2 名。扎实推进文明素养提升行动，建立原州区创建文明城市“六项工作机制”，开展“牛皮癣”小广告专项整治，精神文明建设水平不断提升。

统战工作

【理论学习】 坚持将习近平总书记关于做好新时代党的统一战线工作、加强和改进民族工作的重要思想、宗教工作重要论述、视察宁夏重要讲话指示批示精神及党的二十大和自治区第十三次党代会精神作为各级党组织理论学习中心组、干部理论学习以及统战系统培训教育“必修课”，召开区委层面专题学习会议 10 次、统战部干部理论学习会议 31 次，组织开展马克思主义“五观”百场万人大宣讲 126 场次。举办统战系统铸牢中华民族共同体意识专题培训班 1 期，进一步深化“四个特别”干部标准要求，加强各民主党派，新的社会阶层人士和民营经济人士理想信念教育。

【铸牢中华民族共同体意识】 坚持把深入学习贯彻习近平总书记关于铸牢中华民族共同体意识是新时代党的民族工作的主线也是民族地区各项工作主线的重要指示精神作为根本遵循。将铸牢中华民族共同体意识元素融入公园、广场、民宿、宗教活动等场所，在原州区布设民族团结相关宣传标语、展板等 160 余条（块），同时利用线上宣传平台，在"原州发布""原州统战"等微信公众号推送主题宣传短片3部，点击量为2.8万余次，转发相关文章100余篇。以"民族团结进步月"为契机，以党政机关、企事业单位、乡村社区等行业领域为主体，通过宣讲会、文艺会演、趣味运动等多种形式深入开展"民族团结一家人 中华民族一家亲"主题活动200余场次。加强经费保障，争取各类民族发展资金，扎实推进民族团结进步创建活动。着力打造官厅镇铸牢中华民族共同体意识主题教育馆1座、彭堡镇姚磨村铸牢中华民族共同体意识实践教育基地1处、石榴籽广场3个，成功创建第十二批自治区级民族团结进步示范单位3个，推荐荣获自治区级民族团结进步模范集体2个、模范个人2名，荣获市级民族团结进步模范集体8个、模范个人14名，有效带动全域创建的积极性，营造全面创建的良好氛围。

【宗教工作】 持续深化"五进"宗教场所活动，打造规范化建设示范场所；以宗教活动场所为主体深入开展讲经布道"一月一主题"活动，面向宗教界人士开展"崇俭戒奢"教育活动，以宗教领域重要节点为契机累计开展"三同"教育活动；举办宗教界人士学习贯彻党的二十大精神专题培训班2期，督导各乡镇(街道)坚持每季度开展宗教界人士"三定"学习，并把《宗教事务条例》《宗教活动场所管理办法》《宁夏回族自治区宗教事务条例》等法规规章作为必学教材，不断深化思想引领。加强宗教活动场所财务管理，认真落实宗教教职人员认定、民主管理组织换届备案制度，加强朝觐事务管理。

【党外人士工作】 分别组织召开党外知识分子联谊会第二次委员会代表大会和新的社会阶层人士联谊会第一次会员代表大会，并选举产生新一届知联会和新联会常务理事会和领导班子，不断完善组织建设。在中瑞悦汇广场(帝豪商场)打造新的社会阶层人士统战工作实践基地1个，有力夯实服务基础。面向各民主党派和党外人士及党外知识分子开展"凝心铸魂强根基 团结奋进新征程"等主题教育活动，组织新的社会阶层人士代表赴彭阳县乔佳渠"红色+长征精神"廉洁文化教育点、西吉县将台堡长征会师纪念园、兴隆镇单家集革命旧址开展"推进红色基因传承，走好新时代长征路"廉政警示教育活动。利用妇女节、植树节、端午节和建党节等时间节点，组织各民主党派和新的社会阶层人士开展"聚统战魅力 展巾帼风采""六盘山下石榴红 端午粽香暖侨心""红心向党为党庆生""百姓大舞台 想唱你就来——庆中秋迎国庆红歌大赛"等活动。组织召开各民主党派和无党派人士座谈会，通过谈心谈话加强交流、畅通建言献策渠道，为共谋发展提供制度保障。新联会积极发挥自身优势，举办安全生产知识培训和应急救护专题培训，为大统战格局不断汇聚力量。在打通侨务工作"最后一公里"上下功夫，挂牌成立了雁岭社区"侨胞之家"，改造提升景园社区"侨胞之家"，并申请中国侨联"侨心书苑进侨家"项目，为景园社区争取图书300册。举办"侨界心连心欢闹元宵节""月圆同心庆中秋暖侨心 石榴花开迎国庆庆华诞""礼赞二十大 笔墨绘侨心"——柴培科《红楼梦人物白描百图》绘画展等主题活动，联合固原市爱尔眼科医院开展"侨爱心—送温暖"义诊活动。看望慰问台胞及侨眷12户，为大统战格局不断凝聚人心。

【民营经济工作】 着力构建亲清政商关系，在优化营商环境上做文章。按照《原州区民营经济统战工作协调机制》，极力搭建政企沟通和惠企政策服务平台，全力当好政企沟通、银企对接的"店小二"，协调落实各项扶持政策，指导符合条件的企业申报民贸民品贴息贷款，2023年新增申报企业4家，为宁夏好水川食品有限公司、雪川六盘山食品(宁夏)有限公司、固原成盛淀粉有限公司等11家民贸民品企业争取贴息款331.42万元，有效保障民营经济"两个健康"发展。

政策研究

【重点领域改革】 认真学习二十届中央深改委第一次、第二次全体会议精神，全面贯彻自治区党委深改委第二十次、第二十一次和市委深改委第六次、第七次会议精神，结合原州实际制定《关于全面贯彻落实党的二十大精神坚定不移把改革推向前进的实施方案》，明确任务43项，细化制定2023年任务清单，明确需完成改革任务34项；根据区市党委深改委2023年改革要点，制定《原州区委深改委2023年工作要点》，明确任务56项；承担国家级改革试点任务5项；承担自治区级改革试点任务3项。

【"六权"改革】 认真贯彻全区"六权"改革推进会精神，制定《原州区深化"六权"改革任务清单》和"四权"改革年度任务清单，明确41项重点任务，统筹落实山林权、用水权、土地权、排污权改革年度重点任务，统筹协调抓好用能权、碳排放权改革方案编制和启动实施基础工作。用水权改革抓"总量调配、节水增效"。完成首笔用水权抵押融资贷款940万元；新增高效节水灌溉面积7万亩，总面积达到23.67万亩；新增90万立方米再生水用于6000多亩生态林的灌溉；开展水行政综合执法，完成86眼农业取水井关停任务；交易黄河水1笔1000万立方米，交易金额1000万元；完成原州区首笔区内工业企业用水权交易；规范基层用水管理组织，落实末级渠系水费收支预算管理制度，农业水费管理严格执行"收支两条线"；修改完善《原州区农业水价改革精准补贴及节水奖励办法》；加快工业企业用水权有偿使用费收缴。土地权改革抓"科学管控、盘活经营"。颁发集体建设用地不动产证，已完成115宗；完成45个村庄规划编制，实现148个村庄规划全覆盖；完成2000亩复垦闲置集体建设用地跨省交易，完成2笔农村集体经营性建设用地入市交易；完成清水河原州区段历史遗留废弃矿山生态修复6317亩（其中2023年完成787亩）。山林权改革抓"增绿提质、农民增收"。加快推进山林类不动产登记颁证，完成109.5万亩林地地籍调查，已颁证39本；完成山林权首笔抵押贷款20余万元；完成营造林10万亩，义务植树50万株，引进社会资本400多万元，实施荒山造林3000亩；累计流转林地2.5万亩；打造集林下种植、林下养殖、景观利用等为一体的林旅融合示范基地3家，示范带动全区旅游产业蓬勃发展，2023年全区接待游客8万人次，林旅融合经营主体吸纳周边建档立卡户30人务工，人均增收1.6万元。排污权改革抓"源头控制、降污增益"，加强污染物排放监管，对辖区46家重点排污单位进行专项督查，发现问题21个，已全部整改到位；引导企业自主减排，督促5家企业安装在线监测设施。用能权、碳排放权改革。认真做好配合市直部门开展规上工业企业用能情况摸底、"两高" 项目改扩建用能需求调查等工作。

【调查研究】 落实"大学习、大讨论、大宣传、大实践"活动要求。认真落实自治区、固原市党委《关于大兴调查研究的实施方案》，聚焦自治区、固原市党代会和全会确定的年度重点目标任务，围绕"五特五新五优"产业、"六大提升行动"、"六权"改革、乡村振兴、基层治理等重点工作，制定原州区《关于大兴调查研究的实施方案》，涵盖经济、农业农村、教育、医药卫生、社会保障、司法、脱贫攻坚等领域，确定109项调研任务。抓实主题教育调查研究工作。认真选好调研课题。制定《学习贯彻习近平新时代中国特色社会主义思想主题教育调查研究专项方案》，突出"四个紧扣"重点、围绕"六个方面"调研选题方向和大兴调查研究13个方面调研内容选好调研课题，32名在职县级领导确定调研课题32个，调研课题涵盖全县特色产业、县域经济、工业资源、生态、教育、医疗、民主法制等领域。推进调研成果转化。制定《领导干部主题教育调查研究课题清单》，32名县级领导结合工作开展实地调研，梳理问题

101 条，解决阶段性问题 60 条，研究出台政策对策 118 条，建章立制 43 条，建立调查研究问题清单。组织党员干部，以下沉走访、实地观摩等方式，了解基层改革发展实际情况，围绕“基层党组织建设”“农业经营体制改革”“特色产业发展”等方面开展调查研究。

网络安全与信息化

【网络宣传】 始终把习近平新时代中国特色社会主义思想网上宣传摆在首位。抓好政府网站和政务新媒体矩阵两大平台建设运用，开设“二十大精神在基层”“铸牢中华民族共同体意识”“安全原州 e 起同行”“网信辟谣”“网络中国节”等重大主题专栏 13 个，组织开展党的二十大精神、自治区党委十三届四次、五次全会精神、党建引领、乡村振兴、产业发展、文化活动等重大主题网络宣传活动，汇聚网络宣传强流量和正能量。开展全区网络安全知识线上竞赛、“月满中秋 情满国庆” 网络作品征集等活动，累计参与人数 20 万人；开展“全媒体达人浪原州”“网络达人浪固原”主题宣传推介活动，累计撰写相关文章、拍摄视频 100 余篇（条），分别被《人民日报》、中国新闻网、宁夏新闻网、《宁夏日报》等主流媒体转载报道；开通“网信原州”视频号，开设“网信普法”“这里是原州”“避暑胜地 锦绣原州”专栏，策划推出“跟着牧飒浪原州”“听哈子说原州” 等群众喜闻乐见微视频产品，阅读量已超过 500 万人次，不断发出宣传原州好声音，传递“锦绣原州”正能量。全国和美乡村篮球赛（村 BA）西北赛区比赛期间，推出了一批网络佳作，网上浏览量超过 3 亿，吸引了社会各界广泛关注和支持。信息内容发布更加规范。规范信息发布抓排查，全天候监测落实“三审三校”制度，排查、清理媒体信息不规范表述，对发现的 82 条错误表述信息进行及时督促整改，对出现严重错误的 4 家部门（单位）的负责人进行了约谈，有力地维护网上政治安全。加强属地公安、教育、文旅、市场监管等部门的协调联动，集中清理属地新媒体涉“网络谣言”“网络暴力”等有害信息，推动形成网络空间天朗气清。

【网络生态治理】 深入开展“清朗”系列专项整治行动，依法处置涉博彩、色情等违法网站 59 个，清理违法和不良信息 1.8 万余条，约谈违规快手账号 131 个，行政处罚违规主播 3 人，联合公安机关教育处置 38 人，有效震慑了网络违规行为。对辖区 150 名自媒体主播开展网络直播规范管理专题培训，对 11 个乡镇离任村干部进行网络行为规范培训，营造清朗网络空间。

【网络综合治理】 推行 “1 个功能型党支部组织领导，组建 4 支队伍，建立 3 个工作清单和 5 项保障机制”的“1435”工作机制，成立 14 个功能型党支部，设立网络辅导员 189 名、网络综合治理员 14 名、骨干网评员 131 名，摸排政务新媒体账号 128 个、自媒体账号 2 万个，把网上风险排查、矛盾化解同基层治理体系密切结合，不断强化党委领导、政府管理、企业履责、社会监督、网民自律的多主体治网格局。

【网络安全】 狠抓安全意识建设，坚持线上线下相结合，以全民国家安全教育日、全民数字素养与技能提升活动月、网络安全宣传周等为契机，大力营造网络安全为人民、网络安全靠人民的浓厚氛围。狠抓护网能力建设，聚焦业务能力短板，组织开展网络安全培训、网络攻防演练，常态化开展网络安全督促指导，着力提升干部管网治网能力。通过购买第三方服务，从网络安全监测、信息系统漏洞监测、网络安全检查支撑方面提供技术支撑，对发现系统出现弱口令漏洞、存在个人信息泄露风险等 19 起网络安全事件下发整改通知书，督促涉事单位及时整改，坚决防范网络安全重大事件发生。

机构编制工作

【机构改革】 加强全区动植物疫病防控体系建设工作。从优化机构职能体系、配齐配强专业人员、理顺体制机制、压实属地责任等方面，建立全链条、全覆盖、可追溯、协同高效的基层动植物疫病防控体系。健全完善公共卫生体系，推进疾病预防控制体系改革。加强重大疫情和突发公共卫生事件的应对处置，构建预防为主、科学防控、协调高效的疾病预防控制体系，2023 年 5 月底完成原州区疾控局挂牌。

【编制配置】 推动机关力量下沉，充实基层工作力量，按要求配备乡镇(街道)司法所政法专项编制，保障至少 3 名；着力解决医疗卫生机构在发展中的人员编制矛盾，安置订单定向医学生 3 名；研究提出退役士兵安置单位建议方案，2023 年安置退役军人 11 名；不断加强校际交流合作，推动城乡教师交流 90 名，着力解决区域间、校际间教师资源配置不均衡问题。2023 年，聘用公费师范生 54 名，招聘中小学教师 30 名；协同配合做好公务员事业单位招考工作，2023 年招考(聘)公务员、事业人员 160 名。

【编制管理】 强化机构编制日常管理。严格机构编制纪律，坚持落实机构编制"一支笔"审批制度，进一步抓好实名制数据库的维护，根据组织、人社的相关文件及时更新实名制数据库信息，确保机构设置、编制调整、人员调动、职务职级变动等事项实时更新，实名制系统数据真实准确。加强与组织、人社、财政等有关部门沟通协调，完善信息共享机制。完成机构编制执行情况和使用效益评估工作。抽取自然资源局、水务局等 10 个部门(单位)通过现场访谈、材料调阅、问卷调查、座谈反馈等形式对照 17 项评估指标开展评估，分析本部门(单位)职责履行及机构编制使用效益，向被评估部门(单位)反馈问题 33 条，列出问题清单，建立整改台账。深化权责清单动态管理。调整规范统计局、民政局、应急管理局等 5 个政府部门的权力清单，相关单位按照规定程序提出具体调整申请，原州区委编办会同原州区司法局进行合法性审核后，将调整结果通过政府门户网站及时向社会公布。

【事业单位登记管理】 加强事业单位法人监管，促进事业单位健康发展、规范运行，2023 年共办理新设立登记 3 家，变更登记 44 家，注销登记 3 家，更换有效期 5 家，年度报告公示 151 家，报送率、公示率达到 100%。按照公示单位总数 15%的比例进行抽查，对抽查的事业单位进行一次全面检查。2023 年共抽查法人事业单位 25 个，抽检比例 16.5%，抽查反馈问题 12 条，即时整改 3 条，限期整改 9 条，已全部整改到位。

党史编研

【党史研究】 按照自治区党委党史研究室《宁夏党史现场》编写工作方案分工要求，原州区史志研究室安排人员，实地考证、翻阅资料，提供了固原革命烈士纪念碑、红军长征青石嘴战斗纪念碑及《杨郎协定》旧址等 8 个红色遗址遗迹的资料和图片。组织党员和干部到彭阳县乔家渠毛泽东宿营地瞻仰学习。

配合区文旅局、开城镇等部门(单位)对中央红军过原州特别是青石嘴战斗资料进行审核和修改，到青石嘴实地考察，积极提供有关红军长征宿营张易堡、战斗堡子梁、翻越六盘山及题写《清平乐·六盘山》等地方党史资料，积极参与下青石红色美丽村庄规划设计工作。

原州区人民代表大会

综　述

【概况】　原州区人民代表大会常务委员会，是原州区人民代表大会常设机构。2023 年，区人大常委会召开常委会会议 7 次，开展视察调研 20 次、执法检查 6 次，听取审议专项工作报告 29 个，交办审议意见 22 份，圆满完成了区四届人大二次会议确定的各项目标任务。

【理论武装】　坚持把政治建设摆在首位，以党的创新理论统揽人大工作，以党的全面领导把稳前进之舵，始终保持人大工作正确政治方向。坚持把深入扎实开展主题教育作为重大政治任务，牢牢把握“学思想、强党性、重实践、建新功”总要求，一体推进五项重点措施，在以学铸魂、以学增智、以学正风、以学促干上取得明显成效。严格落实“第一议题”制度，深入学习贯彻党的二十大精神和习近平总书记视察宁夏重要讲话指示批示精神，认真学习贯彻习近平法治思想、习近平总书记关于坚持和完善人民代表大会制度的重要思想，及时跟进学习习近平总书记最新重要讲话指示批示精神，党组集中学习 15 次，专题研讨 9 次，深入基层宣讲 15 次。

【自身建设】　常委会党组严格落实全面从严治党主体责任，定期研究机关党建、党风廉政建设、意识形态等工作。严格落实“三会一课”等制度，深入开展“五型机关”创建活动，推动机关党建与人大工作深度融合。严格落实意识形态工作责任制，注重加强人大宣传工作，努力办好“原州人大”微信公众号，持续讲好原州人大故事。坚定不移推进党风廉政建设和反腐败斗争，严格落实中央八项规定及其实施细则精神，深入开展纠治形式主义官僚主义专项整治和“干部作风转变年”活动，常态化开展警示教育活动，认真整改落实自治区党委第一巡视组反馈问题，持续改进文风会风。始终把调查研究作为人大工作的基本功，深入开展“四下基层”活动，形成调研报告 18 篇。坚持把制度建设贯穿始终，修改完善区人大常委会组成人员守则、主任会议议事规则，进一步提高审议质量和效率。制定人民代表大会会议、常委会会议、主任会议工作程序，不断提升会议组织制度化、规范化水平。制定常委会专题调研、执法检查、专题询问等制度办法 10 项，推动履职尽责法治化、工作流程标准化、机关运行规范化。在昆明举办常委会组成人员和乡镇（街道）人大干部专题培训班，选派参加自治区、固原市人大培训学习 37 人次，举办“法治讲堂”专题讲座 3 次。加强乡镇（街道）人大工作的联系和指导，邀请乡镇（街道）人大主席（联络办主任）列席常委会会议 24 人次，召开乡镇（街道）人大工作座谈会 2 次，推动全区人大工作质量整体提升。

相关决议决定和人事任免

【相关决议决定】　原州区委定期听取人大常委会党组工作汇报，2023 年召开区委人大工作会议，对新时代原州人大工作作出安排部署，制定贯彻落实中央和自治区、固原市党委人大工作会议重点任务分工方案。严格执行请示报告制度，2023 年向原州区委请示报告重要事项 16 次。认真贯彻落实党中央重大决策部署和自治区、固原市党委及原州区委工作部署要求，作出相关决议决定8项，及时把党委的决策部署通过法定程序转化为全区人民的共同意志和行动。

【人事任免】 坚持党管干部与人大依法任免有机统一，依法任免国家机关工作人员45人次。

人大监督

【经济领域监督】 听取审议2023年上半年国民经济和社会发展计划执行、“十四五”规划实施中期评估情况报告，督促深入贯彻新发展理念，促进经济平稳向好运行。听取审议全区优化营商环境工作情况报告，督促持续优化政务环境、市场环境、法治环境，激发市场主体活力。开展重点项目建设集中视察，助力项目建设提速增效。听取审议2022年财政决算草案、2023年上半年财政预算执行、2022年区本级财政预算执行和其他财政收支审计及审计查出问题整改落实情况报告，审查批准区本级决算、两次预算调整方案，推动人大预算审查监督重点向支出预算和政策拓展，不断提高资金使用绩效。听取审议政府债务管理情况专项工作报告，不断完善债务管理机制、硬化预算约束，积极防范化解政府债务风险。制定《关于国有资产管理情况监督工作的五年规划(2023—2027)》，听取审议国有资产管理情况报告和行政事业单位国有资产管理专项工作报告，推动国有资产管理规范化、制度化。

【乡村振兴领域监督】 听取审议农业农村、巩固拓展脱贫攻坚成果同乡村振兴有效衔接工作情况报告，听取审议关于发展文化旅游产业情况报告并进行满意度测评，检查乡村振兴促进法实施情况，督促坚决守牢“两个底线”，统筹乡村产业、人才、文化、生态、组织振兴，加快推进“五特”产业发展、农文旅融合发展、人居环境整治等重点工作，助力筑牢乡村全面振兴样板区建设的基础。

【生态保护监督】 紧盯中央和自治区生态环保督察反馈问题整改，听取审议2022年度环境状况和环境保护目标完成情况、森林草原防火和贯彻实施《固原市人大常委会关于森林草原野外防火的决定》情况报告，检查环境保护“一法一条例”实施情况，督促认真贯彻实施生态环保法律法规，不断加强生态环境综合治理。

【民生领域监督】 听取审议教师队伍建设和贯彻实施教师法情况报告，督促加强教师队伍建设管理，建设高素质专业化教师队伍，努力办好人民满意的教育。听取审议公共卫生服务体系建设情况报告并进行满意度测评，督促推动完善公共卫生服务体系建设，更好满足人民群众日益增长的医疗健康保障需求。听取审议老旧小区改造情况报告，督促完善小区服务功能，推动人民群众居住条件持续改善。听取审议就业创业工作情况报告，督促落实积极就业政策，确保就业形势总体稳定。听取审议安全生产问题隐患排查整治情况报告，开展食品安全法、安全生产“一法两条例”实施情况执法检查，督促树牢安全发展理念，筑牢安全防线底线，坚决防范化解安全生产领域风险，有效保障人民群众生命财产安全。

【法律监督】 听取审议法治政府建设、社区治理情况报告，促进强化依法行政理念、规范依法行政行为，不断提升综合治理能力和水平。听取审议区人民法院民商事审判工作情况报告，对区人民法院审判工作开展视察，督促审判机关不断优化审判职能，为高质量发展提供有力司法保障。听取审议区人民检察院未成年人检察工作情况报告，促使检察机关不断完善未成年人检察工作统一集中办理机制，切实护航未成年人健康成长。深入推进普法宣传，大力弘扬宪法精神，开展“国家宪法日”活动，严格落实宪法宣誓制度，组织宪法宣誓仪式4次，28名国家机关工作人员庄严宣誓。听取审议规范性文件备案审查情况报告，坚持有件必备、有备必审、有错必纠，健全完善规范性文件备案审查机制，备案审查规范性文件2件，切实维护宪法权威和法治统一。

代表工作

【履职培训】 加强代表履职能力建设，举办代表履职能力提升、“护安全、促发展”专题培训班2期288人次，依托代表家站开展各类学习培训1054人次。常态化邀请代表列席人大常委会会议42人次，参与专题调研、视察、执法检查154人次，组织代表参加“一府一委两院”有关会议和活动106人次。

【代表活动】 完善人大常委会组成人员联系代表、代表联系服务群众的“双联”工作机制，集中开展“人大常委会组成人员联系代表月”“代表联系群众月”活动。认真贯彻自治区代表家站规范化建设工作推进会精神，按照“八有”标准，探索代表家站内容、流程、实效规范化、特色化建设，将1028名五级人大代表混合编为83个代表小组，常态化“进站入家”联系服务群众，推动解决群众关心的问题，使代表家站成为联系群众的“连心桥”和为民服务的“主阵地”。扎实开展“护安全、促发展”主题实践和“建设美丽宁夏人大代表在行动”活动，代表提出意见建议47条，转交重点办理8件。面向代表和群众征集人大常委会年度监督议题，将群众关心关注的医疗、教育、小区改造等热点难点问题纳入年度监督工作计划。

【代表建议办理】 按照“两个高质量”目标要求，持续优化代表建议提出、集中交办、重点督办、跟踪落实等工作机制。先后2次集中组织对代表建议办理情况进行督办，人大常委会专题听取代表建议办理情况报告。区四届人大二次会议提出的11件代表建议已办结10件，正在办理1件，推动解决了一批群众关心、代表关注的热点难点问题。

重要会议

【原州区四届人大常委会第十一次会议】 2023年2月27日，区四届人大常委会召开第十一次会议，人大常委会主任李佐田主持会议。会议传达学习了自治区第十三届人民代表大会第一次会议精神，听取和审议了区人民政府关于2022年环境状况和环境保护目标完成情况、森林草原防火工作和贯彻实施《固原市人大常委会关于森林草原野外防火的决定》情况、社区治理工作情况的报告，听取和审议了区人大常委会执法检查组关于检查《中华人民共和国环境保护法》《宁夏回族自治区环境保护条例》实施情况的报告，审议了区人大常委会调研组关于社区治理工作情况的调研报告，审议通过了《固原市原州区人民代表大会常务委员会审议意见办理暂行办法》和《原州区人大常委会2023年工作要点》，表决通过了有关人事任免议案，作出了关于古雁街道行政区划调整的决议。会上，新任命的国家工作人员进行了宪法宣誓。

【原州区四届人大常委会第十二次会议】 2023年4月23日，区四届人大常委会召开第十二次会议，人大常委会主任李佐田主持会议。会议传达学习了全国“两会”精神，听取和审议了区人民政府关于优化营商环境工作情况、教师队伍建设和贯彻实施《中华人民共和国教师法》情况及法治政府建设工作情况的报告，审议了区人大常委会调研组关于全区优化营商环境工作情况、教师队伍建设和贯彻实施《中华人民共和国教师法》情况的调研报告。

【原州区四届人大常委会第十三次会议】 2023年6月20日，区四届人大常委会召开第十三次会议，人大常委会主任李佐田主持会议。会议听取和审议了区人民政府关于巩固拓展脱贫攻坚成果同乡村振兴有效衔接、公共卫生服务建设、发展文化旅游产业工作情况的报告，并对公共卫生服务建设和发展文化旅游产业工作情况进行了满意度测评；听取和审议了区人大常委会执法检查组关于检查《中华人民共和国乡村振兴促进法》实施情况的报告；审议了区人大常委会调研组关于巩固拓展脱贫攻坚成果同乡村振兴有效衔接、公共卫生服务建设、发展文化旅游产业工作情况的调研报告；表决通过了有关人事任免议案。会上，新任命的国家工作人员进行了宪法宣誓。

【原州区四届人大常委会第十四次会议】 2023年8月24日，区四届人大常委会召开第十四次会议，人大常委会主任李佐田主持会议。会议传达学习了自治区党委十三届四次全会、市委五届八次全会精神，听取和审议了区人民政府关于2023年国民经济和社会发展计划上半年执行情况、2022年区本级财政决算（草案）和2023年上半年全区财政预算执行情况、2022年度区本级财政预算执行和其他财政收支审计情况、行政事业单位国有资产管理工作情况、2022年政府债务管理工作情况、安全生产问题隐患排查整治工作情况的报告及2023年区本级预算调整方案，听取了区人民政府关于“十四五”规划实施中期评估情况的报告，审议了区人民政府关于2022年度国有资产管理工作情况的综合报告，审查和批准了2023年区本级预算调整方案、2022年区本级财政决算，表决通过了主任会议有关议案和人民法院人事任免议案。

【原州区四届人大常委会第十五次会议】 2023年10月23日，区四届人大常委会召开第十五次会议，人大常委会主任李佐田主持会议。会议传达学习了自治区党委十三届五次全会、固原市委人大工作会议精神；听取审议了区人民政府关于老旧小区改造、就业创业、农业农村工作情况的报告和区人大常委会执法检查组关于检查安全生产“一法两条例”实施情况的报告及区人民法院关于民商事审判工作、区人民检察院关于未成年人检察工作情况的报告；表决通过了人事任免议案，补选了原州区出席固原市第五届人民代表大会代表。新任命的国家工作人员进行了宪法宣誓。

【原州区四届人大常委会第十六次会议】 2023年12月25日，原州区四届人大常委会召开第十六次会议，人大常委会主任李佐田主持会议。会议传达学习了区委四届五次全会精神；听取审议了区人民政府关于区四届人大二次会议代表建议办理、2022年区本级预算执行和其他收支审计发现问题整改落实情况的报告，并对审计发现问题整改落实情况进行了满意度测评；听取审议了区人大常委会执法检查组关于检查食品安全法实施情况的报告；审议了区人大常委会法制工作委员会关于2023年规范性文件备案审查工作情况的报告；审查批准了2023年区本级预算调整方案（第二次）；审议通过了区人大常委会代表资格审查委员会的代表资格审查报告；表决通过了《固原市原州区人民代表大会常务委员会关于召开固原市原州区第四届人民代表大会第三次会议的决定》和人事任职议案。

人大常委会办公室工作

【办文办会】 做好人大常委会、办公室各种文件、材料的起草、印制、报送、分发工作。完成文件、讲话、汇报以及调研报告、发言交流等文字材料130余份。做好会议服务，2023年，组织协调召开原州区人大常委会主任会议16次、7次常委会会议和原州区第四届人民代表大会第三次会议提供了优质高效的会务服务，保证了会议的顺利进行。

【重点工作】 做好常委会视察调研、执法检查协调服务工作，统筹协调有关部门、各工作委员会精心组织，周密安排，保证视察调研活动顺利进行，全年组织视察调研、执法检查26次。加强上下联系，内外联动,配合区市人大开展调研等活动11次,开展区内外县区人大工作交流活动4次。严格落实“四个不摘”要求,落实落细帮扶措施,组织机关全体干部经常深入中河乡小沟村开展帮扶工作,大力支持驻村第一书记工作,拨付驻村工作经费1万元,听取驻村工作汇报2次。积极协调马尾区人大,联系爱心企业争取帮扶资金10万元,慰问中河乡小沟村困难群众10户,为小沟村建设爱心超市1个,全力助推乡村振兴。同时,注重强化安全、节能等工作,着力提高机关运转质效。

【自身建设】 坚持把党的政治建设摆在首位,严格落实“第一议题”制度,扎实开展学习贯彻习近平新时代中国特色社会主义思想主题教育,召开党组理论学习中心组会议和机关理论学习46次,开展集中研讨10次,坚持用习近平新时代中国特色社会主义思想武装头脑、指导实践、推动人大工作。充分发挥常委会机关党组把方向、管大局、保落实作用,扎实推动机关党建和人大工作深度融合,以高质量党建引领人大工作高质量发展。严格落实党风廉政建设“一岗双责”,锲而不舍落实中央“八项规定”及其实施细则精神、自治区党委“八条禁令”和市委“十项规定”及原州区委若干意见要求,持续深化纠治“四风”,扎实开展纠治形式主义官僚主义专项整治和“干部作风转变年”活动。严格落实意识形态工作责任制,管好用好意识形态领域阵地,扎实做好宣传工作,精心做优“原州人大”公众号平台,讲好人大故事。认真落实会前学法制度,举办法制讲堂3期,提升干部法治素养。不断加强制度建设,制定人大常委会党组及人大常委会工作制度10项,修订完善《机关公文处理制度》等制度,机关运行更加规范。

工作委员会

【财政经济工作委员会】 围绕推动经济社会高质量发展,对2023年国民经济和社会发展计划上半年执行情况和全区优化营商环境工作情况开展调研,听取“十四五”规划实施中期评估情况的报告,集中视察重点项目建设情况,督促做好“六稳”工作、落实“六保”任务,稳住经济基本盘。对2022年财政决算和2023年财政预算上半年执行、2022年区本级财政预算执行和其他财政收支审计情况的报告及审计查出问题整改情况进行调研,审议2022年政府债务管理工作情况报告,审查批准决算和预算调整,推进预算审查监督重点向支出预算和政策拓展,防范化解债务风险,提高财政资金使用效益。对行政事业单位国有资产管理工作开展专项调研,审议关于国有资产管理综合报告,促进国有资产规范运作、提质增效。对老旧小区改造工作情况进行调研,对原州区贯彻实施《中华人民共和国食品安全法》情况进行执法检查。对2022年度环境状况和环境保护目标完成情况的报告,对环境保护“一法两条例”开展执法检查。对森林草原防火工作和贯彻实施《固原市人大常委会关于森林草原野外防火的决定》情况开展调研。对巩固拓展脱贫攻坚成果同乡村振兴有效衔接工作情况开展调研,对贯彻实施《中华人民共和国乡村振兴促进法》情况开展执法检查。听取审议2023年农业农村工作情况的报告。

【法制工作委员会】 听取就业创业工作情况报告,督促落实积极就业政策,拓宽就业渠道,稳定就业岗位,优化就业创业环境。听取审议安全生产问题隐患排查整治情况报告,首次采用“三级人大联动、五级代表参与”的方式,开展安全生产“一法两条例”实施情况执法检查。对社区治理情况开展调研。听取审议法治政府建设情况报告。听取审议原州区人民法院民商事审判工作情况报告,对审判工作开展视察。对原州区人民检察院未成年人检察工作开展调研。听取审议关于规范性文件备案审查情况的报告,备案审查规范性文件2件。

【教科文卫工作委员会】 听取和审议了文化旅游产业专项工作报告。听取和审议了公共卫生服务建设专项工作报告,并进行满意度测评。听取和审议了教师队伍建设和贯彻实施《中华人民共和国教师法》情况的报告。

【代表选举与联络工作委员会】 举办代表履职能力提升和“护安全、促发展”专题培训2期,培训代表288人次。按照“八有”标准,对原州区99个代表联络家站逐一指导提升。健全完善“双联”工作机制,开展“常委会组成人员联系代表月”“代表联系群众月”活动,畅通社情民意表达渠道。深化拓展代表对人大工作的参与,面向代表征集人大常委会2024年监督议题,常态化邀请代表列席人大常委会会议42人次。围绕巩固拓展脱贫攻坚成果同乡村乡振兴有效衔接、重点项目建设等重点工作,邀请代表参加视察调研、执法检查154人次。混编组建83个代表小组,经常性开展活动,组织代表参加“一府一委两院”有关会议和活动106人次。采取上下联动,组织开展“护安全、促发展”主题实践活动、安全生产“一法两条例”执法检查和“建设美丽宁夏人大代表在行动”活动,梳理意见建议47条,转交重点办理8件。加强代表建议办理工作,先后2次集中组织对代表建议办理情况进行督办,推动解决了一批群众普遍关心的热点难点问题。

原州区人民政府

综　述

【概况】 2023年,实现地区生产总值184.33亿元,按不变价格计算,比上年增长5.4%。实现社会消费品零售总额74.94亿元,比上年增长5.1%。全年全区完成地方一般公共预算收入1.87亿元,同比增长10.6%;完成一般公共预算支出53.48亿元,同比增长3.3%。全年全区全体居民人均可支配收入25725元,比上年增长8.2%。城镇居民人均可支配收入38530元,增长5.3%;农村居民人均可支配收入16131元,增长8.8%。

【乡村振兴】 脱贫成果持续巩固。新识别纳入监测对象277户1091人。围绕产业、就业、社会融入三件事情,投入资金2.4亿元实施重点项目237个。深化拓展闽宁协作和中央定点帮扶,投入资金9350万元,实施产业、基础设施等项目36个。脱贫人口人均纯收入达到15178元,同比增长16.5%。发放小额信贷和富民贷8167户5.2亿元。完成148个村庄规划编制,乡村发展格局全面优化。深入开展农村人居环境整治行动,建成"两小园"3.2万处,打造头营杨郎、河川寨洼等示范村25个。实施农村冬季清洁取暖改造2万户,新建卫生厕所2300座,三营污水处理厂(二期)建成运行。新建农村公路21.6公里,改造提升235公里,抢修水毁路段204处。除险加固郭庙、蒋河水库,新增自来水入户426户。农村危房危窑即增即改、动态清零。粮食播种面积稳定在76万亩,粮食总产量21万吨,新增旱作高标准农田4.7万亩、高效节水灌溉3万亩。全面提升农业科技水平,推介雪育23号马铃薯等主导品种124个,推广肉牛冷配改良等实用技术80项,农产品加工转化率、农业综合机械化率分别达到58%和77%。新培育自治区级以上龙头企业合作社3家。

【产业发展】 "五特"产业提质增效。肉牛产业越做越大,融侨肉牛精深加工项目投产入规,丰霖源牧业、好水川食品荣获国家级龙头企业,在上海、福建等地开设"六盘山牛肉"产品体验店8个,新建"出户入园"标准化养殖场8个,饲养量达到30万头。蔬菜产业越做越强,引进上海孙桥溢佳、深圳百果园等知名蔬菜企业,成功种植"三个零"高品质有机果蔬2350亩,建成5个万亩、16个千亩蔬菜标准化种植基地,种植面积达到25万亩,年产量突破100万吨。建立万亩种薯繁育基地,年繁育原原种1万粒。商品薯种植面积达到16.5万亩,9家淀粉生产企业年生产淀粉达10万吨,占到全国市场份额的16%以上。中药材产业,明德中药、长药良生等3家龙头企业高效发展,建成黄芪育苗基地1个、标准化示范基地10个,种植道地中药材5万亩,加工各种饮片5300吨。生态经济产业,建设官厅庙台、炭山古湾等千亩小杂粮(油料)示范基地5个,种植面积6.7万亩。依托兴百业高品蛋鸡产业园,带动全区鸡饲养量达到330万羽,生产高品质鸡蛋3.2万吨。加快推动能源产业绿色转型升级,50MW分布式光伏发电、500MW集中式风电等项目落地实施,配合固原市加快推动六盘山电厂2×1000MW扩建项目建设,新能源装机总量达到440MW。闽宁电子信息产业园挂牌运行,宁夏引创电子科技年产值2亿元的数据线、手机电池贴片实现量产出货，电子信息制造业实现“零”的突破。新培育闽泰纺织、长药良生等5家企业达产入规，总数达到48家，占到固原市56%，规上工业增加值实现转正，预计全年增长2%。“五优”产业提档升级。改造提升嘉泰农贸批发市场，建成33个镇村物流服务站点，区乡村三级现代物流体系初步形成。新培育电商企业5家，全年网络零售量1200余万件，销售额突破2亿元。编制完成清水河沿岸文旅产业发展和须弥山旅游景区提升两个规划。全年接待游客350万人次，实现旅游综合收入18亿元，同比分别增长25%和28.6%。

【项目攻坚】 银昆高速原州段等重大基础设施项目加快推进，农村冬季清洁取暖等重大民生保障项目全面实施，山水林田湖草沙一体化系统修复和保护等重大生态修复项目破土动工，2023年确定的154个重点项目开工率达到100%，年度投资达到99.4亿元。健全完善招商引资推进机制、优惠政策和奖励办法，先后外出招商22次，对接企业66家，举办农文旅福州招商推介大会，成功引进江西祥川生物、浙江运达等企业，实施招商引资项目20个，到位资金37.3亿元。

【改革创新】 重点改革纵深推进。清水河城乡供水工程如期通水，有效解决清水河川道区人饮和灌溉用水矛盾，推动用水权改革走向深入，全国省级水网宁夏先导区建设推进会在原州举行。完成头营蒋河第二轮土地承包到期后再延长30年整村试点任务，在全区率先颁发农村土地承包经营权不动产权证书。入市交易农村集体经营性建设用地2宗，跨省交易复垦闲置集体建设用地2000余亩，土地资源有效盘活。流转林地2.5万亩。新认定国家高新技术企业3家，入库国家科技型中小企业15家，新培育自治区级“专精特新”中小企业4家、创新型中小企业和公共服务示范平台11家，备案自治区科技型中小企业14家，登记科技成果29个。全社会R&D经费投入达到1.28亿元、强度达到0.75%，本级财政经费投入稳定增长10%以上。营商环境持续优化。项目审批时限再减一半，“一网通办”事项占比90%，全程网办率达35%。30项高频事项“跨省通办”。全年减税降费、退税缓费5.7亿元，新增市场主体4456户，总量突破5万户，均居全市第一。

【生态文明】 完成营造林13万亩，草原生态修复4000亩，修复历史遗留废弃矿山787亩，治理河道25公里，完成张易田堡、河川康沟等水土流失综合治理9.2万亩，森林覆盖率、草原综合植被盖度和水土保持率分别达到27.3%、84.7%和76.9%。污染防治扎实推进。空气质量优良天数比例达到91.2%，连续5年蝉联8个市辖区第一。清水河三营国控断面、二十里铺国控断面水质分别稳定达到Ⅳ类和Ⅱ类。固体废物和危险废物安全处置率均达到100%，土壤环境质量总体保持稳定。耕地保护有力推进。整治“非粮化”“非农化”4531亩，拆除整治乱占耕地81处153.2亩。扎实开展农业面源污染治理，全区化肥使用量实现零增长，农膜资源化利用率、残膜回收率分别达到100%和95%，畜禽粪污综合利用率、秸秆综合利用率分别达到97.5%和95%。

【民生事业】 教育资源优质均衡。新建十一幼、十二幼、三营四小，改扩建第五中学，学位供给不断优化，基础教育质量持续改善。卫生健康高效便捷。深化“健康原州”建设，居民健康素养水平达到27.2%。深入推进“三医联动”改革，多元复合式医保支付方式全面覆盖。加快推进“互联网+医疗健康”示范区建设，医共体信息化平台建成投用。引进组团式帮扶专家21名，开展各项新技术24项。深入实施文化惠民工程，成功举办第四届六盘山诗歌节、须弥山文化艺术节等活动。首届原州·福州“两地四区”文化艺术作品展成功举办。社会保障坚实有力。医疗、养老“两险”实现应参尽参、应保尽保。全区低保扩围增效8269人,高龄老年人津贴实现全覆盖。发放创业担保贷款5535万元,提供就业岗位3万余个,新增城镇就业3483人,城镇调查失业率控制在5.5%以内。扎实开展城区市容环境秩序综合整治行动。实施老旧小区改造项目3个,改造完成古雁岭森林公园二期生态修复工程。

【社会治理】 聚焦城镇燃气、非煤矿山、道路交通等重点领域,排查整改隐患问题14491个,安全生产事故起数、死亡人数同比下降83.3%和80%,燃气“三件套”安装率达到100%,治理地质灾害险点126处,实施农村道路生命安全防护工程362公里。基层治理赋能增效。打造北塬、金三营等14支义警队伍,建成社区协商议事平台,常态化开展四级分层议事协商。引入“一线处置平台”,建立社区治理“智治大脑”,基层治理更具现代化。扎实推进反诈人民战争,电诈案件发案率、财损数分别下降20.7%和43.3%,群众的安全感得到进一步提升。

重要会议

【四届区人民政府第1次常务会议】 2023年1月9日,吴铁军同志主持召开,会议传达学习了习近平总书记2023年新年贺词,在中央经济工作会议上、中央农村工作会议、中央政治局民主生活会上重要讲话精神,对爱国卫生运动重要指示精神;传达学习中共中央、国务院《关于做好2023年全面推进乡村振兴重点工作的意见》精神、中国共产党宁夏回族自治区第十三届委员会第三次全体会议暨党委经济工作会议及自治区党委农村工作会议精神;传达学习固原市“两会”精神;研究《原州区2023年春节慰问方案》《原州区星级和谐社区创建考评办法》;召开2023年全区安全生产和消防工作暨区安委会第一次全体(扩大)会议;研究《关于申请核拨原州区综合执法局派驻乡镇执法人员乡镇补贴有关事宜》;研究《关于固原市原州区环卫一体化项目特许经营有关情况的汇报》。

【四届区人民政府第2次常务会议】 2023年2月7日,马波同志主持召开,会议传达学习习近平总书记在2023年春节团拜会上、在春节前夕视频连线看望慰问基层干部群众时的重要讲话精神和自治区“两会”精神;通报《关于原州区法院行政案件及涉府民事、执行案件的有关情况》;研究《原州区2023年巩固拓展脱贫攻坚成果同乡村振兴有效衔接实施方案》;研究《固原市原州区2023年全面推进乡村振兴重点工作实施方案》《固原市原州区2023年农业产业奖补方案》;研究《关于成立原州区冬季清洁取暖项目领导小组的通知》《原州区2022—2024年冬季清洁取暖项目实施方案》《原州区2022年度冬季清洁取暖项目实施方案》;研究《关于原州区2022年寨科乡中川村高标准农田建设等重点项目建设内容及投资有关情况的汇报》。

【四届区人民政府第3次常务会议】 2023年3月1日,马波同志主持召开,会议传达学习2月16日中共中央政治局常务委员会议、2月21日中共中央政治局会议精神,习近平总书记在新进中央委员会的委员、候补委员和省部级领导干部学习贯彻习近平新时代中国特色社会主义思想和党的二十大精神研讨班开班式、中共中央政治局第三次集体学习时重要讲话精神,对内蒙古阿拉善左旗一露天煤矿坍塌事故重要指示精神;传达学习梁言顺在西吉县调研产业发展乡村振兴工作、在青铜峡市调研春耕备耕工作时的讲话精神;传达学习《固原市火灾事故调查处理规定(试行)》;研究《原州区部门(单位)及乡(镇)领导干部自然资源资产离任(任中)审计工作方案》;研究《原州区建立健全分层分级精准防控末端发力终端见效工作机制推动食品安全属地管理责任落地落实实施方案（送审稿）》；研究《关于申请拨付原州区“富民贷”风险补偿金资金的请示》；研究《关于2023年原州区动物强制免疫疫苗采购项目建设内容及投资有关情况的汇报》；研究《关于原州区2022年寨科乡中川村高标准农田建设等重点项目建设内容及投资有关情况的汇报》；会前学习《中华人民共和国审计法》。

【四届区人民政府第4次常务会议】 2023年3月17日，马波同志主持召开，会议传达学习习近平总书记在中央党校（国家行政学院）建校90周年庆祝大会暨2023年春季学期开学典礼、中共中央举行民主协商会时的重要讲话精神，对深入开展学雷锋活动作出的重要指示精神；传达学习中国共产党第二十届中央委员会第二次全体会议精神，习近平总书记在全国两会上的重要讲话和全国两会精神；研究《关于原州区家庭教育指导工作实施方案的请示》；研究《关于申请原州区国有林场工作人员享受乡镇工作补贴的报告》；研究《关于原州区2023年寨科乡东塬村高标准农田建设等重点项目建设内容及投资有关情况的汇报》。

【四届区人民政府第5次常务会议】 2023年4月11日，马波同志主持召开，会议传达学习习近平总书记在中国共产党与世界政党高层对话会上的主旨讲话、在中共中央政治局第四次集体学习时的讲话、在学习贯彻习近平新时代中国特色社会主义思想主题教育工作会议上的重要讲话精神，中共中央政治局3月30日会议精神，《中共中央关于在全党深入开展学习贯彻习近平新时代中国特色社会主义思想主题教育的意见》；传达学习《中共中央办公厅印发〈关于在全党大兴调查研究的工作方案〉》；传达学习自治区纠治形式主义官僚主义等5个专项治理动员部署会议精神；传达学习宁夏回族自治区人民代表大会常务委员会公告（第63号、第66号、第70号）；研究《2023年原州区政府工作报告主要任务落实清单》《2023年原州区民生实事任务落实清单》；研究《原州区推进落实污染防治攻坚战成效考核任务工作方案》；研究《原州区消费需求促进年活动实施方案（送审稿）》；研究《关于重新认定就业帮扶车间的请示》；研究《原州区须弥山风景名胜区“绿水青山就是金山银山”实践创新基地建设工作方案》；研究《关于官厅镇薛庄村建设“百美村庄”建设项目的请示》；研究《高水平建设全国东西部科技合作引领区的实施方案任务分工台账》；研究《原州区教育体育局基层学校房屋拆除的请示》；研究《关于2023年农作物保墒采购等5个政府采购项目建设内容及投资有关情况的汇报》；研究《关于固原市原州区头营中学综合教学楼建设等重点项目内容及投资有关情况的汇报》。

【四届区人民政府第6次常务会议】 2023年4月25日，马波同志主持召开，会议传达学习习近平总书记在广东考察时的重要讲话精神、自治区党委办公厅人民政府办公厅《关于印发自治区党政代表团赴上海浙江江苏学习考察情况的通报及合作成果推进落实分工方案的通知》；听取第一季度经济运行情况汇报，安排部署下一步工作；听取第一季度安全生产工作汇报，安排部署下一步工作；听取自建房安全隐患排查整治工作汇报，安排下一步工作；研究《关于全面优化营商环境推动民营经济高质量发展的实施细则的请示》《原州区2023年重点产业精准招商工作方案的请示》；研究《关于2022—2023年义务教育薄弱环节改善与能力提升等16个政府采购项目建设内容及投资有关情况的汇报》《原州区2023年财政第一批大额资金安排计划》；研究《关于原州区2023年南部水源涵养林建设等重点项目建设内容及投资有关情况的汇报》。

【四届区人民政府第7次常务会议】 2023年5月16日，马波同志主持召开，会议传达学习习近平总书记在中共中央政治局会议、二十届中央财经委员会第一次会议、二十届中央全面深化改革委员会第一次会议上的重要讲话精神；传达学习梁言顺同志在全区学习贯彻习近平新时代中国特色社会主义思想主题教育工作会议、自治区省级干部主题教育培训班上的讲话精神；传达学习宁夏回族自治区土地管理条例；听取信访工作汇报，安排下一步工作；研究《原州区2023年乡村振兴健康保实施方案》；研究《关于变更固原市原州区福商商贸有限公司法人的请示》《关于变更固原市原州区金祥融资担保有限责任公司董事会、监事会成员的请示》《关于原州区农业农村局2023年农民科技教育培训项目建设内容及投资有关情况的汇报》；研究《关于原州区黄家河大型淤地坝工程等重点项目建设内容及投资有关情况的汇报》。

【四届区人民政府第8次常务会议】 2023年5月30日，马波同志主持召开，会议传达学习中共中央关于学习《习近平著作选读》第一卷、第二卷的通知意见；传达学习自治区党委书记梁言顺调研清水河流域生态保护治理和文旅岸线建设讲话精神；传达学习《杨青龙、任立新同志在固安办19号上的批示》；《自治区办公厅关于进一步加强投资项目全流程管理的通知》；传达学习《〈自治区审计厅干预审计工作行为登记报告办法〉的通知；听取原州区禁毒工作汇报，安排部署下一步工作；通报县级领导接访情况，听取信访积案化解情况汇报，安排部署下一步工作；研究《原州区市场主体梯度培育专项行动方案（送审稿）》；研究《关于固原市原州区杨郎幼儿园迁建等重点项目建设内容及投资有关情况的汇报》；研究《关于原州区开城镇黑刺沟村更名为清源村的请示》；研究《关于成立固原市原州区大原文化旅游产业发展有限公司的请示》《固原市原州区大原文化旅游产业发展有限公司章程（送审稿）》；研究《关于成立薛庄村百美村庄工作专班的请示》；会前学习《中华人民共和国行政复议法》，安排部署有关工作。

【四届区人民政府第9次常务会议】 2023年6月27日，马波同志主持召开，会议传达学习习近平总书记在二十届中央审计委员会第一次会议上、在中共中央政治局第五次集体学习时、在听取陕西省委和省政府工作汇报时、在山西运城考察时、在河北考察并主持召开深入推进京津冀协同发展座谈会时、在内蒙古巴彦淖尔考察并主持召开加强荒漠化综合防治和推进“三北”等重点生态工程建设座谈会时、在首届中国—中亚峰会上主旨讲话和在欧亚经济联盟第二届欧亚经济论坛全会开幕式上致辞精神，给上海市虹口区嘉兴路街道垃圾分类志愿者的回信精神；传达学习习近平总书记对“四好农村路”建设重要指示精神、《交通运输部 国家发展改革委 财政部 自然资源部 农业农村部 国务院扶贫办 国家邮政局 中华全国供销合作总社〈关于推动“四好农村路”高质量发展的指导意见〉》；传达学习《自治区人民政府办公厅关于印发宁夏回族自治区火灾事故调查处理规定的通知》；传达学习《自治区统计局关于转发〈国家统计局关于2022年查处的7起重大统计违法案件的通报〉的通知》；召开原州区安委会第五次（扩大）会议；召开原州区第二季度消委会联席会议；听取信访积案化解情况汇报、通报县级领导接访制度落实情况，安排部署下一步工作；研究《2022年度巩固拓展脱贫攻坚成果同乡村振兴有效衔接考核评估整改方案（送审稿）》；研究《原州区2023年闽宁协作项目实施方案（送审稿）》；研究《关于2023年医疗服务与保障能力提升购置彩色多普勒超声诊断仪等6个政府采购项目建设内容及投资有关情况的汇报》；研究《关于全面落实各乡（镇）人民政府淤地坝管理主体责任的请示》《关于变更原州区头营镇徐河村蔬菜基地高效节水灌溉工程建设地点的请示》;研究《原州区2023年乔洼村高质量美丽宜居村庄等7个重点项目建设内容及投资有关情况的汇报》。

【四届区人民政府第10次常务会议】 2023年7月8日,马波同志主持召开,会议深入学习习近平总书记对银川市兴庆区富洋烧烤店燃气爆炸事故作出的重要指示精神;传达学习习近平总书记向全球人权治理高端论坛、首届文化强国建设高峰论坛开幕、第十五届海峡论坛致的贺信精神,习近平总书记同团中央新一届领导班子成员集体谈话时重要讲话精神、中国共产主义青年团第十九次全国代表大会精神,习近平总书记对防汛救灾工作作出的重要指示,习近平总书记关于安全生产重要论述,习近平总书记关于"三农"工作的重要论述、习近平生态文明思想,全国巩固拓展脱贫攻坚成果同乡村振兴有效衔接工作会议精神,全国乡村振兴局长视频会议精神、《自治区2022年度巩固拓展脱贫攻坚成果同乡村振兴有效衔接考核评估问题整改》;传达学习《梁言顺同志暗访督查夜市等人员密集场所安全经营情况通报》《梁言顺同志赴中卫市暗访督查安全隐患排查整治工作情况通报》《梁言顺同志深入中卫市、固原市暗访督查安全隐患排查整治工作情况通报》《梁言顺同志深入吴忠市暗访督查安全隐患排查整治工作情况通报》《梁言顺同志暗访督查银川市安全隐患排查整治工作情况通报》《梁言顺同志暗访发现问题整改"回头看"情况通报》《张雨浦同志在吴忠市暗访督查安全生产工作》《张雨浦同志暗访督查"九小"场所安全经营情况通报》《张雨浦同志在宁东能源化工基地督导检查安全生产工作》《张雨浦同志在石嘴山市暗访督查安全生产工作情况通报》;传达学习《自治区党委常委会会议研究部署安全生产风险隐患问题排查、整改整治工作情况通报》、7月5日自治区党委常委会会议精神;传达学习6月28日自治区党委常委会会议精神、自治区人民政府第19、20次政府常务会议、梁言顺调研"三夏"工作精神、7月5日市委常委会精神、《宁夏较大及以上安全事故情况》和《全国特别重大安全事故情况》;传达学习《宁夏回族自治区人民政府办公厅关于组织开展全区燃气用户免费入户安全检查的紧急通知》;各副区长汇报近期安全隐患排查情况,安排部署下一步工作;会前学习《城镇燃气管理条例》。

【四届区人民政府第11次常务会议】 2023年7月13日,吴铁军同志主持召开,会议传达自治区党委对专项整治工作失职失责干部的处理决定;传达市纪委对原州区人民政府的监察建议书;通报城区和农村专项整治工作开展情况;通报区市领导督导检查及"四防"督查组反馈问题整改情况;听取了城区4个片区网格化排查整治和农村地区排查整治工作进展情况、存在的问题及下一步安排;听取卫健、教体、民政领域工作开展情况汇报;听取燃气领域及逃生通道整治工作开展情况;听取液化气钢瓶回收情况及回收废旧液化气钢瓶的通报;听取道路交通领域工作开展情况;听取固原商城、六盘山宾馆、茹河兴业整改进展情况;会前学习《中华人民共和国安全生产法》。

【四届区人民政府第12次常务会议】 2023年7月28日,马波同志主持召开,会议传达学习习近平总书记在中共中央第六次集体学习时、在中央全面深化改革委员会第二次会议上、中央财经委员会第二次会议上、在江苏考察时、在东部战区机关时、在上海合作组织成员国元首理事会第二十三次会议上、对网络安全和信息化工作的重要指示精神,习近平总书记向"鼓岭缘"中美民间友好论坛、第三届文明交流互鉴对话会暨首届汉学家大会致贺信和给南京审计大学审计专业硕士国际班留学生的回信精神,全国生态环境保护大会精神,7月6日国家防汛抗旱总指挥部调度防汛救灾工作电视电话会议精神；传达学习自治区党委第十三届四次全会精神，听取上半年安全生产情况汇报；传达学习张雨浦同志来固调研四水四定、乡村振兴、生态保护修复、文旅融合发展和安全生产等主要精神；传达学习《宁夏回族自治区人民政府令(127号)》《自治区信访工作联席会议关于常态化治理重复信访化解信访积案工作的实施意见》，听取重点信访事项化解情况汇报；通报2022年度部门（单位）预算执行审计发现共性问题及审计建议；传达学习全区上半年经济形势分析会精神，听取上半年经济运行情况汇报；研究《中国国家铁路集团有限公司2023年定点帮扶原州区项目实施方案(送审稿)》；研究《区人民政府关于对2022年区本级财政决算(草案)和2023年上半年全区财政预算执行情况的报告》《原州区2022年政府债务管理工作情况的报告》《关于上报原州区2022年度财政总决算（草案）的报告》《关于提请审议2023年区本级财政预算调整的请示》《原州区2023年财政第二批大额资金安排计划》《关于2023年原州区办公电脑替代项目建设内容及投资有关情况的汇报》；审议《原州区争取国家发改委〈2023年国民经济和社会发展计划支持〉政策任务清单(送审稿)》《“六大提升行动”“五特五新五优”产业和十九个自治区级重大项目包抓任务汇总表(送审稿)》《关于加快县域经济和城区经济高质量发展的任务清单(送审稿)》；研究《关于成立原州区第三次全国土壤普查工作领导小组的请示》《原州区第三次全国土壤普查工作方案(送审稿)》；研究《关于研究原州区官厅镇薛庄村乡村振兴示范村一期项目设计费用的请示》《关于研究实施固原市原州区官厅镇薛庄村乡村振兴示范村项目的请示》；研究《关于移交原州区头营镇泉港村肉牛养殖场2022年以工代赈等10个肉牛养殖场固定资产的请示》；研究《关于姚磨村“一二三”产业融合等重点项目建设内容及投资有关情况的汇报》；研究《关于申请增加警务辅助人员的报告》；会前学习《中华人民共和国水污染防治法》。

【四届区人民政府第13次常务会议】 2023年8月24日，马波同志主持召开，会议传达学习习近平总书记在四川和陕西汉中考察时重要讲话精神，对防汛救灾工作的重要指示精神，听取全区当前防汛工作情况汇报；传达学习《自治区党委人民政府〈关于深入学习贯彻习近平总书记重要指示精神统筹发展和安全提高安全生产工作水平切实保障人民群众生命财产安全的意见〉》，梁言顺在石嘴山市、吴忠市、中卫市、固原市暗访督查自治区党委全会精神学习贯彻情况精神，市委五届八次全会精神；传达学习《自治区党委办公厅人民政府办公厅关于印发〈宁夏回族自治区乡村振兴责任制实施细则〉的通知》；传达学习《自治区人民政府办公厅关于印发推进法治政府建设“八大提升行动”实施方案的通知》，研究《原州区关于加强行政复议行政应诉工作实施方案(送审稿)》《关于推进全区法治政府建设“八大提升行动”的实施方案(送审稿)》；听取原州区2023年上半年食品安全工作汇报，研究下一步工作；听取生态环境保护督查反馈问题整改情况汇报，研究下一步工作；召开原州区2023年双拥工作会议；研究《关于固原长城梁革命烈士纪念园申报为县级烈士陵园的请示》；研究《固原市原州区国民经济和社会发展第十四个五年规划和二〇三五年远景目标纲要》实施情况中期评估报告(送审稿)；研究《关于原州区乡村振兴示范村文旅产业项目等重点项目建设内容及投资有关情况的汇报》；研究《关于原州区“十三五”光伏电站确权有关情况的请示》；研究《关于提请研究清水河沿岸文旅产业发展规划政府采购服务项目的报告》《关于原州区须弥山景区提升规划政府采购服务项目的报告》；研究《关于移交原州区黄铎堡苹果气调库建设项目(一期)资产的报告》《关于移交原州区彭堡蔬菜小镇设施果树拱棚建设项目资产移交的报告》；研究《关于原州区残疾人肉兔养殖扶贫基地建设项目移交张易镇管理使用的报告》;研究《关于原州区教育体育局2020年购买村级公办幼儿园教师服务岗位延续2年承接主体政府采购等3个项目建设内容及投资有关情况的汇报》;会前学习《中华人民共和国环境保护法》和《宁夏回族自治区环境保护条例》。

【四届区人民政府第14次常务会议】 2023年9月13日,马波同志主持召开,会议传达学习习近平总书记对四川凉山州金阳县山洪灾害作出的重要指示精神、习近平在首个全国生态日之际作出重要指示精神;传达学习自治区“六权”改革推进会精神、《梁言顺同志在银川市调研督导民营企业发展、安全生产、生态环保情况通报》《关于自治区党委十三届四次全会精神学习贯彻督查情况的通报(十三)》《关于深刻汲取近期安全事件教训切实做好当前安全防范工作的紧急通知》;传达学习中共中央办公厅、国务院办公厅《法治政府建设与责任落实督察工作规定》,听取原州区2022年度和2023年上半年法治政府建设情况报告,研究下一步工作;听取原州区统计造假屡禁难绝专项治理行动和原州区第五次全国经济普查工作开展情况汇报,研究下一步工作;研究《关于原州区第三次全国土壤普查工作政府采购有关情况的汇报》;研究《原州区脱贫劳动力稳岗就业补助实施意见(送审稿)》;研究《原州区2023年度北方冬季清洁取暖项目实施方案(送审稿)》;研究《原州区“十三五”光伏电站收益分配方案(送审稿)》《原州区乡村振兴政策落实和资金审计反馈问题整改工作方案》;研究《关于宁夏清水河综合治理工程(原州区沈家河水库—沙葱沟段)2022年等建设项目初步设计变更的请示》;研究《原州区官厅镇薛庄村百美村庄建设捐赠资金及〈捐赠协议〉》;研究《固原市帝融预制菜产业园(一期)项目投资协议书》《屋顶分布式光伏发电项目的框架协议书》;会前学习《中华人民共和国乡村振兴促进法》。

【四届区人民政府第15次常务会议】 2023年9月12日,马波同志主持召开,会议传达学习习近平总书记在8月31日中共中央政治局会议上的重要讲话精神,中央、自治区学习贯彻习近平新时代中国特色社会主义思想主题教育第一批总结暨第二批部署会议精神;研究《关于固原市原州区开城镇双泉村高效节水灌溉水源工程等重点项目建设内容及投资有关情况的汇报》《关于将“原州区开城镇大马庄村中药材基地基础设施2023年以工代赈项目”变更为“原州区中河乡丰堡村肉牛养殖‘出户入园’基础设施2023年以工代赈项目”的请示》。

【四届区人民政府第16次常务会议】 2023年9月19日,马波同志主持召开,会议传达学习习近平总书记在黑龙江考察以及主持召开新时代东北全面振兴座谈会时的重要讲话精神,习近平给东北大学全体师生回信精神;传达学习全区重大项目建设推进会、自治区政府第28次常务会议精神,听取1—8月份全区经济运行情况汇报,安排部署有关工作;听取燃气、道路交通、建筑施工、蓄水池等领域安全隐患排查工作汇报;研究《农民参与乡村建设方案(送审稿)》《关于采取特许经营模式实施原州区2022年黄铎堡镇穆滩等村高标准农田(高效节水)项目的请示》;研究《原州区2023年政府购买服务项目服务内容及投资有关情况的汇报》;研究《关于原州区开城镇柯庄、双泉等村供水水源管道改造提升工程等重点项目建设内容及投资有关情况的汇报》。

【四届区人民政府第17次常务会议】 2023年10月14日,马波同志主持召开,会议传达学习习近平总书记在9月27日中共中央政治局会议、中共中央政治局第八次集体学习、庆祝中华人民共和国成立74周年招待会上的重要讲话精神，习近平总书记在浙江考察、返京途中在山东枣庄考察时的重要讲话精神，就推进新型工业化作出的重要指示精神，在第六个“中国农民丰收节”到来之际作出的重要指示精神，对新时代办公厅工作作出的重要指示精神，研究贯彻意见；传达学习《中共中央、国务院关于促进民营经济发展壮大的意见》《关于全方位优化营商环境推动民营经济高质量发展的若干意见》《关于全面优化营商环境推动民营经济高质量赶超式发展若干措施》《固原市市场主体梯度培育提质升级行动方案》，全区民营经济高质量发展暨营商环境全方位提升推进大会会议精神，研究贯彻意见；传达学习中共宁夏回族自治区第十三届委员会第五次全体会议及“1+4”系列文件精神，研究贯彻意见；传达学习全区第五次全国经济普查办公室主任工作会议、全区统计法治工作会议暨法治骨干培训班会议精神；传达学习《工作提示函(乡村振兴局暗访报告)》；传达学习《自治区信访工作联席会议办公室信访局关于转发〈中央信访工作联席会议办公室国家信访局关于印发李文章同志在总结推广经验、深入开展领导干部接访下访经验交流会上讲话的通知〉的通知》，听取全区公安工作情况汇报，安排部署下一步工作；传达学习《梁言顺同志在林长办函17号〈关于耕地造林整改要保护农民利益的提示函〉上的批示》；听取人大议案、政协提案及民生实事办理情况汇报；研究《原州区2023年财政第三批大额资金安排计划》；《固原市原州区防范化解地方债务风险实施方案》；研究《原州区2023年秋冬季农田水利基本建设实施方案(送审稿)》，安排部署2023年秋冬季农田水利基本建设工作；研究《关于固原市原州区彭堡镇河东、头营镇蒋河等村高效节水灌溉提升改造工程等重点项目建设内容及投资有关情况的汇报》；研究《关于在北塬文体中心开办干部职工食堂的方案》《关于申请提高餐补标准的请示》；研究政府采购事宜；研究资产移交事宜；会前学习《宁夏回族自治区生态保护红线管理条例》。

【四届区人民政府第18次常务会议】 2023年10月24日，马波同志主持召开，会议传达学习习近平总书记在进一步推动长江经济带高质量发展座谈会上、在江西考察时的重要讲话精神；传达学习固原市委五届九次全会精神，研究贯彻意见；研究《原州区2022年黄铎堡镇穆滩等村高标准农田建设(高效节水)特许经营项目实施方案(送审稿)》；研究《原州区官厅镇郑磨至沙窝等重点项目建设内容及投资有关情况的汇报》。

【四届区人民政府第19次常务会议】 2023年11月27日，马波同志主持召开，会议传达学习习近平总书记关于山西吕梁市永聚煤矿一办公楼火灾事故重要指示精神，在第三届“一带一路”国际合作高峰论坛开幕式上、在中央全面深化改革委员会第三次会议上、在中央金融工作会议上、在同中华全国总工会新一届领导班子成员集体谈话时、在同全国妇联新一届领导班子成员集体谈话时的重要讲话精神，中共中央政治局10月27日会议精神；传达学习中共中央办公厅、国务院办公厅《关于全面加强新形势下森林草原防灭火工作的意见》，自治区党委办公厅人民政府办公厅《关于进一步加强全区矿山安全生产工作的实施方案》，自治区党委办公厅《宁夏回族自治区事故隐患自查核查排查督查验查“六查”倒查办法(试行)》，研究贯彻意见；传达学习《中共中央办公厅国务院办公厅关于坚持和发展新时代“枫桥经验”提升社会矛盾纠纷预防化解能力的意见》，研究贯彻意见；传达学习《梁言顺同志暗访督查贯彻落实自治区党委十三届四次、五次全会精神 督导中央环保督察组反馈有关问题整改情况通报》，听取“四防督查”反馈问题整改情况；传达学习自治区党委办公厅

《宁夏回族自治区市、县(区)党委和政府落实耕地保护和粮食安全责任制考核办法》;传达学习《自治区党委办公厅人民政府办公厅〈关于进一步严格财政支出管理坚决落实过紧日子要求的通知〉》,研究《原州区关于进一步严格财政支出管理坚决落实过紧日子要求的通知》;研究《原州区招商引资政策若干规定(送审稿)》;研究《原州区关于优化生育政策促进人口长期均衡发展的实施方案(送审稿)》;研究《原州区乡村面貌提升行动实施方案(送审稿)》;研究《关于 2023 年大中型水库移民后期扶持等政府采购项目建设内容及投资有关情况的汇报》《关于对区属国有企业开展专项审计工作情况的报告》《关于对原州区村集体经济资金使用情况监督检查的报告》;研究《原州区 2023 年审计查出问题整改情况汇报》;研究《原州区彭堡镇姚磨村庭院经济林 500 亩矮砧密植苹果资产移交事宜》。

【四届区人民政府第 20 次常务会议】 2023 年 12 月 21 日,马波同志主持召开,会议传达学习 11 月 27 日、12 月 8 日中共中央政治局会议、中央经济工作会议精神,习近平总书记在二十届中共中央政治局第十次集体学习、上海考察、主持召开深入推进长三角一体化发展座谈会、北京、河北考察灾后恢复重建工作、广西考察时重要讲话精神,对甘肃临夏州积石山县 6.2 级地震、对低温雨雪冰冻灾害防范应对工作作出重要指示精神和自治区党委书记梁言顺的批示精神,向 2023 年世界互联网大会乌镇峰会开幕式发表视频致辞,在第十个国家宪法日之际作出的重要指示精神,向第六届中国国际进口博览会、第二届全球数字贸易博览会、首届“良渚论坛”“2023 从都国际论坛”、2023 两岸企业家峰会 10 周年年会上的贺信精神;传达学习《领导干部干预统计工作记录报告制度》,研究贯彻意见;研究《关于全国和美乡村篮球大赛(“村 BA”)西北赛区和全国总决赛经费(预)决算方案》;研究《关于原州区电子政务外网建设运维服务采购等政府采购项目等建设内容及投资有关情况的汇报》《关于提请审议 2023 年原州区财政预算调整方案(第二次)的议案》《关于 2023 年原州区财政预算执行情况和 2024 年财政预算(草案)的报告》《原州区 2023 年财政第四批大额资金安排计划》;研究《关于原州区 2024 年开城镇双泉村高标准农田建设等重点项目建设内容及投资有关情况的汇报》;研究《原州区政府临时粮食储备小麦销售出库工作实施方案》。

【四届区人民政府第 21 次常务会议】 2023 年 12 月 28 日,马波同志主持召开。会议传达学习习近平总书记在中共中央政治局专题民主生活会上的重要讲话精神、对“三农”工作的重要指示和中央农村工作会议精神;传达学习自治区党委十三届六次全会暨自治区党委经济工作会议、固原市委五届十次全会暨固原市委经济工作会议精神,研究贯彻意见;传达学习自治区政府办公厅《工作提示单》,研究贯彻意见;审议《关于 2023 年国民经济和社会发展计划执行情况与 2024 年国民计划和社会发展计划(草案)的报告(送审稿)》;审议《政府工作报告(送审稿)》《在区委四届六次全会暨区委经济工作会议上的讲话(送审稿)》;研究《关于原州区住房城乡建设和交通局固定资产移交的请示》;研究《关于原州区 2023 年农村道路路面改造工程建设内容及投资有关情况的汇报》。

政府综合事务

【文稿起草】 原州区政府办公室组织起草政府主要领导讲稿和政府各类汇报等文件文稿 100 余篇,牵头制定《原州区 2023 年宁夏副中心城市核心区建设任务清单》《加快建设生态文旅特色市原州区任务清单》《政府工作报告任务清单》等任务清单,采集编报政务信息160余篇。

【督促检查】 紧贴原州区委、政府中心工作，紧跟项目建设，紧推专项查办。截至2023年12月31日共开展督查71次（牵头督查49次，配合督查22次），其中现场督导16次，撰写督查汇报5期，下发督查通报23期，督办清单2期，制作简报3期，有力地促进推动了政府决策事项有效落实。督办领导批示件165件。

【政务公开】 不断完善依申请公开、信息发布协调、信息保密审查等政务公开工作制度，印发《原州区2023年政务公开工作要点》，政务公开规范性持续提升。加强政策解读，积极回应关切，按照"谁起草谁解读"原则，对重要政策性文件进行多样化解读，充分发挥主流新闻媒体、政府网站、政务微信微博等新媒体对政策解读的"定向定调"作用，共发布政策多样化解读14篇。加大重点领域信息公开，加强涉及市场主体、减税降费、扩大投资等信息公开。通过政府网站、政务服务窗口归集展示各类信息4269条，及时公开行政事业性收费各类信息2条，发布各类稳岗就业信息12条，主动公开规范性文件2件。

【保障服务】 签收、印发各类公文5200余件；筹备召开原州区政府全体（扩大）会议、政府常务会议、专题会等各类会议150余场次。

政务服务

【事项清单标准化】 常态化进行四级四同事项动态管理。现共承接四级四同事项1003项。实时调整优化编制"马上办"、"网上办"、"不见面办"、"全程网办"等各类政务服务事项清单。2023年，本级"马上办"事项数502项，网上可办事项数911项，"不见面"事项数845项，"全程网办"事项数351项，事项比例分别达到50%，91%，84%，35%。大厅进驻事项928项，事项进驻率达到93%。编制印发《原州区行政许可事项清单（2023年版）》（167项），并组织相关部门完成行政许可事项系统录入及流程绑定工作。

【政务服务规范化】 严格执行首问负责、一次性告知和限时办结等制度。优化前置服务，实行政务服务事项申报辅导、咨询。依托原州区"163"一体化政务服务平台，开通"综合窗口"，启用行政审批专用章，实行"一枚印章管审批"，推广"前台综合受理、后台分类审批、统一窗口出件"模式，持续优化政务大厅窗口布局。2023年，政务大厅一窗无差别办件量达4.9万件。将"163"一窗无差别综合受理延伸至乡镇（街道）便民服务中心。实现群众和企业办事"进一门、找一窗、办所有事"。深化政务服务"一网通办"。围绕全国一体化在线政务服务平台，推进政务服务事项办理由实体政务大厅向网上办事大厅延伸，建成了上下联动全区统一的政务服务网上办事大厅。除法律法规另有规定或涉及国家涉密外，政务服务事项全部纳入平台办理，做到标准统一、整体联动、业务协同，"一网通办"能力显著增强。2023年，原州区网上办件量达6.8万件，办结率100%。

【政务服务便利化】 推进政务服务集成办。编制《原州区企业和个人政务服务"一件事一次办"事项基础清单》，包含企业准营、新生儿出生、灵活就业、公民婚育等7个服务主题，并按照自治区统一标准要求在事项管理系统中进行流程优化再造，畅通企业群众线上自主申报渠道。推进政务服务"跨省通办"。梳理编制《原州区"跨省通办"事项清单（30项）》。包含公安、残联等系统民生事项，2023年跨省通办事项共办件779件。推进政务服务"免证办"。推动电子证照代替纸质证照，实现材料和数据自动关联、补全，避免重复提交材料，形成智能办事新模式。现有54种电子证照实时入库10万余个,实现数据资源共享。推进政务服务"就近办"。将乡镇(街道)便民服务中心承办135项政务服务事项和村(社区)代办的60项政务服务事项统一纳入"163"政务服务平台,无差别受理各类便民事项,实现了群众办理民生服务事项"小事不出村、大事不出乡"。2023年,乡镇(街道)办理各类政务服务事项2.4万件,办结率100%。推进政务服务"帮代办"。建立健全帮代办服务机制,成立专业化帮代办服务队伍。制定印发《原州区全面开展政务服务帮代办工作实施方案》,梳理编制《原州区"帮代办"政务服务事项目录清单》(181项),在原州区政务服务大厅设置帮代办服务窗口,以自愿委托、主动服务、高效便民、无偿办理为原则,进一步提升帮代办服务能级。

信访工作

【办理及积案化解】 国家信访局交办的16件第三批重复疑难信访件全部办结,自治区第一巡视组交办的399件信访案件全部办结,党的二十大前梳理出的100件重点信访件已全部办结。2023年以来,原州区共梳理信访疑难事项49件,已经化解28件,三级终结或签订息诉罢访及协议7件,未化解14件(其中集体访3件,个人访11件)。

【学习宣传】 深入学习贯彻《信访工作条例》,领导干部坚持带头学、带头讲。扎实开展《信访工作条例》"进乡村、进社区、进学校、进企业、进单位"五进活动,全力营造办事依法、遇事找法、解决问题用法、化解矛盾靠法的良好环境。

政务公开

【信息公开】 聚焦实施产业提质增效、项目倍增、改革创新赋能"三个计划","五区"建设和"五特五新五优"产业发展等重点工作和"一老一小"服务保障、社会救助、医疗保险等重点民生领域,扎实开展高质量发展信息公开和重点民生领域信息公开。2023年,累计发布政务要闻、"双随机、一公开"、涉农惠农、惠民惠企政策、食品药品监管、社会公益事业建设等各类信息4269条,其中规范性文件2件,政府文件30件。

【政策发布和解读】 建立健全行政规范性文件和政府文件及时归集和动态更新工作机制,要求各部门在原州区人民政府网站公开的政府文件,必须满足全量覆盖、要素齐全、格式规范。在原州区人民政府网站建设专题、专栏,归集展示关注度高、专业性强、含金量足、办事需求量大的政策文件,持续推动政策个性化、主动化供给,累计发布稳经济、保增长、促发展专题信息11条,发布《原州区消费需求促进年活动实施方案》《原州区消费环境质量提升专项行动方案》《关于促进当前形势下肉牛产业健康发展的紧急通知》《"国庆欢乐购 特惠迎金秋"2023年原州区消费促进活动实施方案》等政策文件4个。发布政策解读14条。在原州区审批局设立12345便民服务热线,2023年,共接收小区物业服务、老城改造、学生入学、道路硬化、各类惠农补贴、劳动力保障等群众关心的问题和政策咨询15111件,已办结14953件,办结率98.95%。

【政民互动】 推进重大行政决策事项目录公开。根据年度重点工作,依法编制本单位年度重大行政决策事项目录,通过原州区人民政府门户网站向社会公开,公开率达到100%。全面落实国务院办公厅关于中国政府网网民留言转办工作的具体要求,2023年,办理网民留言15件。依托政府信息公开申请平台,推行在线上线下、PC端手机端实现政府信息公开申请管理,依规办理政府信息公开申请10件,确保接收、登记、答复、邮寄、办结归档、复议诉讼报备等关键节点全程留痕、可追可溯。

【政务公开】 全面推开村务公开。2023 年,设计运行上线“原州区村务公开”小程序,做到全区 148 个行政村全面铺开、整体推进,发布信息 2440 条,浏览量 110288 条。规范公开平台建设。严格落实网络意识形态工作责任制,加强政府网站和政务新媒体内容管理,抓好信息三审三校、内容监测和安全防护、应急保障,做好日常巡查与维护,确保政府网站和各类政务新媒体安全平稳运行。

审批服务管理

【项目审批】 制定印发了《原州区建设项目论证和评估评审专家使用和管理办法(试行)》。规范了项目评审专家库的建立、维护及专家的征集入选、选取使用、权利义务、服务管理,进一步提高了项目论证工作的程序化、科学化和规范化水平。通过发布征集函、收集资料、会同行业主管部门进行审核、公示等环节,建立了原州区建设项目论证和评估评审专家库,第一批征集各相关专业领域专家 84 名。认真做好政府投资项目立项审批和企业投资项目立项备案。2023 年立项审批政府投资项目 306 项,计划总投资 28.7 亿元;立项备案企业投资项目 105 项,计划总投资 25.7 亿元。

【政务服务】 常态化进行四级四同事项动态管理,实时调整优化编制“马上办”“网上办”“不见面办”“全程网办”等各类政务服务事项清单。2023 年原州区共承接四级四同事项 1003 项,本级“马上办”事项 502 项,网上可办事项 911 项,“不见面”事项 845 项,“全程网办”事项 351 项,事项比例分别达到 50%、91%、84%、35%。大厅进驻事项 928 项,事项进驻率达到 93%。按照自治区部署对《原州区行政许可事项清单》进行动态调整,编制印发《原州区行政许可事项清单(2023 年版)》(167 项),完成行政许可事项系统录入及流程绑定。全面推进实体政务大厅“一窗受理、集成服务”模式,持续优化政务大厅窗口布局。2023 年,政务大厅一窗无差别办件量达 4.9 万件。深化政务服务“一网通办”。围绕全国一体化在线政务服务平台,推进政务服务事项办理由实体政务大厅向网上办事大厅延伸,建成了上下联动统一的政务服务网上办事大厅。除法律法规另有规定或涉及国家涉密外的政务服务事项全部纳入平台办理,做到标准统一、整体联动、业务协同,“一网通办”能力显著增强。2023 年,原州区网上办件量达 6.8 万件,办结率 100%。推进政务服务集成办。梳理编制包含企业准营、新生儿出生、灵活就业、公民婚育等 7 个服务主题的《原州区企业和个人政务服务“一件事一次办”事项基础清单》,并进行流程优化再造,畅通企业群众线上自主申报渠道。推进政务服务“跨省通办”。梳理编制包含公安、残联等系统民生事项的《原州区“跨省通办”事项清单(30 项)》,2023 年共办件 779 件,切实解决企业和群众异地办事多地跑、折返跑等办理难题。推进政务服务“免证办”。推动电子证照代替纸质证照,实现材料和数据自动关联、补全,避免重复提交材料,形成智能办事新模式。2023 年,54 种电子证照实时入库 10 万余个,实现数据资源共享。深入推进“证照免提交”改革,对全区各便民服务大厅高拍仪全部进行功能升级,升级后的高拍仪可通过扫描“我的宁夏”App 二维码直接上传电子证照,有力支撑政务服务平台移动端“扫码亮证”、“无感通办”,最大程度减证便民。推进政务服务“就近办”。将乡镇(街道)便民服务中心承办的 120 项政务服务事项和村(社区)代办的 45 项政务服务事项统一纳入“163”政务服务平台,无差别受理各类便民事项,实现了群众办理民生服务事项“小事不出村、大事不出乡”。2023 年,乡镇(街道)办理各类政务服务事项 2.4 万件,办结率 100%。推进政务服务“帮代办”。建立健全帮代办服务机制,成立专业化帮代办服务队伍。制定印发《原州区全面开展政务服务帮代办工作实施方案》，梳理编制《原州区“帮代办”政务服务事项目录清单》(181项)，在区政务服务大厅设置帮代办服务窗口，以自愿委托、主动服务、高效便民、无偿办理为原则，进一步提升帮代办服务能级。推进基层政务服务体系建设。以全原州区“乡镇一窗”系统正式上线为契机，积极配合自治区开展系统应用推广，采用“集中+分散”模式，对14个乡镇(街道)便民服务中心、189个村(社区)便民服务站共计300余人进行了7场面对面系统操作培训，发放培训资料400余册，有效提升了基层政务服务工作人员业务能力和操作水平。

【“12345”热线服务】 始终坚持“便民、规范、高效”的服务理念，认真开展“12345”便民服务热线转办工作。严格按照固原市“12345”便民热线流程进行受理、转办、督办。对即将逾期的工单及时通过电话、微信群进行催办，定期通报全区热线工单办理情况。2023年，共受理诉求工单15292件，按时办结率为95.57%，办结率100%。

机关事务管理

【机关食堂】 抓好安全生产工作，不断完善机关食堂安全生产制度及应急预案，结合“日排查、周管控、月调度”制度，邀请消防员现场指导消防演练，有效提高职工的安全意识。认真履行反食品浪费责任，通过细化管理制度、加强宣传引导、完善监督机制等措施，切实制止了食品浪费行为，同时营造了节约粮食的氛围，切实发挥了机关食堂在反食品浪费工作中的示范带头作用。针对机关食堂用餐人员健康状况，不断完善机关食堂膳食结构，通过调研，将机关食堂就餐人员健康状况进行了分类，针对“三高”人群开放“粗粮”窗口，及时调整膳食结构，张贴温馨提示，发放饮食指南，提高了干部的获得感和幸福感。

【节能与办公用房】 提高节能产品的采购比例，在后厨设备、灯具、用水设备、办公用品等采购过程中，采购比例向节能环保产品倾斜。有效制止能源浪费行为，建立健全管理制度、推行绿色办公，引导其他行业部门随手关灯、关水、关闭电源，养成“厉行节约、勤俭自强”的作风，同时提倡无纸化办公，切实提高广大群众节约资源的意识，有效杜绝一切能源浪费行为。盘活资产利用效率，联合原州区财政局，对原州区办公楼、办公设备等闲置资产进行系统盘点并加以有效利用。全面排查办公用房使用情况，按照《党政机关办公用房管理办法》，对原州区67个党政机关及所属馆所、中心等办公用房使用情况进行了全面摸底，现场核实，高效完成了各部门办公用房摸底登记和2023年度办公用房数据上报工作。

【公务用车】 进一步完善公务用车信息化与规范化管理。依托公务用车管理平台，将申请、出车、加油、维修、收车全部纳入平台管理，实现了“一平台、一张网、一个库”的总体目标。进一步加强公务车使用监督工作。依托北斗卫星车载终端，不定期对公务车使用情况进行“回头看”，通过调取车辆运行轨迹、油耗等数据，综合分析车辆运行是否正常，对油耗过高、不按申请路线执行等违规现象，通过发提醒函等措施，切实推进公务用车管理高质量发展。

【公务接待】 严格贯彻中央八项规定及原州区财政局关于转发《自治区财政厅关于转发〈宁夏回族自治区公务接待费管理规定〉的通知》的通知(原财(行)发〔2021〕218号)文件精神，切实做到公务接待“一函一单一餐”的要求，全年稳妥有序地开展各类公务接待工作180余次，接待来客2000余人。

中国人民政治协商会议原州区委员会

综　述

【概况】 政协固原市原州区委员会，共216名委员，按专业特长和界别编入专委会，建立区政协党组牵头、主席会议成员分管、专委会具体负责执行的工作责任机制；建强8个委员会客室、14个三级政协委员联络站，组织开展宣传宣讲、座谈交流和现场观摩等活动50余场次，协调解决乡村人居环境整治、物业管理等群众急难愁盼事100余件，惠及群众10万余人。

【凝聚共识】 2023年，政协固原市原州区委员会通过常委会议专题学、委员调研专门学、委员培训辅导学等，引导委员做中国特色社会主义的忠实崇尚者、自觉遵守者、坚定捍卫者。班子成员深入基层开展“铸牢中华民族共同体意识”等主题宣讲13次、讲专题党课10次，积极引导界别群众感党恩、听党话、跟党走。深入开展主席会议成员走访各民主党派和区工商联，常态化联系走访委员，广泛凝聚各党派、各团体和各界人士合作共事、参政议政。承接自治区、固原市政协来原开展“严格耕地资源保护，夯实粮食安全根基”“提升优化营商环境政策落实质效”等专题调研活动12批次。接待黑龙江省政协、湖北省襄阳市政协等区外和区内各市县(区)政协来原考察学习26批，在宣传推介原州、促进交流合作中发挥积极作用。

【政协委员会自身建设】 严格落实请示报告制度，年度协商计划、常委会工作报告和党组重要工作等重大事项，坚持提请原州区委常委会研究批准后实施。传达贯彻中央、自治区、固原市党委及原州区委重要文件和会议精神36次。党组会议听取机关“三重一大”事项和机关党建、党风廉政建设、意识形态工作汇报3次。认真落实“第一议题”制度，2023年召开党组会议18次，理论学习中心组学习会13次，带动机关党组、党支部和干部“二五”学习研讨82次。主题教育扎实有效，累计开展专题研讨5次，形成调研报告5份，班子成员带头走访慰问脱贫户、困难群众等320余户，联系协调为民服务资金12万元。政协党组书记点评党建、党风廉政建设、意识形态工作成为常态，坚持“三述一评”，全年机关党支部组织开展党员大会12次、开展“主题党日”活动12次、专题党课5次、组织生活会2次，全年编发原州政协工作信息95期，在《人民政协报》《华兴时报》等新闻媒体刊登稿件42条。严格落实中央八项规定及其实施细则精神，完成自治区党委第一巡视反馈问题整改落实。扎实开展“领导干部廉政警示教育月”、纠治形式主义官僚主义专项整治暨干部作风转变年等活动。

政协固原市原州区委员会专门委员会

【政治协商】 2023年，组织召开区政协四届二次会议，组织委员协商讨论政府工作报告和其他报告，围绕原州区经济社会发展中的重点难点问题积极建言资政。会议期间，大会发言8人，提交书面发言材料17篇，协商发言112人次。聚焦重点工作，关注民生实事，提交提案117件。紧盯农村人居环境整治提升、安全生产风险隐患问题排查整治等开展专题协商8次。

【民主监督】 2023年,围绕优化营商环境、民宿产业发展、严格耕地资源保护等重点工作,综合运用视察调研、专题协商、座谈交流等形式开展监督并提出意见建议33条。举办民主监督员培训班1期,全面提升民主监督员依法履职能力和水平。各民主监督小组对27个部门(单位)重点项目建设、单位人员招聘、案件诉讼审理等重点工作开展协商式监督36场次。

【参政议政】 2023年,审查提案117件,立案交办48件,筛选11件重点提案,交由原州区委、区政府主要领导和区政协班子成员领衔督办。各承办单位主动沟通协商,提案所提问题已解决或基本解决45件,提案办结率93.8%。开展"关于社区治理工作""关于提高我区应对突发性公共卫生事件处置能力""关于加快发展肉牛全生产链建设,促进乡村振兴"关于发展壮大冷凉蔬菜产业,提升'中国西部冷凉蔬菜之乡'品牌影响力""关于全区中小学课后服务情况""关于铸牢中华民族共同体意识示范区建设"调研,形成高质量调研报告6篇,提出意见建议27条。3篇调研报告得到了原州区委、区政府主要领导重视批示。

【社情民意信息工作】 修订《政协固原市原州区委员会反映社情民意信息工作规定》,有力提升了社情民意信息工作的制度化、规范化、程序化水平。围绕"如何撰写高质量提案和社情民意信息"举办委员履职能力培训班,提升委员反映社情民意工作水平。提出"关于推进巩固拓展脱贫攻坚成果同乡村振兴有效衔接工作的建议""关于在沈家河筹建冰雪项目的建议"等社情民意信息45期,助推解决了一批社会关切、群众关注的突出问题。

重要会议

【全体委员会议】 *四届三次会议* 中国人民政治协商会议第四届固原市原州区委员会第三次会议于2024年1月5日至7日在原州区举行。会议应出席委员216名,实到192名,副主席张世林主持会议。原州区委、人大、政府等副县级以上领导,历届政协主席、副主席,各乡镇、街道党(工)委书记、不是政协委员的部门(单位)、群团负责人、驻原州区的市直有关部门(单位)负责人列席会议。马仲尧代表政协第四届固原市原州区委员会常务委员会向大会报告工作,金占海向大会报告四届二次会议以来的提案工作情况。会议审议通过了政协第四届固原市原州区委员会第三次会议政治决议、政协第四届固原市原州区委员会第三次会议关于常委会工作报告的决议、政协第四届固原市原州区委员会2024年度协商工作计划;通报了政协第四届固原市原州区委员会第三次会议委员提案审查情况。

【常务委员会会议】 *四届八次常委会会议* 2023年3月30日,政协固原市原州区第四届委员会召开第八次常委会会议。原州区政协党组书记、主席马仲尧主持会议并讲话。副主席金占海、张世林、赵向辉、何秀霞,秘书长王晓杰和全体政协常委出席会议,政协各委室、参加单位负责同志应邀列席会议。会议审议并通过了《政协第四届固原市原州区委员会2023年工作要点》及有关人事任免事项等。

四届九次常委会会议 2023年7月20日,政协固原市原州区第四届委员会召开第九次常委会会议。原州区政协党组书记、主席马仲尧主持会议并讲话。副主席金占海、张世林、赵向辉、何秀霞,秘书长王晓杰和全体政协常委出席会议,政协各委室、参加单位负责同志应邀列席会议。会议审议并通过了《政协固原市原州区委员会优秀政协委员评选表彰办法(试行)》《政协固原市原州区委员会委员"学习之星"评选表彰办法(试行)》《政协固原市原州区委员会优秀调查研究成果评选表彰办法(试行)》《固原市原州区政协委员退出和暂停履职管理办法(试行)》及有关人事任免事项。

四届十次常委会会议　2023年10月30日，政协固原市原州区第四届委员会召开第十次常委会会议。原州区政协党组书记、主席马仲尧主持会议并讲话。副主席张世林、赵向辉，秘书长王晓杰和全体政协常委出席会议，原州区政府副区长马文东，政协各委室、参加单位负责同志应邀列席会议。会议听取了原州区政府关于提升应对突发性公共卫生事件处置能力工作及社区建设和治理工作开展情况的通报；审议通过了《关于提升应对突发性公共卫生事件处置能力的调研报告》《关于社区建设和治理工作的调研报告》；2名委员作了交流发言。

四届十一次常委会会议　2023年12月28日，政协固原市原州区第四届委员会召开第十一次常委会会议。原州区政协党组书记、主席马仲尧主持会议并讲话。副主席金占海、张世林、赵向辉，秘书长王晓杰和全体政协常委出席会议，原州区纪委监委、原州区委政法委、政协各委室、参加单位负责同志应邀列席会议。会议听取了原州区纪委监委关于原州区2023年度党风廉政和反腐败工作开展情况的通报、原州区委政法委关于2023年度工作开展情况的通报、原州区政协各专委会2023年度工作汇报；审议通过了政协第四届固原市原州区委员会常务委员会工作报告（审议稿）、提案工作情况的报告（审议稿）、2024年度协商工作计划（审议稿）、关于召开政协第四届固原市原州区委员会第三次会议的决定（草案）、政协第四届固原市原州区委员会第三次会议程序性材料（草案）以及常务委员会有关工作制度、规则。

重要活动

【政协党组召开2022年度民主生活会】　2023年2月13日，原州区政协党组召开2022年度民主生活会。原州区政协党组书记、主席马仲尧主持会议并讲话。副主席金占海、张世林、赵向辉、秘书长王晓杰参加会议，原州区政协副主席何秀霞、各委室主任、副主任列席会议。原州区委第四督导组成员、组织部副部长、区非公经济组织和社会组织工委书记毛亚民同志到会指导。

【自治区政协副主席陆军一行来原调研加强各民族交往交流交融宣传教育工作】　2023年3月2日，自治区政协党组成员、副主席陆军一行来原围绕“加强各民族交往交流交融宣传教育工作”开展调研。固原市政协党组书记、主席余剑雄，固原市委常委、原州区委书记何永吉，固原市政协副主席张翔宇，原州区政协党组书记、主席马仲尧，原州区委常委、统战部部长马耀军，原州区政协副主席赵向辉等陪同调研。

【原州区政协领导班子成员集体调研委员会客室】　2023年3月16日，原州区政协党组书记、主席马仲尧带领政协班子成员、四委一室负责同志，集体调研委员会客室及三级政协委员联络小组建设及运行情况，并就功能定位、制度建设、活动计划、成果转化等具体问题与各牵头委员和街道、社区负责同志进行深入协商交流，共同研商加强政协联系基层、委员联系界别群众的对策。

原州区政协党组召开“铸牢中华民族共同体意识”专题学习教育会议。2023年3月27日，原州区政协党组召开“铸牢中华民族共同体意识”专题学习教育会议，原州区政协党组书记、主席马仲尧主持会议并讲话。原州区政协党组成员出席会议，各专委会负责同志及机关全体工作人员列席会议。会议传达学习了习近平总书记关于加强和改进民族工作的重要思想、习近平总书记视察宁夏重要讲话精神，中央民族工作会议、全国宗教工作会议、固原市委统战工作会议暨建设铸牢中华民族共同体意识示范市推进会、固原市宗教工作会议精神和原州区委《关于创建铸牢中华民族共同体意识示范县（区）的实施方案》，研究贯彻落实意见。

【原州区政协召开三级政协委员联络小组建设工作推进会】　2023年4月19日，原州区政协召开三级政协委员联络小组建设工作推进会，原州区政协党组书记、主席马仲尧主持会议并讲话。原州区政协各副主席、各委室负责同志和各乡镇（街道）统战委员参加会议。会议听取了各乡镇（街道）三级政协委员联络小组建设情况，研究分析了建设中存在的困难和问题，安排部署了下一阶段工作任务。

【原州区政协开展提案办理情况专项督办】 2023年9月12日，原州区政协党组书记、主席马仲尧带领政协班子成员及部分政协委员对四届二次会议委员提案办理情况开展专项督查。原州区政府副区长张小荣陪同督查。

【原州区政协系统开展学习贯彻习近平新时代中国特色社会主义思想主题教育专题宣讲】 2023年10月27日，原州区政协系统组织开展了学习贯彻习近平新时代中国特色社会主义思想主题教育专题宣讲会，邀请固原市委讲师团副团长、教授海明贵围绕“感恩总书记 奋进新征程”习近平新时代中国特色社会主义思想作了专题宣讲。政协原州区四届委员会全体委员、各参加单位负责同志、机关全体干部聆听了宣讲。

【原州区政协党组召开主题教育调研成果交流会】 2023年11月28日，原州区政协党组召开主题教育调研成果集中交流会。深入学习习近平总书记关于调查研究的重要论述，交流调研成果，总结典型做法和成熟经验，推动调研成果转化。原州区政协党组书记、主席马仲尧主持会议并讲话。

中共原州区纪律检查委员会
原州区监察委员会

综 述

【扎实开展主题教育和教育整顿】 坚持不懈用习近平新时代中国特色社会主义思想凝心铸魂，严格落实“第一议题”制度和“双随机”交流研讨机制，扎实开展“大学习、大讨论、大宣传、大实践”活动，原州区纪委监委领导班子带头学习27次，班子成员作廉政报告7次，讲党课11次，组织干部集中学习92次，举办主题教育读书班1期，开展交流研讨99人次，撰写学习心得体会300余篇。开展学习教育“回头看”，梳理编印重点学习资料，建立长效补学机制，对未全覆盖的学习篇目及未参加集中学习的干部开展集中补学，确保学习教育“两个全覆盖”。坚持边学习、边对照、边检视、边整改、边提升工作机制，严格按照教育整顿“六必谈”要求，开展谈心谈话251人次，组织干部围绕6个方面重点和“五治五整”作风整治深入开展5轮自查，自查并整改问题911个。严肃整改中央纪委国家监委和自治区、固原市纪委监委督导反馈问题，制定整改措施162条，整改问题83个。开展沉浸式警示教育，组织干部旁听职务犯罪案件庭审4次。签订《纪检监察干部规范网络行为承诺书》《拒绝组织或参与赌博、酒驾醉驾等违纪违法行为承诺书》，开展纪检监察干部网络言行、压件不查、违规办案、案件质量问题、重复举报化解不力、巡察信息管理不规范、借用人员管理不规范等7个专项整治。坚持“当下改”与“长久立”紧密结合，把主题教育和教育整顿中形成的好经验好做法固化下来，持续深化整改整治，强化建章立制，修订针对自身建设的制度机制25项，切实用制度巩固深化教育整顿成果。坚持在线索处置上清仓起底，逐件“过筛”，先后5轮次对党的十八大以来纪检监察干部问题线索开展清仓起底，共起底86件，建立专门台账，采取交叉互查方式，全面开展“回头看”，经研判分析，对3件问题线索开展复查复核，问责案件承办人4人，变更原处理决定1件。坚持即收即办、动态处置，教育整顿以来处置纪检监察干部问题线索15件，1人主动向组织说明情况，党纪处分1人，谈话提醒2人，调离纪检监察队伍2人。

【政治监督】 通过重点提醒、主动约谈，发函督办等方式压实各级党组织政治责任，严格落实“第一议题”制度，把学习贯彻党的二十大精神落实到具体责任、具体规划、具体措施、具体成效上。结合原州区实际明确把乡村振兴、“五区”建设、巡视审计反馈等问题作为政治监督重点，制定了5个方面14项监督清单，开展“室组乡”协同监督、巡察监督、专项监督12轮次，督促整改问题165个，党纪政务处分11人、组织处理63人。加强对“一把手”和领导班子成员监督，协助原州区委召开“一把手”述责述廉会议，全面归集巡察、监督、办案渠道反映问题，约谈乡镇（部门）主要负责人22人，以“一把手”责任落实带动主体责任、监督责任、“一岗双责”协同联动、一贯到底。严格按照安全生产、生态环保损害责任追究办法开展专项监督、专班办案，严肃查处安全生产风险排查、整改中走过场、推诿扯皮、不作为等问题，约谈党组织1个、问责11人，督促整改问题89个；严肃查处炭山乡双井沟违规采砂破坏生态红线等问题。深入开展乡村振兴、教育、国有企业、粮食购销、医药等领域专项治理。把政治监督嵌入权力运行全链条，健全清单管理、动态跟踪、“回头看”等制度，构建监督闭环，确保抓在经常、融入日常、形成常态。综合党风政风监督、信访、案件监督管理、审查调查等数据定期开展政治生态分析。建立“三三制”谈话机制，常态化与“一把手”开展谈心谈话20余次。动态更新领导干部廉政档案，及时准确掌握干部“廉情”动向，针对苗头性、倾向性问题做到早发现、早提醒、早处置。采取“室组乡”联合审查机制，精准规范审慎回复党风廉政意见427人次。运用“三单一书一台账”机制，下发工作提醒17份、整改通知书9份、纪检监察建议书19份，深化以案促改、以案促建、以案促治，充分发挥监督执纪效能。

【正风肃纪】 深化运用“室组乡”联合办案机制，2023年共受理信访举报330件，处置问题线索404件，初核353件，函询41件，立案80件，处分88人，问责110人，留置2人，移送检察机关5人，挽回经济损失149.67万元。严肃查处沙某某、罗某某严重违纪违法案件、兰某某利用职务便利充当教育掮客问题。聚焦群众关心关切、反映强烈的突出问题，扎实开展项目单位中层干部、技术人员以及村干部“微腐败”专项治理，原州区查处群众身边腐败和作风问题24起38人，处分16人，组织处理22人。扎实开展国有企业“靠企吃企”专项治理，督促财政、审计部门对6家国有企业开展财务专项审计，受理问题线索11件，处分2人，开除公职1人，督促整改问题17个。针对案件暴露出的思想教育、权力监管、体制机制等方面的问题，坚持“一案一剖析、一案一警示”，撰写案件情况分析通报64份，下发监察建议书35份，纪律检查建议书31份，修订完善制度机制3项，实现惩治震慑、监督约束、教育引导一体发力。扎实开展“5+8”廉政教育系列活动和每季度廉政警示教育日活动，制作典型案例警示教育片，督促原州区各级党组织开展警示教育140余场次，廉政主题党日活动80余次，切实增强广大党员干部特别是领导干部廉洁自律意识，筑牢拒腐防变思想防线。

【纠治“四风”】 组织开展违反中央八项规定精神突出问题“回头看”，查处13起21人。扎实开展纠治形式主义官僚主义问题专项整治，协助原州区委查找问题20条，督促各级党组织查找并整改问题972个，处置形式主义官僚主义问题线索30件，处分5人，组织处理36人；牵头开展“干部作风转变年”活动，清理在编不在岗168人，开展公职人员违规持有残疾证专项清理，处分2人、问责14人；开展公职人员参与赌博、酒驾醉驾违纪违法问题专项整治，处分12人。推动建立完善制度166项。扎实开展乡村振兴领域腐败和作风问题专项治理，督促整改审计反馈和自查问题346个，处置问题线索95件，处分6人，问责51人，移送检察机关2人。扎实开展教育领域侵害群众利益不正之风专项治理，推动整改问题157个，处置问题线索15件，处分10人，问责4人，建立完善制度18项。扎实开展重复举报治理和业务范围外信访事项化解专项行动，化解重复举报4件，与政法、宣传等部门组成宣讲小分队，开展对离任村干部专题宣讲培训，切实纠治检举控告乱象。坚持把廉洁文化建设与基层治理、行业治理、家风培养等结合起来，建立廉洁文化联席会议制度，定期召开联席会议，开展“廉洁文化宣传周”系列活动，举办“诵红色经典·传廉洁家风”等诵读大赛，持续开展廉洁文化进农村（社区）、进校园等“八进”活动，编印原州区《优秀家训家规选》2000册，打造廉洁文化暨家风家训主题广场1处。

【纪律建设】 抓纪律教育，紧盯党组织“一把手”、关键岗位负责人、年轻干部等重点对象，以每季度廉政警示教育日活动为载体，督促各级党组织把党章党规党纪教育作为必修课，通过理论学习中心组、“三会一课”、主题党日等多种形式，常态化开展纪律教育。抓作风建设。加强对党章党规党纪执行情况的监督检查，严肃查处违反和破坏党内法规制度行为。紧盯政治纪律政治规矩、坚持民主集中制、规范权力运行、党内监督、廉洁自律5个方面所涉及的重要法规制度，综合运用“一把手”述责述廉、政治生态分析研判、党风廉政建设责任制考核等方式，做深做实对党员干部经常性监督，查处“两个责任”落实不力问题2起，问责党组织1个，处分3人，问责2人，着力推动解决有规不依、落实不力等问题。坚持惩前毖后、治病救人原则，规范精准运用监督执纪“四种形态”，批评教育、帮助和处理党员干部423人次，其中第一种形态333人次、占78.7%，第二种形态56人次、占23.2%，第三种形态15人次、占3.5%，第四种形态19人次、占4.5%，实现由惩治极少数向管住大多数有效拓展。坚持严管厚爱结合、激励约束并重，严格落实“三个区分开来”，对83名受处理处分干部开展回访教育，为1个党组织、4名干部及时进行澄清正名，帮助干部卸下思想包袱，更好激发干事创业内生动力。

【巡察监督】 深化政治巡察监督，始终把“两个维护”作为根本任务，紧盯权力和责任，强化政治监督，查找政治偏差，深化纪巡审同步。结合开展乡村振兴领域腐败和作风问题专项治理，对乡村振兴局、住建交通局、水务局及彭堡镇、中河乡等单位开展巡察，结合医药领域腐败问题集中整治，对卫健局、人民医院、疾病预防控制中心开展巡察，结合对平时案件查办和信访矛盾突出问题频发的研判分析，对蔡川、北淌、古湾、阳洼等村开展直接巡察，不断推进巡察政治监督向深拓展、向专发力、向下延伸。提升巡察监督质效。紧紧围绕“四个聚焦”，找准监督切入点，优化工作流程，更加精准发现问题，推动巡察监督从有形覆盖向有效覆盖转变。2023年共开展3轮巡察，完成对4个乡镇18个部门的常规巡察，对2个二级单位4个村级党组织直接巡察，对38个村级党组织乡村一体巡，完成四届区委巡察任务的50%。第四至第六轮巡察发现部门单位党组织问题555个，乡镇党委问题163个，村级党组织问题356个，移交问题线索10件20人，督促立行立改群众反映强烈的突出问题36个。推行领导小组组长、副组长巡中巡后谈话和县级分管领导出席反馈会、集中反馈和“一对一”反馈相结合等督促整改机制，压实整改责任。强化日常监督，对前四轮巡察整改开展督查督办4次，发督办函3份、通报4期，向原州区委常委会汇报2次，前四轮反馈问题整改率96.5%，移交的15件问题线索办结12件，问责8人，清理追缴资金401.16万元。约谈被巡察党组织负责人11人，对发现问题反馈督促相关职能部门调查分析、研判解决，健全完善制度机制68项。

【监察体制改革】 坚持大抓基层鲜明导向，以“六个一”为抓手，不断强化村监会建设，对400余名村监会成员开展全覆盖履职能力培训。半年听取一次派驻纪检监察组组长工作述职，督促各派驻纪检监察组参加或列席被监督单位“三重一大”会议217次，开展监督检查78次，处置问题线索50件，处分9人，运用组织措施处理13人，督促整改问题138个。全面建立纪检监察协作区，健全“室组”联动监督、“室组乡”联合办案机制，聚焦案件查办、监督检查、巡视巡察整改等重点工作，运用“室组乡”“室组”“组组”联动监督4轮次，推动整改问题78个，联合办案59件。持续深化纪检监察体制改革，对60名符合条件纪检监察干部完成监察官首次确定工作。

【自身建设】 持续加强常委会自身建设，坚决贯彻党的路线方针政策，推行“周报告”制度，规范纪委常委会工作规则，着力提高常委会会议事决策民主化、科学化、规范化水平。深入开展“纪检监察工作规范化法治化正规化建设年”活动，统筹推进“七个专项行动”和“五治五整”作风专项整治，加强业务培训，组织参加中央纪委国家监委案件审理室基层执纪执法业务来原巡讲，邀请自治区、固原市纪委监委经验丰富的业务骨干授课，组织干部到自治区警示教育中心实地接受廉政警示教育，举办党性修养和业务能力提升培训班，到隆德县参观交流学习。坚持边学习、边工作、边调研，完成调研报告25篇。严格干部准入标准和条件，积极主动与组织部门对接，加强对法律、财经等专业人才的选拔和招录，提高纪检监察干部队伍专业化水平。认真落实新时代纪检监察干部监督工作实施意见，采取“3项自我监督+7项他人监督”方式，自觉接受特约监察员、社会大众等多方监督。

重要会议

【原州区纪委四届三次全体会议】 2023年2月10日，中国共产党固原市原州区第四届纪律检查委员会第三次全体会议召开。出席全会的原州区纪委委员18人，列席139人。固原市委常委、原州区委书记何永吉出席全会并讲话。原州区委、人大、政府、政协领导班子成员，原州区人民法院院长，原州区人民检察院检察长出席了会议。全会由原州区纪律检查委员会常务委员会主持。全会以习近平新时代中国特色社会主义思想为指导，深入学习贯彻党的二十大、二十届中央纪委二次全会和自治区第十三次党代会精神，全面落实自治区纪委十三届二次全会、固原市委五届五次六次七次全会、市纪委五届三次全会和原州区委四届四次全会精神，回顾总结2022年纪检监察工作，安排部署2023年工作任务，审议通过了张雯萍同志代表区纪委常委会所作的《全面贯彻落实党的二十大精神坚持不懈推动全面从严治党为建设现代化原州开局起步提供坚强保障》工作报告。

民主党派　工商联

民盟原州区总支委员会

【咨政建言】 通过集体调研,盟员政协委员参加各类座谈会、协商会和通报会,列席参加原州区委四届六次全会,对宁夏副中心城市核心区和文旅特色市集聚区建设等提出了中肯的意见和积极的建议。在原州区政协专题座谈会上,围绕清水河综合治理做主题发言。撰写提交调研报告及调研文章两份。在原州区政协四届三次会议期间,提案《关于推进农村电商人才培育的建议》和《加强文旅深度融合,赋能全面乡村振兴》被选为大会发言,《关于继续加强清水河流域国土绿化及综合整治的意见》得到原州区委督办。2023 年,盟员共向大会提交了政协提案和社情民意 30 余件(条),提案《关于对开城镇罗家庄山洪沟进行治理并列入河长制管理的建议》等已列为重点提案。《关于学校开展好学生劳动技能课程的建议》《关于进一步加强城镇社区物业管理的建议》被市政协评为“2022 年度优秀提案”。盟员雪翠红、王永晟被固原市政协评为“2022 年度优秀委员”。原州区总支文教支部荣获固原市委会“先进基层组织”,张国罗,杨莎莎,蒲怀兴荣获固原市委会“优秀盟员”,王永晟荣获“优秀盟务工作者”等。

【社会服务】 与民盟上海市委持续开展“烛光行动”,向其援建的原州区深沟小学捐赠办公、教学以及生活用品等总价值达 20 万元。与民盟珠海市委会结成对口合作单位,帮扶三营镇鸦儿沟小学,与民盟福州市委会、福州市马尾区文旅局在马尾区共同主办“‘遇见’——水彩画里的山海情”王永晟画展,为福州、固原两地民盟交流合作做出了有益尝试,拓展了榕固民盟合作新领域。充分发挥盟内教育文化资源优势,积极开展文化服务社会活动。端午节期间,联合北塬街道育才社区、智慧养老服务中心等部门举办“粽叶飘香迎端午　幸福和谐邻里情”端午节主题活动。中秋节期间,联合区委统战部、古雁街道等单位开展《月圆同心庆中秋　暖侨心　石榴花开迎国庆庆华诞》活动。向长城梁英雄纪念馆红色教育馆捐赠图书活动。承办了“礼赞二十大　笔墨绘侨心”盟员柴培科《红楼梦人物壹佰零捌图》绘画展。成立民盟志愿服务队并开展志愿服务活动。

民进原州区支部

【概况】 2023 年,民进原州区支部在中共固原市原州区委的坚强领导下,深入贯彻党的二十大、二十届三中全会精神和习近平新时代中国特色社会主义思想,始终做到“矢志不渝跟党走,携手奋进新时代”,严格按照“三好”“四新”参政党建设标准,狠抓“思想教育凝聚共识、参政议政服务大局、强化监督促进履职”不放松,圆满完成年度工作目标任务。

【理论学习】 开展“凝心铸魂强根基、团结奋进新征程”主题教育。始终把以学铸魂、以学增智、以学正风、以学促干的重要要求贯穿于主题教育全过程,紧密结合作风建设年重点任务落实,强化理论武装首要任务,全面学习“必读篇”、跟进学习“最新篇”、深入学习“统战篇”、重点学习“党派篇”,强化支部班子引领学、班子成员带头学、积极开展网络自学,精选学习内容,深入交流研讨。举办基层组织负责人和新会员履职能力培训班，推进理论学习入脑入心。制定实施方案，召开动员会研究部署主题教育，一体推进理论学习、调查研究、助力发展、检视整改和建章立制“五项任务”，推行主题教育重点任务清单化管理。选派推荐6名会员参加了自治区、固原市政协，自治区、固原市党委统战部门及民进区委会和市委会举办的各类学习培训活动。

【作风建设】 以领导班子建设为重点，坚持从严自律，率先践行优良作风，带头提升道德修养，自觉接受内部监督。常态化开展领导班子成员联系支部、代表人士和会员工作。进一步倡导民主、团结、求实、清廉的优良作风。严格落实民进中央关于加强作风建设的意见和深入贯彻落实中共中央八项规定精神的实施细则。开展廉政警示教育，组织会员参加统战系统“推进红色基因传承，走好新时代长征路”廉政警示教育活动。集体学习《中国民主促进会会内监督工作条例》《中国民主促进会纪律处分办法（试行）》等条例制度，开展制度执行情况专项监督检查。

【履职尽责】 民进原州区支部报送的2件提案被民进宁夏区委会采用，列为自治区政协党派提案。1件提案被固原市政协确定为重点提案，1件提案被固原市政协评为优秀提案，其中积极争取7000万元原国土综合整治项目在原州区如期完成，受到了社会各界的好评。社会服务活动丰富多彩，依托民进宁夏开明画院固原分院，举办书法公益大讲堂、送书法进社区和“春联万家”活动3场次。联合固原舒康口腔医院深入古雁街道景园社区开展口腔健康知识科普宣讲暨口腔健康义诊。参与“三八”妇女节“聚统战魅力，展巾帼风采”联谊活动。在炭山乡新山村举办以“关爱儿童健康成长”志愿服务，提升民进会员深入基层、深入群众的覆盖面。加强新时期文艺建设，马建宁、马振文、马家虎、陈昊、陈雪峰当选宁夏书法家协会第八届理事会理事。

原州区工商业联合会

【实施“两大工程”】 持续实施民营经济人士思想政治引领工程。将深入学习宣传贯彻党的二十大精神作为加强民营经济人士思想政治引领的首要任务，组织开展党的二十大精神、全国两会精神、习近平总书记视察宁夏重要讲话重要指示批示精神进企业5次。以“民营企业家大讲堂”为依托，深化马克思主义五观教育，举办“铸牢中华民族共同体意识”等主题教育3期。以六盘山红军长征纪念馆等爱国主义教育基地为载体，组织民营企业家开展革命传统和理想信念教育1次。持续实施民营经济人士素质提升工程。以民营经济人士“上大学”活动为主，以年轻一代民营企业家为重点，采取“走出去”与“请进来”相结合、线上与线下相结合的方式，开展专题培训班，先后分批次选派5名民营企业家参加自治区工商联在厦门大学、浙江大学等高校举办的专题培训班4期。组织网络专题培训班5期，培训500多人次，不断夯实民营经济人士“四个自信”的思想政治基础，筑牢理想信念根基。

【评先选优】 组织开展全区“百强”民营企业评选活动，动员原州区30多家民营企业参与评选活动。先后推荐宁夏福苑实业集团有限公司、固原味园商贸有限责任公司、宁夏六盘珍坊生态科技有限公司、宁夏好水川食品有限公司等多家会员企业分别参与自治区民族团结进步模范集体及全国、自治区五一劳动奖等多个先进荣誉申报评选，不断增强民营企业荣誉感。

【深化“两个创建”】 持续深化“五好”县级工商联创建活动，2023年9月份迎接了全国“五好”县级工商联互学互促观摩检查。持续深化“四好”商协会创建活动。加快推进所属商协会规范化建设，不断探索和创新党建会建深度融合发展新模式。

【完善“六个平台”】 完善援企稳岗服务平台，2023年2月联合原州区人社局等部门举办了“春风行动暨就业援助月”招聘会，达成意向岗位780个，为企业和求职者搭建面对面，零距离沟通平台。完善金融服务平台，与石嘴山银行搭建金融服务平台，常态化为民营企业提供融资、投资顾问等一系列服务。完善招商引资服务平台，赴福建开展经贸洽谈考察交流活动，2023年10月8日至13日，随自治区工商联赴福建省马尾区、福清市、漳浦县、惠安县、城厢区工商联开展调研座谈、招商推介、缔结友好工商联及参观考察民营企业等活动，2023年共引进2个投资项目都已落地原州区，完成了原州区政府下达的招商引资任务。完善维权和矛盾调处平台，联合人社局、总工会等多个部门，协商搭建了沟通联系机制，开展了工资集体协商“集中要约”、三方劳动关系协调等一系列行动，打造法治化营商环境，促进民营经济健康发展，积极构建和谐劳动关系。固原福苑实业有限公司被评为全国模范劳动关系和谐企业，是原州区首次获全国模范劳动关系和谐企业的民营企业，会员企业宁夏德立信医药有限责任公司被自治区人力资源社会保障厅、总工会、工商业联合会、宁夏企业和企业家联合会评为第二批自治区级金牌调解组织。完善法律服务平台，加大与司局联系合作，为民营企业提供优质的法治服务“直通车”，深化律师事务所与商会联系“百所联百会”合作机制，组织律师事务所结对联系商会，提供便捷优质法律服务。完善参政议政平台，始终坚持把调查研究工作作为服务“两个健康”和参政议政、当好参谋助手的一项基础性工作来抓。组织开展了“大走访大调研”活动，深入基层和民营企业开展集中专题调研。督促工商联界别、经济界别政协委员、人大代表积极参加各项活动，反映社情民意，积极向原州区政协提交提案。

【“万企兴万村”行动】 召开原州区“万企兴万村”助乡村振兴工作会议，引导和组织民营企业以产业开发为重点方向，积极参与“万企兴万村”行动，促进乡村振兴，助力共同富裕。争取自治区工商联选派会员企业“一对一”结对原州区10个重点村，共有17家民营企业结对20个行政村，累计投入帮扶资金803余万元，解决当地就业岗位230人左右，增加当地群众务工收入386万元左右，流转土地1200亩，收购农产品金额205万元，培训各类技能人才100人次，公益捐助和助学120万元。积极向固原市工商联推荐市级“万企兴万村”先进项目（企业）典型7个，先进典型区1个，自治区典型项目（企业）7个，其中有两家企业被自治区工商联评为“万企兴万村”典型企业，并在自治区“万企兴万村”行动推进会上作为典型交流发言，有效发挥示范带动作用。

群众团体

原州区总工会

【主题教育】 深入开展学习贯彻习近平新时代中国特色社会主义思想主题教育。组织广大职工认真学习贯彻党的二十大报告和习近平总书记视察宁夏重要讲话指示批示精神,总工会领导班子成员开展宣讲活动两场次,举办专题学习班4期、专题讨论4次,工会干部结合赴基层蹲点活动,开展宣传党的二十大精神活动23次,覆盖职工600余人次。坚持党组中心组学习、党员学习和二五政治理论学习"第一议题"制度,总工会党支部坚持通过"三会一课"、主题党日的形式组织开展一线党课6次、知识竞赛2次。

【阵地建设】 在固原城墙公园建设劳模公园1处,在齐力种植专业合作社建设劳模教育产业示范基地1处,大力宣传全国和自治区人民楷模、劳动模范和工匠人才先进事迹,弘扬"社会主义是干出来"的实干精神。并充分发挥劳模示范引领作用,组织劳模深入原州区三营镇、头营镇等地举办劳模先进事迹宣讲会3期,200余名职工聆听了宣讲。积极开展职工喜闻乐见的文化活动,2023年原州区总工会举办了"中国梦·劳动美——我为'五区'建设添光彩"职工演讲比赛、"避暑胜地·锦绣原州"职工书画比赛、第二届"雁岭杯"千名职工万步走等10余项职工文体活动。打造固原市职工书屋7个。2023年投入专项经费41万元,帮助基层工会加强工会阵地建设,开展工会服务。

【组织建设】 深化非公有制企业和社会组织建会工作,新建工会22家、发展会员1636人,其中新业态劳动者886人。打造了固原市级模范职工之家7家、固原市级"小三级"工会示范点4个。推动企事业单位建立完善民主管理制度,持续深化"公开解难题、民主促发展"主题活动。已建立民主管理制度的企事业单位238家,覆盖职工14599人,建制率达95%。在宁夏福苑实业集团有限公司、宁夏弘盛建设工程有限公司、宁苗生态科技工程有限公司等建立"职工说事"制度。践行"四下基层"制度,2023年选派23名工会干部职工包抓14个乡镇(街道)工会、84个基层工会。在蹲点活动中,走访基层工会干部84人、职工200余人,指导新建工会10个,新发展会员834人,开展宣讲有关劳动方面的法律政策8场次,解决基层工会换届等方面实际问题7件。

【权益保障】 2023年共摸排困难职工487户,其中困难职工401户(建档116户,不符合建档285户)、边缘户82户、特殊职工群体困难4户,对建档困难职工全部上报自治区总工会予以救助,自治区总工会已为116名建档困难职工发放帮扶资金124.45万元。2023年"两节"期间慰问困难企业122家,涉及困难职工808人,其中建档及大病致困职工5人、困难劳模5人、抗疫一线医务人员182人、新业态劳动者242人,发放慰问金46.8万元。对31名建档困难职工进行了逐人逐户解困脱困核查,解困31人。开展"金秋助学"活动,为13名困难职工子女,发放每人3000元的助学金,工会班为150名困难职工子女发放助学金39万元。

为413人次患病职工发放医疗互助金105.98万元。广泛组织开展“工会送清凉、防暑保安康”活动，分组对37个点3711名职工（户外劳动者）进行了集中走访慰问，发放价值9.99万元的饮料、矿泉水、西瓜等防暑物资。组织新就业形态劳动者、女职工1470余人进行免费体检，把183名外卖员等新就业形态劳动者纳入了职工医疗互助体系。原州区16个户外站点累计服务职工群众2万多人次。齐力种植专业合作社工会户外劳动者服务站点被全国总工会称为2023年“最美驿站”，恒达机动车检测有限公司户外劳动者服务站和美团户外劳动者服务站被自治区总工会评为“自治区最美工会户外劳动者服务站点”，宁夏福苑实业集团有限公司被自治区总工会评为自治区级提升职工生活品质塑造幸福生活环境试点单位。

【职工维权】 开展职工队伍稳定风险排查，依托职工服务中心、12351维权热线，接待职工来电来访14件，其中劳动争议12件，涉及人数92人，协调解决拖欠农民工工资7.6516万元，积极配合人社局、信访事项人民调解委员会解决拖欠农民工工资46.2386万元。认真开展企业集体协商工作，现有有效企业工资专项集体合同40份，覆盖企业257家、职工6532人。在2023年全国城市工会集体协商竞赛宁夏选拔赛中，原州区参赛选手王永强被评为“金牌集体协商指导员”。对16家工程建设等领域欠薪易发多发的企业进行了排查。

【助力发展】 积极开展“春风行动就业援助月”活动，线上利用公众号发布招聘信息39次，参与企业250家，提供就业岗位12455个，浏览信息达8030人次。线下与原州区人力资源保障局、原州区就业创业和人才服务中心等部门单位在新时代广场举办专场招聘会4次，提供就业岗位24147个，达成就业意向1673人。认真贯彻落实小微企业工会经费支持政策，第一时间为45家小微企业返还工会经费81.3万元，进一步稳定了小微企业劳动关系，缓解了小微企业发展压力。为落实好区委和自治区总工会有关促消费、稳增长的安排部署，积极督促原州区各级工会开展工会会员节日慰问消费达721.98万元。完成工会经费税务代收950多万元。

【队伍建设】 持续推进产业工人队伍建设改革，确保了25项产业工人队伍建设改革工作推进。打造了福苑实业集团产业工人队伍建设改革示范基地，企业员工实行了阶梯工资制度。在教育、农业、卫生、餐饮、家政行业举办了原州区中小学教师课堂教学“四课”竞赛、兽医系统实验室检测能力竞赛、育婴员技能竞赛、餐饮服务竞赛、卫生健康系统职业技能竞赛等5场次竞赛，参赛人数为3000余人次。宁夏暖馨家政服务有限公司、福苑集团实业有限公司等开展岗前培训12期，培训800余人次。打造固原市级劳模创新工作室2个，依托曹辉劳模创新工作室等平台，积极发挥劳模示范引领作用。开展享受省部级劳模待遇人员专项摸排行动，对原州区在册68名全国、省部级、固原市级劳动模范（先进工作者）进行全面走访调查，对符合全国劳模和自治区劳模生活困难补助金和特殊困难帮扶金申报条件的7名劳模进行申报。

【法治建设】 坚持把学习贯彻习近平法治思想与深化法治实践、推进法治工会建设紧密结合起来，组织广大干部职工学习《中华人民共和国宪法》《中华人民共和国民法典》《中华人民共和国工会法》等法律法规，切实增强干部职工法治思维和依法办事能力。联合司法局举办“遵法守法·携手筑梦”服务农民工劳动者公益法律服务活动。开展公益法律大讲堂活动进社区、进企业、进工地3场次，上街开展法律宣传14场次，为新就业形态劳动者提供法律服务108人。

【女工工作】 2023年新建女工组织21家，发展女会员839人,女职工组织覆盖率达100%。组织基层工会开展女职工家政服务、手工编织、育儿员等技能培训,共培训女职工3000余人次。联合妇联、人社局、卫健等单位在繁华街道向职工群众发放《女职工劳动保护特别规定》《宁夏回族自治区女职工劳动保护办法》等法律法规宣传资料1500余份,接待职工群众320余人次。开展了“遵法守法 携手筑梦”服务女职工公益法律大讲堂1期。为新就业形态等困难女职工、单亲女职工300人进行了免费的“两癌”筛查活动。2023年帮扶慰问女职工366人,发放慰问资金3.1万元；为182人次患病在职女职工发放医疗互助金37.8万元。打造自治区级示范性工会爱心托管班1个。

共青团原州区委员会

【为党育人】 全面推动“学习二十大、永远跟党走、奋进新征程”主题教育实践活动走深走实,组织开展“青年演说赛”、集中入团入队仪式、公益讲座等活动6次,激发青少年爱党爱国的坚定情感。线上深化“青年大学习”网上主题团课,不断动员广大青年参与学习。线下召开专题学习会和学习沙龙3次,组织团员青年前往红色场馆开展实地教育。坚持用好指定教材及团中央学习平台,组织广大团员和青年扎实开展“4+1”专题学习,督促各团支部用好主题团日、青年理论学习小组等载体,依托青年之家、党群活动室等阵地,开展集中学习、读书分享。挑选优秀青年代表开展“强国复兴有我”主题宣讲,用青言青语阐释党的创新理论。

【服务大局】 青春助力乡村振兴，成立31支青年突击队,带动青年在重点产业发展中挺身而出、攻坚克难。争取福州市篮球协会3.4万元青少年体育用品,共筑闽宁山海情。开展“乡村振兴健康服务项目”培训、“科技赋能、产业发展”等活动,推动专业人才服务乡村振兴,提升村民发展产业能力。依托原州区青年志愿者协会，招募动员青年志愿者参与“村BA”、青年足球赛、原州区燃气安全排查等重大体育赛事和重点工作。组织开展学雷锋、助力中高考等各类志愿服务活动40余次,覆盖群众3万余人。在雁岭社区和康居社区实施“社区青春行动”,结合“返家乡”社会实践活动和“七彩阳光公益课堂”品牌活动,常态化开展亲子互动、学业辅导、社区治理等志愿服务活动20场次。开展大学生社区实践活动,联系宁夏师范学院12个学院与原州区40个社区结对,为基层社会治理贡献青春能量。

【服务青年】 纵深推进青年发展型县域试点建设,制作专题宣传片和LOGO,营造良好城市氛围。召开青年工作联席会,制定“为青年办实事”项目32个,组织开展了青年演说赛、青年足球赛、“姚基金希望小学篮球季”、青年联谊、环保公益跑等青年文化体育活动6次。组织开展中华经典诵读、“团”聚温暖、“浓浓关怀 情暖童心”等活动,丰富青少年精神世界。实施大学生“返家乡”实践、青年学子家乡行等品牌活动,为青年搭建了交流展示平台。维护青少年权益,举办未成年人保护暨预防未成年人犯罪普法讲座,常态化开展“护苗成长 护航青春”等青少年自护教育活动14次，为青少年健康快乐成长保驾护航。关爱困难青少年，筹集爱心物资270万元,帮助贫困学子6027名,走访慰问困难青少年36名,征集发放380余个困难青少年“微心愿”,减轻青少年经济负担。

【强基建设】 制定《原州区关于加强和改进新时代青年和共青团工作的实施方案》,成立原州区青年联合会,健全各族各界青年爱国统一战线组织。新建“雁岭青年之家”,打造特色青年示范性阵地。严格团员管理，规范做好年度发展团员工作，制定《原州区推优入党工作实施办法(试行)》,强化过程培养。开展违规发展团员核查整改工作,始终保持队伍先进性和纯洁性。推进县域共青团基层组织改革各项任务,制定《原州区团干部管理办法》,举办团干部培训班,加强团干部队伍建设。以古雁街道康居社区为试点,深化城市共青团基层组织改革。

原州区妇女联合会

【巾帼心向党】 紧紧围绕党的二十大主题,积极开展“巾帼心向党、奋进新征程”巾帼宣讲活动。组建由党的二十大代表、全国五好家庭代表、家庭教育指导老师及专业律师等组成的“巾帼宣讲团”,到各乡镇(街道)开展“党的二十大精神”、《习近平走进百姓家》、家庭教育工作及妇女权益保障等宣讲宣传活动,实现基层妇联执委全覆盖。线上线下举办“巾帼心向党·奋进新征程”、铸牢中华民族共同体意识等宣传宣讲和各类主题实践活动30余场(次),覆盖3000余人次。利用区乡村三级微信矩阵推送各类家庭教育知识、普法、安全生产、禁毒、反诈等宣传链接200余条。2023年评选优秀基层妇联主席30名,推荐的古雁街道康居社区的杨黎明家庭荣获全国“最美家庭”、宁夏福苑实业集团有限公司荣获全国“巾帼建功先进集体”称号。

【巾帼建新功】 按照“马兰花”妇女创业支持行动要求,摸底建档农村女致富带头人259名。充分发挥担保基金撬动作用,用足用活妇女创业担保贷款政策,适当放宽担保条件,向蔬菜产业带、种养殖示范村、示范户、移民村、五好家庭、最美家庭倾斜,确保应贷尽贷,2023年发放贷款681户10311万元。开展“香姐手工”创业就业培训9期,参训学员520人,60%妇女实现居家灵活就业。用LPAC项目、“双培双带”项目资金105万元扶持致富带头人发展生产,辐射带动就业100余人。成功申请“香姐手工坊”为自治区级“巾帼直播间”,获扶持资金2万元。8个“巾帼直播间”,销售收入400余万元。推送2023年春风行动就业岗位信息500余条,举办线上线下就业招聘会4场次。

【巾帼树新风】 评选原州区级“最美家庭”“绿色家庭”各100户,“健康家庭”241户。开展“忠诚立家风”主题宣传教育活动,征集清廉家风文化作品63件。联合原州区委办公室等单位开展“颂红色经典 传最美家风”演讲比赛活动。组织各基层妇联主席、执委参加固原市首届家庭家教家风文化节,参观家教家风文化长廊。联合原州区纪委监委在古城墙遗址公园打造家风家训暨廉洁文化主题公园。强化家庭教育指导服务,充分发挥原州区未成年人心理健康辅导中心和家庭教育指导服务中心作用,对760名困境儿童、50名困境妇女及时提供心理咨询、情绪疏导、家庭教育指导等服务。实施自治区儿童心理健康关爱项目,为原州区五年级、初中一年级14439名学生开展绘画心理健康普查、评估、筛选、干预关爱服务活动。为21名单亲及家庭矛盾多的困境妇女最大限度地修复婚姻家庭关系。深入各机关(单位)、村(社区)举办家庭教育、和谐婚姻家庭讲座68场次,定期不定期在各社区家庭教育指导服务站组织开展困境儿童亲子活动、家庭团辅等42场次。举办“家教伴成长 协同育新人”专题讲座,邀请汤发良教授线上线下向原州区2万余干部群众分享科学育儿的方法,引领广大家长注重家庭文化、家风建设和家庭教育。

【维权关爱】 依托婚调委、妇女法律援助中心、妇女维权热线、妇女儿童维权工作站等维权工作阵地,建立集婚姻调解、法律咨询、心理疏导、法律援助、关爱帮扶“五位一体”的妇女儿童维权联动机制。开展维权宣传宣讲活动35场次。组织基层妇联开展“大排查大走访”活动,摸排化解婚姻家庭类矛盾纠纷42件,化解率100%。围绕打造“小树苗”困境儿童关爱品牌,筹集各类资金19万元实施“小树苗”关爱项目，开展“童+X”系列关爱活动 80 余场次，招募“爱心妈妈”一对一为 760 名“小树苗”开展“五个一”关爱服务并为他们圆梦微心愿。“关爱小树苗 护童促成长”志愿服务项目获原州区志愿服务大赛银奖。关爱春蕾女童，发放“春蕾计划”奖（助）学金 17 人 9.86 万元，开展“女童保护”宣讲进校园活动，为原州区 6 所学校的 900 名女学生普及儿童防性侵等相关知识。围绕打造“康乃馨”困境妇女关爱品牌，发放“两癌”救助金 50 人 50 万元，2022 年“两癌”患病及特殊困难妇女关爱服务项目使 50 名困境妇女找回自信、更加幸福地生活。重要节日慰问困境妇女 301 名，发放慰问金及物资 5.9 万元。印发《原州区家庭教育指导工作实施方案》《原州区 2023 年家庭教育指导工作任务清单》，召开原州区妇儿工委 2023 年第 1 次会议暨家庭教育工作第 1 次联席会议，督导各成员单位积极履职，完成阶段性目标任务。

【强基固本】 加强基层妇联执委履职能力提升培训。积极推进在“两新”组织中建妇女组织，在符合条件的 63 家“两新”组织，根据实际情况成立妇联、妇委会或妇女小组，实现“两新”组织全覆盖。开展“最美妇联执委”积分制管理工作，制定积分细则，通过积分评定等级，推选“最美妇联执委”，年终通过积分兑换奖品，激励执委作用发挥。圆满完成原州区妇联换届工作，选举产生新一届妇联执委、常委和主席、副主席。

原州区科学技术协会

【科创服务】 搭建平台，建家交友。加强学会建设，积极协调教育、卫健、农业农村三个部门成立了青少年科技教育学会、卫生健康学会、农业技术学会。提升企业服务能力，成立了 2 家企业科协，1 家科技小院。支持人才，举荐人才。向原州区委组织部举荐本土省外优秀人才 22 名；向中国科协推荐第 26 届中国科协求是杰出青年成果转化奖提名人选 1 名；向自治区科协推荐优秀科普志愿者 2 名。加强区内区外人才交流协作，通过“请进来”，积极承接福建专家院士行活动，与自治区农科院老科协开展会县合作，专家教授进医院、进企业、进农村，开展学术交流和技术指导，为人才培养提供服务。创新驱动，服务企业。推进“科创中国”宁夏行动，“为科学家找企业家，为企业家找科学家”搭建桥梁，通过动员、编写注册程序教程等方式引导 47 家企业、200 多个人注册入驻“科创中国·宁夏中心”平台，开展路演活动 4 场次，发布信息百余条。打造阵地，增强基础。投入 25 万元，建成雁岭社区科普馆，为原州区再添一家社区科普馆。原州区第十八小学、宁夏云雾山国家级自然保护区被固原市科协命名为固原市科普教育基地（2023—2027 年）。雁岭社区“互嵌式”科普活动引发关注，向中科协推荐打造社区科普典型。推动传播，加强宣传。大力推动科普中国 App 的注册转播，注册人数已达 1.99 万人，占到原州区总人口 4.4%以上。科普信息员转载转发科普文章 135.22 万次，传播量持续增长。

【科普工作】 履行纲要办公室职责。组织召开全民科学素质领导小组会议，审议下发了《原州区关于新时代全面加强科学技术普及工作的实施方案》，督促成员单位落实《宁夏回族自治区全民科学素质行动规划纲要实施方案（2021—2025 年）》和《关于新时代进一步加强科学技术普及工作的意见》。全方位科普提素养。聚焦全国科技工作者日、科技活动周、全国科普日等重要节点，围绕“双减”、卫生健康、环境保护、食品安全、农业生产、科学防疫、数字素养、防灾避险、低碳生活等群众关注的热点问题，与自治区、固原市科协和成员单位拼团联动，开展活动 310 场次，向中国科协全国科普日平台上传活动 173 场。其中全国科技活动周表现优异，受到全国科普工作联席会议、科技部科技人才与科学普及司的表扬；全国科技工作者日被自治区科协评为专题宣传活动优秀组织单位；录制的《躬身农机服务助推乡村振兴》被自治区科协列入最受公众认可短视频。健康科普创品牌。项目支持，成立“原州区健康科技志愿服务队”，培育“助你健康”科技志愿服务品牌，开展健康科普200余场、推送健康知识200余条。健康科技志愿服务队被推荐为中国科协优秀“科技志愿服务组织”典型。科创比赛助“双减”。积极开展青少年科技创新大赛作品征集活动，评选出优秀作品192个，在固原市青少年科技创新大赛各项赛事获奖111个。在第37届宁夏青少年科技创新大赛各项赛事获奖18个。组织中小学校34名教师参加全区农村中小学校科技馆骨干科技辅导员培训班。家庭安全素养大提升。积极参与“千人万场”家庭安全素养提升教育培训活动，安全科普覆盖全区所有村居。

原州区文学艺术界联合会

【服务中心】 宣传党的二十大精神。深入开展学习贯彻习近平新时代中国特色社会主义思想主题教育，组织文艺家们深入基层、深入群众，开展“到人民中去”“红心向阳 为党庆生”文艺展演等系列活动，用喜闻乐见的艺术形式宣传党的二十大精神。助力乡村振兴。深入蒋河、别庄等村开展“到人民中去”丰富多彩的惠民活动，通过文艺志愿服务、基层采风创作、展演展示、作品捐赠等活动形式，以文艺汇聚力量助力乡村振兴。开展“清水河畔石榴红 同心共圆中国梦”“礼赞二十大·笔墨绘侨心”等文艺会演及展览展示活动，以音乐、舞蹈等艺术反映原州区各族儿女在党的领导下加强民族团结、推动高质量发展的良好精神风貌。

【服务人民】 积极开展“我们的中国梦·文化进万家”等文化惠民活动55场，演出20余场，开展“新春送万福”文艺志愿服务惠民活动19场，赠写春联、福字5898副，年画1021幅，剪纸作品587幅，书法作品116幅，惠及群众1.8万余人。承接中国文联强基工程项目，搭建文艺志愿者与乡村教师、孩子之间的“牵手、联动”平台，建立健全“结对子、种文化”的工作机制，组织46名文艺工作者深入黄铎堡学校等14所城乡学校开展“圆梦工程”和“中华优秀传统文化进校园”文艺志愿服务活动，累计480余场，覆盖师生覆盖学生达3500余人次，赠送图书1000余本。举办“建山水开城 享双泉福地”“水墨原州”“山海情深共筑梦 文艺振兴谱新篇”等线上线下摄影、书画、民间工艺作品展，展出优秀作品共4546幅(组)；在博物馆广场等地举办“颂红色经典 传廉洁家风”朗诵艺术展演和“青少年舞蹈美育工程”，共享文艺成果。积极开展慰问演出、文艺培训、文艺支教、作品捐赠等文艺志愿服务活动达54场(次)，惠及群众1.5万余人次。2023年6月，原州区新时代文艺志愿服务中心被自治区文联命名为“宁夏文艺志愿服务实践基地”。加强与兄弟县区文联、自治区文联、中国文联的紧密联系和互动。中国文联权益保护部主任鲍淑艳及自治区文联党组成员、副主席庚君先后来原调研。自治区文联在全国(江苏无锡)文联组联工作会议及自治区文联八届七次全会上作题为《让文艺成为六盘大地上生长最好的庄稼》的交流发言，以书面材料在2023年中国文联文艺志愿者志愿服务工作会上分享了文艺志愿服务活动开展的做法和经验，被全国推广。先后与惠农区、泾源县文联，平凉市崆峒区文联开展文化艺术交流采风活动，进一步深化区域文化艺术交流协作；与福州市三区开展首届原州·福州“两地四区”文化艺术交流活动，在福建省海峡民间艺术馆跨省举办为期7天的文化艺术作品展览，共展出书画、大原建筑、剪纸等文艺作品183件，先后被中国新闻网、《人民日报》《光明日报》、宁夏日报客户端等官方媒体报道。

【阵地建设】 挂牌成立文艺协会之家3处，成立具有原州区鲜明代表特色的(农民)版画协会，新增会员150名，不断充实各协会文艺人才力量。举办文学、国画、花儿等艺术座谈、培训班5期，邀请中国音乐学院教授梁聆聆、宁夏书画院院长周一新等授课，受众人数500余人次。严守文学主阵地，完成2023年《原州》四期和诗歌专号的编纂工作，刊发优秀文学作品211篇。持续擦亮诗歌之乡文化品牌，构建对外文学传播机制，与福建、青铜峡等地互推两省两地文学作品50余篇。中国作协党组书记、副主席、书记处书记张宏森在西海固文学座谈会上对原州本土文学内刊《原州》给予了高度评价，认为《原州》是一本严肃的、认真的文学内刊。

【文艺成果】 民协马振仁入选2022年“中国非遗年度人物”100人、获全国第四届“当代艺匠”殊荣。美术家协会刘文辉、王旭天的国画作品和油画作品入选“虹：当代艺术展”，鲁楠漫画作品《形影相随》荣获2023“清风扬正气 廉洁守初心”全国漫画作品展二等奖，摄协马明星《黄土情》荣获第二十五届全国艺术摄影大赛艺术摄影类银奖，书协8人入展自治区“牢记嘱托 感恩奋进——黄河生态保护和高质量发展先行区”书法展，4人入展宁夏第十五届书法篆刻临创作品展，王怀凌等11人入选为宁夏各协会副主席、委员等职位。

原州区残疾人联合会

【乡村振兴】 落实行业职责。发挥行业筛查预警作用，每月将新增重残人员信息及时函告乡村振兴局，配合做好动态监测和信息核查，做到“应纳尽纳”；同时针对“三类人员”，积极争取社会资金帮扶救助困难残疾人577人次。加强部门协同。配合民政局落实残疾人“两项补贴”19289人2147万元，配合教体局落实残疾儿童随班就读362人、送教上门88人，配合医保局为15509人落实减免医疗保险、医疗报销政策，联合卫健局为142名特殊困难残疾人免费上门办证，联合人社局落实残疾人就业岗位24个，确保残疾人民生保障不断档、有提升。

【“六项服务”】 主动上门服务。成立原州区残疾人联合会志愿助残分队，组建10个小分队，围绕独居、依老养残等特殊困难残疾人，开展代办（换）证、送辅具等上门服务事项15726件，在原州区首届“移风易俗志愿行·铁路帮扶助振兴”新时代文明实践志愿服务项目大赛中，残联推选的4个志愿助残服务分队全部获奖；为229名精神、智力、重度肢体残疾人开展居家托养和机构托养、日间照料服务。开展残疾状况基本需求调查，调查残疾人20843人，上报基本需求22项16201条。加强残疾证管理，开展残疾证核查，注销2648人，换证556人，新办证662人精准康复服务。新建社区康复站1个，开展精神障碍患者机构托养和社区康复试点项目，依托固原市精神康复医院托养精神障碍患者16人，救助住院精神障碍患者39人、免费服药325人次，通过机构服务、家庭签约医生等，为残疾人提供康复训练、支持性服务等基本服务4192人次。向区内外定点康复机构转介儿童245人，完成0—17岁残疾儿童康复救助316人，实现“应救尽救”。组织181名残疾人开展脊髓损伤者“生活重建”“重塑未来”骨关节置换等筛查服务，为27名残疾人免费适配假肢和矫形器。加强就业服务。针对有劳动能力残疾人，开展种养殖、刺绣、手工编织、电商直播等方面职业技能和农村实用技术培训，培训262人。扶持19名新毕业大学生就业、1名残疾人自主创业、200名残疾人灵活就业，打造残疾人辅助性就业基地1个，集中安置残疾人就业30人。为10012名就业年龄段残疾人购买“圆梦护航”意外伤害保险，理赔率达到81%。开展企事业单位残疾人就业年审82个，联合税务部门催收残保金228万元。做实配改服务。扎实开展残疾人辅具适配，提高生活自理能力，评估适配轮椅等辅助器具782个。建好、管好、用好原州区人民医院、图书馆、须弥山景区等7个“共享轮椅”便民点，借用26240人次，维护12次；发挥43个村（社区）“爱心接力 循环使用”辅助器具服务驿站功能，免费借用186人、维修31件、回收28件，尽可能方便群众出行。实施残疾人家庭无障碍改造项目，按照“一户一策”原则，分类改造厨卫、室内外坡道等困难残疾人家庭157户，切实解决残疾人居家障碍。丰富文体服务。组织开展“爱心接力 粽香融童”志愿服务、“礼赞生命 共享芳华‘五个一’”等文体活动31场次，残疾人文体生活进一步丰富。配合固原市残联，在博物馆广场组织开展自治区首届残疾人文创大赛，58件刺绣等作品展出，10人获奖。积极备战宁夏首届残特奥运动会，选派17名运动员参赛，取得了8金6银6铜的成绩，位列固原市各县（区）第一。拓宽机构服务。注册智力残疾人及亲友协会、精神残疾人及亲友协会，实现了5个残疾人专门协会部分法人化管理。在三营镇大力支持下，完成了自治区首批“残疾人之家”试点任务，建成“三营镇残疾人之家”，打造服务残疾人综合服务平台，就近就便为残疾人提供康复训练、辅助性就业、日间照料、文体活动等服务，计划服务残疾人200余名。

原州区红十字会

【依法履职】 2023年执委会定期与理事、团体会员座谈3次，向监事会汇报执委会工作情况2次，充分发挥理事会、骨干团体会员和监事会作用，并邀请监事参与各项工作9人次，监督防范在工作中的风险，促进工作体系不断健全，进一步完善了理事会决策、执委会执行、监事会监督的治理结构，形成了决策、执行、监督相互制约的运行机制，不断增强红十字会工作的公开透明度和公信力。

【基层组织】 以区域内党组织、群团组织、志愿服务团体为依托，充分发挥机关、企业、村居、医疗卫生机构、学校优势，不断夯实基层红十字会组织。截至2023年底，共建立基层红十字会286个，其中乡镇（街道办）14个、村（社区）188个、机关及事业单位36个、学校44个、企业4个。发展团体会员311个，个人会员414个，进一步提升了红十字会的影响力和知晓度。

【“三救三献”】 通过多种渠道募集救助物资约957.5万元（捐款950万元、捐赠物资价值约7.5万元），其中闽宁协作社会帮扶资金814万元，用于支持教育事业、乡村振兴、济困救助等帮扶工作。“5·8人道公益日”募捐44万余元采购急救箱（包），为原州区所有学校、养老院、福利院，博物馆、景区、汽（火）车站、各政务大厅、机关等人员密集场所和城区所有住宅小区、行政村共计投放1652个急救箱（包）。关注困难群众，全力推进救助工作，完成“红十字天使计划项目”2个，救助白血病、先天性心脏病各2人，共计9万元；开展“闽宁山海情·春节温暖行”春节慰问活动，发放慰问金慰问品近18万元，慰问困难党员、残疾人、易致贫不稳定户220户；慰问困难退伍军人及资助贫困学生129人，共计12.9万元。提升应急救护培训质量，打造“红十字应急救护培训”品牌，率先将镇村两级干部、学校教师及乡镇卫生院医护人员等进行培训，2023年，举办救护员培训班26期共计1359人；普及性讲座67期，受益人群为4万余人，均超额完成上级红十字会下达的任务数；在固原市政务服务中心、原州区政务大厅、须弥山景区、汽（火）车站等人员密集场所配备应急救护一体机（AED）18台，有力保障了人民群众的生命健康。推进造血干细胞志愿者捐献招募，截至2023年底入库志愿者人数达253人，成功捐献9例，其中2023年4例。开展造血干细胞捐献志愿者宣传，2023年开展“生命·遇见”为主题的遗体（角膜）捐献宣传活动。大力推进志愿献血活动，不断增强公益理念。联合宁夏师范学院、河川乡人民政府、固原市中心血站，开展爱心献血活动宣传，献血总量26100毫升。

【宣传培训】 加强与政府及有关部门、群众团体特别是新闻媒体的联系和合作，广泛动员和充分利用多种媒体，开展“5·8 红十字纪念日”“6·14 无偿献血日”“99 公益日”“艾滋病宣传日” 等主题活动，将“保护人的生命和健康，促进人类和平进步事业”的红十字会宗旨深入人心。

【志愿服务】 固原微笑义工社、固原博福爱心服务中心组建了应急救援、社区志愿服务、造血干细胞捐献（无偿献血）等 3 支志愿服务队伍，积极开展救援、救助、志愿服务等工作。在各乡镇、街道成立了一支 10 人以上的南丁格尔志愿服务队，构建起覆盖区、乡、村三级的红十字志愿服务网络体系。

【表彰奖励】 涌现出了一批积极培育和践行社会主义核心价值观，大力弘扬“人道、博爱、奉献”红十字精神的先进集体和个人受到表彰奖励，其中宁夏古雁建材有限公司红十字会、原州区红十字会造血干细胞捐献（无偿献血）志愿服务队获“宁夏红十字人道博爱奉献集体奖”，刘会兵等 6 人获“宁夏红十字人道博爱奉献个人奖”；红十字会师资张满科被评为“全国会员之星”。

法　治

政法委与综治

【平安原州建设】 全面落实《平安宁夏建设“十四五”规划》和《关于推进全域社会治理现代化的意见》,全力抓好新形势下维护社会稳定各项工作。全力抓好基层社会治理。以第二批市域社会治理现代化试点创建为契机，推动党建引领基层社会治理“1+1+3”工作机制与“六大重点领域”治理深度融合,巩固提升三营镇、官厅镇基层治理示范点,加强区乡两级综治中心规范化建设,构建“综治中心+网格化+大数据”的基层治理体系。全力抓好风险隐患化解。聚焦防范化解重点领域矛盾纠纷、重点群体矛盾纠纷、网络安全等“三大领域”风险隐患,扎实开展矛盾风险隐患“大排查、大化解”和“百万警进千万家”活动,积极开展治理重复信访、化解信访积案专项行动,深入推进信访问题源头治理,综合运用领导下访、主动约访等形式,成功化解群体信访积案 6 件、化解个人信访积案 9 件。排查化解各类风险隐患 4792 条。全力抓好社会治安防控。常态化推进扫黑除恶斗争,强化道路交通、防溺水和教育、卫健、市场等重点行业专项整治,组织开展平安原州建设集中宣传月活动，推动核查涉黑涉恶线索 8 条，挂牌整治社会治安重点地区和突出问题 3 处。持续推进反诈人民战争,深入开展“断卡”“断流”专项行动,破获电诈案件 140 起,追赃挽损 854.49 万元，先后两次向被害人发放被骗钱款 300 余万元，“国家反诈中心”App 注册率达到 75%。依法严厉打击涉枪涉爆等违法犯罪,扎实开展预防和惩治网络性侵未成年人违法犯罪专项行动。

【法治原州建设】 严格规范公正文明执法。全面推进行政执法公示、执法全过程记录、重大执法决定法治审核制度。深入推进行政应诉专项治理行动,确保行政单位出庭应诉率达到 95%以上,坚决杜绝“出庭不出声”现象。改进和创新行政执法方式,广泛运用说服教育、劝导示范、警示告诫、指导约谈等方式,努力做到宽严相济、法理相融。公正司法。依法严惩各类暴力犯罪、网络违法犯罪以及危害食品药品安全犯罪,依法妥善办理就业、医疗、养老、住房、劳动报酬和婚姻家庭等涉民生领域案件。持续推进执法监督、案件评查等工作,对检察院、公安分局开展政治督查和纪律作风建设巡查等专项检查,着力构建党委政法委牵头抓总、多方参与的执法司法监督工作格局。推进遵法守法用法。深入开展“八五”普法,在头营镇开展“民法典宣传月暨法治建设集中宣传活动”,现场发放宣传彩页 2 万份、开展法律咨询 300 人次,建立领导干部应知应会法律法规清单和学法用法述法制度,以开展“法律八进”为抓手,持续开展“百名律师基层法治大宣讲”活动。

【法治服务保障】 服务保障先行区建设。聚焦“五特五新五优”产业转型升级,紧盯提质增效、项目倍增、创新赋能“三大计划”和生态环保等重大项目重大战略,开展重大决策社会稳定风险评估 10 次,积极运用公益诉讼等方式,抓好涉产业涉企业风险预警、纠纷化解和产权保护、品牌维护,持续完善和落实司法惠民惠企政策,依法平等保护各类市场主体和企业合法权益。服务保障乡村振兴样板区建设。围绕原州区委“六抓”行动,建成 6 个乡镇 82 个行政村雪亮工程,在重点部位、重要路段安装监控探头491路，为乡村治理助力赋能。充分运用党建引领基层治理“1+1+3”工作机制，高效调处涉“三农”案件38件，积极创建“无讼村(社区)”14个。服务保障铸牢中华民族共同体意识示范区建设。全面贯彻党的民族宗教政策，健全防范化解民族领域风险机制，深入推进“感恩、认同、法治”三项教育，把“三个离不开”“五个认同”融入精神血脉。坚决打击民族宗教领域违法犯罪行为，依法保障各族群众合法权益，坚决守好民族团结生命线。服务保障宁夏副中心城市核心区建设。紧扣“四大工程”建设和国家森林城市、全国文明城市创建，制定印发《关于开展涉稳矛盾风险隐患清单化管理的通知》，排查化解“五大领域”风险隐患39条，加强教育、就业、医疗、住房和社会保障等民生领域司法保障，依法严惩各类暴力犯罪和危害食品药品安全犯罪。

【政法改革】 全面落实司法责任制，制定《原州区全面深化政法改革2023年工作要点》，细化“四类案件”监管，压实院庭长审判监督管理职责，发挥专业法官会议“把脉”和审判委员会“会诊”作用，召开专业法官会议和审判委员会议11次，讨论疑难复杂案件27件。推行类案强制检索制度，促进法律适用统一。持续完善“分调裁审”机制，实施案件繁简分流、快慢分道。建立员额动态调整、递补和退出机制，完善绩效考核办法，推进警务辅助人员管理制度改革，进一步激发工作活力和内生动力。优化政法机构职能体系。开展“清积案、提质效”专项行动，清理旧存案件494件，清积率95%。推进公安机关大部门大警种制改革，配备警务助理156人，治安巡防员251人，组件“公安主导、单位主办、社会参与”的“红袖标”平安守护队，以“小网格”筑牢“大平安”。深化诉讼制度改革。推进科技信息化建设。深化“放管服”“互联网+政务服务”等改革，总结推广公安机关“365天×24小时”服务经验，开展宁警通App及“365×24小时”便民服务宣传活动2次，完善“互联网+监管”平台录入、审核等信息126条，“宁警通”咨询答复32起；构建多元化纠纷解决格局，诉前调解案件1282件形成“诉前调解+司法确认+快速执行”纠纷解决机制。探索诉讼服务“大超市”服务，实现诉讼业务集约化、数字化办理，网上立案730件，在线调解534件，网上开庭30件，电子送达1078次。

【政法队伍建设】 正风肃纪反腐。严格执行自治区“八条禁令”、固原市委“十项规定”和新时代政法干警“十个严禁”，持续深化纠治“四风”，严格执行防止干预司法“三个规定”，记录报告有关信息209条；核查办理政法队伍教育整顿案件线索6条。组织开展廉政警示教育5场次，巩固拓展政法队伍教育整顿和党史学习教育成果，维护政法队伍肌体健康。开展素质能力培训，制定《2023年全区政法干警政治轮训工作计划》，推动法官、检察官、人民警察等同堂培训。实施“法院+高校”人才项目，建立“青年干警结对帮带”机制，不断提升队伍素质。

法治政府建设

【学习习近平法治思想】 严格落实第一议题制度，坚持把习近平法治思想纳入政府常务会、理论学习中心组、干部理论学习重要学习内容，部署开展多种形式的学习宣传贯活动，印发习近平法治思想应知应会口袋书2000本，举办全区领导干部习近平法治思想专题培训班2场次，各部门(单位)开展习近平法治思想专题学习150场次，推动全体党员领导干部自觉以习近平法治思想武装头脑、指导实践、推动工作。同时，紧盯领导干部“关键少数”，按照“1+3+X”清单体系建立领导干部学法清单，印制《领导干部应知应会法律法规知识点口袋书》2000本赠予各单位阅读学习，购买《领导干部应知应会党内法规和国家法律汇编》15套赠予领导学习参阅。建立健全政府常务会会前学法制度，政府常务会议组织学法10次，政府党组、理论学习中心组学法规20次，示范带动各乡镇（街道）、各部门（单位）开展会前学法180余次，切实把学习成果转化为推进法治原州建设的实际成效。

【法治政府建设】 坚持将推进法治政府建设摆在工作全局的重要位置，切实履行推进法治政府建设第一责任人职责，扎实做好各项工作。强化组织领导，坚持对法治政府建设与各项重点工作同部署、同研究、同落实，细化工作任务、明确责任分工，对原州区法治政府建设工作进行统筹安排部署，扎实推进各项工作任务高效落实。2023年，政府常务会议研究法治政府建设工作3次。全面落实自治区党委全面依法治区办关于法治政府建设示范创建活动部署要求，以积极开展自治区级示范创建和达标创建活动为契机，主动摸清制约法治政府建设进程的"难点""痛点"和"堵点"，针对性地研究制定解决方案和改进措施，以创建促提升，以达标求实效，以示范带发展，力求法治政府建设取得新突破。进一步强化督导检查、推进整改落实。2023年原州区开展法治建设督查2次，下发督查通报2期，坚持以整改促落实，认真对照自治区、固原市督察反馈的问题及法治政府建设短板、弱项，并建立问题、责任、整改"三个清单"，进一步明确整改措施、责任领导、牵头单位、责任单位和完成时限，加强整改工作的督促协调，压实工作责任，确保整改任务不漏一项、不留死角，进一步推动法治建设各项工作的落地落实。

【依法行政】 强化政府各部门（单位）权责清单的动态管理，积极推进权责清单"三级四同"，2023年对民政、司法、应急、教体、科技5个部门单位及乡镇（街道）权责清单及时更新。及时制定并公开《原州区2023年行政许可事项清单》，涉及行政许可事项167项；持续推进减证便民措施，全面清理证明事项；持续推进"放管服"，深化行政审批改革，健全完善政府法律顾问制度。全面落实行政规范性文件"三统一"制度，强化源头把控，严把规范性文件制发"入口"关，严格按照《原州区行政规范性文件制定和管理办法》，对未经合法性审核或经审核不合法的规范性文件，一律不得提交集体审议，从源头上防止违法文件的出台。2023年制定审查规范性文件2件，并在规定时限内向相关部门报备。严格落实国务院《重大行政决策程序暂行条例》和自治区相关规定，坚决落实重大行政决策合法性审查和规范性文件合法性审核机制，及时制定并公开了《原州区2023年度重大行政决策事项目录》，积极推进依法决策、科学决策水平。

【行政执法协调监督】 严格落实行政执法人员持证上岗和亮证执法。依据《宁夏回族自治区行政执法证件管理办法》规定及宁夏回族自治区司法厅《关于做好2022年度行政执法证件审验工作的通知》要求，组织全区271人参加2023年度行政执法人员综合法律知识考试，通过160人，申请办理执法证人184人（含换证36人），审验全区38家行政执法单位204件行政执法证件，注销证件10人，全区现有行政执法人员434名。组织开展行政执法专题培训。2023年，举办行政执法人员及法治建设业务能力提升培训班2次，有200余人参加了培训。积极开展道路交通安全和运输领域突出问题专项整治。通过线上与线下相结合、传统媒体与新媒体相结合、多部门联动等多种方式开展宣传，张贴宣传海报10000余份，大力营造专项整治的良好氛围。强化执法案件评查。为深入推进行政执法"三项制度"的落实，加强对行政执法活动的监督，原州区执法协调小组组织召开2023年行政执法案卷评查工作现场会，开展案卷评查工作，评查各类执法行政案卷60件，并对案卷评查中发现的问题及时反馈被查单位，督促指导相关执法单位举一反三，查缺补漏。

【行政争议化解】 认真贯彻落实《宁夏回族自治区

行政复议体制改革实施方案》，成立原州区人民政府行政复议委员会，厘清各部门(单位)职责任务，确保各项改革工作扎实开展。组建行政复议咨询委员会，制定行政复议组织议事规则，邀请法学专家、专职律师、公职律师等担任行政复议咨询委员会委员，为高质量依法处理行政复议提供人才支撑。按照行政复议场所规范化建设要求，积极争取司法厅资金支持，建成集行政复议与行政争议协调化解中心为一体的“智能化”办公场所(面积50平方米)，配备了笔录多屏显示、同步录音录像、证据显示等数字系统，添置了新式办案设备，提升了案件办理信息化水平。在公共法律服务中心大厅设立“行政复议咨询接待”窗口，在14个乡镇(街道)司法所及区矛盾纠纷化解中心、政务服务中心等设立行政复议咨询代办点，进一步畅通群众诉求、利益协调和权利保障渠道，打通行政复议“最后一公里”。2023年收到行政复议申请9件，其中5件不予受理，经调解撤回行政复议申请2件，移送2件。坚持推进行政争议化解机制建设，深化府院联动机制，持续推动“诉源治理”。2023年收到原州区人民法院委派行政案件53件，化解行政争议24件，化解率为45%。原州区行政争议化解中心提前主动介入个别行政争议较多的乡镇，及时向政府有关部门反馈，积极争取主动化解，从源头预防和化解行政争议，2023年，主动化解原州区头营镇政府行政争议41件。全面落实行政机关负责人出庭应诉制度，提升领导干部行政应诉能力。2023年，两级法院受理各类行政案件73件，行政机关负责人出庭应诉率100%，行政案件受案数和败诉率实现双下降。

【依法治理】 大力开展普法宣传工作。深入实施“八五”普法规划，组织开展公民法治素养提升行动，深入推进领导干部学法用法工作，组织8000余人参加国家工作人员“贯彻全会精神提升法治能力”法律知识考试；组织召开2023年国家机关“谁执法谁普法”履职报告评议会，推进领导干部带头讲法，各单位领导干部带头讲法治课78场次；组织开展宪法宣传周、民法典宣传月、全民国家安全教育日等集中宣传活动480余场次，开展反诈宣传和平安建设文艺演出2场次，发放法治宣传资料、物品12万余份，受教育群众20余万人次，接受群众法律咨询12000余人次。紧盯青少年“未来多数”，充分发挥中小学课堂教学主渠道作用，坚持把法治教育列入教学计划，实现原州区100所中小学法治副校长全覆盖，开展宪法晨读、民法典、未成年人保护、预防未成年人犯罪、毒品预防等法治宣传教育活动80余场次。立足乡村振兴工作实际，以村(居)法律顾问为依托，组织开展“法律明白人”培训18场次，积极探索“人民调解+法律顾问+法律明白人”的基层普法服务模式。不断提升公共法律服务水平。持续推动公共法律服务智慧平台规范化建设，不断夯实共法律服务基础工作。2023年，接待来电来访群众2000余人次，代写诉讼文书1040份，受理法律援助案件741件(其中：刑事461件，民事275件，行政5件)，为受援人挽回经济损失1580余万元；办理公证业务1140件(国内公证871件、涉外公证269件)，其中预约办理公证30件、上门办理公证12件、延时公证服务32件；办理公益免费公证92件、公益减免公证81件、法律援助公证11件、减免公证费1.68万元，调解金融纠纷349件，涉及金额8669余万元。深入开展矛盾纠纷排查化解。坚持和完善新时代“枫桥经验”，着力打造区、乡、村、组四级紧密协同、统筹整合联动、扁平一体高效的问题联治、工作联动、平安联创的“大联动”矛盾纠纷排查化解工作体系和运行机制，实现“小事不出村、大事不出镇、矛盾不上交”目标。2023年，原州区各类调解组织共开展矛盾纠纷排查30000余人次，排查各类矛盾纠纷6583件，化解率100%。原州区司法局荣获2023年度“全国人民调解宣传先进工作集体”荣誉称号。扎实推进基层依法治理。全面落实《平安宁夏建设“十四五”规划》和《关于推进全域社会治理现代化的意见》，以第二批市域社会治理现代化试点创建为契机，推动党建引领基层社会治理“1+1+3”工作机制与“六大重点领域”治理深度融合，巩固提升三营镇、官厅镇基层治理示范点，按照自治区综治中心规范化建设要求，建成1个县（区）级综治中心和14个乡级综治中心，着力构建“综治中心+网格化+大数据”的基层治理体系。不断深化基层民主法治建设，扎实开展民主法治创建工作，全力提升基层依法治理水平。2023年，有3个村（社区）入选自治区级民主法治示范村（社区），头营镇杨郎村成功入选全国乡村治理示范村。

【依法公开】 严格执行政府信息公开条例，创新政务公开形式，通过“电视访谈”形式加强政策公开解读，不断增强政务公开实效。2023年，通过原州区政府门户网站主动公开信息3249条，通过新媒体发布信息10131条；新收政府信息公开申请10件，办结10件，限时办结率100%。受理12345便民热线群众来电15111起，认真解答各类咨询，帮助群众解决实际诉求，办结14953起，限时办结率98.95%。全面推行“阳光信访”，引导群众依法上访，在法治框架内解决矛盾纠纷。2023年，受理信访件1102件，办结1067件，办结率96.8%；受理人民网网友留言64件，已办结63件，办结率98.43%。认真做好人大建议和政协提案的分办、催办、汇总、反馈、总结等工作，11件人大建议、48件政协提案已全部按时办复。加大公众参与监督执法力度，充分发挥行政执法监督批评建议平台作用，完善规范化运行办理工作机制。2023年，未收到群众批评建议或投诉举报。

公　安

【概况】 2023年接报警数、刑事案件数、侵财类案件数、电信网络诈骗发案数、电诈案件财损数同比分别下降2.6%、7.73%、10.45%、23.41%和44.62%，刑事抓获人员数、行政案件结案率同比分别提高55.75%和5.89%，呈现“五降两升”的良好势头。坚持“命案必破，八类全破”任务目标，快侦快破现行命案，八类案件破案率100%；围绕空壳企业“净企”、打击银行卡犯罪、“扫楼清街”等专项行动，破获经济案件28起，挽回经济损失5068.2万元，存量空壳公司实现“清零”目标；深入开展“清源断流”专项行动和涉毒人员“起底清零”专项行动，核查涉毒人员2045人，实现社区戒毒社区康复执行率连续五年保持100%，连续8年涉毒肇事肇祸“零发生”、制毒物品“零流失”；聚焦涉依托咪酯滥用问题，与江苏禁毒部门开展案件协作，抓获犯罪嫌疑人8人，查处吸毒人员17人；破获省级目标案1起，抓获犯罪嫌疑人4名，缴获毒品“邮票”LSD100张。“6·21”以来，结合安全生产隐患排查整治，查处非法存储、买卖、使用危险物质案件10起，收缴散装汽油44吨，查获液化天然气罐27个；并破获“8·15非法生产危险化学品重大污染环境案”。

【综合防控】 完善30个一类警务室和78个二类警务室基础建设，打造出“弘扬六盘精神、坚持人民情怀”的原州“六盘情”警务室品牌。在商城、荣华锦汇商业圈及和平门等区域增设6个移动警务站；加大技防设施建设，启动“雪亮工程”延伸项目，新建人脸智能化前端109台，替换老旧视频监控190台，完成2023年智能前端建设任务的137.2%；对辖区内175家旅馆业、268家娱乐场所全面推行星级评定、分级管理；二期平台“一标三实”信息采集在自治区社区警务工作“一网考”中排名第5名，在固原市6个分县局中排第1名，层圈防控能力得到进一步增强。同时，依托党建引领基层治理“1+1+3”机制，打造“1+公安+N”多元共治等治理模式，排查各类矛盾纠纷4839起，妥善处置扬言类警情33起，及时有效化解可能引发“民转刑”“刑转命”案件的婚恋家庭纠纷24起，确保了辖区治安防控全覆盖，危险隐患早发现、早处置；并打造“北塬义警”“金三营义警”“新区义警”等10余支具有原州品牌的义警队伍，推进“警情联动、治安联防、矛盾联调、服务联心、阵地联建”，有效推动了派出所工作从“以打为主”向“以防为先”转变。

【科技强警】 深化“情指行”一体化实战化运行机制改革，积极推动分局情报指挥中心建设和三个城区派出所“一室两队”的高效运行，成功打造北塬派出所“情指行”一体化样板派出所，公安派出所综合性战斗实体作用不断显现。按照“统一指挥、统一管理、统一协调”思路，针对治安乱点、案件频发路段，筹措资金，为应急巡逻分队购置“春风”系列警用摩托车10辆，持续推进“日巡+步巡、便衣+网巡、车巡+步巡+网巡”的“2+2+3”动态巡防机制，确保重点区域、特殊路段“见警察、见警车、见警灯”；结合“处警快一秒，平安多一分”专项攻坚工作，优化接处警与巡防工作机制，打造“市县主战、派出所主防”的实战化接处警体系，切实提高接处警工作效率。同时，依托“智慧公安数字警务超市”，利用宁夏智慧公安数字警务数据资源池创建服务实战、指导警务工作的数据模型293个，其中2个模型在全自治区公安科技创新暨大数据赋能建模大赛上分别获得二等奖和优秀奖，5个模型在固原市数据赋能建模大赛上获得一等奖2个，三等奖1个，优秀奖2个。立足重点人管理，北塬派出所建立的“情报主导派出所防控模型”和网安大队建立的“全区重点人员立体化防控模型”在自治区试点推广应用。

检 察

【概况】 2023年以来共受理审查逮捕刑事案件213件309人，受理审查起诉651件832人。批捕故意杀人、故意伤害、强奸、绑架、破坏公共秩序以及“两抢一盗”等犯罪129人、起诉146人，坚决维护社会平安稳定；坚决遏制危险驾驶犯罪高发态势，推动社会风气持续向好，办理危险驾驶犯罪345人，起诉192人，不起诉182人。坚决打击涉“黄赌毒”犯罪，及时梳理此类工作中反映出新态势、新特点，批捕涉“黄赌毒”犯罪15人，起诉18人。以全面实施反有组织犯罪法为牵引，提高扫黑除恶法治化、规范化、专业化水平，常态化推进扫黑除恶斗争，办理涉恶案件1件6人。

【检察履职服务中心大局】 着力营造法治化营商环境，多角度服务经济社会发展。对涉众型侵财案件保持高压打击态势，依法打击严重损害人民财产安全的电信网络诈骗、养老诈骗、传销、集资诈骗等侵财类犯罪，共批准逮捕31件55人，提起公诉52件65人，办理了涉案金额高达1.8亿余元的谷某等人集资诈骗案，维护老百姓“钱袋子”安全。推动涉案企业堵漏建制，针对涉案企业存在的管理漏洞，制发检察建议，帮助企业解决涉法难题。拓展涉民营企业公共法律服务，开通“民营企业法律服务绿色通道”，优先办理涉民营企业法律问题。扎实推进职务犯罪办理工作，加强检监协作，把握案件质量，提起公诉2件2人。做好追赃挽损工作，将打击犯罪与挽回经济损失并重，如办理的童辉幼儿园涉嫌非法吸收公众存款案，促成被告人退赔资金参与人500余万元，真正做到既服务了企业，又惠及了民生。

【刑事检察】 推动侦查监督与协作配合机制实质化运作，监督立案10件，监督撤案38件。对侦查机关违法取证等提出书面纠正意见51件。引导侦查机关提高侦查取证质量，提前介入92件。依法追捕2人、追诉8人，纠正遗漏罪行3人，提出刑事抗诉1件。书面纠正审判活动违法情形7件，建议行政执法机关移送涉嫌犯罪案件3件。针对刑事执行和监管活动、监外执行（社区矫正）、刑事裁判涉财产刑执行等违法行为发出纠正违法通知书78份、检察建议15份。与原州区司法局会签《保障数据信息共享加强社区矫正工作衔接实施办法（实行）》，实现矫正执法和法律监督质效双促进双提升，如在办理海某某贩卖毒品罪刑罚执行法律监督工作中发现公安机关仅将海某某作为一般重点人员管控，重点人员档案中无剥夺政治权利执行法律文书。后经过查阅资料、调查核实、制发检察建议，最终海某某被执行剥夺政治权利刑罚。该案的成功办理被自治区人民检察院纳入《全区检察机关其他刑罚执行检察监督典型案例》。

【民事检察】 受理民事检察监督案件79件，其中民事生效裁判、调解书监督案件9件，民事审判违法监督案件26件，民事执行活动监督案件20件，支持民事起诉案件24件。对确有错误的民事生效裁判案件提请抗诉1件、提出再审检察建议2件，法院采纳再审检察建议裁定再审1件。如在办理一宗当事人申请对民事生效裁判的监督案件中，做到“小案”不小看，“小案”不小办，针对法院审判过程中的违法行为依法发出审违检察建议，法院采纳建议并答复，维护司法权威。

【行政检察】 有效发挥行政检察“一手托两家”的监督职能作用。以“穿透式”监督依法能动履职，办理生效行政裁决、裁定、调解书案件1件，审结提请抗诉1件。行政审判活动违法案件10件，提出检察建议10件，法院全部采纳。行政非诉执行活动监督案件4件，审结提出检察建议4件，法院全部采纳。如在办理张某东等7人与宁夏固原市某自然资源局、某乡人民政府物权保护争议实质性化解案件过程中，因该案涉及多个主体和多个法律关系，且在审理过程中程序“空转”现象较为突出，先后经过5次以上审理程序仍未得到实质性解决，且出现两个结论互相矛盾的生效裁定，严重影响司法公信力，也导致当事人多次到党委政府上访。为便于该案民事、行政争议实质性化解，承办检察官依托数字赋能+智慧检索”等大数据赋能手段，通过制发再审检察建议、组织公开听证，并多次与法官就案件事实认定、证据采信和法律适用等问题进行探讨交流。最终该案被法院予以改判。

【公益诉讼】 持续开展助力黄河流域治理专项检察，与原州区水务局共同制定《黄河宁夏段原州区水资源保护专项行动实施方案》，在污染防治、环境整治、河道治理、违法取水等工作中充分发挥检察+行政作用，有效巩固原州区黄河支流保护成果。专项行动开展以来，“三长”巡河9次，督促清理污染和非法占用河道1.2公里，恢复治理水域6.6亩，掌握非法取水线索4件。突出抓好公益诉讼“4+10”法定领域履职责任，聚焦维护国家利益和社会公益，回应民生关切，实现“双赢多赢共赢”。共受理行政公益诉讼案件线索70件，立案70件。磋商结案29件，提出检察建议17件，督促行政机关采取整改措施依法履行职责46件。如根据辖区公民个人信息保护、医疗美容行业乱象、未成年人入住宾馆等领域的突出问题开展公益诉讼专项监督活动，秉持以“我管”促“都管”理念，邀请人大代表、政协委员、被监督单位代表参加公开听证会3次，发出诉前检察建议14份，切实担负起“公共利益代表”职责。

【数字检察】 进一步融合司法、执法机关之间的数据，分步推进跨部门大数据开放共享平台建设，融通政务、社会等公共数据资源和开放数据资源，制定《固原市原州区人民检察院关于强化数字检察贯通 推动“三查融合”的若干规定》，成立数字检察工作领导小组，通过案件办理中线索挖掘，为数字模型建立提供全面的思路，积极构建大数据监督模型12个，共收集数据96290条，发现线索412余条，发出检察建议21份，纠正违法10件，监督立案10件，监督撤案16件，支持起诉5件。同时，加强与其他行政机关、司法机关的协作，做好检察系统数据共享应用，实现内外部数据汇聚。如先后与公安、法院、教体局等有关部门共同会签《关于加强执法司法信息交互共享的意见（试行）》等5份文件，内容涵盖妇女遭受家暴侵害、涉毒品案件撤案、汽修行业危险废物安全监管等方面的监督。

【化解信访矛盾纠纷】 抓实抓好“群众信访件件有回复”，受理群众来电来访来信，均已按规定期限给予回复答复，回复率100%。推进落实院领导包案办理首次信访工作机制，对“三类”案件全部实现首次信访院领导包案办理，做到“见人、见事、见满意”，提升信访案件办理成效，有效促进矛盾源头化解。

【呵护未成年人健康成长】 与原州区教体局联合制定《关于印发〈关于加强信息交互共享的意见(试行)〉的通知》，为万千家庭幸福撑起司法“保护伞”。共办理未成年人刑事案件46件，支持起诉案件7件，生效裁判监督案件1件。办理未成年人刑事执行监督案件1件，立案审查行政公益诉讼案件8件，发出诉前检察建议7份，未成年人附条件不起诉适用率达到35.71%。发出“督促监护令”130份，发出校园及周边安全隐患整改通知书5份，向相关部门发出社会治理类检察建议4份。强化“数字检察”赋能法律监督，创建的《未成年人法律文书未做匿名处理类案监督》法律监督模型，被固原市人民检察院予以转发并在全市推广。

法　院

【概况】 2023年，共受理各类案件17286件，审、执结案件16391件，结案率94.82%，法官人均结案292件，法官个人结案数最高达429件，收案数、结案数、人均结案数均位列全自治区法院第3名。

【优化营商环境】 大力创建优化营商环境示范法院，多措并举依法保护企业合法权益，共审结涉企案件3393件，涉案标的73.44亿元，开展“法官送法进企业，护航营商促发展”专项活动，全院55名法官结对55家民营企业，以贴合实际的法律服务构建良好“法企”关系。秉持“向企问需”理念，精心制作发放《企业风险应对“三十六计”》口袋书，精准回应市场主体的现实关切。开设固原市首个优化营商环境法官工作站，轮派民商事法官进行法治宣传、提供法律服务、开展交流座谈，在妥善处理涉企纠纷的同时促进企业健康发展。见行见效服务中心大局，扎实做好保交楼、保民生、保稳定各项工作，妥善化解涉固原宁新房地产开发公司、固原碧桂园置业发展有限公司等房地产企业房屋买卖合同纠纷案件59件，依法保障房地产市场平稳有序发展。依法化解金融借款、民间借贷等纠纷案件1782件，助力服务实体经济、防控金融风险。出台专项审委会纪要，对融资担保机构主张的逾期担保费、代偿违约金等费用作出重新认定，统一裁判尺度，减少中小企业融资成本。

【诉源治理】 积极融入“1+1+3”工作机制，四个基层法庭与辖区派出所、司法所等共同组成功能型党支部，依托乡镇综治中心，联通解纷节点，及时介入纠纷隐患，在“一庭两所一中心”协作联动下，共有1516起矛盾纠纷得到妥善化解。广泛吸纳凝聚解纷力量，驻院专职调解员人数达到13名，“金融调解”“物业联调”“律师调解”“仲裁调解”等实现实质化运行，“人民法院调解平台”有效嵌入乡村、社区，通过委派调解成功案件7012件，占一审民事新收案件的84.75%，为民事法官人均减负194件。推行“一案一治理”，加强对物业纠纷等诉讼高发领域源头“减流”，通过巡回审理、以案释法，使下东海等小区众多业主动缴纳了物业费，大量潜在纠纷被成功化解。诉源治理做法受到最高法院第六巡回法庭领导充分肯定，并入选“全区新时代‘枫桥经验’先进典型”。

【法治建设】 全力打造“六盘小青松”未成年人审判工作品牌，一名干警被评为自治区未成年人保护工作先进个人。2023年开展“法润青苗”普法活动8次，秋季开学季组织实施“法律进校园”活动，院长带头讲好开学法治第一课。成功承办全区法院未成年人案件审判工作现场观摩会，邀请百余名师生走进法院，以法治力量为未成年人健康快乐成长撑起一片蓝天。持续巩固民族团结进步示范机关创建成果，把铸牢中华民族共同体意识纳入审判执行全过程，立足民族地区基本区情，创新性开展法治宣传宣讲进宗教场所活动8次，筑牢民族团结的法治基础，不断巩固和发展“中华民族一家亲、同心共筑中国梦”的良好局面。法院融媒体工作室品牌效应进一步凸显，一部短视频获评全国法院“十佳百优”新媒体账号作品，2023年策划拍摄制作的《王大妈回村记》系列作品，倡导移风易俗，弘扬文明新风，在寓教于乐中使法治观念深入人心。

【刑事犯罪】 着眼平安原州建设，依法审结各类刑事案件476件，判处犯罪嫌疑人613名。依法打击危害群众切身利益犯罪，审结盗抢骗、黄赌毒等多发刑事案件93件。审结交通肇事、危险驾驶犯罪案件251件，筑起公众安全警戒线。注重全链条精准打击电诈犯罪，审结掩饰、隐瞒犯罪所得案和帮助信息网络犯罪活动案22件40人，追回并向被害人发还被骗资金553万元。始终将追赃挽损贯穿案件审判处置全过程，妥善处理涉家道公司等非法吸收公众存款、集资诈骗经济犯罪类案件6件18人，为群众挽回经济损失9000余万元。重拳惩治腐败行为，依法公开审理职务犯罪案件3件4人，追缴违法所得511万元，邀请党员干部旁听庭审，对“关键少数”以案示警。依法严惩针对未成年人的性侵、校园霸凌等犯罪案件36件48人，遵循对未成年被告人和未成年被害人双向保护原则，判处未成年犯罪案件27件43人。

【民商纠纷】 妥善审理民商事纠纷促社会和谐，共受理民商事案件8603件，审结8077件，调撤率为58.87%。强化民生权益保障，审结涉教育、就业、医疗、工伤等案件631件。加强“三农”司法保护，助力乡村振兴，审结农村土地承包、流转、经营等涉农案件41件。常态化开展根治欠薪专项行动，快速审结欠薪纠纷案件396件，帮助劳动者追回薪资1271万元。推进知识产权审判“三合一”改革，成功审结37件一审知识产权民事案件，引导新领域新业态规范健康发展。审结婚姻、抚养、赡养、继承等案件1245件，联合8部门出台《关于建立多部门维护妇女儿童权益联动化解机制的实施方案》，设立“巾帼法援”婚姻家事辅导工作室，为婚姻“把脉”，让幸福“回家”。

【行政争议】 积极助推法治政府建设，受理行政案件243件，审结223件，监督、支持依法行政，坚持合法性审查标准，审查非诉行政执行案件88件，裁定准予执行58件。建立行政应诉“一联三单”工作提醒督促机制，行政机关负责人出庭应诉率达100%，政府公信力和司法权威实现“双提升”。建立与行政机关协调联动机制，召开行政诉讼案件府院联席会议3次，对行政执法过程中存在的问题进行分析研讨，有效打通“府院联动”渠道。坚持把非诉纠纷解决机制挺在前面，指派行政法官在原州区、泾源县、彭阳县行政争议化解中心对个案协助指导，积极促成行政相对人与行政机关达成和解协议，让矛盾更快、更有效地化解在初始阶段，2023年共委派行政纠纷101件，案件委派率60.31%，化解成功率32.67%。

【诉讼服务】 不断强化“如我在诉”意识，全面梳理立案服务、多元解纷、委托鉴定等21项诉讼服务清单，逐项制定服务标准，推行“首问责任制”，确保窗口业务“一次办好”。开通“绿色通道”，实行接待、审查、立案等“直通车”服务，依法简化立案手续，最大限度缩短案件流转周期。推进一站式诉讼服务下沉乡村，辖区基层法庭实现直接立案全覆盖，2023年共自主立案2781件，进一步向人民群众兑现“办事一站式、服务零距离”的司法承诺。联合原州区人民武装部成立“涉军维权共建基地”，畅通涉军维权诉讼渠道，确保涉军案件快立、快审、快执、快结，积极回应军队和军人军属司法需求。

【攻坚执行】 坚持以实现胜诉权益、维护司法公信、促进社会诚信为己任，共受理执行案件 7650 件，执结 7115 件，执行到位金额 12.95 亿元，实际执结率、实际到位率等核心指标由“跟跑”方阵进入“领跑”方阵，执行局荣获自治区法院先进集体。坚持常态化执行攻坚，持续开展“护航民生”“夏日攻势”“百日攻坚” 等专项执行行动，共出动警力 101 人次，拘传 351 人次，腾退房屋 32 套，司法拘留 201 人。充分运用失信联合惩戒机制，纳入失信被执行人名单 1091 人次，限制高消费 1805 人次，“悬赏执行”401 人次。创新机制提效率，成立金融财产处置团队，引入审计制度，有效防范化解金融风险。创建“执前和解中心”，灵活运用善意执行理念，采取“放水养鱼”、留出路、给活路等灵活多样的方式，在依法保障胜诉当事人合法权益的同时，最大限度减少对被执行人合法权益的影响，通过执前和解程序共化解案件 219 件。对暂无财产可执行的案件，不轻言放弃，定期查控被执行人财产，恢复执行 996 件，执行到位金额 1050 万元，努力把人民群众胜诉权益兑现为真金白银。

【能动司法】 坚持让司法服务“向前一步”，在彭堡镇姚磨村蔬菜种植基地、三营镇安和村、头营镇蒋和村、黄铎堡镇和润村设立“家门口”法庭工作室，为辖区企业、产业大户和乡村群众提供“零距离”司法服务。一体推进“有信必复”工作，全面畅通群众来信来访来电渠道，倾听人民群众建议，接受人民群众监督，努力实现“件件有着落、事事有回音”，共受理线上、线下信访 47 件，安排院、庭长值班接访 36 次，群众满意度不断提高。积极开展司法救助工作，对符合司法救助条件的 19 名申请人发放司法救助金 44 万元。实行案件受理费减半预收，对困难企业和群众采取诉讼费缓减免措施，大大减轻企业诉讼成本，确保困难群众打得起官司，共缓减免诉讼费 228 万元。大力推行“速裁快审、简案快办”，通过速裁机制审结案件 2944 件，简易程序适用率高达 96.74%，平均审理天数压减至 23.9 天，跑出司法便民“加速度”。

【体制改革】 加强司法责任体系建设，将审判权责清单嵌入日常办案和考核，压实院庭长审判监督管理职责，实现权责清单制度化、权重化、标准化、信息化。深入落实院庭长办案制度，院庭长带头办理疑难复杂案件 6642 件，占案件总数的 32.79%。健全统一法律适用机制，法官类案检索初步过滤、专业法官会议研究咨询、审判委员会讨论决定，形成递进式法律适用问题解决体系，规制法官自由裁量权，2023 年召开专业法官会议 44 次，审委会 18 次，研讨重大、疑难、复杂案件 85 件。深入推进以审判为中心的刑事诉讼合规改革，全面准确适用认罪认罚从宽制度审理案件 296 件 382 人。健全法官员额动态调整和交流退出机制，增补员额 1 名，退出员额 1 名，做到统筹协调、有进有出。

【审判监督】 建立发改案件“双向反馈”机制，“向上”加强沟通交流，“向内”快速反馈总结，实行发改案件“三级督办”管理，共发出提醒函 112 份，组织召开联合督办会 3 次，推行发改案件“双重评查”制度，以“法官自查+小组评查”方式评查发改案件 187 件，通过对发改案件把脉问诊找症结，全年案件质效核心指标实现新提升，案件服判息诉率达 88.67%，一审判决案件发回重审率、改判率分别为 1.95%、1.92%，同比分别下降 1.16%、2.53%。压实长期未结、久压不决案件清理工作，严格规范审限管理，建立旧存案件跟踪清理台账和一年以上及临近一年未结案件重点督办台账“双清单”管理模式，让事后监督转为主动的事前预判，诉讼案件平均审理天数为 26.7 天，同比减少 14.1 天，并取得了一年以上长期未结案件“清零”并继续保持“零增长”的良好成效。

【智慧法院】 持续释放数字正义新活力，新建互联网法庭3个，广泛应用各类网上诉讼服务平台，共网上立案4572件，电子送达成功11886件次，线上开庭、调解2776次，网络司法拍卖186件次，成交额突破2000万元。优化诉讼费退费流程，为当事人便捷办理诉讼退费2281件1100余万元。从智服、智审、智执、智管等维度同向发力，“易判”“易执”智慧系统运行日渐成熟，调解笔录、调解协议、确认裁定书等文书可实现一键生成，财产查控、批量流转、节点预警可实现自动跟进，有效实现集约化管理。积极推动“法答网”应用工作，全院运用法答网提出咨询40次，形成“有问题找法答”的良好氛围。

司法行政

【公共法律服务】 规范区、乡镇(街道)、村(居)公共法律服务实体平台工作。发挥原州区公共法律服务中心统筹作用，有效整合法律咨询、法律援助、人民调解、公证、仲裁、司法鉴定进驻实体平台。依托乡镇(街道)司法所，推行乡镇(街道)公共法律服务工作站法律咨询、法律援助、人民调解3+X柜台式服务模式，发挥村(居)法律咨询、法律服务指引堡垒作用，打造了以1个中心为龙头，14个工作站为延伸，191个村(居)为触角的区、乡镇(街道)、村(居)三级实体平台，明确工作职责，服务内容，规范工作流程。发挥村(居)法律顾问作用。为原州区191个村(居)聘请45名律师担任法律顾问，实现一村(居)一法律顾问全覆盖，严格按照《原州区进一步深化村(居)法律顾问工作实施方案》，明确工作职责，细化考核评估办法，规范村法律顾问工作，加强平时督导检查，促进村(居)法律顾问工作有效开展。2023年，举办法治讲座320场次，开展现场值班5348小时；采取“线上+线下”法律服务方式进行不定期咨询，法律咨询583人次；代写法律文书8份；引导申请法律援助案件19件；参与调处矛盾纠纷65件，提供法律意见157条，推送法律小常识1450条。推动公共法律服务工作智能化发展，提高法律服务质量。通过对司法所、村(居)工作人员线上培训和线下指导，引导群众积极使用智能终端设备，提高智能终端使用率。2023年，为群众提供智能问答322次，智慧法律服务246次，网络电话241次，远程视频139次，实现了让数据多跑路，群众少跑腿，将为民办实事真正落到实处。实施法律援助提升工程暨八个一专项行动，提升法律援助水平。联合原州区总工会开展“法援惠民生、关爱残疾人”“法援惠民生、助力农民工”“法援惠民生、助力乡村振兴”等法律援助品牌建设活动。在公共法律服务实体平台为特殊人群开通绿色通道。针对农民工、残疾人、退役军人等特殊群体，免于经济审查，开通绿色通道，实行应援尽援、应援优援。2023年，接待来电来访群众1500余人次，代写诉讼文书820余份；受理法律援助案件561件，其中民事案件241件，刑事案件320件，行政案件4件，公证11件，其中涉及老年人6人、妇女54人、未成年人149人、农民工130人、残疾人6人，退役军人1人，军人军属1人，为受援人挽回经济损失1140余万元。开展法律援助律师值班制度，根据原州区人民法院、原州区人民检察院实际需要，分别在法院、检察院开展律师值班工作，为犯罪嫌疑人、被告人提供咨询、代书等法律帮助，引导和帮助犯罪嫌疑人、刑事被告人及其近亲属申请法律援助，充分发挥法律援助在刑事审判改革中的职能作用。2023年上半年，共安排律师值班146天(法院72天，检察院74天)，为548名犯罪嫌疑人、被告人提供了法律帮助。

【人民调解】 进一步细化网格单元及责任，实现网格化排查预警全覆盖。督促各级各类人民调解组织做好本辖区、本行业领域内的矛盾纠纷和隐患排查，基层司法所组织指导好调解委员会和人民调解员落实月排查制度、建立排查纠纷工作台账，及时掌握矛盾纠纷总体情况和动态，重大节点和特殊敏感时期实行日排查和零报告制度。健全完善“三调联动”矛盾纠纷多元化解机制，加强劳动争议、道路交通、医疗事故、土地征用及地界纠纷、城市建设和拆迁、安全生产、婚姻家庭等行业性、专业性人民调解组织建设，及时解决本行业领域的矛盾纠纷。大力推动“枫桥经验”矛盾不上交机制，各级人民调解组织对于邻里矛盾纠纷、婚姻家庭矛盾纠纷、损害赔偿矛盾纠纷等常见性、多发性矛盾纠纷，坚持及时就地化解，做到“小事不出村，大事不出镇”；对于各类疑难复杂矛盾纠纷，组织专门力量、采取有效措施，及时化解；对于有可能激化或引起治安案件、刑事案件的纠纷，保持高度警惕，及时稳控，及时报告，坚决防止形成现实危害。2023 年，各类调解组织共开展矛盾纠纷排查 30000 余人次，排查矛盾 863 件，调解 863 件，调解成功 839 件，成功率 95%，24 件引导走诉讼程序。

【法治宣传教育】 抓好“八五”普法工作。以习近平法治思想为引领，全力以赴推动普法工作落实。组织召开 2023 年守法普法协调小组会议暨“八五”普法中期迎检工作动员部署会和 2022 年国家机关“谁执法谁普法”履职报告评议会，听取工作汇报，研究解决相关问题，部署重点工作任务。对乡镇街道、重点部门单位“八五”普法工作开展情况进行督查和原州区“八五”法治宣传教育开展情况进行全面评估验收。坚持把习近平法治思想纳入各级党委（党组）理论学习中心组、党支部“三会一课”、干部理论学习重要学习内容，按照“1+3+X”清单体系建立领导干部学法清单，原州区委常委会、政府常务会等会前学习习近平法治思想、宪法等法律法规和党内法规 16 次。利用宁夏干部教育网络学院、法宣在线智慧普法平台开展国家工作人员线上学法，深入推进领导干部带头讲法，2023 年，各级领导干部带头讲法治课 78 场次。充分发挥中小学课堂教学主渠道作用，把法治教育列入教学计划，原州区 100 所中小学实现法治副校长全覆盖。聚焦乡村振兴，狠抓乡村法治人才培养。制定下发《原州区全面实施“法律明白人”精准培养工程实施方案》，组织开展“法律明白人”培训 18 场次。围绕习近平法治思想、宪法、民法典、乡村振兴促进法等农业农村领域法律法规对原州区 11 个乡镇 296 名学法用法示范户代表进行了系统培训。结合重要时间节点，提升法治宣传实效。利用“3·15”、防范非法集资宣传月、未成年人保护宣传月等重要时间节点，深入辖区机关、单位、农村、社区、学校、企业等地组织开展现场宣传、法治讲座、普法宣讲 480 余场次。弘扬法治精神，全力以赴推进法治文化建设。大力宣传三营镇安和村“全国民主法治示范村”创建先进经验，在 11 个乡镇、3 个街道办事处开展民主法治示范村（社区）创建，推荐自治区级民主法治示范村（社区）3 个，积极开展黄铎堡镇金堡村、南关街道宋家巷社区、三营镇安和村 3 个国家级“民主法治示范村（社区）”的复核工作。加强法治文化阵地建设。积极向自治区申请法治文化阵地建设项目资金 80 万元，建成三营镇安和村法治文化阵地。积极开展群众性法治文化活动。创作《毒品是个害人精》《我是反诈小卫士》等快板、小品类法治文化作品 10 余个，举办“全民反诈　你我同行”、“6·26 国际禁毒日”、“未成年人保护宣传月”、“共建平安固原　共享美好生活”等大型集中宣传暨法治文艺会演活动 6 场次。

【社区矫正】 梳理、规范社区矫正工作档案台账。根据社区矫正法和自治区司法厅档案管理工作的要求，对历年的执行档案进行了归档和装订，指导各所统一使用社区矫正执法文书格式。落实、创新矫治教育措施。通过微信音视频、元道经纬相机和手机基站定位三种方法，对各社区对矫正对象进行“分阶段、不间断”的排查，切实掌握社区矫正对象的工作生活情况及个人活动轨迹，并采取不打招呼直接上门的走访方式，突击检查社区矫正对象日常生活、工作情况，确保社区矫正对象日常监管到位。2023年以来，督导检查司法所社区矫正工作35次，入户走访1200余次，走访人数1300余人次。建立、健全社区矫正工作机制。研究制定《社区矫正对象考核奖惩办法（试行）》《原州区社区矫正管理局社区矫正档案管理办法》《原州区司法局社区矫正安全隐患预警研判制度（试行）》。强化学习培训，增强社区矫正工作人员的执法能力和执法水平。通过举办赴西吉县观摩学习、矫正管理局赴浙江大学城市学院"智慧矫正"学习、司法所长赴国家法官学院贵州分院培训、进行司法所业务交流学习，强化对社区矫正法、《社区矫正法实施办法》《宁夏社区矫正实施细则》等常用法律法规的运用，开展社区矫正案卷交叉评查活动，高质量提升社区矫正工作人员专业能力。开展社区矫正社会性帮扶。联合专门的服务机构为社区矫正对象开展心理辅导和红色主题教育。2023年以来，为河川、寨科、头营司法所开展主题为"认识自我 悦纳自我"心理健康知识讲座；为三营、炭乡、官厅、中河、彭堡、北塬、南关、开城、张易司法所开展主题为"绿色心灵 树立正确的价值观"团体心理辅导活动；为寨科、炭乡司法所10余名社区矫正对象送上慰问品；为古雁司法所开展"心沐阳光"心理健康户外拓展活动。

综合执法

【城市治理】 严格落实"门前三包"责任制度，规范门店经营秩序，共规范店外经营2542家，清理乱贴乱画1215处，清理乱贴乱画、乱摆乱放、乱拴乱挂等9326次。审批更换门头牌匾270家，更新更换破旧门头牌匾383余块，拆除破损门头325余块，维修破旧破损街名牌、网格化牌画面286处。扎实开展市区市容环境秩序综合整治百日攻坚行动，规范门前三包1954家，清除乱贴乱画904处，清理乱栓乱挂152处，整治乱泼乱倒11处，规范流动摊点1351处，联合交警集中整治规范非机动车、共享单车1910次，规范乱停乱放车辆2000余辆，清拖违规停放机动车、非机动车近200辆。加强扬尘污染精准治理，监管完成硬化出入口道路约3000平方米，安装冲洗设备18台，设置围挡长度约16500米，办理准运证1203余份，查处运输车辆带泥上路、沿路抛洒、无证拉运及乱拉乱倒等违规拉运现象86起。对施工现场扬尘措施不到位、工程车辆带泥上路、施工现场出口及出口周边道路存留泥土等违规行为下发责令改正通知书83份，填埋场拉运建筑垃圾2.3万车，共计约52万立方米。加强城区内餐饮企业油烟污染治理，对22家油烟污染严重企业下发责令改正通知书，督促各餐饮企业对餐饮后厨的油烟净化系统、基础设施及污染墙体地面进行清洗，对老化损坏的油烟净化设施更换。加大违建管控拆除力度，采取日常巡查、部门配合、专项行动及投诉受理结合的方式，进一步加大了双休日、节假日期间的巡查力度和查违、控违及拆违的力度。配合官厅镇、南关街道办、中河乡等乡镇街道，共拆除违法建设115户，3918平方米，围墙619米。对下东海68户临建违建依法进行拆除，并联合多部门对其中拒不拆除的2户临建违建进行了强制拆除。拆除面积共计1339平方米。

【环境卫生整治】 组织专业车辆、环卫人员全员出动，对市区主次干道、背街小巷全域开展全天候清洗除尘、清扫抑尘保洁，分级分类做好垃圾清运处置，规范生活垃圾收运管理。每天出动17辆洗扫车、4辆水车、9辆雾炮车、1辆干扫车，对市区主次干道进行洗扫工作。做好公厕、中转站日常运行及维修保养，做到日产日清、随满随清、车走地净。开展环境卫生集中整治，对六盘金街绿化带及延伸段、安康路、三里铺、晨光一期、三期旁空地、朝阳新居南侧围栏、清河南街两侧绿化带、明堡路、长征小区巷道拆迁工地、农资城等背街小巷、各区域沉寂、死角垃圾进行集中整治，每天出动人员800余人，铲车60车次，翻斗车60车次，共计集中清理生活垃圾1300吨，建筑垃圾655吨，清理垃圾68余处，维修大小公共设施307处。开展三场区垃圾处理工作。生活垃圾填埋场接纳固原天楹垃圾焚烧发电项目运行后产生的飞灰并填埋，全年共填埋5430吨；渗滤液处理厂处理渗滤液17112方，清水9337方，出水检测均符合相关标准。

【老旧小区改造】 2023年，老旧小区改造项目共改造康乐园，荣丰苑，恒新小区3个老旧小区，楼体4栋，惠及住户127户，改造面积12.5万平方米，建设内容为楼体和室外配套基础设施改造，已完成竣工验收。提高物业管理服务水平，审查并规范了60家物业服务企业的《物业服务合同》文本，累计备案业主委员会58个，将业主自治活动纳入法治的轨道。加强公租房动态监管工作，按照公租房腾退方案对不符合条件人员进行清理清查。

【安全生产】 开展安全生产隐患大排查大整治工作。开展城区户外广告牌遮挡建筑物外窗排查整治，共摸排户外广告和招牌设施遮挡窗户问题1428户，已全部整改。开展住宅小区物业管理领域安全生产隐患排查整治。共排查荣华锦园、东海太阳城、华旗公馆、东海园区等105个小区、商业区，排查发现飞线充电、乱堆乱放等100处安全生产隐患，现场下发限期整改通知书41份。

军　事

原州区人民武装部

【概况】 2023年,原州区人民武装部以认真学习贯彻习近平新时代中国特色社会主义思想为指导。按照履行“六部职能”要求,深入开展“五治八查”“五查五纠”等清理整治,有效推动后勤领域和军地交叉地带问题整改走深走实。着眼务实思想政治建设、战斗力建设、阵地建设、安全建设和组织建设“五个基础”,围绕军事训练民兵整组、基层建设、兵员征集、安全管理、帮扶乡村振兴“六项任办”,全面建设有了新进步。

【党纪法规教育】 定期开展党纪法规教育,严格执行各项规定,集中组织观看《铁纪强军》《向深水区挺进》《忏悔与警示2》《见证初心使命 “十一书”》等教育片,科学运用“第一种形态”,建立基层风气联系点,紧盯基层末端抓实“微腐败”清理整治。及时学习上级通报,持续教育引导大家知纪守规。接受上级的巡察,整改问题,开展后勤重点行业领域整治,确保问题整改见底、清理清查彻底。

【思想政治建设】 采取党委理论学习中心组带机关的形式,集中学习习主席重要讲话12次,研读精读了《军委主席负责制》《习近平论强军兴军(第二卷)》《习近平谈治国理政(第三卷)》等书籍,通读了《军队基层建设纲要》,选读了《中国共产党党内法规汇编》《中国共产党军队党的建设条例》等指定书目。全面深入贯彻军委主席负责制,开展常态学习教育,落实“三项机制”。深入学习贯彻党的二十大、军委军事训练会议和全军思想政治工作会议精神,认真组织“强军思想进百连”理论宣讲。扎实开展主题教育,安排专题学习14天、作专题党课辅导4次。

【党建引领】 贯彻新时代党的建设总要求,召开了原州区党管武装工作述职和专武干部履职考评会议,组织所有乡镇党委书记和武装部长述职,对各级履行党管武装工作情况和专武干部履职情况进行了面对面点评。严格落实以原州区党、政、军联合出台的《关于进一步加强党管武装工作的实施意见》《加强专武干部队伍暨民兵基层阵地建设的实施意见》。严格落实党委主体责任、纪委监督责任,及时传达学习上级违纪违法案件通报,常态加强纪律警示教育和作风建设督导,认真落实党委正副书记上党课,党委书记、纪委书记上纪律党课。

【共建帮扶】 帮助帮扶村陈庄村党支部提高星级,由原来的2星级提升至3星级。在产业提效上,对原来绑定的养殖产业项目进行评估, 做了再嫁接、再调整,在原有帮扶资金15万元的基础上,再次注入25万元,持续扩大村集体经济收入效益。进行国防教育宣传,让当兵既能戍边守防,也能增强经济收入观念深入人心。协调落实对口资金66万元(原州区政府35万元、宁夏军区31万元),与原州区第十一小学、黄铎堡镇陈庄小学联合共建打造六盘山少年军校(分校)。协调地方政府解决武警训练场建设用地、落实水电保障等事宜。

【练兵备战】 以年度开训动员、冬季野营拉练及指挥所演习为牵引,大抓军事训练。认真筹划本级年度军事训练任务。第一季度,结合“条令法规学习季”活动，狠抓军事理论学习和技能训练，参加军事理论暨条令法规阶段性考核，参加人武部文职人员、营连指挥员、基层专武干部集训考核，取得文职人员个人2个综合第一、1个单项第一的成绩。一人参加军区“四会”优秀政治教员比武竞赛第一。

【征兵工作】 完成辖区当年年满18周岁青年的兵役登记工作，登记率100%。采取多种方式对征兵工作进行宣传。抓好年度两次征兵体检、政治考核、役前教育等各个环节，圆满完成年度新兵征集工作。强化军地交叉地带廉洁征兵监督，确保廉洁征兵。

【民兵工作】 联合原州区政府专题召开民兵工作推进会。对接编兵单位和相关部门，开展潜力调查、数据会审和上报工作，为年度民兵编组提供可靠依据。组织业务培训，学习文件精神，区分应急和支援2类重构力量体系，完成了基干民兵和普通民兵编组任务。对接原州区应急管理局，对民兵分队装备器材统用统管问题进行研究，确保民兵分队装备器材统用统管机制运行更加顺畅高效。制定上报年度基于民兵训练计划，认真落实《大纲》规定的训练任务，完成年度民兵基地化轮训任务。

【表彰奖励】 原州区人武部被固原军分区评定为2023年度全面建设先进人武部；原州区人武部军事科科长在宁夏军区2023年度政治教员岗位练兵活动中荣获一等奖，被固原市委、市政府授予“全市民族团结进步模范个人称号”等。

退役军人事务

【组织领导】 深入学习贯彻《中华人民共和国退役军人保障法》和《关于加强新时代退役军人工作的意见》精神，调整退役军人事务工作领导小组和双拥工作领导小组。召开领导小组会议，研究部署重点工作，印发《原州区关于加强新时代退役军人工作的意见》《原州区委退役军人事务工作领导小组军地合力做退役军人工作“任务清单”》《原州区拥军优属拥政爱民工作要点及任务分工》，制定实施方案、明确工作任务，形成原州区委统一协调、政府统筹安排、退役军人事务局总牵头、各成员单位分头负责的工作局面。

【老兵工作】 坚持打造“老兵”系列品牌，搭建以“老兵宣讲团”“老兵志愿服务队”“老兵文艺工作队”“老兵政治指导员”为骨干的老兵团队。

【“双拥”工作】 密切军地联系，加强军地协作，推进新一轮双拥模范城（县）创建工作，开展纪念延安双拥运动80周年系列活动，创建固原“优抚褒扬示范市”。春节、“八一”开展大走访大慰问活动。开展入伍新兵欢送、退伍老兵欢迎及在伍军人受奖荣誉激励活动。收集参战老兵资料，开展老兵口述历史视频拍摄活动。开展“2023·崇尚·清明祭英烈”、9·30烈士纪念日“向人民英雄敬献花篮”活动，社会各界参与5万余人。协调武警部队训练场设施建设事宜，推荐评选原州区法院谢明娟为自治区“最美军嫂”。应家属要求将管孝武烈士的遗骨由甘肃景泰县迁回固原长城梁烈士陵园安葬，并举行安葬仪式，为祁东升、沙龙烈士家属颁发“烈士光荣证”。着力打造“五个一”双拥示范点，扩大红色双拥文化品牌，即原州区第十一小学打造的“六盘山少年军校”、文化街打造的崇军尚武一条街、中心公园打造的“双拥主题公园”、固原长城梁烈士陵园打造的爱国主义教育基地及在头营镇杨郎村打造的双拥文明村庄。深化“全域崇军行动”，按照普惠优待叠加的原则，推动原州区“崇军行动”高效开展，举办崇军优秀企业授牌仪式，为30家企业（门店）颁授崇军牌匾，并联合300余家企业（门店）参加“崇军行动”。

【移交安置】 设立专门窗口，为当年退役士兵提供

“一站式”报到服务，做到精准移交，并在接收报到时为他们建档立卡。协调退役军人党员组织关系转接，及时将52名党员纳入属地管理，杜绝“口袋党员”的现象发生。退役士兵集中报到时段，举行老兵退伍欢迎仪式并开展就业岗位推荐活动。2023年接收自主就业退役士兵146人，发放2022年秋季和2023年春季自主就业退役士兵一次性经济补助金136人约156万元。转业安置按标完成，接收安置2023年度政府安排工作退役士兵26名，其中11人安排到机关事业单位、15人安置到国有企业。发放2021年和2022年安排工作退役士兵待安置期间生活补助34人24万元。

【激励创业】 多元化开展教育培训。开展自主就业退役士兵适应性培训3批次165人、技能培训2批次97人，安置工作退役士兵岗前培训26人。推荐退役军人创办企业参加自治区退役军人创业创新大赛，李广创办的宁夏雨禾有害生物防治有限公司获得三等奖，原州区获得“优秀组织奖”。推荐退役军人参加自治区退役军人就业创业典型培树活动，固原市柳林乡村旅游专业合作社王小同和宁夏天瑞祥生态农业有限公司伏长明2人获得“戎耀之星”，聂广进创办的固原进元驾校和曹辉创办的原州区齐力种植专业合作社2家企业获得“创业明星企业”，肖招峰创办的宁夏晨光实业有限公司和郭勇创办的宁夏迷彩枫体育文化传媒有限公司2家企业获得“就业合作示范单位”。多渠道推荐就业。对接人社等部门组织退役军人和军属参加现场招聘会3次，利用微信公众号“原州区退役军人之家”发布招聘信息42次，提供用人单位73家和用人岗位316个，为400余名求职退役军人推荐就业61人。协调公益性岗位，解决下岗和生活困难退役军人再就业3人，协调指导随军随调现役军人家属就业1人，考录退役士兵专项事业编就业6人、公务员1人。多层次促进学历教育。办理48名自主就业退役士兵复学研读，专项研究生考取1人，推荐6名自主就业退役士兵参加学历提升教育。多样化推动就创扶持。深化闽宁退役军人就业创业孵化基地作用，成功孵化2家创业实体，现有16家退役军人创业实体入驻，推动就业83人，其中退役军人就业32人。落实退役军人创业优惠政策，协调为14名退役军人办理创业贷款282万元，为5名退役军人办理“崇军贷”110万元，退役军人税收减免36.4万元。

【组织保障】 在原州区14个乡镇（街道）188个村（社区）建成退役军人服务中心（站）203个，实现了县乡村三级退役军人服务保障体系建设“全覆盖”，乡镇（街道）服务站站长由武装部长兼任，村（社区）服务站站长由支部书记兼任的退役军人服务领导组织机构，共配备专兼职工作人员408人。坚持党建引领，打造“红色”精准服务品牌。共打造红色服务站60个。依托长城梁烈士陵园、青石嘴战斗纪念碑、杨郎村赫光纪念馆、固原中心公园广场作为党员干部、退役军人和学生参观学习的基地。加强服务保障，为6961名退役军人建档立卡，申请办理优待证6961人。坚持常态化联系机制，建立困难帮扶援助系统，先后解决廉租住房28户、民政救助98户。开展“爱可以用声音传递”拥军优抚听力关爱活动，通过社会拥军企业为63名听力障碍退役军人适配发放助听器。通过宁夏退役军人关爱基金会为退役军人癌症患者救助0.5万元，中国教育发展基金会为困难退役军人子女就学救助0.5万元，“金曜塑业情系老兵”专项基金慰问困难退役军人37人3.7万元。整理伤残军人档案资料“一人一档”144人，核查审核享受抚恤和生活补助的优抚对象新增84人、取消33人，2023年以来为享受国家定期抚恤的优抚对象发放各类抚恤补助资金1251人702.6万元，发放优抚对象门诊费及医疗报销738人次16.1万元。

经济管理

宏观经济调控

【经济主要指标】 2023年，实现地区生产总值184.33亿元，按不变价格计算，比上年增长5.4%。实现社会消费品零售总额74.94亿元，比上年增长5.1%。全年全区完成地方一般公共预算收入1.87亿元，同比增长10.6%；完成一般公共预算支出53.48亿元，同比增长3.3%。全年全区全体居民人均可支配收入25725元，比上年增长8.2%。城镇居民人均可支配收入38530元，增长5.3%；农村居民人均可支配收入16131元，增长8.8%。

【发展规划编制】 2023年底，原州区确定的经济发展预期目标：地区生产总值同比增长7%，其中：第一产业同比增长6%；第二产业同比增长7%（规模以上工业增加值同比增长8%）；第三产业同比增长7.2%；全社会固定资产投资同比增长12%；社会消费品零售总额同比增长6%；地方一般公共预算收入同比增长6.5%；一般公共预算支出同比增长1%；城镇居民人均可支配收入同比增长8%，农村居民人均可支配收入同比增长10%。

【有效投资】 以“扩大有效投资巩固提升年”为载体，实施重大项目154个，总投资206.84亿元，年度计划投资99.4亿元，完成实物量投资90.6亿元，投资完成率91.2%。其中：纳入自治区重点第一批、第二批及第三批集中开工项目100个，总投资90.75亿元，年度投资65.44亿元，完成投资60.4亿元，开工率100%，投资完成率93.5%。纳入固原市重大建设项目75个，总投资201.7亿元，年度投资92.9亿元，完成投资83.7亿元，开工率100%，投资完成率90.1%；全年预计实现全社会固定资产投资77.17亿元；全年争取中央及自治区各类资金19.04亿元，同比增长10.2%。

【农业发展】 2023年，实现农林牧渔业总产值57.91亿元，增长8.5%；农业产值完成35.37亿元，增长5.3%。全区农作物种植面积148万亩，其中粮食播种面积76万亩，总产量21万吨。肉牛饲养量达到30万头，实现年产值18亿元。冷凉蔬菜种植面积达到25万亩，总产量达到100万吨，实现产值20亿元。马铃薯种植面积达到16.5万亩，实现产值20亿元。中药材产业，年产值达到2.2亿元。全区种植小杂粮6.7万亩，种植油料5.5万亩。

【工业经济】 培育长药良生、渤泰新材料等规上企业5家，申报培育自治区级“专精特新”中小企业4家，创新型中小企业和公共服务示范平台11家。顺和电工、华尔晶淀粉等企业技改投入8000余万元。聚焦雪川农业（二期）、闵泰10万锭纺纱等项目开工建设，积极推进明德中药等项目及时达产达效，闽宁电子信息产业园暨公共实训基地挂牌运行，2023年全部工业实现产值97亿元。依托金昱元年产40万吨PVC产能，拓展产业延链壮链，培育扶持现有产业发展壮大，支持羽欣华耀年产6万吨环保热稳定剂和5万吨水滑石产品提高产能产量，引导支持银川华生管道利用金昱元现有年产40万吨树脂，发展PVC树脂精深加工产业链，提高企业核心竞争力和产品附加值。稳步推进能源产业，开展500MW风电、150MW光伏和100MW/200MWh储能等清洁能源项目前期工作，大力推进屋顶分布式光伏试点、分散式风电、生物质燃料加工和博江煤业3号井改建等项目建设，2023年完成总投资7.25亿元，实现产值2.7亿元。

【旅游商贸】 积极创建国家全域旅游示范县（区）和国家级“避暑旅游目的地”，全面启动生态文旅特色市集聚区建设，分别依托长城博物馆、须弥山石窟旅游景区、柳林山庄等重点旅游资源打造原州文化游、都市游、乡村游3条精品旅游线路。吸引游客达到350万人次，旅游社会总收入突破18亿元。采取多种措施促进商贸企业发展，培育限上商贸企业25家。共发放消费券160万元，带动消费5200万元。

【优化营商环境】 制定印发了《关于全面优化营商环境推动民营经济高质量发展的实施细则》《原州区贯彻落实〈优化法治化营商环境若干措施〉任务清单》《关于做好2022年度优化营商环境评价存在问题整改的通知》《关于印发原州区落实自治区营商环境提质升级行动方案责任清单的通知》等，并对原州区营商环境好的做法和经验进行复制推广。

【粮食及物资储备】 积极落实完成自治区下达的县级成品粮储备1660吨，食用油166吨，企业社会责任储备粮油120吨，临时原粮储备小麦2000吨，成品粮储备保障能力不低于辖区常住人口10天供应量，并对66770吨原粮和775吨商品粮进行年度政策性粮油的存储、管理等情况进行全面监督检查，储备原粮符合各项规定。全面加强应急救灾物资储备。认真做好地方应急救灾物资日常监管，完善应急物资储备管理、调用、保障机制。

【安全生产监管】 坚持高质量排查治理各类安全生产风险隐患，进行拉网式排查，累计检查单位（住户）16.29万次，消除重大隐患12条、一般安全风险隐患14491条。投资2618万元对10个乡镇45个村庄126处地质灾害险点进行治理。分行业制定了各领域排查整治方案，研究制定出非煤矿山、危化、燃气等领域、重点场所安全隐患检查标准。

国有资产监管

【企业国有资产】 原州区现监管的国有企业共计11家，其中：政府成立的融资平台公司1家，资产管理经营公司1加，商业总公司所属老国营企业4家，发展养殖产业国有独资企业1家，治理环境污染国有独资企业1家，农林一体化建设国有独资企业1家、旅游开发企业1家及区电影院。截至2024年6月底，除旅游开发1家企业外，剩余非金融企业资产合计429,208.1万元，负债合计169,688.11万元，净利润–402.15万元。

【金融企业国有资产】 原州区监管的金融企业为原州金祥融资担保有限责任公司。截至2024年6月底，资产总计15,579万元、负债5,950万元、净利润24万元。其中：流动资产14,773万元（货币资金7,271万元，其他应收款80.19万元，应收代位代偿款净额5,971.48万元，存出保证金1,450万元）；非流动资产（固定资产及抵债资产）805.7万元。

【行政事业性国有资产】 截至2023年12月31日，原州区纳入资产系统管理的行政事业单位共计167户。资产总额（账面净值，下同）964,117.13万元，较上年减少7.25%（一是自然资源局、人社局、能源站等102个单位当年项目等各项资金支出较大，使货币资金减少约2亿元；二是部分单位在建工程项目核销减少3亿元及当年公共基础设施资产新计提折旧约2亿元引起）。负债总额46,390.02万元，较上年减少6.28%。净资产917,727.11万元，较上年减少7.30%。

【国有自然资源资产】 截至2023年底，原州区国有资产资源资产情况为：土地资源总面积62.53万亩，占国土总面积的15.22%。其中耕地1.43万亩，园地0.03万亩，林地19.44万亩，草地7.89万亩，城镇村及工矿用地26.34万亩，交通运输用地3.36万亩，水域及水利设施用地2.46万亩，其他土地1.54万亩；国有森林资源19.44万亩，占国土总面积的4.7%；草原资源8.08万亩，占国土总面积的1.96%；湿地资源0.04万亩(全部为内陆滩涂)；矿产资源储量情况为：煤炭控制资源量32510万吨，岩盐控制资源量29751万吨，芒硝12900万吨，建筑石料20406万吨，建筑用砂矿1543万立方米，砖瓦用黏土267万立方米。现有持证矿山10家，其中煤矿1家(长期停产)、岩盐矿1家、建筑用白云岩矿4家(1家长期停产)、建筑用砂矿2家、砖瓦用黏土矿2家(1家长期停产)；水资源总量1.21亿立方米，年降水量13.04亿立方米、地表水1.26亿立方米、地下水0.31亿立方米。

财　政

【概况】 积极组织地方财政收入，大力盘活国有存量资产，有力争取上级财政资金，持续提升财政保障能力，促进原州区经济社会高质量发展。落实落细减税降费政策。将减税降费作为落实积极财政政策的重中之重，进一步强化部门工作合力，全力推动国家减税降费政策落地落实。2023年，累计为市辖区1831户小规模纳税人减征增值税2,132万元、为10,563户小规模纳税人免征增值税8,775万元、为293户小型微利企业减免所得税631万元、为928户个体工商户减半征收个人所得税125万元、降低工伤保险费率优惠292万元、降低失业保险费率优惠1,627万元、减免残疾人保障金897万元，有效确保了各项税费减税优惠政策快速直达市场主体，切实减轻小微企业及重点行业资金负担，进一步增强了市场主体内生发展动能。地方一般公共预算收入稳步增长。2023年，地方一般公共预算收入完成18,691万元，同比增长10.62%。积极开展原州区行政事业单位闲置国有资产盘活工作，通过全面清理核查，涉及闲置国有资产原值1,098.79万元、净值673.49万元。通过出租、有偿转让及调剂方式盘活资产原值934.35万元、净值613.48万元、盘活收益180.85万元。继续保持较高强度财政支出力度。一般公共预算支出完成534,851万元，同比增长3.31%。

【保障民生】 坚持以人民为中心的发展思想，聚焦就业、教育、医疗、科技、文化、养老、住房等领域加大投入。安排教育支出102,670万元，重点支持基础教育质量提升、推进义务教育优质均衡发展、促进学前教育和高中教育加快发展、确保“两个只增不减”目标完成。安排卫生健康支出37,603万元，重点用于优化医疗资源配置，加快补齐公共卫生服务短板，切实提高应对突发重大公共卫生事件的能力和水平。安排社会保障和就业支出94,519万元，做好困难和特殊群体的社会保障及优抚工作，完善养老服务扶持政策，切实提升社会保障兜底能力和水平。安排城乡社区及住房保障支出56,696万元，支持城乡公共设施及老旧小区改造等项目建设，提高城乡环境及居民住房保障水平。安排文化科技支出7,299万元，支持公共文化服务体系建设、全民健身等活动，提高科技资金投入，丰富群众文体生活。

【乡村振兴】 巩固拓展脱贫攻坚成果，持续加大对农业农村领域的投入，提升金融服务乡村质效，促进原州区农业高质高效、乡村宜居宜业，农民富裕富足。做好统筹整合资金的管理使用。积极统筹整合使用财政涉农资金，加大对到户产业、草畜产业、冷凉蔬菜及地方特色等农业生产发展主导产业及农村基础设施建设涉农项目资金的整合投入，为加快推进巩固拓展脱贫攻坚成果同乡村振兴有效衔接提供资金保障。在“因需而整”的基础上，结合原州区实施重点项目的实际情况，整合到位资金66,363万元。整合到位资金用于产业发展36,490万元，占实际整合到位资金总额的55%；用于产业配套基础设施类项目7718万元，占资金总额的12%，乡村建设行动基础设施及农村人居环境治理类项目18,630万元，占资金总额的28%；用于巩固三保障成果雨露计划及安全饮水等项目2001万元，占资金总额的3%；用于就业培训公益性岗位类补助项目1524万元，占资金总额的2%。积极落实财政金融优惠政策，不断提升金融服务经济能力。截至2023年底，10家银行各项存款313.03亿元，同比增长11.73%；各项贷款327.68亿元，同比增长11.30%。存贷比104.68%。2023年共落实担保贷款2111户43,495.19万元，惠及农户1937户35,937.39万元、个体经营主体75户2,874万元、小微企业51家3,202万元，切实解决了“三农”和小微企业担保难的问题。

【防范化解重大风险】 切实提高政治站位，严肃认识政府债务风险防控的政治要求和重大意义，建立健全地方政府全口径债务管理体系，依法依规使用债券资金，积极稳妥化解存量债务，坚决遏制新增隐性债务。同时严厉打击和整治扰乱金融经济秩序的社会乱象，全力维护金融安全稳定，牢牢守住不发生区域性系统性风险底线。坚持法定债务限额管理。完善债券项目储备，合理申报新增债券额度，提高债券资金绩效评估。2023年，原州区债务风险等级绿色，共偿还到期债务本息38,507万元，严守不出现债务违约底线。严格隐性债务管控。严格落实自治区“八个一批”化债措施，严禁“包装”项目虚假化债、“数字化债”，严禁新增隐性债务上新项目、铺新摊子，确保隐性债务只减不增。加大财政约束力度，坚持政府建设投资量力而行，杜绝违法违规融资担保。防范化解金融风险。充分发挥对地方金融活动的监管、协调和服务职能作用，全力配合固原市金融局、人民银行固原支行、固原银保监分局等部门对民间借贷中心出现资金兑付困难，发生挤兑风险，引发部分投资人上访事件开展风险化解工作。防范和处置非法集资。开展非法集资知识宣传和预防打击非法集资活动，形成非法集资风险摸排、预警监测、信息共享、线索核查、处置挽损和宣传等长效机制。辖区非法集资高发势头得到有效遏制，存量风险及时化解，增量风险逐步减少，当年无新发案件，未发生引发大规模上访等群体性事件。做好疫情防控资金保障。2023年统筹安排疫情防控专项资金5,890万元，专项用于疫情防控欠账化解需求。筑牢安全生产屏障。安排安全生产、灾害防治及应急管理等支出26,906万元，用于生命安全防护工程、防灾救灾、燃气“三件套”加装、消防救援大队2023年应急保障资金、户外广告牌遮挡建筑物外窗等安全隐患排查整治工作支持安全生产发展。

【体制改革】 巩固拓展预算管理制度改革成果，持续提升财政管理能力和治理水平。进一步加大直达资金执行督导力度，压实支出主体责任，督促项目单位推进项目建设，加大直达资金支出进度，确保财政资金直达受益人，使惠企利民政策落到实处，惠企利民作用有效发挥。强化预算绩效管理。开展原州区预算绩效一体化管理试点，选取2023年设施农业园区日光温室维修项目、固原市原州区国有林场巩固提升建设项目进行预算绩效一体化全流程规范管理。项目实施年度终了形成一体化评价报告，并邀请绩效专家组织验收后编印规范管理蓝本，形成经验后全面推广。开展政府投资项目管理。完成控制价审查项目267个，结算审核项目418个，控制价和结算审核项目送审值240,969.98万元，审定金额232,422.75万元，审减金额8,547.23万元；完成财务竣工决算审计项目66个，审定投资额221,205万元。大力加强财会监督。组织开展财会监督专项检查暨壮大村集体经济资金使用情况、衔接推进乡村振兴补助资金政策落实情况、惠民惠农财政补贴资金重点问题和2023年度会计法规执行情况监督检查。聚焦惠民惠农“一卡通”管理、涉农产业到户项目资金、非税收入管理等方面，完成11个乡镇政府财务（包括村财乡管财务）、11个乡镇卫生院财务、148个村合作社壮大村集体资金及18个部门单位涉农衔接资金财务检查。同时清理清收结余结转资金1900多万元上缴国库。规范政府购买服务流程。印发《原州区关于开展政府购买服务实施情况专项整治工作的通知》，对各部门（单位）政府购买服务开展情况进行检查，并对存在的问题进行认真分析和整改，切实加强政府购买服务组织管理和规范实施。专项整治工作共涉及62个一级预算单位616个项目18,076万元，查出的9个问题项目，涉及金额2096.81万元，已全部完成整改。认真履行政府采购监管职责。对各预算单位2022年实施的58个137个标段的政府采购项目开展了政府采购支持中小企业政策落实自查自纠工作；对各预算单位2022年和2023年上半年实施的89个189个标段的政府采购项目开展了政府采购领域倾斜照顾本地企业专项整治工作；在落实政府采购监督检查和专项整治工作中下发整改提醒函18份、在政府采购支持脱贫地区农副产品网络销售平台工作中下发工作提醒函7份、下发处罚决定书及罚款催缴函10份。通过以查促改、立行立改，稳步推进原州区政府采购工作稳步健康向纵深发展，努力营造风清气正的发展环境和公平公正的营商环境。

税　务

【服务大局】 依法依规组织税费收入，提供“税支撑”。抓牢抓实组织收入工作，树牢“心中有数、心中有账、心中有底”意识，紧盯重点行业、重点企业和重大工程项目，抓摸底、强分析，实现税费收入可持续增长，圆满完成了各级收入目标。持续巩固减税降费成果，释放“税动力”。采取“分级培训+上门辅导+全面宣传+专题活动”的模式，打好退免减缓“组合拳”，有效助力市场主体纾困解难。常态化开展“纳税人云课堂”宣讲28期，近3万人次接受线上培训，上门“政策找人”辅导1895户次，推送减税降费“红利账单”1797份，推送退役士兵、脱贫人员等重点群体就业税收优惠政策287份，增强了纳税人缴费人税费支持政策获得感。充分发挥以税咨政作用，当好“税参谋”。全面分析税收完成及税源结构情况，聚焦特色产业、重点项目、税费优惠等算清算好“发展效应账”，积极向自治区、固原市税务局及原州区委、区政府报送税收专报12次，获得肯定性批示7次，其中，运用“五个一”标准化创建打法打造“家门口的税务局税费服务咨询点”创建经验被广泛推介。

【税费治理】 落实征管《意见》，根据区自治区、固原市税务局的中期评估要求，聚焦提供高效智能税费服务等103项重点改革任务，逐项从配套制度、推进落实、完成时限等方面开展自评，并总结经验，剖析原因，为落实原州区2024年推进《意见》工作打基础。全面落实税收执法“三项制度”，进一步规范改进税收执法工作，完成重大执法法制审核12户次，落实行政执法事项公示1037条。围绕“八五”普法工作要点，开展“广场送税法”“进校园普法”等活动，不断提高公众对税法的知晓度和遵从度，成立原州区税务局公职律师参与涉税争议咨询调解中心，全方位保障纳税人缴费人合法权益。

【惠企利民】 优化服务建设“四室合一”阵地，实现“马丽劳模创新工作室原州分室”“家门口的税务局税费服务咨询室”“新时代‘枫桥式’税务分局（办税服务厅）”“征纳互动中心”的“四室合一”新模式，打造出一支懂业务、能操作、会讲解的专业化服务团队，全方位解决纳税人缴费人的急难愁盼；深入拓展“非接触式”办税缴费模式，把“最多跑一次”“互联网+”“党建+”“社会工作+”等创新经验与办税服务有效结合起来，提供专业化、精准化、亲情化服务。二是凝心聚力提升纳税人满意度。建立意见建议与办税需求相结合征集渠道，常态化开展各类问计问需活动，积极开展“大走访”活动，实地走访辖区内 2910 户企业及 46 户涉税中介机构，电话咨询辅导服务 3200 余次，倾听企业服务需求，确保税惠政策企业直达快享。开展便民办税、春雨润苗行动，落实 5 批 109 条便民办税缴费服务工作清单，实地宣传 1200 余人次，组织开展 4 场 260 户重点企业座谈会，2 场问需问求畅谈会和涉税中介机构专题座谈会，征求意见建议 20 余条，已全部协调解决。强化跨部门协作，联合固原市自然资源和不动产确权登记中心召开联席会议，专题协商不动产登记相关业务及资料传递精简事宜，完善“一窗办理”工作机制，精简“一窗办理”涉税资料，落实“一窗办理”事后监管。

审　计

【履行职责】 履行原州区委审计委员会办公室职责，提请原州区委召开区委审计委员会第九次、第四届六次会议，制定提请研究通过了《原州区审计局 2023 年审计项目计划》，安排预算执行、经济责任审计、领导干部自然资源资产任中审计、公共投资审计 5 类审计项目 17 项。严格执行重大事项请示报告制度。按程序将年度审计项目计划、区本级预算执行和其他财政支出情况审计报告等事项向自治区审计委员会和固原市委审计委员会报告，报送《原州区审计局 2023 年审计项目计划》《关于调整原州区经济责任审计工作联席会议组成人员》《关于 2022 年度财政预算执行和决算以及其他财政支出情况的审计报告》等文件 10 份。研究制定了《原州区贯彻落实〈自治区党委审计委员会关于推进新时代审计工作高质量发展的实施意见〉的意见》。继续深化经济责任审计工作联席会议制度，组织召开了 2023 年原州区经济责任审计工作联席会议，安排部署相关工作，推进经济责任审计结果运用，促进原州区领导干部履职尽责和规范用权，全力推进经济责任审计工作高质量发展。

【审计监督】 截至 2023 年 12 月中旬，共完成审计（调查）项目 16 项，查出违纪违规资金 1,215.05 万元，管理不规范资金 200,459.99 万元，节约政府投资 1,467.35 万元，提交审计及专项审计调查报告 16 篇，1 个审计项目获评全国审计机关优秀审计项目三等奖、一个项目获评自治区审计质量等级评定二等奖。全力保障了原州区委、区政府决策部署、重大项目落实落地。

【预算执行审计】 组织开展 2022 年区本级及部门（单位）预算执行和决算以及其他财政支出情况审计，在进行大数据筛查的基础上，现场审计了张易镇、古雁办、乡村振兴局等乡镇、部门（单位）预算执行和决算以及其他财政支出情况，重点关注预算编制、财政专项资金等管理使用情况，揭示部门预算编制不精准、历年结转结余资金未发挥效益、项目资金闲置两年以上、扩大开支范围等突出问题。促进规范预决算、资金、项目管理，助力提升财政资金使用绩效、推动经济社会发展全面转型。

【领导干部审计】 紧扣权力运行和责任落实，深化审计内容，突出审计重点，紧盯政策措施未有效落实、经济决策事项不合规等问题，对卫健局、融媒体中心 2 个部门（单位）2 名领导干部经济责任审计，促使领导干部守规尽责，依法、秉公、廉洁用权。高质量开展寨科乡党委书记和乡长领导干部自然资源资产离任（任中）审计，推动完善领导干部自然资源资产管理和生态环境保护长效机制。

【民生审计】 紧盯与群众利益密切相关的民生资金和民生项目，开展高标准农田建设项目专项审计（调查）等项目，重点审计专项资金使用等情况推动加强民生项目资金安全使用、惠民利民富民政策落地见效受益。

【公共投资审计】 重点审计了清水河灌区续建配套与节水改造、2022年马铃薯气调库建设、2021年黄土高原水土流失综合治理、亚行贷款公路建设、2021—2022年老旧小区改造等公共投资项目等项目的资金使用、建设情况，揭示政府投资项目超工期施工、投资额完成不实、建设项目实际实施中设计变更较大等问题，节约政府投资1,467.35万元。

【巡审联动】 2023年，首次采取“巡审联动”工作模式，将原州区乡村振兴局常规巡察工作与2022年度财政预算执行和决算及其他财政财务收支审计工作列为“巡审联动”项目，以巡促审、以审助巡。坚持把立项当课题研究、把问题当课题研究、把建议当课题研究，从目的意义、在实际工作中的运作模式、作用效果、经验做法、存在的困难和问题等方面进行梳理和探索。该项目被自治区审计厅列为2023年度全自治区审计系统青年研究课题，被自治区审计厅评为优秀青年研究课题。

【审计整改】 对审计发现未整改到位的问题，提出督查督办要求，确保反馈问题整改到位、落实到位、不留死角。截至2023年12月中旬，对上级审计反映问题到整改期限的21个问题，督促3个阶段性整改和1个持续整改问题，阶段内整改已整改完成；立行立改17个问题已全部整改完成。对原州区本级审计反映的、到整改期限的33个问题，已全部整改完成，整改完成率100%。

【专项审计】 按照审计厅的安排，开展专项审计。开展了原州区2020—2022年高标准农田建设情况专项审计调查，重点对项目工程量、项目工程质量及资金使用效益等方面进行审查；开展了原州区2022年至2023年9月就业补助资金和失业保险基金审计。开展了原州区2020年5月至2023年1月8日新冠肺炎疫情防控资金和捐赠款物专项审计。按照原州区委、区政府的安排部署，开展了原州区2022年度农业用水价格改革专项审计调查。

统　计

【常规工作】 完成了农业、工业、投资、能源、商贸、劳动工资、服务业、县域社会经济基本情况、商业综合体、亿元市场调查、研发创新、小微企业固定资产投资情况等2022年年报和2023年季报和月报数据的收集、审核、汇总和上报工作；认真组织开展规模以下工业、规模以下服务业、限额以下商贸业、限下劳动工资、资质外建筑业等季度抽样调查及百万移民监测收入监测工作。

【业务培训】 制定培训计划，3—9月分15批次对农业、工业、商贸、固定资产投资、建筑业和非营利性工资统计工作人员就统计法律法规和统计业务知识进行了培训。

【基础建设】 做实部门（单位）、乡镇（街道）、调查对象统计基础工作，督促指导部门（单位）、乡镇（街道）、调查对象整理完善统计台账、数据支撑材料。积极推进电子台账试点工作，原州区25家试点企业均已完成了测试，制度上墙和电子台账试点工作。

【统计服务】 加强主要经济指标分析，及时、准确研判经济运行中的新情况、新变化和苗头性问题，对经济走势提供精准的数据分析和预测预警，第一时间形成统计分析上报原州区委、区政府，为统筹推进经济社会发展提供有用信息。为满足社会各界对统计数据的需求，发布编印了《原州区2022年国民经济和社会发展统计公报》《原州2021年统计年鉴》，撰写统计专报13篇、分析15篇、信息19篇。加强调查对象业务指导，及时跟进解决企业在联网直报中出现的新情况、新问题。针对个别新情况，专业人员上门指导，协助安装“一套表”报表软件，演示直报操作流程，讲解相关报表制度和指标解释等，确保上报数据质量，促进了工作规范化。

【普查调查】 按照国家和自治区统计局统一部署，2023年重点组织实施了第五次全国经济普查、人口变动抽样调查等大型普查调查活动。高效推进经济普查。成立了由30个部门(单位)、乡镇(街道)为成员的原州区第五次全国经济普查领导小组；按照普查的工作要求，共划分普查区191个、普查小区313个，标绘建筑物6946个，选聘普查员313名、指导员49名；分两期对360余名普查指导员和普查员就统计法律法规、普查业务知识进行了培训。通过各种宣传及实施“统计开放日”等，广泛宣传普查知识，共发放清查告知书34305张、张贴海报787张、悬挂横幅305条、发放宣传品10余件；已完成单位清查工作，共上报企业(单位)8831家，上报个体经营户20209家，11月25日前完成全部单位清查工作审核、验收和评估工作。扎实开展人口变动抽样调查。2023年9月15日至25日完成了72个村级样本和382小区样本核实上报，10月12日对选聘的167名调查指导员和普查员进行了业务培训，10月25日前完成了45766个住房单元核实，11月1日至15日正式开展人口变动情况抽样调查。

【依法统计】 在原州区委常委会、政府常务会上学习关于统计工作的中央文件和《国家统计局关于2022年查处的7起重大统计违法案件的通报》。扎实推进统计造假屡禁难绝专项治理。根据自治区统计局《统计造假屡禁难绝专项治理行动实施方案》和《统计造假屡禁难绝专项治理行动自查自纠工作方案》，原州区成立了专项治理行动工作领导小组，印发了《统计局统计造假屡禁难绝专项治理行动自查自纠工作方案》，3—9月分15批次对农业、工业、商贸、固定资产投资、建筑业和非营利性工资共计452家企业(单位)就统计法律法规和统计业务知识进行了培训，对452家企业(单位)执行统计制度情况、数据计算口径和方法、资料归档等进行了详细核实检查，经查所有企业、单位均能严格执行统计制度，能独立自行上报数据，不存在代填代报数据问题，数据计算方法和口径均正确；对2022年以来49家入库企业、117个入库投资项目，17家退库企业，通过现场了解企业生产经营情况、核对相关证照、查看主要业务活动和纳税申报表等，所有入库单位真实存在、申报材料真实、达到入库标准，退库单位全部达到退库标准。对“一套表”平台297家单位(项目)真实性进行了核查，所有单位(项目)真实存在、正常经营、单位类型划分准确、基本信息与部门登记信息一致。重点对统计数据失实情况进行了实地核查，通过查源头数据质量、查当期数据审核、开展专项数据核查，3—5月共核查企业(项目)160家，发现55个问题，全部整改完成。6—8月共核查57家企业(项目)，其中5家因对统计口径理解有误、数据出现误差，在第四季度开网后将督促企业修改上报；认真开展统计违纪违法典型案例学习、警示教育3次。开展统计执法检查。配合自治区开展执法检查1家企业，联合固原市开展统计执法检查2家企业，原州区本级开展统计执法检查5家企业。

市场监管

【基层智慧监管】 应用二维码和区块链技术创新推出“基层智慧监管宝”平台，得到国家市场监管总局人事司吴晓天副司长高度认可，并对原州区分局积极协调加大财政投入建设标准化规范化基层市场监管所给予高度评价，经验材料通过国家总局网站刊发转发。

【落实“双告知”】 实施《行政处罚决定书》和《行政处罚信息信用修复告知书》“两书同达”工作机制，移出经营异常名录2530户，开展信用承诺修复2410户，行政处罚案件公示率100%。

【制止餐饮浪费】 组织餐饮服务单位签订《厉行勤俭节约 反对餐饮浪费》承诺书2000余份，打造宁夏福苑实业集团有限公司为“制止餐饮浪费示范店”及新百美食广场和新时代美食广场两个制止餐饮浪费示范广场，开展制止餐饮浪费进校园、进社区、进农村活动，办理制止餐饮浪费案件4件。

【优化营商环境】 大力开展民营经济高质量发展服务活动，市场主体总量达43913户，同比增长率7.4%，新发展各类市场主体7584户，同比增长率33.4%。制定抽查事项清单70项，抽查计划21项，完成系统抽查任务54条，公示率100%。

【食品安全】 加强组织领导，调整原州区食品药品安全委员会机构及组成人员，由党政主要负责人担任“双组长”，原州区委、区政府先后6次召开区委常委会、政府常务会议及专题会议研究部署推进国创各项任务落实落细。先后出台相关文件，确保食品“两个责任”落实到位。创建以来，原州区财政共安排330万元食品安全经费（主要用于购买电动执法车辆、执法准备、食品抽检、创建国家食品安全示范城市和基层市场监管所“两化”建设等）。对标对表完善国创基础。对照2023版《国家食品安全示范城市评价细则》要求，举一反三，建立问题清单、责任清单和整改清单，对标对表，逐条整改落实。强化过程管控，狠抓专项整治行动。开展学幼食堂及校园周边食品安全、三类食堂、保健食品、非法添加、农兽药残留超标、流通环节畜禽肉、制止餐饮浪费等专项整治，发现风险隐患1900余个，整改及核查处置率达100%。开展食品安全抽检。完成食品安全监督抽检任务1700批次，配合完成国抽、省抽和专项抽检任务644批次，对15批次不合格样品依法进行核查处置，全区食品检验量达到5批次/千人。

【安全生产】 印发《燃气等重点领域风险隐患排查整治工作方案》等4个工作方案，扎实开展安全风险隐患大排查大整治工作。完成督办通知26个共110条问题隐患整改。召开电梯维保单位负责人约谈会，推动建立“日管控、周排查、月调度”工作机制，任命安全总监和安全员共计252名。检查特种设备使用单位78家，抽查特种设备52台（套），发出监察指令书数量6份，发现安全隐患数量6处，治理隐患数量6处。

【药品安全】 积极推动“互联网+药品”监管，零售药店100%纳入“阳光药店”系统管理，医疗机构100%完成“规范药房”建设，开展药品安全巩固提升行动，出动执法人员242人次，检查药械化经营使用单位398户次。办理药械化案件7起，罚款8.9万元。

【工业品质量安全】 推行工业品获证企业首席质量官制度，聘任首席质量官14名。抽检安全生产领域产品68批次，立案11起，罚没款2.36万元。强化电动自行车及生产流通领域消防产品监督检查，检查电动自行车经营主体36家，抽检电池5批次，抽检消防产品5批次。

【执法办案】 查处各类违法案件121起，罚没款53.8万元。受理消费者投诉举报2830件。

农　业

综　述

【概况】 2023年，原州区农作物播种面积148.49万亩(含复种)，粮食播种面积76.02万亩，完成自治区下达的目标任务。农林牧渔业总产值59.76亿元，增长8.7%；农业增加值28.87亿元，增长8.6%；一产增加值27.01亿元，增长8.7%；农民人均可支配收入16131元。增速8.8%。

【产业发展】 原州区农作物种植面积148.49万亩，其中：粮食作物76.02万亩(小麦8.5万亩、籽粒玉米44.3万亩、马铃薯15.2万亩、小杂粮8.02万亩)；经济作物32.95万亩(蔬菜22.69万亩，西甜瓜1.37万亩，中药材3.25万亩，油料5.64万亩)；其他作物39.52万亩(青饲料26.75万亩，其中：青贮玉米24.5万亩，牧草12.77万亩)。粮经饲种植比为2.3:1:1.2。聚焦特色优势主导产业，建成彭堡镇姚磨蔬菜新品种展示园150亩、中河乡丰堡马铃薯绿色高质高效示范基地500亩、彭堡镇彭堡小杂粮展示园、三营镇安和、官厅镇官厅中药材示范园；推介农业主导品种124个、主推技术80项。春小麦主推宁春4号、冬小麦主推宁冬16号等品种；筛选并推广耐寒优秀迟菜心等蔬菜新品种，张杂谷等杂粮新品种，青薯9号、雪育23号等马铃薯新品种；推广玉米全膜双垄沟侧旱播、机械化精量播种、测土配方施肥等技术；推广肉牛冷配改良技术，引进西门塔尔、安格斯等肉牛新品种，建立"固原黄牛"保种选育基地试验示范基地，粮食、肉牛良种覆盖率均达到98%，新技术应用率达到90%以上。"五特"产业提质增效。做大肉牛产业。优质牧草面积稳定在50万亩，年加工调制饲草30万吨以上；巩固3个肉牛养殖示范片区，培育2个万头肉牛养殖示范乡镇、6个千头肉牛养殖示范村；千头以上肉牛养殖企业3家，肉牛存栏50头以上的养殖合作社188家。做优蔬菜产业。建成5个万亩、16个千亩蔬菜标准化种植基地，引进培育9家龙头企业，77家合作社、1.8万户农户结成利益联结共同体；主推"三个零"技术，引进"孙桥溢佳"、深圳"百果园"建设绿色高品质蔬菜基地2个，成功举办首届宁夏冷凉蔬菜节暨全国知名蔬菜销售商走进宁夏活动。瓜菜种植面积达到24.06万亩，其中：蔬菜面积22.69万亩，同比增长9.1%；西甜瓜面积1.37万亩，同比增长120.97%，总产量突破100万吨。做强马铃薯产业。建设原种基地0.17万亩，一级种薯繁育基地0.8万亩，主食化生产基地5.5万亩；雪川农业已建成薯条、薯饼两条生产线，年加工能力10万吨。培育马铃薯淀粉加工企业9家，年加工鲜薯70万吨，生产淀粉10万吨，占全国淀粉加工量的16%；种植马铃薯15.2万亩，总产量33万吨。做精中药材产业。建成黄芪种苗基地1个、标准化示范基地10个，带动全区种植中药材3.25万亩，总产量0.62万吨；依托明德中药、长药良生、紫苏药业3家龙头企业，年加工各种饮片5300吨。做活生态经济产业。巩固提升3个万亩小杂粮(油料)示范乡镇，建设官厅镇庙台等5个高质高效千亩示范基地，带动原州区种植小杂粮8.02万亩，产量0.74万吨，种植油料5.6万亩，产量0.53万吨；依托兴百业等龙头企业，稳步推进以生态鸡为主的特色养殖业，鸡饲养量达330万只(其中生态鸡280万只)。

【绿色农业】 推进农业面源污染综合治理。示范推广旱作高效节水农业20.6万亩，在中河、彭堡、头营镇建设化肥减量增效“三新”(新技术、新产品、新机具)集成配套示范区1.3万亩，带动推广测土配方施肥技术134.8万亩次；在黄铎堡等6个乡镇建设有机肥替代化肥示范区1.17万亩，带动全区化肥使用量实现零增长；建设马铃薯及西兰花病虫害统防统治及绿色防控融合示范区0.12万亩，集成示范预测预报、理化诱控、无人机飞防等6项技术。完成小麦“一喷三防”3.85万亩，累计完成各类农作物统防统治154.6万亩次，覆盖率50.44%；加大残膜回收治理，回收残膜7946吨，回收率95%，加工造粒1986.5吨，加工率100%；加强畜禽粪污资源化利用，对原州区5家规模养殖场实施畜禽粪污资源化改造，规模养殖场废弃物资源化处理设施配套率达到100%，畜禽粪污综合利用率达到97%以上；示范推广农作物秸秆综合利用4.03万吨，带动全区秸秆综合利用率达到95%。持续开展农村人居环境整治提升行动。各乡镇投入劳力10.8万人次，投入机械6092台次。累计清理垃圾、废弃物等22.7万处；创建杨郎等25个农村人居环境整治提升示范村，累计建成“两小园”(小菜园、小果园)3.2万个(处)。完成自治区下达的2300座户厕改造任务。

【农村改革】 壮大村集体经济。争取自治区扶持壮大村集体经济项目资金900万元，在河川乡黄河村、炭山乡石湾、张套、新山、炭山、南坪村、三营镇马路村、黄铎堡镇曹堡、白河村9个村扶持发展壮大村集体经济(其中：特色种养1个村，资源开发6个村，联合经营1个村，生产服务1个村)。抓好农村改革。农民合作社质量提升整县推进试点已完成，创建农民合作社典型案例7例；农业社会化服务创新试点县已完成，成立农业社会化服务行业联合社1家；第二轮土地承包到期后再延长30年试点工作在头营镇蒋河村全面展开。促进土地向集约化、规模化流转，新增土地流转面积1.12万亩，累计流转面积23.52万亩。

【农业机械化】 2023年，原州区认真落实农机购置、报废补贴、新机具新技术推广等工作，累计投入近2300万元补贴各类农机具3800台，拖拉机保有量16610万台，全区农业机械总动力达到47万千瓦。完成机械化耕整地127.37万亩，机械播种91.5万亩，机械化收获56.4万亩，机械深松整地4.2万亩，耕种收综合机械化水平达77.03%。以粮食生产功能区、永久基本农田保护区为重点，在寨科乡实施旱作高标准农田4.7万亩，在三营、黄铎堡镇建设高效节水灌溉3.8万亩，改善农业生产条件，保障全区粮食安全。建成“出户入场”肉牛养殖园8个；新建全钢架连栋拱棚700亩、瓜菜分拣车间3570平方米，配套自动化分拣包装设备2套，维修全钢架大拱棚19栋、日光温室309栋，为生态移民园区配套日光温室棚膜54吨。办理民生实事148件，夯实乡村发展基础。打造休闲农业和乡村旅游示范点12家，改造提升休闲农业4家。

【园区和品牌建设】 以融侨(丰霖)肉牛生态产业园为示范的草畜产业全产业链集群，把全区10个肉牛养殖示范乡镇、30个示范村、25家规模养殖场、188家合作社、2.2万养殖户与企业发展捆绑在一起，通过土地流转、劳务用工带动周边农户2011户；以雪川农业为引领的育繁推一体化、产加销相衔接的马铃薯全产业链发展体系逐步完善，年加工马铃薯制品29万吨；以兴百业高品蛋鸡产业园为依托的百万蛋鸡全产业链工程有序推进，提供就业岗位40多个。支持企业开展绿色有机农产品认证；申报绿色食品5个，有机农产品1个；先后组织28家企业赴杭州、上海等地参加特色农产品推介展销会7场(次)，签订购销协议4000余万元。

【培育工作】 培育自治区级以上龙头企业3家，

新增备案合作社4家，新增备案家庭农场9家，合作社入社人数累计10517人，辐射带动农户4.2万户；累计培育发展农民专业合作社622家、家庭农场294家，农业社会化服务组织55家；累计培育国家级示范社11家、自治区级示范社19家、市级示范社32家、县级示范社60家。培育四星级示范家庭农场17家、三星级示范家庭农场11家、二星级示范家庭农场23家。举办各类农村实用技术培训3550人，其中：培训高素质农民250人，农村劳动力素质提升培训2300人，百万移民致富提升工程技术培训600人，移民安置区移民培训400人。

【保障工作】 农业综合执法建设扎实推进，对辖区86家种子农药肥料经营单位、22家兽药经营店、13家乡村兽医（动物诊疗）、24家饲料经营店、12家农机具经营企业进行全覆盖检查，共检查各类肥料1.8万吨，抽查农作物种子样品30个，抽查农药6吨、饲料1200吨、兽药12吨；受理群众举报线索12起，受理12345平台群众投诉案件10起，全部进行了核查回复；共办理农药、种子等普通程序案件7件、结案6件、罚款2.47万元。加大农产品质量安全监管力度，开展农产品监测370批次，其中：蔬菜产品200批次，水果10批次，牛羊肉50批次，鸡肉产品30批次，鸡蛋产品20批次，猪肉50批次，水产品10批次，检测合格率98%以上；加强对纳入农产品质量安全追溯体系建设的203家生产经营主体监管，确保农产品质量安全。动（植）物疫病防控扎实开展。共免疫各类畜禽543.54万头只/次，强制免疫密度100%，抗体合格率达到70%以上。动物卫生监督执法不断加强，做好畜禽养殖、屠宰、流通环节监督检查，规范调运秩序，检疫牛0.5982万头、羊0.8147万只、猪1.1868万头、禽类122.3454万只，对大户购进畜禽实行落地监管，抓好4家畜禽定点屠宰场屠宰监管，确保上市肉制品安全；植物省内调运检疫和产地检疫工作持续加强，加强病虫害综合防治、防控力度，发布农作物病虫害预测预报209期次，建立苹果蠹蛾、马铃薯甲虫、瓜类果斑病等检疫性病虫监测点14个，完成疫情信息报送8期。农业生产保障体系逐步完善。巩固提升现有防雹增雨作业点作业能力建设，加大重点区域、重要农事季节的抗旱、防雹作业力度，开展防雹申请作业61次、申请增雨作业99次，发射人雨弹30发、火箭弹27枚，通过人工影响天气作业，有力保障了农业生产。动物病原学监测和流行病学调查工作稳步实施，以国家二级兽医实验室为支撑，抓好重大动物疫病免疫抗体检测、疫病流行病学调查等工作，常态化监测各类样品4626份，扎实推进畜间布病防治专项三年攻坚行动，开展“口罩+手套”专项行动，监测牛羊血清样品3900余份，送自治区各类血清样品1385份，全区没有发生区域性重大动物疫情。安全生产工作常抓不懈，对全区麒麟瓜生产基地、供港蔬菜基地和肉牛养殖户（场）全面开展“拉网式、地毯式”大排查大整治行动，共检查企业310家次，发现一般风险隐患问题280项，已整改280项，暂未发现重大风险隐患；与各乡镇签订农机安全生产责任书11份，与辖区农机作业公司、专业合作社、农机大户签订农机安全生产责任书16份，签订安全责任书8200余份。开展春耕备耕、“三夏”、“三秋”重要节点农机具安全检修检测工作，开展农机宣传教育活动36场次，发放宣传挂图等各类宣传资料7000多份，发送宣传信息100余条，发送10万人次。

【乡村振兴】 加大产业扶持力度。投入整合资金4.4亿元，实施了草畜、蔬菜、地方特色、农民科技教育、旱作农业、产业化经营与农村改革六大类37个项目（其中产业到户项目资金1.312亿元）。对种植业、养殖业2类8项产业实施到户补贴。共涉及11个乡镇16571户65120人，其中：养殖业，补栏肉牛

3.29 万头，补栏肉羊 13.9 万只，补栏猪 0.77 万头，补贴蜜蜂 1.04 万箱，鸡鸭 3.09 万只。种植业，补贴马铃薯 1.26 万亩、补贴露地蔬菜 0.59 万亩；补贴蘑菇菌棒 3.48 万只。加大产业技术帮扶。充分发挥国家乡村振兴重点帮扶县原州区科技特派团 15 名专家团队的技术指导作用，一对一、点对点、手把手开展技术帮扶，为壮大提升肉牛、冷凉蔬菜、马铃薯等特色产业提供了强大的科学技术支撑；成立原州区冷凉蔬菜、肉牛、马铃薯产业发展工作专班，组建技术服务专班、营销服务专班等，明确责任分工，开展技术指导帮扶。

【表彰奖励】 原州区成功创建 2023 年国家乡村振兴示范县，头营镇入选农业农村部 2023 年农业产业融合发展项目创建名单、头营镇杨郎村入选第三批全国乡村治理示范村、彭堡镇宏科农民养殖专业合作社被农业农村部办公厅评为国家深化社企对接合作典型，融侨（丰霖）肉牛养殖经验入选中央党校（国家行政学院）《乡村振兴案例选》；原州区农业农村局被自治区党委组织部、自治区党委农办、自治区农业农村厅、自治区乡村振兴局 4 部门授予自治区驻村帮扶工作先进单位，2 名干部分别被授予驻村帮扶工作优秀驻村第一书记和优秀驻村工作队员；原州区农经站被自治区党委农办、人社厅、农业农村厅授予农业农村工作先进集体，5 名干部被表彰为农业农村先进个人；代表原州区在自治区作交流发言 2 次；总结形成原州区冷凉蔬菜的科技“密码”、农业绿色发展等典型案例 14 个；有 1 件农业行政处罚案卷农业农村部办公厅评选为 2022 年度全国农业行政处罚优秀案卷、2 件农业行政处罚案卷被农业农村厅通报表扬。

乡村振兴

【动态监测】 坚持常态化排查与集中排查相结合。2023 年新识别监测对象 287 户 1135 人。按照“缺什么补什么”的原则，实施开发式帮扶，对 628 户 2322 人未消除风险点的监测帮扶对象落实了针对性的帮扶措施。对收入稳定超过当年监测范围、“三保障”和饮水安全持续巩固，按程序消除风险。累计消除风险 1590 户 5981 人，风险消除率 72%。

【移民扶持】 围绕解决好产业、就业、社会融入三件事，投入 2.39 亿元，实施项目 237 个，打造自治区级移民示范村 2 个。健全防止返贫监测机制。坚持定期排查机制，落实农户自主申请、部门数据筛查、基层干部核查的三线并行监测预警机制、快速发现有返贫风险的移民户，并及时将符合条件的纳入“三类人员”进行重点帮扶。实施移民产业到户项目，补栏肉牛 2265 头、肉羊 8936 只，蜜蜂 576 箱，种植补贴马铃薯 1576.4 亩，露地蔬菜 130 亩，兑付移民产业到户项目资金 679 万元，建成养殖园区 3 个，惠及移民养殖户 300 多户，维修日光温棚 228 栋，养殖圈棚改造蘑菇棚 227 栋，扩建养殖园区 2 个，惠及移民养殖户 1500 多户，培育移民专业合作社 25 家。在移民安置区设立劳务站 15 个，组织专场招聘活动次数 5 次，提供就业岗位 3795 个，开展移民职业技能培训 425 人，搬迁劳动力就业 4446 人，发放稳岗补贴 1074 人，发放交通补贴 375 人，为就业困难的移民家庭落实公益性岗位 468 人。为 19 个集中移民安置村投入资金 2.39 万元，道路硬化 9.2 公里，维修蓄水池 3 座，改造提升供水管道 14.5 公里。

【资金资产使用管理】 用好资金。制定《原州区 2023 年统筹整合使用财政涉农资金项目实施方案》，整合各类资金 6.6 亿元，实施农业生产发展、乡村建设行动、易地搬迁后扶等 5 大类 123 个项目，2023 年各类衔接资金已支付 5.16 亿元，支付率达 97.7%。管好资产。建立完善扶贫项目资产管理台账、清查清单，确保项目资产应登尽登、应管尽管、权责清晰。2021—2022年原州区已登记录入的帮扶项目资产共计1921个，项目实际投入11.14亿元，形成资产原值11.08亿元。建好项目库。2023年完成项目入库952个，涉及资金12.26亿元，项目开工率为100%。借好小额信贷。发放小额贷款7263户4.1928亿元、“富民贷”1138户1.1467亿元，分别完成任务的102%和382%，贴息补助0.34亿元。

【社会帮扶】 深化闽宁协作。2023年度争取闽宁协作发展资金7150万元，制定《原州区2023年闽宁协作项目实施方案》，实施示范村建设、和美乡村建设、特色产业培育、就业帮扶等9大类25个项目，打造闽宁乡村振兴示范村3个。完成闽宁互访10批次139人次，消费帮扶2.24亿元。马尾区、长乐区和鼓楼区选派88名专技人才来原开展送教、送医、送技下乡，安排18名人才来原开展“组团式”帮扶，原州区选派20名专业技术人员赴马尾区跟岗交流学习。深化中央单位定点帮扶。2023年国铁集团投入帮扶资金2200万元，实施宜居宜业和美乡村中央定点帮扶示范村建设、区域性重点产业示范村建设、巩固拓展脱贫攻坚成果及促进乡村五大振兴8类14个项目。成功打造人居环境示范村25个。黄铎堡镇荣获国家卫生乡镇，官厅镇薛庄村乡村振兴示范村项目入选全国百美村庄建设项目。

畜牧技术推广

【概况】 持续推进巩固脱贫攻坚成果与乡村振兴有效衔接，扭住加快产业发展这一根本之策，贯彻落实产业各项政策、推广肉牛养殖“出户入园”、加大农业面源污染治理、推进畜禽生产能力提升，2023年完成“见犊补母”8.5万头、冷配改良母牛6.5万头、年加工饲草22万吨以上，新培育发展万头肉牛养殖乡镇2个，千头肉牛养殖示范村30个，示范带动2.2万养殖户共同发展肉牛产业。到2023年底牛饲养量达到30万头、羊饲养量75万只，猪饲养量17.5万头，鸡饲养量370万只(其中生态鸡稳定在280万只)；农作物秸秆及畜禽粪污综合利用率分别达到95%、97.5%。

【畜禽生产】 原州区肉牛饲养量30万头，存栏18.40万头(母牛10.32万头占存栏数的56.10%)，出栏11.6万头，同比分别增长6.5%、1.09%、17.77%；羊饲养量75万只，存栏35.4万只，出栏39.6万只，同比分别增长0.36%、22.49%、-13.59%；生猪饲养量17.50万头，存栏7.90万头，出栏9.6万头，同比分别增长0.52%、-2.23%、2.89%；家禽饲养量371.04万只(其中：生态鸡280.02万只)，存栏250.31万只、出栏120.73万只，同比分别增长0.95%、0.94%、0.97%。肉、蛋产量分别达到3.53万吨、2.68万吨，牧业生产值18.01亿元，同比增加14%。在畜禽养殖方面，累计培育符合自治区直联直报系统标准的畜禽规模养殖场48个，其中肉牛规模养殖场23个，羊场5个，猪场10个，鸡场10个；原州区现有肉牛养殖场(户)22213个(按照目前存栏量户均养牛8头以上)，其中，年存栏肉牛50头以上的养殖场(户)188个，存栏肉牛数占全区肉牛存栏总数的12.39%；年存栏10—49头5300个、1—9头的1.6725万户，存栏数分别占全区存栏总数的43.61%和44%。规模化养殖存栏肉牛数10.30万头，约占原州区肉牛存栏总数的56%。

【中央财政项目】 2023年依据自治区和原州区产业发展相关文件，总共实施草畜产业发展项目16项，项目计划补助资金1.4209亿元，当年实际到位资金1.1211亿元，实际兑付资金1.0671亿元，兑付资金占到位资金95.18%。中央财政重点项目5个，计划补助资金1853万元，实际到位资金1703万元，其中：实际兑付资金1698.65万元，到位资金支付率 99.74%;净结余 4.35 万元。(1)2023 年草原生态补助奖励政策项目。自治区下达原州区补助面积 123.1 万亩,补助资金 923 万元已到位,该项目在原州区 11 个乡镇 1 个街道办实施后完成 34917 户草原承包农户 122.4861 亩 918.65 万元资金的兑付,净结余 4.35 万元待上缴财政。(2)牧区良种补贴。计划资金 95 万元,完成了 7.5 万支冻精采购,200 只滩羊种公羊引进投放,支付补贴资金 95 万元。(3)2023 年"粮改饲"项目。计划粮改饲种植面积 3 万亩、收贮优质全株玉米青贮 8 万吨,质量必须达到二级标准。计划资金 300 万元,今年到位的补贴资金 150 万元,已全部完成兑付。(4)农业产业强镇。打造农业全产业链,全力建设头营镇肉牛产业强镇,计划资金 300 万元。完成民源牧业规模养殖场的改扩建、标准化养殖示范村建设,扶持发展示范户 19 户,兑付补贴资金 300 万元。(5)原州区 2023 年生猪(牛羊)调出大县项目。计划资金 235 万元,主要用于扶持肉牛羊规模化养殖场基础设施建设改造、防疫及污粪处理设施建设及规模养殖场出栏奖补。完成项目建设内容并兑付固原市原州区三营福晟达牛羊养殖贩运农民专业合作社、固原市原州区阿兰家庭农场、固原市小牛牧业有限公司、宁夏海晟盛源农林科技有限公司等 7 家实施主体补贴资金 235 万元。

【自治区财政项目】 重点项目 4 个,计划补助资金 481 万元,当年实际到位资金 479 万元,实际兑付资金 479 万元,到位资金兑付 100%。(1)原州区 2023 年农牧民补助奖励机制绩效考核资金项目。计划和到位资金 10.00 万元,主要完成了第三轮草原补奖政策宣传、补奖数据采集、录入、审核、电脑、打印机购置、系统维护、资料打印装订等工作,支付资金 10.00 万元。(2)原州区 2023 年肉牛产业建设项目。计划资金 162 万元,实际到位 160 万元已全部支付,引进推广优质西门塔尔肉牛冻精 3 万支、采购液氮 1.35 万立升、更新冷配改良点液氮罐 71 个、培育秦川牛保种选育场 2 个、建设家庭牧场 5 个,建设区外品牌营销店 1 个。(3)2023 年原州区滩羊产业专项。计划资金 110 万元,到位 110 万元。培育完成固原市原州区鑫全养殖专业合作社、固原市原州区头营镇恩泽利家庭农场、固原市原州区福嘉家庭农场等 6 家,推进标准化养殖新(扩)建宁夏生龙肉制品有限公司加工营销冷链配送中心 1 个,兑付补贴资金 110 万元。(4)畜禽粪污资源化利用项目。项目配套资金 199 万元,已全部到位,在辖区内支持 11 个以上畜禽养殖场配套畜禽粪污资源化利用设施设备,兑付资金 199 万元,到位资金支付率 100%。

【原州区整合项目】 原州区整合重点项目 7 个。计划补助资金 1.2325 亿元,当年实际到位资金 9029.00 万元,实际兑付资金 8493.526 万元,兑付资金占到位资金 94.07%。(1)2022 年肉牛"见犊补母"续建项目。在入户见犊见母的情况下对产犊母牛及繁殖成活的良种犊牛进行登记造册建立档案,续建完成 4.6 万头。计划补贴资金 2139 万元,实际到位资金 2137.00 万元,共完成 150 个行政村 14841 场、户 42738 头 2136.90 万元,目前已全部兑付到户。(2)2022 年饲草料加工调制续建项目。原州区 11 个乡镇农户、合作社、企业补贴饲草料 20 万吨以上,计划资金 1570 万元,实际到位资金 1566.9 万元。目前原州区 11 个乡镇 5223 农户、合作社、企业完成饲草 32.310657 万吨,共兑付补贴资金 1566.90 万元。(3)原州区 2022 年一二三产融合发展项目。在原州区中河乡潘家庄建设年生产 2.8 万吨有机肥厂 1 座,计划资金 2500 万元,到位 2000 万元,已支付 1649.40 万元,该项目建设内容已全部完成。(4)2022 年宁夏六盘山肉牛优势特色产业集群续建项目。计划资金 1670 万元,实际到位 829 万元,共计兑付 759.70 万元,到位资金兑付率 96%,其中:冻精采购 140 万元、数字化牧场 1 个 50 万元、饲草加工配送中心 1 个 100 万元、社会化服务站(点)4个80万元、牛肉品牌宣传60万元、利益联结机制示范点2个100万元、牛肉产品体验店4个240万元、农民利益联结机制完成514头25.70万元;肉牛活畜交易市场改扩建1个在建设中。(5)2023年肉牛“见犊补母”项目。全年计划完成见犊补母8.5万头,补贴资金4250万元,实际到位资金1800万元,完成张易镇、河川乡、炭山等11个乡镇29382头1800万元补助资金兑付(其中500元/头22764头1138.2万元、1000元/头6618头661.80万元)。(6)2023年饲草加工调制项目。在原州区11乡镇推广农作物秸秆青贮、黄贮为主的饲草加工调制技术,全年调制饲草20万吨以上,当年计划资金40万元,目前到位资金40万元,预计2024年4月份完成资金支付。(7)2023年养殖“出户入园”示范点建设项目。在三营镇建设肉牛养殖场1个,鼓励养殖户将养殖肉牛出户入园,计划资金656.00万元。建设任务已完成并进行了竣工验收,兑付资金580.6223万元,占到位资金的88.50%。

【农业面源污染治理】 坚定不移的贯彻“绿水青山就是金山银山”的理念,走“生态优先,绿色发展”的产业可持续发展之路,纵深推进农业面源污染防治和农业生态环境保护。畜禽粪污资源化利用及秸秆综合利用。按照畜禽存栏量计算粪污产生量97.52万吨,其中牛66.24万吨、羊15.93万吨、猪8.53万吨、鸡6.82万吨。以畜禽养殖场(园区)、养殖集中区粪污处理设施为重点加强日常监管和指导,保障粪污处理设备运行正常,落实农业面源污染措施,采取集粪场堆肥发酵、覆土发酵、沉淀池(化粪池)液体粪污沤肥等方式就地就近还田为主的方式综合利用量95.08万吨,其中牛64.58万吨、羊15.53万吨、猪8.32万吨、鸡6.65万吨,粪污综合利用率97.50%。原州区秸秆可收集资源量为47.441万吨,主要以饲料化利用为主,其次是燃料利用,利用量为45.06万吨(其中饲料化利用44.72万吨、燃料化利用0.34万吨),综合利用率为95%。秸秆禁烧。共制作秸秆禁烧标语120余张,宣传横幅81条,深入到各乡镇村组主要交通干道进行悬挂张贴,教育引导农户从思想上树立“焚烧秸秆违法”的安全意识,使“禁烧秸秆,污染环境”家喻户晓;同时与11个乡镇签订年度秸秆禁烧工作目标管理责任书,并成立督查检查小组,对原州区11个乡镇的秸秆禁烧工作进行多次督查检查。

农经管理

【村集体经济】 2023年,原州区争取自治区扶持壮大村级集体经济项目村9个,争取专项资金900万元。三营镇马路村与安和村股份经济合作社联合经营肉牛养殖产业,已签订联营合同,购买饲料和肉牛支付70万元;河川乡黄河村实施光伏发电项目,已完成光伏电站基础设施建设,正在联系并网事宜;炭山乡炭山村、张套村、新山村联村建设550KW光伏发电站,基础设施建设正在进行收尾工作;炭山乡石湾村饲料厂建设项目,已建成厂房,正在对附属设施设备进行建设;炭山乡南坪村自主经营山羊养殖项目,正在建设圈棚;黄铎堡镇曹堡村实施光伏发电项目,已完成光伏电站基础设施建设,正在联系并网事宜;白河村实施光伏发电项目,基础设施建设正在进行收尾工作。

【“三资”管理】 完成了2022年度农村集体清产核资工作,截至2022年底,原州区11个乡镇148个村3个社区,核实资产总额为153629.07万元,其中,经营性资产25877.55万元;非经营性资产127751.51万元;资源347.81万亩,其中,农用地332.49万亩,建设用地15.27万亩,未利用地0.05万亩。制定《推进农村集体资产监管提质增效行动工作实施方案》,排查清理农村集体经济组织运行不规范、农村集体资产管理不到位、农村集体经济合同不规范、农村集体财务管理不规范、农村集体债权债务管控不严格、集体工程项目管理不规范、开展农村集体经济组织审计走过场、其他农村集体资产管理方面等方面的问题。各乡镇已完成问题排查,正在上报相关台账、整改总结。

【土地承包】 开展原州区第二轮土地承包到期后再延长三十年试点工作。依据中央农村工作领导小组办公室、农业农村部《关于2023年第二轮土地承包到期后再延长30年试点地区的批复》(中农发〔2023〕4号)要求,原州区制定印发了《2023年原州区第二轮土地承包到期后再延长30年试点工作实施方案》。摸底调查承包现状。聘请第三方公司开展第二轮土地承包到期后再延长30年摸底调查工作。摸清第二轮土地承包以来家庭承包人口及承包地变化情况、确权登记颁证到户情况、整户消亡,全家进城落户,以及整户无地等情况以及村、组集体土地利用情况和自留地留用等情况。在深入农户及开展各级干部群众问卷调查、广泛征求延包联席机制成员单位意见、借鉴试点已取得成效的县(区)成果做法的基础上,起草了《原州区承包地有偿退出管理办法》《第二轮土地承包到期后再延长三十年延包办法》(审议稿)等平衡村集体经济组织成员土地承包权益和解决延包纠纷矛盾的配套政策文件,为延包试点工作顺利推进提供政策支持和机制保障。

【土地经营权流转】 截至2023年底,原州区有流转地面积23.52万亩,按流转方式划分:土地经营权出租的有22.32万亩,占流转地总面积94.9%,土地经营权入股的有1.2万亩,占流转地总面积5.1%;按流转去向划分:流转入农户5.6万亩,占流转地总面积23.8%,流转入家庭农场1.77万亩,占流转地总面积7.5%,流转入合作社5.03万亩,占流转地总面积21.4%,流转入企业11.1万亩,占流转地总面积47.2%;按流转用途划分:流转用于粮食种植15万亩,占流转地总面积63.8%,流转用于经济作物4.33万亩,占流转地总面积18.4%,流转用于蔬菜水果种植3.96万亩,占流转地总面积16.8%,流转用于其他用途0.23万亩,占流转地总面积1%。

【耕地补贴】 按照《关于印发〈2023年全区耕地地力保护补贴项目实施方案〉的通知》(宁农(种))发〔2023〕9号)要求,拥有耕地承包经营权的种地农民进行补贴,补贴金额4590万元。项目已实施完成,发放补贴4578.5万元,补贴面积988521.29亩,其中:水地296959.61亩,旱地691561.68亩。

【新型经营主体培育】 2023年累计新增备案农民合作社6家、家庭农场15家,2023年新培育县级示范社7家、示范家庭农场11家,市级示范社1家,区级示范社2家、示范家庭农场3家。截至2023年底,累计备案登记农民专业合作社共620家,共创建国家级示范社12个、自治区级示范社18个、市级示范社31个、原州区级示范社59个。累计登记备案家庭农场有300家,共创建四星级家庭农场20家,三星级家庭农场8家、二星级家庭农场23家。2023年投入项目资金524万元,完成农业经营主体生产设施改善25家;完成农业经营主体粮油单产提升8家;开展农民合作社质量提升整县试点工作;完成对1家国家级农民合作社示范社进行奖补。

【托管服务】 2023年原州区以聚焦优质粮食、蔬菜、饲草等特色优势产业生产,培育壮大农业生产托管服务组织,公开遴选34家社会化服务组织实施原州区农业生产托管服务项目,完成深耕13.76万亩次、旋耕18.52万亩次、玉米播种3.25万亩次、杂粮收获2.98万亩次、青贮玉米收获9.78万亩次,已通过县级验收,在《原州区人民政府网》公示无异议后,拨付项目资金672.7305万元。

【肉牛养殖社会化服务】 2023年在原州区公开遴选肉牛养殖社会化服务组织2家，开展肉牛养殖社会化服务试点，投入项目资金200万元，社会化服务组织为肉牛养殖的小农户提供不同养殖品种、养殖阶段的饲草配送服务和粪污收运、集中发酵、腐熟加工等粪污资源化利用服务；为养殖户分群分阶段标准化饲喂提供技术服务，肉牛按照犊牛、基础母牛、育肥牛分群养殖；为养殖户提供疫病防控、疾病治疗、畜禽无害化处理等服务；为小农户开展饲喂技术培训服务，提高小农户的养殖水平，推动散养户与现代畜牧业有机衔接。截至2023年底，按项目实施进度拨付项目资金124.2273万元。

农业机械化推广

【概况】 2023年，原州区共有农机总动力45万千瓦，比上年增长2万千瓦，农机化耕种收机械化水平达77%，比上年增长1个百分点，农机配套比为1:2.5。完成了自治区年初下达77%的耕种收综合机械化水平预期目标。

【推广服务】 2023年，推广应用覆膜面积20.643万亩，单一来源采购发放地膜1606.96吨，涉及96个行政村，受益农户3万余户。在11个乡镇回收残膜5564.347吨，3家加工企业自主回收2381.653吨，共计7946吨。3家企业加工造粒1986.5吨，建设标准化残膜回收网点1家。在头营镇利民村建设原州区肉牛机械化养殖示范园区，肉牛养殖1000头以上。依托鑫宇农机研发自动化堆料清扫机1台。组织召开肉牛机械化养殖现场演示观摩会1场，举办肉牛机械化养殖技术培训班1期，培训工作人员、养殖企业、大户、农机手、技术人员130人次，开展不同堆料清扫机机型工作效率对比试验1场。

【安全生产】 与各乡镇农业综合服务中心签订2023年农机安全生产责任书11份，与辖区农机作业公司、专业合作社、农机大户签订2023年农机安全生产责任书16份，各行政村农机安全联组与本村农机操作人员签订安全责任书8200余份。责任书签订率达到了97%以上。开展春耕备耕、“三夏”“三秋”重要节点农机具安全检修检测工作，对各农机作业公司、农机专业合作社、农机专业大户、原州区境内各农机维修网点进行了农机具检查工作。农机免费管理与农机综合保险工作顺利开展，原州区现有拖拉机、联合收割机15961台，注册登记15609台，2023年注册登记446台，挂牌率97%；持证驾驶员11224人，持证率72%；全年检验拖拉机、联合收割机6045台，检验率38.7%，粘贴反光条5000多条；完成辖区内农机操作人员培训1464人(其中拖拉机、联合收割机驾驶员培训219人)；驾驶审验换证850人；协同原州区人民财产保险公司完成承保联合收割机和大中型拖拉机农机综合保险165台，协同中国石油原州支公司办理“三优一免”柴油优惠卡800余张。开展农机宣传教育活动36场次，通过以案释法、法律法规解读、现场演示、发放宣传资料等方式开展农机安全知识进农村“大学习、大宣传、大培训”活动，累计发放宣传挂图、宣传彩页、安全反光帽、反光背心等各类宣传资料7000多份，发送宣传信息100余条，发送10万人次。出动检查人员40余人次，对田间作业的农业机械、农机专业合作社、农机检修点等36家次进行现场安全隐患大检查，对发现的安全隐患能现场整改的责令立即整改，不能立即整改的，制定整改台账，限期整改，并复查形成闭环。积极推进农机报废更新工作。全年报废联合收割机3台、20马力及以上拖拉机10台，补贴资金9万元。

【购置补贴】 2023年，分11批落实中央和自治区农机购置补贴资金2357.052万元，补贴各类(种)农机具3391台(套),其中大中型拖拉机563台,联合收割机65台，其他各类机具2763台，受益农户2982户,带动农民投资5917.5万元。

【农机质量监管】 在原州区农资城开展农机“3·15”消费者权益日活动,现场宣传答疑,并对辖区内农机经销企业、农机维修网点、农机作业公司的服务质量、农机产品质量进行联动联查。2023年完成质量投诉案件处理60余起,没有群众集体上访事件。全年核查农机具346台,接待前来购机咨询的农户1000余人。

工　业

综　述

【概况】 2023年全部工业实现增加值15.67亿元,同比下降3.5%,其中,规模以上工业增加值同比增长2.0%。在规模以上工业中,分门类看:采矿业增加值同比下降0.4%,制造业增加值同比增长2.8%,电力、热力、燃气及水生产和供应业增加值与上年同期持平。

【工业经济】 强化监测预警和应急调度,对规上、规下工业企业实施动态管理和调度,随时掌握企业运行动态。加强对停减产企业帮助指导,解决企业用水、融资等困难问题12件。抓好规模以上企业培育,在规上工业企业45家基础上,培育闽泰纺织等规上企业2家,申报培育自治区级"专精特新"中小企业4家,创新型中小企业7家,中小企业公共服务示范平台2家。落实好国家、自治区、固原市出台的降本增效、减税降费、综合奖补等政策,制定《关于全面优化营商环境推动民营经济高质量发展的实施细则》《原州区市场主体梯度培育提质升级行动方案》等政策文件,雪川农业等企业技改投入2514万元,帮助企业进一步提振信心、降低成本。聚焦重点工业项目,明德中药等项目及时达产达效,雪川农业(二期)、六盘山生物有机肥项目等项目开工建设,闽宁电子信息产业园完成前期规划。

供电服务

【概况】 2023年,三营公司售电量完成3.7亿千瓦时,完成计划指标的105.14%。综合线损率6.46%,同比上升0.16个百分点;有损线损率6.98%,低于指标0.03个百分点;累计应收电费1.71亿元,回收、解缴率双百。供电可靠率完成99.8401%,较计划指标下降了0.0099个百分点;电压合格率完成99.790%,较计划指标上升了0.005个百分点。全年累计报装新增5564户(其中高压新装87户,动力4004户),增供扩销再创新高,经营业绩稳步攀升。

【项目工程】 完成2023年9个批次65个大项140小项工程建设项目资金1.714亿元(2023年工程:新建及改造10千伏架空线路270.22千米、配电变压器167台、0.4千伏低压线路171.93千米。),滚动储备107项5.04亿元后续项目。分步落实5项煤改电项目资金1737.41万元(储备34项3300万元)。3个配变台区工程荣获国网宁夏公司"优质示范工程",柔性直流配电互联实现区域辐射,配网工程管理在国网宁夏公司指标排名靠前。

【隐患治理】 推进隐患整治。落实三个清单〔三个清单:滚动修订两个清单(《安全生产责任清单和工作清单》);编制《百日安全攻坚及安全基础管理提升专项行动任务清单》《重大隐患专项排查整治行动任务清单》。〕任务、固原公司8类77项标准和自治区党委"1+37+8"系列安排,排查隐患19项,整改率98%。违章治理见行见效,强化计划执行2938项,"现场+远程"日督查3008场次,班子到岗到位414次,查处违章34项,处罚1.35万元。安全教育培训、普考6轮15场630人次,举办1次安全知识竞赛,开办专题、应急管理等教培33课次,举办5

次应急(消防)演练,接受1次应急能力建设评估。

优化运行方式(运行方式:新增配出10千伏线路6条、改道1条,转移负荷14条次),聚焦跳闸隐患,“人工+智能”巡检线路665条次、带电监测3680处,闭环治理缺陷1202处。“靶向+连带”整治跳闸隐患5600余处(清除跳闸隐患:鸟窝350余处;专变隐患500余处、光伏用户隐患85例、带电处理裸露点510处、更换劣质绝缘子520片。加装防撞设备、警示标识1800余套,安装杆号牌2600面),“点线+区域”清理通道树障10万余棵。加强设备运维,强化配电自动化管控〔配电自动化:智能融合终端(总1731台)在线率98.14%,清查安装并定值下装自愈开关521台(总521台)遥控成功率98.21%;调试、勘查安装故障指示器168组(总169组),改造DTU5台(总15台)〕,带电作业166次(带电作业:占总作业计划63.12%,其中:为用户接火27次,带电接火占比96.30%),治理异常台区85台。全年跳闸100次,同比下降6.5%,运维责任跳闸同比下降21.45%。整治高损台区180台,压降损失电量115.5万千瓦时(反窃查违:警企联合反窃查违16场次、普查1780人次。查处窃电及违约用电133户,追补电量35.96万千瓦时,追补及违约使用电费59.07万元,完成全年任务的107.42%)。完成综合采集成功率99.89%,台区线损达标率99.28%,同期线损率2.92%,黄铎堡供电所荣获国网公司线损6次“进步百佳”3次“百强”称号;寨科、河川供电所分别获取“供电所动态管理评价流动红旗”。

【营配融合】 紧盯同业对标短板指标薄弱问题。落实营销2.0“腾笼换鸟、平滑过渡”上线切割、采集系统等贯通(迁移知识库录入所涉档案数据3.2万条,电价核对及走访告知8轮380户次,测试验证模块功能40轮次6000余项,事项报备、服务不间断公告及业务过渡信息反馈1300余项)。加快电网资源管理数字化转型建设(完善基础台账档案字段12.5万余条,治理用采、同源、营销等源端异常数据和图表关系10.5万余条。重新绘制单线图45套幅),治理“变—户、箱—表”营配关系异常1828条,完成老旧计量、采集设备轮换5000余块,统筹“三封一锁”整治,更换、修缮破损计量箱1650面。远程费控实现全覆盖。

【优化营商环境】 深化综合能效服务,线上办电率、高压办电e助手应用率100%。及时解决业扩项目,延伸低压线路26.54千米,高接低老旧专变80台,逐项落实6个乡镇煤改电项目(煤改电:需求17277户,确村确户4627户线路改造项目,梳理负载70%以上变台27台)。协调推进自有渠道“进村入户”一揽子服务优化落地(一揽子服务:村覆盖户入院,信息条条准确,档案处处核对,异常件件整改),入户5.1万户,走访重要用户1.5万户。自有渠道服务诉求占比超过83%。

商贸服务业

综　述

【概况】 全年全区实现社会消费品零售总额74.94亿元，比上年增长5.1%。按经营地统计，城镇消费品零售额63.31亿元，增长5.3%；乡村消费品零售额11.63亿元，增长4.5%。分消费形态看，餐饮收入12.99亿元，同比增长14.7%，商品零售61.96亿元，同比增长3.3%；从限上主要商品零售看，粮油、食品类增长20.9%，家用电器和音响器材类增长22.1%，中草药及中成药类增长0.2%，石油及制品类增长12.9%，汽车类增长5.7%，汽车中新能源汽车增长157.1%。

【商贸服务】 加大限上企业培育工作力度，采取多种措施促进企业发展，在限上商贸企业52家基础上，培育限上企业25家。给予2022年达限入统的德瑞云迪等13家限额以上企业(个体)给予180万元入库补贴。推进商贸流通设施改造升级，完成味园乡镇连锁超市项目建设验收。制定《原州区消费促进年活动实施方案》《“浪宁夏·品味道·在原州”2023宁夏原州区美食文化节活动方案》等政策文件，先后举办了2023年“助商惠民 乐购原州”汽车家电展销、原州区2023年电音美食节和“星动固原”2023年固原市(原州区)首届房车文化旅游节等促消费活动。组织企业参加区市商务部门组织的广交会、消博会、上海农产品博览会、中国绿色食品博览会等会展博览，福苑、荣味斋等23家餐饮企业参加了2023年固原经典美食大赛，共发放消费券100万元，带动消费4200万元，进一步拉动社消额增长。大力发展农村电子商务，积极组织参加区市商务部门组织的厦门、盐池等电商培训，培训企业电商人才30名；先后举办了“惠聚原州 悦享美好”2023年原州区网上年货节、2023年原州区双品网购节暨“原州好物”促销、直播达人比赛等活动，网络销售额达2.4亿元，其中农产品网络销售额达4500万元。

【招商引资】 制定了《原州区2023年重点产业精准招商专项行动方案》和《关于建立县级领导包抓产业发展工作专班》，截至2023年9月底，原州区委、区政府、人大、政协组织招商小分队赴北京、上海、杭州、福州、厦门、成都、常州等地开展招商活动16次，共对接纺织服装、电子信息、肉牛、新能源、中药材、现代物流等企业66家。落地在建项目20个，计划总投资42.88亿元，到位资金37.25亿元，完成固原市下达原州区目标任务的102.1%，其中：“五特”产业项目11个，“五新”产业项目3个，“五优”产业项目5个，其他项目1个，产业类占比95%。自治区党政代表团赴长三角地区学习考察期间签约项目3个。第六届中阿博览会期间签约项目7个。

商业服务

【下属企业管理】 积极对接财政缴纳福商商贸公司8名职工社会保险费，稳定了企业，杜绝了职工上访事件。争取财政为所属企业职工缴纳职工社保费，除六盘山宾馆欠缴职工社会保险费外，其他企业均未拖欠职工社会保险费。组织政治理论学习和业务知识培训，提高素质。

【安全生产】 进一步规范企业安全生产、消防管理行为，结合2023年7月2日自治区党委书记梁言顺暗访查出问题，督促企业完善安全生产各项规章制度，六盘山宾馆投入370余万元进行消防安全隐患整改。2023年，商业总公司所属四家企业无一例安全事故。

供销合作

【营业收入】 营业收入14,808万元。农副产品购进5,007万元、废旧物资购进701万元。各种肥料购进5513吨，农药购进3吨，农膜购进90吨，种子种苗购进(玉米种子)36吨，烟花爆竹销售29万元，实现利润3万元，资产负债率58.63%。

【农业社会化服务】 先后与原州区齐力种植专业合作社、宁夏心平农业技术服务有限公司、宁夏瑞丹苑油牡丹产业有限公司、融侨丰霖(宁夏)肉牛生态产业园等8家签订入社协议，开展农业社会化服务，助力乡村振兴，帮助农民增收。为进一步促进肉牛产业提质增效，更好满足种养殖户需求，将通过“合作社+企业+农户”全产业链发展模式，饲草配送将以每吨草料价格至少低于市场价格的50—100元钱，直接送到农户手里，降低了饲养成本，提高饲养效益，实实在在让老百姓得到实惠。组织申报2022年度供销社系统农民专业合作社获国家级示范社2家。

【统防统治】 宁夏心平农业技术服务有限公司累计作业面积达31.63万亩，飞行次数达6.31万次，共计作业4537.5小时。调动无人机200架。完成飞防面积5.28万亩。开展统防统治农业社会化服务15万亩。涉及安徽、河南、甘肃、新疆、宁夏等。

【“832平台”消费】 线上运营销售工作稳步推进，社有企业农业生产资料总公司2023年1—10月份营业收入342.99万元，其中:线上“832”平台2.62万元，线下闽宁协作销售340.37万元。

【迎“双节”·促消费】 在十一黄金周开展系列促销活动，共设促销活动点三处，营业销售额83.12万元。参与开展农民丰收节活动场次3次，实现销售额98万元，意向企业销售疆果入宁签约农产品20吨。

交通　城乡建设　住房保障

交　通

【农村公路】 新建彭堡镇申庄村、三营镇安和村、官厅镇官厅村二组及三组、头营镇石羊子至张崖、开城至黑刺沟农村公路5条共计21.6公里，其中产业路2条6.6公里、村道3条共计15公里，项目已全部完工。加快推进提升农村公路质量服务乡村振兴三年攻坚行动项目，第一批35条154.798公里农村公路维修工程（农村公路路况提升工程），27条115.608公里已全部按期完成，剩余8条39.19公里同步碎石路面未完成。第二批农村公路路况提升项目及农村公路生命防护提升工程建设工程报告已批复、初步设计已完成。持续巩固"四好农村路"全国示范县区成果。2023年8月，原州区顺利通过交通运输部"四好农村路"全国示范县区现场复核评估验收工作。

【安全治理】 全面摸排整治农村公路安全，共计摸排农村道路安全隐患578处，其中国省道149处、县乡道路325处、农村道路安全隐患104处，治理完成576处，投入资金1117万元。剩余2处隐患2座危桥已列入2024年项目计划，报自治区交通运输厅争取奖补资金后实施。

【安全生产】 筑牢建筑、道路施工领域安全生产防线。组织各建筑、道路施工企业春季开复工安全教育培训。春季开复工、建筑施工领域重大风险隐患排查整治及安全生产大检查大整治，共计检查建筑道路施工项目25个，共计检查50余次，发现一般安全隐患210多条，下发隐患整改通知书50余份、停工整改通知书6份。

【项目服务】 全面落实工程建设项目审批改革。严格按照建立"一窗口、一站式、一网通"服务功能，不断优化企业、群众建设工程施工许可审批时限，将施工许可审批时限严格控制在5个工作日以内，2023年，办理建筑工程施工许可证38件，办理线上联合验收14件；消防设计审查和验收审批时限严格控制在15—20个工作日以内，办理乡镇房屋、市政工程消防图纸审查共16件，消防专项验收4件。

城乡建设

【概况】 2023年，实施原州区三营镇污水处理厂扩建及污水管网项目，概算总投资8383.53万元，已完成全部工程量75%。建设高质量美丽宜居村庄及高标准重点小城镇项目，2023年建设开城镇双泉村、官厅镇乔洼村2个高质量美丽宜居村庄和薛庄村乡村振兴示范村建设，目前乔洼村所有工程已完工，双泉村正在施工中；薛庄村乡村振兴示范村正在公示招标计划及控制价审计。开展全国村庄建设统计调查工作，完成原州区148个行政村进行了逐一系统录入，现已全部录入完成，录入准确率100%。

【清洁取暖】 全面推进原州区农村冬季清洁取暖项目进度。起草制定印发了《原州区2022—2024年冬季清洁取暖项目实施方案》和《原州区2022年度冬季清洁取暖项目实施方案》，完成验收2022

年清洁取暖项目 6361 户，其中验收完成空气源热泵改造 719 户、生物质锅炉改造 4574 户、天然气供暖改造 1068户；印发《原州区 2023 年冬季清洁取暖项目实施方案》，2023 年改造 15182 户，改造面积约 132.02 万平方米；实施农村建筑节能改造 26.5 万平方米，正在组织招投标。实施原州区农村生活垃圾填埋场封场项目。2023 年实施原州区三营镇、张易镇、彭堡镇 3 个乡镇农村生活垃圾填埋场封场项目。

【安全排查】 持续开展乡村燃气安全检查，成立燃气管道安全检查工作专班，联合固原市交通综合执法支队、公路管理段相关人员对固原市经纬新能源有限公司敷设的天然气管道安全隐患进行全面排查，针对排查出的各类隐患问题，督促企业按照 CJJ/ T153-2010《城镇燃气标志标准》增补标志桩 125 个、标志砖 460 个、标志牌 966 个、防撞栏 3 个。2023 年，摸排农村地区燃气用户总数 1403 户，完成燃气“三件套”安装 1403 户，安装率 100%。

【防震救灾】 加强防震减灾救灾护航高质量发展，在 5·12 全国防灾减灾日和 10·13 国际减灾日以学校和社区为宣传主阵地，通过集体观看安全教育直播、开展防震减灾科普宣传和地震应急演练等“防灾减灾”宣传教育活动，进一步提升广大人民群众防震减灾意识；加强灾害防范，督促乡镇（街道）8 个单位摸排 121 处隐患点，9 个成员单位上报 260 处隐患点，均已完善应急预案和整改措施；统计摸排救灾力量物资，原州区摸排统计应急联动人员 2696 名、应急救援队伍 34 支、应急物资铁锹、洋镐、撬棍 2651 把、帐篷 99 顶、床被褥大衣 2020 件、米面油生活物资储备 3696 吨、防雨物资 2105 套、发电照明设备 1091 台、医疗救援物资 562 套、其他设备 21923 个（对讲机、抽水机、扩音器、编织袋、灭火器、安全绳、头盔、无人机）、应急救援车辆 189 辆、应急救援大型机械 69 辆；加强宏观观测管理，对全原州区 20 个宏观观测员组织开展宏观观测知识培训，第一时间报告动物、观测井等异常情况，为地震前兆预判提供科学依据，确保有地震发生时能迅速启动预案并开展预防；完成 2022 年度房屋设施抗震设防信息采集工作，其中加固工程采集数量为 23 个，新建工程采集数量 234 个，总计采集 257 个，已 100%完成。

住房保障

【概况】 原州区农村危房改造实现了所有农户住有所居，居有所安，达到了“两不愁三保障”目标中的安全住房有保障，2023 年完成危房改造 36 户，涉及 11 个乡镇，兑付资金 108 万元。

【安全整治】 全面开展农村自建房安全专项整治“回头看”。经全面摸排发现：共计发现 12 户存在安全隐患经营性自建房，其中 7 处拆除新建，5 处封控管理。要求属地乡镇要对经营性自建房第一时间标识警示，动员人员搬离，暂停营业，进行封控管理，拆除后新建，及时消除安全隐患。实施六类重点人群危房即增即改 36 户。

【严格管理】 严格落实自治区住房城乡建设厅《关于切实加强农房建设质量安全管理的通知》《宁夏特色抗震宜居农房设计方案图集》等，健全完善技术标准体系，加强质量管控。严格落实改造标准，科学指导危窑危房和抗震宜居农房改造。对住房处于可能发生滑坡、崩塌、地陷、地裂、泥石流等灾害地段及时予以搬迁改造，新建房屋强制执行“上下圈梁、构造柱、三七墙”等抗震设防构造要求，确保改造质量安全。严把工程竣工验收，房屋改造竣工后，在乡（镇）自验基础上，由县住建部门牵头，会同本级相关部门和自治区督导组组成联合验收组，逐户进行核验。对验收合格农户,将补助资金直接转入农户“一卡通”账户,确保改造完成一户、竣工验收一户、资金兑现一户。

【行业经济】 对原州区61家入库企业成立工作专班,抽调专人逐企走访,积极对接固原市住建局,做到各企业应报尽报。第三季度建筑业产值目标17.01亿元,增速15.87%,第四季度19.8亿元。房屋销售面积1—12月份50.9万平方米,增速17.28%。房地产从业人员报酬按月发放,共放发2680万元,增速0.79%。

自然资源管理与生态环境保护

自然资源管理

【生态保护与修复】 完成营造林13万亩。完成乡村主干道路抚育提升350公里，完成草原生态修复0.4万亩，推广种植枸杞芽菜268亩；种植北京7号新品种桃3200株、嫁接红梅杏1.1万株，在毛家台子发展小红杏30亩，改造以红梅杏为主的经果林低产园1000亩；完成古雁岭生态修复与水土保持项目，治理总面积150亩，在大营河区域营造水源涵养林1.13万亩、治理河道25公里，治理炭山、中河、官厅等乡镇历史遗留废弃矿山4处787亩。划定第二批一般湿地名录54个2192.86亩。

【国土用途管制】 完成固海扩灌、杨郎幼儿园等13个项目新增建设用地报批工作，涉及184亩。完成了宝中铁路改造提升等5个项目土地预审工作，涉及3500余亩。为国道344头营至李旺段、天润风电三期移机工程等8个项目办理临时用地643.05亩。2023年，共受理征地项目26宗，其中杨郎幼儿园、固海扩灌等20个建设项目完成集体土地征收，涉及1287.69亩，其他6宗正在有序开展集体土地征收工作。指导乡镇完成设施农业备案710宗，涉及611亩。

【耕地保护】 划定永久基本农田储备区0.44万亩，全面推行“六级”耕地保护网格化监管，原州区共注册“四、五、六”级田长1124个用户，涉及153个行政村，注册率为100%，完成系统下发疑似违法图斑149个，举证率100%。安装耕地四级保护碑14个，五级保护碑153个，六级界桩940个。

【自然资源执法】 2023年，查处各类案件21起，其中林政类案件18起、国土及矿产类案件3起；完成自然资源部和自然资源厅下发的1160个土地违法图斑外业举证和内业填报。排查自然资源部下发的2023年耕地流出问题图斑1901个，已整改1667个。核实自然资源厅下发的问题图斑15446个3.92万亩，自行摸排问题图斑14197个5.03万亩，已举证图斑2.8万个，举证率94.52%，甄别自然资源厅下发的占补平衡项目区图斑675个5185.83亩，其中疑似非耕地图斑62个196.9亩、需恢复耕种的117.31亩、难以恢复需核减指标的79.59亩，正组织有关乡镇开展耕地恢复及调查举证。

【动植物保护】 各类苗木调运检疫1452.7万株、产地检疫3640万株、复检3395.3立方米，种子检疫14320公斤，电缆检疫2055盘，查处并遣返调运疫区苗木1起1.5万株；防治鼢鼠16万亩次、光肩星天牛等蛀干害虫10万亩；开展松材线虫病监测调查2541个小班59.06万亩次；加强野生动物疫源疫病监测，开展野生动物救助38次72只，其中放归24只、救护17只、无公害化处理31只。依法依规开展野猪防控种群调控，猎捕野猪453头。

【地质灾害防治】 2023年，投资4658万元，对10个乡镇45个村庄65处地质灾害隐患点实施工程治理，配合官厅镇将东峡村二组3处隐患点的28户111人进行避险搬迁，采取削坡修整、修建截排水沟等措施对东峡村委会崩塌隐患点进行应急处置。

【森林草原防火】 强化林长制“指挥棒”作用，做到三会同开、三字齐签，定责任、定预案、严部署、抓落实。加强“网格化”管理，在重点林区和主要路口设立森林防火检查站135个，设置卡口167个，1785名护林员值守。整修防火通道140公里，新建防火道路98公里，建设森林防火隔离带6000亩，围栏73公里，设置检查点45处，增设防火检查站19处，配备防火水车2台，装备防火探照灯400件。开展区级森林防火培训14次，森林草原应急大队配合市区森林防火指挥部开展森林草原防火演练4次，基层林场、乡镇联合组织森林防火联防联控应急拉动8次，各乡镇人民政府开展生态护林员业务培训22次。

【土地权、山林权改革】 完成812宗集体建设用地不动产权籍调查，其中公益性用地403宗（符合颁证条件的313宗，已入库282宗）、经营性用地90宗、宗教用地319宗。开展第二轮土地承包到期后再延长30年试点工作，完成宁夏土地承包经营权不动产首证颁发。针对已颁发林权证的109.5万亩林地，地籍调查已基本完成。为企业颁发山林经营权不动产权证13本。完成移民迁出区85.07万亩土地落界。大力发展林下经济，引导官厅镇薛庄村、石庄村，开城镇的彭庄村，河川乡的寨洼村等村集体及合作社、个人发展林下养鸡10万只、林下养蜂4000箱，官厅镇东峡村种植林下中药材2500亩；野菜、山杏、山核桃、柠条籽、沙棘籽等采集近6000吨，林产品加工1000吨。五是探索“以地换林”新途径，引进企业1家，投资400多万元，实施荒山造林3000多亩，栽植文冠果近20万株。开展林业碳汇计量，配合自治区林草局聘请的第三方技术公司完成94处碳汇监测点布设。推进林权抵押贷款，积极对接金融机构，完成林权抵押贷款1笔，实现零的突破。

【林长制度建立】 完善组织架构。建立区、乡（部门）、村（林场）三级组织体系，全区设总林长2名、副总林长14名，乡级林长139名，村级林长724名，各级林长及护林员的责任区域落地上图，助力开展日常巡林护林；全区设监管员14名，护林员1788名，“一长两员”责任全面落实，实现了对全区11个乡镇（3个街道办事处）、14个国有林场，123.6万亩林地和95.6万亩草地的多层次、网格化全覆盖。成立工作机构。成立县级林长办公室1个，乡级林长办公室14个。健全各项制度，制定出台了《原州区林长会议制度》等九项配套制度；各乡镇（街道）也制定完善了相应的配套制度；制作并安装区、乡、村三级林长公示牌180块。落实总林长会议制度。原州区委、区政府主要领导以总林长、副总林长名义共召开林长会议2次。原州区总林长、副总林长先后巡林巡草76次；进一步完善了“林长+检察长+警长”的工作机制；及时下载安装“智慧林长”App。落实林长制督查制度。组织人员对11个乡镇、3个街道办事处林长制工作的开展情况、“智慧林长”App下载安装使用、生态护林员日常巡护管理、林区封山禁牧防火、退耕还林资金补助等方面工作进行全面督查，下发《禁牧封育督查问题告知单》3份，禁牧封育工作督查情况通报4期。

生态环境保护

【构建共治体系】 原州区牢固树立“绿水青山就是金山银山”的发展理念，认真落实生态环境保护“党政同责，一岗双责”制度，全方位加强生态环境保护工作。制定印发《原州区2023年生态环境保护重点工作安排》《原州区大气、应对气候变化、噪声、水、土壤、固体废物与化学品等重点工作实施方案》《原州区2023—2024年冬春季大气污染攻坚行动方案》，细化工作措施。将生态环境保护责任落实情况纳入干部提拔任用、评优选先考核范围，严格落实《党政领导干部生态环境损害责任追究制度》，进一步明确各部门、单位职责，压紧压实乡镇、街道生态环境保护责任，形成区委、区政府统一领导、主管部门齐抓共管的工作格局。原州区委常委会会议、政府常务会议定期听取和研究生态环保工作，持续推动重点任务落实落细。原州区人大、政协围绕生态环境保护工作积极组织代表、委员开展专题调研，为打赢污染防治攻坚战建言献策。党政主要领导调研督导生态环境工作 10 余次，及时有效解决各类突出问题。

【提升质量】 原州区大力实施生态优先战略，持续开展生态保护和修复，强力推进绿色转型，以钉钉子精神把年度下达的大气、水、土壤污染防治目标任务落到实处，实现生态环境质量稳步提升。国控、自治区控断面水质稳定达标。2023 年 1—12 月份，清水河三营国控断面水质平均达到地表水 IV 类水质，二十里铺国控断面水质稳定达到地表水Ⅱ类水质。冬至河入清水河区控断面达到地表水 IV 类水质。空气环境质量持续改善。2023 年，原州区可吸入颗粒物 PM10 平均浓度 48 微克/立方米；细微颗粒物 PM2.5 平均浓度 22 微克/立方米；优良天数 333 天，优良天数比率达到 91.2%。土壤环境质量总体稳定。继续保持土壤零污染，2023 年度未发生土壤污染环境事件。

【污染防治】 开展水环境质量改善行动。严格落实河长制，进一步加强河道巡查，坚决杜绝污水直排河流。提高监督检查频次。加强污水处理厂、人工湿地、小型污水处理设施运行检查，有效提升管理水平。对 9 家马铃薯加工企业生产“汁水还田”情况进行监督检查，每月对 45 家规模以上畜禽养殖企业进行常态化检查，防止废水外排。保障清水河生态基流。合理调度沈家河、冬至河、蒋河等水库水资源，确保了清水河不断流。加强对饮用水源地管理，定期对中庄水库、贺家湾水库、海子峡水库水质进行检测，确保饮水安全。开展大气污染防治攻坚行动。严格落实道路、拆迁工地、建筑工地、矿山“六个100%”的扬尘防控措施，对裸露的空地进行洒水降尘，对 10000 平方米建筑垃圾和土堆施工企业覆盖防尘网，提升施工扬尘管控水平。持续加强对清洁煤配送中心及煤质监管，冬防期间配送清洁煤 8000 余吨，环保炉具 1350 个。加快推进北方清洁取暖项目和油气在线监测安装。截至 2023 年底，已完成 5000 户 12.8 万平方米节能改造，在线监测安装 32 家。开展非道路移动源普查登记工作，审核登记大型非道路机械 379 辆并编码登记。开展秸秆、垃圾焚烧、燃放烟花爆竹整治，加大巡查监管力度，建立农作物秸秆综合利用台账，农作物秸秆综合利用率达到 92%。开展土壤污染防治攻坚行动。加强固体废物和危险废物监管，督促重点企业开展自行监测工作。对辖区内汽车维修门店进行专项执法检查，严查废弃机油非法售卖转运行为，确保危险废物安全处置率达到 100%。加强农膜资源化利用和化肥农药管理，残膜回收率达到 95%以上。农药包装废弃物回收率达到 85%以上。

【提升农村人居环境】 开展农村人居环境整治提升五年行动，创建农村人居环境整治示范乡镇 4 个、示范村 18 个，农村厕所覆盖率达到 51%。开展了农村生活垃圾源头分类减量和资源化利用推广工作，试点村庄 36 个，按照“户分类、村收集、乡镇转运(处理)”的模式，在 11 个乡镇建设垃圾中转站 11 座、分拣中心 41 座、配备配备垃圾箱 5000 个、垃圾桶 2 万个、小型垃圾电动车 294 辆、垃圾中转收集车 82 辆、机械清扫车 10 辆、配备保洁员 2984 名，确定专人从事垃圾转运设施日常运营管理，日收运生活垃圾 598.9 余吨。加强生活垃圾填埋场管理。投资 1312.25 万元，对三营、张易、彭堡、头营、寨科、河川 6 个垃圾填埋场实施垃圾堆体整形工程、终场覆盖系统、地表水导排系统、气体收集工程、生态恢复工程及地下水监测井，全面停运农村生活垃圾填埋场。同时，保障城市垃圾填埋渗滤液处理厂安全运转，做好除臭、消杀、渗滤液遗流处理等工作，确保出水检测均符合相关标准，防止造成二次污染。推进农村垃圾无害化处理。自2022年8月起，将居民生活垃圾转运至天橙垃圾焚烧发电厂进行集中处理，对垃圾焚烧后产生的飞灰予以填埋，2023年生活垃圾治产收集总量218597.9吨，无害化处理216311.9吨，填埋焚后飞灰4000余吨，处理率达到99%。科学推进农村污水处理厂（站）规范管理运行，提升污水处理效能，农村生活污水处理率达到13.8%。

【监管执法】 严格落实"谁污染、谁治理、谁破坏、谁恢复"机制，加大随机抽查检查力度，深入开展固体废物倾倒、非煤矿山、畜禽养殖、涉水企业等专项执法检查，下发督办单25份，办结率100%。完善生态环境污染事故处置应急预案，防范化解各类环境风险。快速响应"12345"市民投诉热线、"12369"环保专线及网信办等部门转交的群众投诉案件，查处各类投诉案件30起。建立相关部门行政执法、公安机关刑事司法、检察机关司法监督协作联动、联席会商机制，与自然资源、住建、水务、农业农村、卫健、公安等部门加强协作配合，促进行刑衔接和社会共治高效协同，保障生态环境行政执法、案件线索移交、信息共享，全面提高执法监管水平。

水 务

综 述

【水利项目建设】 2023年新开工建设水利项目17项，建设完成的有原州区河川乡康沟片区、张易闫关2个坡耕地水土流失综合治理项目，原州区三营镇东塬、张易镇田堡、官厅镇邱家沟、大马庄生态清洁型4条小流域综合治理项目；2023年原州区郭庙、蒋河2座水库除险加固工程；2023年人饮养护维修工程项目；2023年原州区小型水库维修养护工程；2023年原州区扬黄灌区调蓄水池维修加固工程；2023年原州区山洪灾害防治非工程措施项目；2023年移民村产业园区供水工程（和润村）项目。

【水旱灾害防御】 落实了以行政首长负责制为核心的各项防汛责任制，调整了防汛分工包片工作。开展汛前检查，消除安全隐患，对辖区内的所有水库、淤地坝、蓄水池、重点水利工程等进行拉网式排查、检查，并督促完成整改。加强水库、淤地坝、蓄水池等安全管理培训，组织开展原州区2023年水旱灾害防御应急救援实战演练。落实水库度汛计划，加强水库巡查，抓好水库、山洪灾害防御及中小河流防洪工作。修订完善各类水利工程预案及山洪灾害防御预案。严格执行24小时值班和领导带班制度密切关注雨情、水情、工情，加强各类水工程防汛调度，及时掌握和发布防汛信息，提前做好防灾避险准备。

【水行政执法】 认真执行建设项目水资源论证报告制度、取水许可审批程序。加强计划用水与定额管理，严格执行用水定额标准，审批取用水户取水量。强化日常巡查和监督管理，利用专项检查、互联网+监管、“双随机、一公开”等方式，及时发现并查处违法违规取用水行为，依法履行水行政主管部门监督管理职责，建立健全监督工作机制，全面完成取用水专项整治行动提升。多渠道宣传水法规，利用“世界水日”“中国水周”等宣传活动，深入机关、乡镇、社区、学校、企业、村委会及市民广场等地开展宣传活动。落实国家节水行动方案，加强部门联动，在企业、公共机构、小区等推动节水载体创建。推进水权改革和合同节水创新，积极探索、推动明确初始水权，进一步规范开展区域水权、取水权、灌溉用水户水权等用水权交易，完成黄河水用水权1000万立方米。严格生产建设项目水土保持行政审批，按照自治区、固原市和原州区有关要求，进一步优化审批流程，生产建设项目水土保持方案审批全部实行“一稿制”，对不符合生态保护和水土保持要求的，坚决不予审批，2023年，生产建设项目水土保持方案已经批复13个。认真贯彻落实安全生产大检查，开展隐患排查工作，2023年对工程建设进行质量安全检查8次，对水库、淤地坝、蓄水池及农村饮水工程安全运行检查11次。

【江河湖治理】 调整区、乡、村三级河长制组织架构，共落实河长255人，其中县级河长11人，乡镇级河长98人，村级河长146人。各级河长严格按照巡河工作要求履职尽责，2023年，县级河长巡河率118%，乡级河长巡河率88%，村级河长巡河率105%。坚持巡河、督查常态化机制，强化河道巡查力度，严厉打击非法占河道等破坏水生态环境的违法行为。及时核查水利部、自治区水利厅反馈图斑核查整改,2023年中华人民共和国水利部遥感图斑36个问题,其中:河川乡3个、中河乡9个、头营镇6个、彭堡镇9个、开城镇7个、官厅镇1个、炭山乡1个;2023年底,已经整改11个,正在整改25个。自治区河长办关于河湖长制明察暗访发现问题及遥感图斑责任清单共445个,经实地核查:自治区河长办第一季度暗访发现5个问题(黄铎堡镇2个、中河乡1、彭堡镇2个;目前已经整改1个,正在整改4个)。自治区河长制综合管理信息平台第一季度发现9个问题(黄铎堡镇1个、彭堡镇6个、开城镇2个)。自治区河长办遥感图斑431个问题(涉及12个乡镇街道办,22条河流沟道,其中开城镇42个、南关办6个、官厅镇21个、头营镇24个、三营镇20个、黄铎堡镇35个、彭堡镇70个、中河乡79个、张易镇80个、河川乡32个、炭山乡16个、寨科乡6个)。多措并举开展河长制湖长制宣传活动,采用进单位、进学校、进企业、进社区、进乡村等方式宣传河长制湖长制相关知识,共发放宣传资料2000份,宣传海报300余张、悬挂宣传标语30条,宣传覆盖群体6000余人。

水土保持

【小流域综合治理项目】 1.三营镇东塬小流域综合治理项目。批复新增水土流失治理面积11.79平方公里。其中,梯田提升改造70.96公顷,营造水土保持林296.94公顷,其中荒沟造林71.72公顷,荒山造林220.19公顷,栽植道路林2259株(折合面积2.03公顷),村庄造林3333株(折合面积3公顷),封禁治理811.62公顷;修建生产道路4.84公里,田间道路3公里,修建道路排水沟2.8公里、管桥10座,修建柳谷坊20座,设立封禁宣传牌3座,公示牌1座。项目概算总投资为554.09万元。该工程于2023年3月15日完成招投标,承建单位宁夏全唐环境建设有限公司,监理单位甘肃万荣生态工程咨询有限公司,2023年3月23日开工建设,已全部完工,共完成治理水土流失面积11.79平方公里。完成总投资554.09万元。2.官厅镇吴家沟小流域(邱家沟片区)综合治理项目。批复新增治理水土流失面积13.24平方公里,其中补植补造面积243.53公顷,树种为云杉、香花槐、山杏、山桃;新造水土保持林403.65公顷,树种为山杏、山桃;新植道路林1200米(合计0.18公顷),树种为香花槐和云杉。对云杉进行防鼠,共设置防鼠网26930平方米;封禁治理676.82公顷,增设封禁标志牌6处。本工程铺设砂砾石生产路3.974公里,路基宽4米,砂砾石路面宽3米。治理支沟7条,布置柳谷坊共计62座。概算总投资507.25万元。该工程于2023年5月15日完成招投标,承建单位宁夏衡昌建设工程有限公司,监理单位中鸿亿博集团有限公司,2023年5月24日开工建设,已全部完工,共完成治理水土流失面积13.24平方公里。完成总投资507.25万元。3.开城镇大马庄生态清洁小流域综合治理项目。批复新增治理水土流失面积10.91平方公里。建设梯田总面积158.45公顷(新修水平梯田14.06公顷,老旧梯田改造144.39公顷)。土壤改良136.27公顷,新建生产道路9.56公里,新建水窖9座,配套垃圾清运车1辆,垃圾箱20个(3方),化粪池(100方)3个,营造水土保持林57.65公顷(荒坡造林12.97公顷,沙道造林10.09公顷,补植造林21.54公顷,栽植行道树1.91公顷,栽植水库防护林带1.54公顷,栽植“四旁”经果林面积9.60公顷)。封育治理875.07公顷,配套标志牌1块。工程概算总投资531.76万元。该工程于2023年5月6日完成招投标,承建单位宁夏禹泽兴建设工程有限公司,监理单位图新设计咨询有限公司,2023年5月15日开工建设,已全部完工,共完成治理水土流失面积10.91平方公里。完成总投资531.76万元。4.张易镇田堡生态清洁型小流域综合治理项目。批复新增治理水土流失面积13.16平方公里。其中,兴修水平梯田19.46公顷,包括坡改梯11.30公顷,老旧梯田改造 8.16 公顷,对建设梯田全部实施机深耕和施用有机肥措施;修筑生产路 3.76 公里,各类排水沟 1072 米,漫水桥 2 座,过路涵管 19 座、修复灌溉渠首溢流堰 1 处、砌石护岸 820 米,配套微型垃圾清运车 6 辆、垃圾箱 20 个、玻璃钢三格式化粪池 6 座;营造坡面水土保持林 80.41 公顷,沟壑水土保持林 94.64 公顷,行道树 2687 株,地埂林 1.34 公顷,护岸林 7.34 公顷;实施封禁治理 1113.02 公顷,设项目宣传牌 1 块,封禁标志牌 4 块。项目概算总投资 654.90 万元。该工程于 2023 年 5 月 6 日完成招投标,项目一标段承建单位宁夏金篆建设工程有限公司,二标段承建单位宁夏鹏特吉瑞建设有限公司,监理单位黄河工程咨询监理有限公司,2023 年 5 月 15 日开工建设,已全部完工,共完成治理水土流失面积 13.16 平方公里。完成总投资 654.90 万元。

【新建坡耕地水土流失综合治理项目】 1.张易镇闫关坡耕地水土流失综合治理项目。批复新增治理水土流失面积 6.69 平方公里。其中,兴修水平梯田 577.86 公顷,包括坡改梯 29.61 公顷,老旧梯田改造 548.25 公顷,实施机深耕 501.63 公顷,施有机肥 1504.90 吨;新建生产路 8.85 公里,新修排水沟 2.44 公里、新建漫水桥 1 座、过路涵管 5 座,新建生产路堤护坡 1 处、维修加固过路坝 2 座;营造坡面水保林 30.28 公顷,沟壑水土保持林 54.87 公顷,行道树 6335 株,“四旁”经果林 5400 株,梯田地埂种草 44.73 公顷。概算总投资 1305.00 万元。该工程于 2023 年 5 月 15 日完成招投标,项目一标段承建单位宁夏义辉园林绿化工程有限责任公司,二标段承建单位宁夏万运建设工程有限公司,监理单位甘肃万荣生态工程咨询有限公司,工程于 2023 年 5 月 24 日开工建设,已全部完工,共完成治理水土流失面积 6.69 平方公里。完成总投资 1305 万元。2.原州区康沟片区坡耕地水土流失综合治理项目。批复新增治理水土流失治理面积 6.34 平方公里,其中,坡改梯 572.17 公顷,荒山荒沟造林 59.23 公顷,村庄绿化、乡村道路等造林 2.87 公顷,新增生产道路 8.14 公里,过水路面桥 3 座,柳谷坊 47 座。总投资 1237.00 万元。该项目该工程于 2023 年 3 月 15 日完成招投标,承建单位一标段:宁夏凯拓建设工程有限公司、二标段宁夏中康建设集团有限公司,监理单位甘肃万荣生态工程咨询有限公司,2023 年 3 月 23 日开工建设,已全部完工,共完成治理水土流失面积 6.34 平方公里。完成总投资 1237 万元。3.原州区头营镇杨河坡耕地水土流失综合治理项目。批复新增治理水土流失面积 6.65 平方公里,其中,梯田工程 499.84 公顷,机深耕和增施有机肥面积 447.41 公顷。新修生产道路 3.56 公里,排水沟 1.1 公里,沟头防护 1 处。荒坡造林 63.09 公顷,荒沟造林 99.26 公顷,村庄绿化林 0.84 公顷,行道树 0.36 公顷,庭院经济林 1.51 公顷。建设期限为 2023 年 5 月至 2024 年 4 月。总投资 1172.85 万元,其中资金来源为中央预算内资金及其他整合资金。该项目于 2023 年 9 月 14 日完成招投标,承建单位一标段:宁夏鎏铭建设工程有限公司、二标段宁夏天顺建设工程有限公司,监理单位黄河工程咨询监理有限公司,2023 年 9 月 16 日开工建设,已全部完工,共完成治理水土流失面积 6.34 平方公里。完成总投资 1172.85 万元。4.原州区张易镇黄堡坡耕地水土流失综合治理项目。批复新增治理水土流失面积 5.44 平方公里,其中,坡改梯 472.63 公顷,土壤改良面积 407.74 公顷。新修生产道路 17.165 公里,新建道路排水边沟 0.23 公里、过路涵管 2 座,改造漫水桥 1 座。清淤排洪渠 0.5 公里。营造水保林 71.84 公顷,地埂植物带 36.41 公顷。建设期限为 2023 年 5 月至 2024 年 4 月。总投资 1125.77 万元,其中资金来源为中央预算内资金及其他整合资金。该项目于 2023 年 10 月 31 日完成招投标,承建单位一标段:宁夏国岳建设工程有限公司、二标段宁夏宁宏建筑工程有限公司,监理单位甘肃万荣生态工程咨询有限公司,2023 年 11 月 2 日开工建设,截至 2023 年底,已完成治理水土流失面积 5.28 平方公里,其中,新修水平梯田 472.63 公顷，营造水保林 55.37 公顷，新修生产道路 16.38 公里。计划 2024 年 12 月底完成任务。现已完成投资 941.33 万元。

【淤地坝建设】 原州区现有淤地坝工程 172 座，包括：骨大型淤地坝 61 座，中型淤地坝 45 座，小型淤地坝 66 座。分布于原州区寨科、官厅等 8 个乡（镇），分布范围广，数量多，管理任务艰巨。新建原州区河川乡黄家河大型淤地坝工程，建设任务为：1.坝体工程。坝高为 29.9 米，坝顶长 158 米，坝顶宽 5 米，坝顶高程 1567.4 米，坝轴线长 158 米。2.泄洪建筑物由隧洞、明渠、陡坡、消力池组成，水平总长 296.5 米，计最大泄量 13.3 立方米每秒。3.道路工程。新建沙砾石道路长 220 米。4.坝坡防护及水土保持工程。对取土、弃土场进行整平，采取植物防护，对施工营地、便道及库区周围采取恢复等治理措施。建设期限为 2023 年 9 月至 2024 年 6 月。该工程概算总投资 768.97 万元。该坝 2023 年 9 月 21 日完成招投标，项目法人：原州区中小型水利建设项目办公室，监理单位：宁夏恒建监理有限公司，施工单位：宁夏万运建设工程有限公司；2023 年 10 月 1 日开工建设。2023 年底，已完成削坡土方、隧洞口土方挖运、清基土方及淤泥挖运约 10 万立方米，隧洞已完成 60 米，计划 2024 年 10 月完工。目前已完成工程投资 199.00 万元。

【防汛检查】 采取集中检查和平时检查相结合的方式，对现有的 170 座淤地坝工程的安全运行、防汛及管护情况进行了全面检查，经检查存在的隐患问题：大户川、北台等 6 座淤地坝上坝道路游有冲沟、塌方；驼羊沟、买家沟、酸梨沟等 10 座淤地坝坝坡有冲沟；孔昌沟、里洼 1 号、乔花台等 7 座淤卧管部分北被土掩埋。针对检查出淤地坝工程存在的不同问题，已全部列入 2023 年淤地坝维修养护方案，确保淤地坝安全运行及度汛安全。

【预防监督】 1.强化方案管理。完成了雪川固原马铃薯产业绿色高质量综合开发项目、玺悦台小区（东区）建设项目等 18 个水土保持方案报告书；运瓴宁夏固原原州储能项目、固原市第十八幼儿园建设项目、原州区三营镇广和村移民致富提升基础设施建设工程等 34 个项目水土保持方案报告表的行政许可，完成准予许可率达 100%。2.加强生产建设项目督查检查。监督检查了固原经济开发区新材料产业园物流配送综合服务中心项目、光耀和玺项目、宁夏东升利民山楂深加工建设项目等 117 个生产建设项目（包含 2022 年以前未竣工项目和 2023 年新批项目），实现本级审批项目监督检查全覆盖。下发了 56 份（其中有 29 个项目督察意见包含在 56 份中间）督查意见，提出了整改措施；落实了三同时制度，加强和规范了生产建设项目的监督管理工作；同时联合固原市水土保持工作站对市批及上级部门审批的生产建设项目进行了监督检查，并下发了整改通知，监督检查项目数量达到了本级及上级部门审批总数的 95%以上。3.督促指导开展验收报备及验收核查工作。2023 年度共有 51 个项目完成了自主验收，水土保持设施自主验收率达到 70%以上，报备并在公开网站公示验收率达到 100%；同时完成了 2023 年度报备的生产建设项目核查工作，无核查未通过项目，下发了 35 份核查意见并公示。下发了 32 份限期整改通知书（已达到验收标准但未验收），已完成自主验收 24 个，有 8 个正在督促完成。4.遥感问题整改。2022 年遥感监管疑似违法违规扰动图斑已全部整改完成。2023 年，按照《水利部水保司关于下发遥感监管疑似违法违规扰动图斑的通知》要求，原州区按时完成了两期遥感监管疑似违法违规扰动图斑 44 个，经核查认定需整改 10 个，已下发整改通知 10 份，已整改完成 7 个，其余正在督促整改。5.加强水土保持补偿费征收。积极与原州区税务局对接、沟通，做好信息互联互通。2023 年以来，与原州区税务局、原州区检察院联合对多家历年所欠水土保持补偿费单位进行了催缴工作，截至2023年底，共计征收补偿费225.61万元。原州区财政局下发了水土保持补偿费10万元，全部用于水土流失防治工作。6.借《中华人民共和国水土保持法》颁布实施12周年、及世界水日之际，开展形式多样、内容丰富的宣传活动；与固原市水保站联合在固原博物馆广场举行宣传，设立咨询台1个，摆放展板6块，宣挂横幅15条，发放各类宣传资料1600份。7.按照水土保持国策教育宣传“八进”要求，开展了进党校1次，进小学1所，进厂矿2家，进企业3家，进河川、寨科、张易等5个乡（镇）等，开展水土保持国策宣传教育。

【基础资料录入】 及时维护宁夏水土保持动态检测管理系统，确保了系统的正常运行，完成了2023国家重点工程三营镇东塬、开城镇大马庄清洁型等4条小流域综合治理，河川乡康沟片区、张易镇田堡、黄堡、头营镇的杨河片区4个坡耕地水土流失综合治理项目，以及52个水土保持方案的基本信息录入宁夏水土保持动态监测管理系统及上报工作。

扬黄灌溉管理

【灌溉管理】 春灌之前，对泵站、渠道进行了检修和维修，积极联系灌区各乡镇、种植各企业，早做计划，争取水量，并签订《安全生产目标管理和管护责任书》，为顺利灌溉做好准备。2023年，共调度黄河水1415万方，寺口子水库蓄水300万方，灌溉农田近8万亩，设施农业温棚供水2500亩，圆满完成全年灌溉任务。2023年缴纳固海扬水管理处原始水费151万元，上缴地方财政580万元。

【工程建设】 2023年共完成寺口子灌溉管理所二级扬泵站机电设备检修维护工程、十二干渠南城支干渠等骨干水利设施渠道清淤等工程、南城支干渠白河、马庄村段，寺口子水库总干管及干管首部进水闸进口处清淤维修等工程、南城拐子二级扬水泵站灌域穆滩蓄水池泵房出水管及三和村温棚供水管维修工程、鸦儿沟25万方蓄水池抢修临时联通供水工程、南城拐子二级扬水泵站机泵设施冬保、南城拐子泵站灌域十二干渠乌木沟中河禄筑门等三座渡槽及寺口子水库总干管冬保工程、南城拐子泵站进水前池段干渠清淤及泵站机泵冬保工程、南城拐子泵站进水前池清淤抽水冬保等工程，累计完成投资373771.40万元；扬黄灌区陈庄、丰泽、金轮、鸦儿沟四座调蓄水池维修加固工程，完成投资210万元。

【防汛工作】 认真落实防汛工作责任制，做到责任到人，加强巡查、检查，做好防汛记录及防汛物资储备。进入主汛期，坚持24小时在岗，保持防汛电话及手机24小时畅通，确保汛期安全度汛。

应急管理

【概况】 原州区现有生产类规模以上工业企业44家,商贸类限上企业37家,消防重点单位89家,煤矿企业1家(长期停产停建),非煤矿山企业5家,危险化学品企业38家,烟花爆竹经营户5家。国有林场14家,林地273904.10公顷,草地总面积65369.01公顷。现有中小型水库44座,蓄水池12座,水管所8个,水利工作站8个。连续10年未发生较大及以上生产安全事故,在2022年度全区安全生产考核获得优秀等次。南关街道宋家巷社区、古雁街道景园社区被评为全国综合减灾示范社区,自然灾害综合风险普查工作被国务院普查办评为全国先进典型,地质灾害防治工作被自治区应急厅当作先进典型案例向全区通报推广。

【安全指标】 2023年原州区共发生生产安全事故1起、死亡1人,事故起数、死亡人数同比实现双下降,分别下降83.3%、80%。按照2022年原州区生产总值171.5亿元测算,今年亿元GDP生产安全事故死亡率预估为0.0058,远低于自治区下达的指标0.0775。

【经费投入】 将安全生产工作作为规划编制、项目准入、优化营商环境的必要前置条件,坚决杜绝引进不符合安全生产和消防工作要求的项目、企业。持续强化安全生产投入,加大安全生产和消防安全基础投资力度,2023年共投入安全生产资金1632.05万元,其中270万用于落实安全生产监管执法经费,1300万元用于支持生命防护工程建设,62.05万元用于支持安装燃气“三件套”。

【强化责任】 坚持压紧压实党政同责、一岗双责、齐抓共管、失职追责,坚决做到“三管三必须”,建立完善安全生产横向到边、纵向到底的责任网络。党政领导主动担责。制定了《原州区委政府领导班子及成员安全生产职责和2023年度任务清单》,领导干部主动扛责履职,严格落实相关制度,分兵把守各自分管领域安全生产工作,督导各自分管部门(单位)制定各自安全生产权责清单。原州区委、区政府认真贯彻落实安全生产责任,把安全生产纳入重要议事日程,采取开会讲、听汇报、一线查、抓整改等有力有效措施,推动安全生产责任和措施落实,逢会必讲安全、逢节必查安全,常态化深入一线查隐患、敲警钟、促整改,有力促进各级党组织担责尽责。监管部门积极尽责。完善原州区安委会以及防汛抗旱指挥部、抗震救灾指挥部、减灾委、森林草原防灭火指挥部4个专项指挥部的工作规则和工作制度,进一步厘清安委会、消委会、减灾委各成员单位监管职责。对标国家和自治区、固原市要求,研究制定《原州区贯彻落实〈固原市安全生产行政责任规定〉实施细则》《原州区防灾减灾责任规定》,进一步明确各监管部门责任。负有安全监管职责部门均成立了安全生产、消防和防灾减灾救灾工作领导小组,明确了分管负责人和履职机构,主要负责人认真履行每季度召开一次安全生产专题会议制度,班子成员根据各自分工,严格履行安全生产“一岗双责”,每季度开展一次督查检查。企业主体全员履责。全面落实企业安全生产全员责任制,在高危行业领域实行安全生产责任险制度,建立企业诚信管理体系,综合运用“红名单”“黑名单”管理和消防违法行为公示等措施,强化激励惩戒。以安全风险分级管控和隐患排查治理信息系统为依托，对72家工矿企业实时线上监督，督促企业定期开展自查自纠、整改落实。通过政府购买服务的方式，聘请专业中介机构完成20家工贸企业、38家危化企业安全生产标准化达标创建情况考评工作，既减轻企业经济负担，又促进企业安全生产主体责任全面落实。

【专项排查整治】 原州区安委会制定印发了《原州区重大事故隐患专项排查整治2023行动工作方案》，建立了周调度、月督查、季通报、年考核工作机制，抽调人员设立了工作专班，原州区委和政府主要领导同志多次作出批示，听取工作汇报，深入一线督导落实，部署推动工作，召开了推进会议和专题培训会议，对重大事故隐患2023行动方案进行解读，对判定标准集中宣讲学习，原州区安委会成员单位负责同志深入监管企业安排部署、宣讲宣传18余次、督查检查企业总数2.2万余家(次)，推动了专项整治有效开展。高标准排查治理，突出“深准狠”的工作要求，严格按照“防查改督究调教强技制”10字工作方针，坚持自查、核查、检查、排查“四查”联动，聚焦重点行业、重点企业、重点场所、重点部位，在制定总体排查整治方案抓总的基础上，分行业制定了各领域排查整治方案，同时梳理、研究制定出非煤矿山、危化、燃气、消防等各领域、重点场所安全隐患检查标准，总结提炼“十必查”内容，对照标准列出检查表，印制《口袋书》，制作填写《明白卡》，确保排查工作的实效性。原州区累计检查单位(住户)162931家次，其中企业1821家次，个体户20241家次，住户(农户)140869家次；排查一般安全风险隐患14491条，已整改14491条，整改率100%；重大隐患12条，已整改12条，整改率100%。组织原州区餐饮场所燃气安全风险隐患开展排查整治。共完成燃气用户免费入户安检63828户，入户率100%。发现一般隐患16358个，已整改16358个，整改率100%。安装“三件套”63563户，安装率100%。高频次宣传教育，通过广播、电视、网站、微信微博、户外显示屏等多种传播媒体和渠道，发布900期安全知识。加大燃气等领域安全知识宣传普及和警示教育力度，举办培训班467场次，发放各类宣传知识手册9.5万份，受教育人数8.8万余人。在反向警示方面，约谈生产经营单位23家，停业停产57家，行政处罚29.35万元，暂扣证件1家。高强度督导检查，制定《原州区2023年“四防”常态化督查工作方案》。成立原州区“四防”督导组，抽调相关单位专业人士开展常态化督查，共自查问题317个，已全部完成整改。对国务院、自治区、固原市反馈的问题，均制定整改方案，明确整改措施、时限和责任，形成台账清单，整改完成后由责任单位进行验收和回头看，真正达到整改要求后提交整改报告，实现闭环管理。2023年以来，原州区共接到国务院、自治区、固原市反馈的547项关于安全生产方面问题隐患(其中国务院反馈15项、自治区反馈349项、固原市反馈183项)，已整改536项，正在整改11项(涉及10家单位)，整改率98%。实行网格化监管，在城区，按照“属地为主、条块结合、纵横交叉”的原则，以燃气和“九小场所”、重点行业领域为重点，选派4名县级领导任4个网格区的副组长，3个街道办抽调街道干部和社区工作人员开展拉网式排查。对分组人员进行优化调整，保证每个工作组至少有一名消防、市场监管、综合执法等专业人员，提高督查专业化水平，切实把问题一次性找准找到位，坚决避免标准不一致、多头检查、重复整改等问题发生。在农村，制定《原州区燃气等重点领域安全隐患排查整治专项行动实施方案》，按照行政区划分为11个网格，成立以包抓乡镇的县级领导任组长、乡镇党委书记任副组长的11个工作组，以燃气为重点，明确9个方面排查内容和标准，常态化开展排查，建立问题、整改、验收“三个清单”和统一的工作台账。

【应急管理救援】 完善应急指挥体系。调整完善原州区应急管理指挥部组织及框架，成立原州区防汛抗旱指挥部、森林草原防灭火指挥部、抗震救灾指挥部、减灾委员会及其各专项指挥部办公室。指导各乡镇(街道)成立应急管理指挥部及其办公室,各村(社区)成立应急管理工作领导小组,进一步明确了各级职责,建立健全了区、乡镇(街道)、村(社区)三级联动工作机制,确保一有指令,能够快速高效应对,基本形成了统一指挥、上下联动的应急管理指挥体系。加强应急队伍建设。培育壮大以综合性消防救援队伍为骨干,部门和企业应急救援队伍为支撑,森林草原消防大队为辅助,乡镇应急救援队伍为基础的四级应急救援队伍 243 支 3073 人,开展突发水污染事件应急演练,山洪灾害防御暨水库调度、淤地坝防洪抢险应急演练,突发地质灾害应急演练,校园安全应急演练,燃气应急抢险综合演练,大面积停电应急演练等各级各类应急演练。完善应急预案体系建设。按照"1+52+6+N"预案编制架构,组织力量修订了《原州区突发事件总体应急预案》等 52 部应急预案(其中:总体预案 1 部,自然灾害预案 12 部,事故灾难预案 16 部,公共卫生事件预案 6 部,社会安全预案 17 部)。各乡镇(街道)和基层单位修订了《突发事件综合应急预案》及为应急预案提供支撑的工作手册、事件行动方案;各村(社区)制定了《突发事件处置工作方案》和处置卡片。建立协调联动工作机制。制定印发了《关于贯彻落实应急管理部　中国气象局关于强化气象预警和应急响应联动工作意见的通知》《原州区应急管理协调联动制度》《原州区灾害事故应急指挥通信保障制度》等制度。建立信息共享工作机制。应急管理部门、宣传、自然资源、水务、气象、住建交通、综合执法等部门建立 24 小时直联制度, 建设完成了视频会议和应急值班值守调度系统,利用宽窄带相结合、配套使用双模终端,形成了卫星组网、无线单兵设备和 370MHZ 数字集群网有效连接和语音对讲,实现了实时与自治区、固原市应急管理系统进行视音频传输和无人机应急现场补盲应急措施,有效提升我区应急通信能力和科技信息保障能力。加强科技支撑能力。建成覆盖所有乡镇的气象灾害监测网络和气象预警信息发布网络,完成智能化天气现象观测仪及多降水、多温度采集系统和酸雨自动化观测等监测仪器。包括农田小气候站和负氧离子观测仪各 1 套(其中包含 39 个自动气象站和 7 个农田小气候站)。建设山洪灾害防御工程和信息汇集平台,安装自动监测雨量站 45 处,自动水位站 11 处,视频站 5 处,简易雨量站 52 处,安装预警广播 46 套。重点林区和部分草原区域安装了视频监控和火源探测告警设备,建成原州区森林草原防灭火应急指挥平台 1 个,森林防火监控塔 25 处,安装中继站 15 处,智能双波段摄像机 25 台,林场分控中心 15 个,场部安防 16 个,采购无人机 2 台,实现了对大部分森林草原资源的智能监测预警和立体式监管。在 11 个乡镇建设 20 个地震宏观观测点,安装地震监测预测预警设备 14 套。

科学技术

科技创新

【概况】 科技创新对经济社会高质量发展的支撑作用不断增强，全社会 R&D 经费投入 1.28 亿元，投入强度 0.75%。本级财政 R&D 经费投入稳定增长 10%以上，2023 年投入 401 万元，较上年增加 37 万元。技术合同登记 0.3045 亿元，登记技术成果 29 项。县域创新能力监测为 B 类等级，位于自治区第 13 位，山区九县第 1 位，固原市第 1 位。

【主体培育】 推进科技创新政策落实落地，推动原州区规模以上工业企业中有研发活动的企业占比达到 38.6%。推荐"宁夏好水川农业科技开发有限公司"等 12 家企业申报研发费用加计扣除后补助。兑付宁夏古雁建材有限公司等 3 家企业自治区科技金融支持 40.3 万元、固原金穗农林开发有限公司等 2 家企业技术交易补助 11.1 万元。持续培育壮大科技型企业，培育备案宁夏生龙肉制品有限公司等 14 家自治区科技型中小企业，宁夏昶沣新型建材有限公司等 15 家企业入库国家科技型中小企业；认定宁夏渤泰新材料科技有限公司等 3 家国家高新技术企业，推荐固原宝发农牧有限公司、宁夏明德中药饮片有限公司申报自治区瞪羚企业，新增有研发活动的规上企业 1 家。

【服务科创】 科技创新平台建设水平不断提高，围绕重点领域、重点产业等，依托宁夏福苑生态农业科技开发有限公司等 3 家企业建设"宁夏中式预制菜(固原)技术创新中心、宁夏山地农机具(固原市)技术创新中心"3 个。科技人才队伍不断壮大。中组部等 6 部委选派国家乡村振兴重点帮扶县科技特派团 15 人，引进福建跨省际科技特派员团队 4 个 22 人，建立宁夏固原肉牛科技小院 1 个，引进宁夏大学团队 1 个 4 人，精准选派本级科技特派员 186 名。科技特派团引进示范推广马铃薯、牧草、燕麦等新品种 41 个。实施部省联动、重点研发等项目，培育本土农业科技型企业 3 家，培养企业核心研发技术人员 15 名，持续提高本土企业的研发创新能力。帮带本土种植、养殖、加工等方面专技人员 45 名，培养农村实用人才 530 人，通过技术指导、联农带农，示范带动 6300 余名群众增收致富。本级科技特派员开展技术服务 640 人次、推广新技术 63 项、引进新品种 81 项、转化技术成果 23 项、服务农民数 1780 户，带动当地群众就业 908 人、培育科技示范户 194 户、培训农民 5531 人次。科技特派员实施自治区科技特派员创业服务项目 14 项支持 145 万元，选派自治区"三区"科技人才 30 人，每人支持 2 万元。

【服务高质量发展】 立足产业发展需求，加强科技引领性前瞻性研究和成果转化应用，强化科技支撑。加强重点科技攻关。实施国家重点研发计划项目 2 项，支持资金 800 万元，其中：支持国家乡村振兴重点帮扶县科技特派团马铃薯产业组依托雪川六盘山食品公司和固原丰霖源牧业公司实施部省联动"原州区马铃薯肉牛产业提质增效关键技术集成与示范"项目 600 万元，突破马铃薯大垄宽行水肥一体化技术核心技术和育种关键技术点，筛选新品种 8 个，登记科技成果 1 项，授权发明专利 1 项，总结凝练技术模式 3 项，入选 2023 年自治区农业主导品种主推技术和绿色技术模式目录。由科技型企业固原天启薯业有限公司和西北农林科技大学联合实施“马铃薯抗晚疫病基因资源挖掘与种质材料创制”项目200万元,在育种关键技术点上实现突破,为产业可持续发展提供科技支撑。由宁夏正杞红枸杞产业发展有限公司实施“枸杞抗肿瘤特医食品关键技术和产品开发”自治区重点研发计划项目,支持135万元,开发高附加值品种2项、配方8项、生产线1条。聚焦“五新五特五优”产业,支持固原宝发农牧有限责任公司等企事业单位实施“肉牛发酵型精料补充料生产关键技术研究与产品开发”等本级科技研发项目34项,支持401万元。推动科技成果转化应用。由宁夏渤泰新材料科技有限公司等2家企业实施“低活性劣质工业固体废物利用关键集成技术转化示范项目”等2项自治区东西部科技合作重大成果转化项目,支持300万元,提高科技成果转化和产业化水平;由固原市丰和渔业科技有限公司等6家企业实施自治区县域科技成果引进示范推广项目6项,支持172万元,积极促进科技与经济发展深度融合;由原金穗农林开发有限公司等7家企业实施原州区县域科技成果转化引进示范推广项目7项,支持80万元。通过成果转化应用引进新品种5个,示范新技术3项、建立示范基地4个1825亩、带动农民种植2700亩,带动就业115人。原州区人民医院实施自治区科技惠民计划项目2项,支持28万元。积极打造科技示范村。立足彭堡镇姚磨村经济产业发展现状,争取自治区支持,投入资金50万元,创新“党支部+合作社+基地+农户”经营模式,建设种植示范点2个、引进示范新品种3个、推广新技术3项、探索新模式2项,带动辐射周边10个村组发展蔬菜产业。营造创新良好氛围。持续推动科技助农兴农,支持科技特派员、“三区”科技人才开展科技示范,引领现代农业发展。利用“科技活动周”“全国科普日”等重点节日和“科技下乡”等活动,通过宣传展板、现场解答、发放宣传物品、宣传手册等,广泛开展科普知识、科技创新政策进社区、农村、校园等活动20余次,努力营造了全社会鼓励创新、支持创造的浓厚氛围。

地震监测

【防震减灾科普宣传】 加强防震减灾救灾护航高质量发展,在5·12全国防灾减灾日和10·13国际减灾日以学校和社区为宣传主阵地,通过集体观看安全教育直播、开展防震减灾科普宣传和地震应急演练等“防灾减灾”宣传教育活动,进一步提升广大人民群众防震减灾意识。

【灾害防范】 督促乡镇(街道)8个单位摸排121处隐患点,9个成员单位上报260处隐患点,均已完善应急预案和整改措施;统计摸排救灾力量物资,原州区摸排统计应急联动人员2696名、应急救援队伍34支、应急物资铁锹、洋镐、撬棍2651把、帐篷99顶、床被褥大衣2020件、米面油生活物资储备3696吨、防雨物资2105套、发电照明设备1091台、医疗救援物资562套、其他设备21923个(对讲机、抽水机、扩音器、编织袋、灭火器、安全绳、头盔、无人机)、应急救援车辆189辆、应急救援大型机械69辆。

【宏观观测管理】 对全原州区20名宏观观测员组织开展宏观观测知识培训,第一时间报告动物、观测井等异常情况,为地震前兆预判提供科学依据,确保有地震发生时能迅速启动预案并开展预防;完成2022年度房屋设施抗震设防信息采集工作,其中加固工程采集数量为23个,新建工程采集数量234个,总计采集257个,已100%完成。

气象测报

【概况】 2023年,年平均气温为6.5℃~8.9℃,与历年同期值相比,偏高0.4℃~0.9℃。月平均气温与历年同期值相比，4、5 月偏低，其他月份均偏高。年降水量为 441.9 毫米，偏少 3%。

【主要气象灾害】 2023 年，上半年冷空气活动频繁，强降温（寒潮）过程多，1—5 月出现了 7 次强降温过程，其中 4 次达到寒潮标准，尤其春季发生 5 次强降温，降温幅度之大，频次之多，历史罕见；降温之后回暖快，突升骤降变化明显。夏季（6—8 月）降水异常偏少，184.5 毫米，偏少 30%。汛期（6—8 月）强对流频发，出现十轮较强降水天气过程。秋季（9—11 月）降水偏多，121.1 毫米，偏多 17%。入冬（2023 年 12 月 1 日至 2024 年 1 月 7 日）以来气候异常，平均气温异常偏高，呈现出自 1961 年以来第 2 高值。降水量异常偏少，呈现出 1961 年以来第 9 低值。

教育　体育

教　育

【概况】 原州区共有各级各类学校269所。其中：完全中学1所，初级中学8所，九年一贯制2所，小学160所，幼儿园98所（含民办54所）。另有教学点10所。高中教学班48个，初中教学班389个，小学教学班1172个，幼儿园教学班616个（含附设幼儿班28个）。各级各类学校在校学生85058人。在校学生中：小学生45696人，其中女生22247人；初中学生20120人。其中：女生9813人；高中学生2519人。其中：女生1266人；幼儿园在园儿童16723人。其中：女8211人。

全原州区中小学共有教职工5993人，专任教师4086人。其中：小学教职工2556人，专任教师2553人；中学教职工1473人，专任教师1460人；幼儿园有教职工1964人（其中：在编教师97名，政府购买学前教师318名，基层服务专项计划137名，公民办幼儿园聘用教师1412名）。原州区教体系统现有党员1892名，其中离退休党员591名，下辖52个党支部（其中：中小学党支部40个，公办幼儿园党支部6个，其他党支部6个）。党支部书记校（园）长“一肩挑”学校44所，书记校长分设学校3所，设专职副书记学校10所，未设置党支部学校5所。

全原州区中小学校舍总面积623064.17平方米。其中：中学校舍面积209796.38平方米，生均9.27平方米；小学校舍面积413267.79平方米，生均9.04平方米。

全原州区中小学共有图书1582334册。其中：中学图书638075册，生均28册；小学图书944259册，生均21册。

截至2023年底，原州区适龄儿童入学率、小学毕业率、适龄少年入学率、初中学生毕业率均为100%，初中毕业生升学率98.82%。残疾少年儿童入学率98.29%。学前三年毛入园率95.51%，小学巩固率、初中三年巩固率分别为103.66%、99.37%。

【教育经费投入】 辖区中小学、幼儿园教育经费累计投入13.44亿元，比上年增加0.05亿元。

【教育经费保障】 中央和自治区安排义务教育阶段中小学公用经费7464万元，免费教科书资金1189万元。从2023年春季学期开始，城乡义务教育学校公用经费基准定额为：普通小学每生每年720元，普通初中每生每年940元，对不足100人的学校按照100人核定公用经费；取暖费城市每生每年185元，城市中县镇和农村每生每年190元；营养改善计划补助经费年生均60元；寄宿学校公用经费补助资金按寄宿学生数年生均200元核定；义务教育阶段随班就读残疾学生按每生每年6000元标准补助公用经费。

【教学仪器设施配备】 争取义务教育薄弱环节改善与能力提升、“互联网+教育”、高考综合改革等项目，为原州区三营镇第四小学、固原市第五中学、原州区第十一幼儿园、原州区第十二幼儿园4所学校幼儿园采购音体美器材、学科实验仪器、智慧黑板、课桌凳等教育教学设备，共计投入资金2602万元。

【校舍建设】 累计投入资金2.9亿元，完成三营镇第四小学新建、三营镇团结幼儿园新建、固原市第五中学扩建、黄铎堡学校及二小运动场改造、炭山南坪宿舍楼、张易小学宿舍楼新建等项目26个,维修改造了寨科小学、河川小学等40多所学校的围墙、屋顶、院坪等,为11所乡村学校配备了实验室设备、课桌、锅炉等设备。争取义务教育薄弱环节改善与能力提升项目,完成新建原州区头营中学综合教学楼、炭山乡南坪小学学生宿舍楼、头营镇杨郎幼儿园扩建项目等,校舍面积8130平方米,投资2600万元。

【中小学体育运动场改造】 争取义务教育薄弱环节改善与能力提升项目,改造固原市第四中学、原州区第二小学等9所中小学运动场5.3万平方米,投资2770万元。

【附属设施建设】 争取自治区教育厅校舍安全保障资金及学校自筹资金,对部分中小学幼儿园附属设施进行维修改造,总投资2800万元。

【教师队伍】 中小学在编教职工3896人,另有特岗教师79人(2021年49人、2022年30人);幼儿园在编教师97名,政府购买公办幼儿园服务岗位318个,基层服务专项计划137名,公民办幼儿园聘用教师1412名。

【招聘特岗、政府购买学前教育岗位、“三支一扶”】 签约公费师范生55名,招录事业编制教师30名、“基层服务专项计划—学前教师”100名,“三支一扶支教”人员30名。落实“三区人才支持计划”10人、安排福建支教教师11人、指导小规模学校音体美教师走教10人次。

【交流轮岗】 城区小学每学年向乡镇对口小学原则上选派10%的交流教师,乡镇学校要选派对等数量的教师来城区学校交流学习。2023年度共交流轮岗人员共239人。

【教师资格认定和职称评审】 2023年认定初级中学教师资格190人、小学教师资格489人、幼儿园教师资格170人,教师资格信息变更29人;2023年原州区中小学(幼儿园)共评审正高级教师1人,高级教师99人(含“双定”评审24人),一级教师180人,二级教师10人。

【教学研究】 发挥原州区思政联盟作用,加强思政课程专业指导,组织2023年思政课教师基本功竞赛;指导各中小学规范开齐课程、开足课时。加强对教师教案编写、课堂教学、作业设计布置与批阅、课外辅导等环节的规范管理;开展听评课视导,各学科教研员完成听评课100余节,不断更新教育理念、优化教学方式;组织教师参加固原市2023年中考、高考研讨会;邀请自治区教研室专家开展中考备考交流研讨;制定《中考综合素质测评考试方案》,召开中考综合素质测评考试考前培训会,组织参加中考综合素质测试理化生实验、英语人机对话、信息技术测评工作;组织原州区2023年中考适应性考试命题、组考、阅卷、质量分析等工作。

【教育数字化】 2023年,原州区被确定为国家智能研修平台应用试点工作区和在线教育应用创新区域,召开自治区“互联网+教育”示范县(区)建设展示暨现场推进会并作经验交流;记录“原州经验”的微纪录片《链接山海》亮相2024世界数字教育大会;固原市第三中学多个项目在宁夏第37届青少年科技创新大赛中获奖,被评为十佳科技教育创新学校。

【教研成果】 开展校长、教师、教研员全员参与的岗位大练兵系列活动,发挥骨干引领作用,推动我区基础教育质量全面提升。组织教师参加国家级、自治区级各类教学教研评选竞赛活动,共荣获集体奖1个,教师单项奖87个;组织教师参加固原市“四评一赛”、优质课评选、教师“四课”评选、青年教师大赛、精品课遴选、优秀教学设计优秀作业设计等竞赛活动,共荣获市级集体奖2个,教师单项奖1205个;12名中小学美术、音乐教师获得“乡村美育教师”荣誉称号;5名教师分别获得自治区教学论文一等奖、全区第二届中小学教师“四课”学科教师优质课一等奖,第十三届全区中学物理青年教师教学大赛课堂教学二等奖、全区第四届中小学青年教师教学竞赛二等奖,并在全国2023年度初中化学课堂教学展示与观摩活动中进行课堂展示。申报自治区级课题16项,结题12项,二等奖4项。

【质量监测】 完成原州区2023年九年级中考适应性考试及原州区2022—2023学年(下)中小学学业质量监测,开展音乐、体育、美术、信息技术科目抽测工作。

【教师培训】 培训教师1919人次。开展国培计划(2022)——学科骨干教师培养和校园长培训(223人次)、市级实施项目骨干教师专业能力提升培训(299人次)、原州区级实施项目培训(271人次),原州区自主培训(1050人次);其他国家级和自治区培训(76人次)。

【教育体制改革】 深化教育管理体制改革,十七小被确定为全国义务教育教学改革实验校、三中、十八小被确定为全国中小学科学教育实验校。五中与福州连江一中“组团式”发展深入推进,区委书记何永吉、教体局局长贾旭林前往连江一中洽谈合作,有3名学生前往连江一中进行学习。原州区第二小学与兴庆区实验二小开展联合办学、原州区第二十二小学与银川二十一小开展联合办学,十八小、十七小被评为自治区级特色优质教育集团,原州区第一幼儿园通过自治区级示范幼儿园复验评估。

【中小学德育工作】 联合20部门印发《原州区全面推进“大思政课”建设的实施方案》,构建大思政课一体化育人机制。全面加强铸牢中华民族共同体意识教育,十四小、十七小被评为自治区示范校、二十小被评为教育基地,二小获全市民族团结进步模范集体称号。4个中队被评为全国红领巾中队。31个集体被评为自治区“红领巾星章”四星章集体和自治区优秀少先队优秀集体,48名个人荣获自治区优秀少先队员、优秀辅导员和“四星章”个人等荣誉称号。成功举办原州区第十八届校园文化艺术展演活动,在自治区第十四届少儿“希望杯”舞蹈展演中4个节目获一等奖。打造自治区劳动教育示范学校8所、示范基地4个。十一小被评为全国国防教育示范学校。

【民办教育】 共有民办幼儿园54所,3所为营利性幼儿园,在园幼儿10085人,有教职工1222人,其中专任教师552人。共有教育培训机构97所,其中学科类1所,艺术类74所,体育类18所,科技类4所。

【生源地信用助学贷款】 2023年生源地信用助学贷款共计9124.2848万元,受助学生10696人。

【学生资助】 2023年共落实资助资金2322.2675万元,资助学生45860人次。其中:学前“一免一补”资助金926.64万元,资助幼儿7722人次;义务教育阶段家庭经济困难学生生活补助资金1186.4875万元,受助学生35251人次;高中阶段各类助学金209.14万元,惠及学生2887人次(高中国家助学资金156.1万元,资助学生1561人次;减免学费资金53.04万元,资助学生1326人次)。

【校园安全】 严格落实自治区党委十三届四次全会精神,按照“1+37+8”系列文件精神,开展校园安全隐患大排查大整治,对燃气、消防、校舍、食品、道路交通、防溺水等重点领域开展拉网式排查,化解安全隐患303个。投入资金160万对校园“一键式”报警和校园监控等装置等全面检查更新、维护升级;举办首届“原州区校园安保技能比赛”,开展校园食堂食品安全管理、消防安全、交通安全、防溺水、地震知识科普等活动22场次，原州区第八幼儿园、第二十一小学通过固原市级消防安全标准化学校评估验收，市级消防安全标准化学校达到14所。

【营养改善计划】 2023年共计投入营养改善资金3200万元，惠及学生2.64万人。以“固原市创建食品安全示范城市”工作为契机，细化食堂运行管理模式，政府购买服务聘用615名食堂从业人员，开展食堂从业人员岗位业务技能提升培训。

【教育督导】 进一步深化教育督导体制机制改革，完善督学责任区制度，以校园党建、教育管理、教学研究、队伍建设、资源配置、教育收费、安全稳定、国家义务教育质量监测、义务教育及学前教育办学质量评估等为督导重点，坚持开展校园安全等专项督导和“一月一主题”常规性督导，原州区督学队伍建设工作受到教育厅充分肯定。

体　育

【群众体育赛事】 2023年，成功举办了首届“雁岭杯”千名职工万步走健身活动、中国足球发展基金会2022年“全民健身　健康中国”——中西部地区县域乡村足球系列活动暨宁夏原州区七人制足球赛、原州区教育体育局干部职工趣味运动会和原州区庆“五·一”系列职工活动、原州区社区运动会等赛事活动12次，参加人数2.3万余人。参加宁夏第六届农民篮球争霸赛获得冠军；参加首届陕甘宁革命老区“兴泰砼业杯”篮球邀请赛获得冠军；参加全国和美乡村篮球大赛（村BA）西北赛区荣获第二名并获得代表西北地区参加全国和美乡村篮球大赛（村BA）资格；参加黄河九省区农民篮球邀请赛荣获第二名；参加宁夏第十届社会体育指导员交流展示大赛获得民族传统类项目团体二等奖。这些将进一步推动原州区体育事业蓬勃健康发展。

【竞技体育工作】 2023年，原州区代表队共160余名运动员参加了自治区青少年足球、篮球、田径、武术、乒乓球、羽毛球、游泳、跆拳道、铁人三项和轮滑10个项目竞标赛，经过激烈角逐，共获得11金、8银、7铜牌的好成绩。多名运动员被评为优秀运动员，多个项目获得体育道德风尚奖。另有9人达到国家一级运动员标准，27人达到国家二级运动员标准，收获了竞赛成绩和精神文明双丰收。2023年8月14日在江苏省南通科技职业学院举办的2022—2023年第十二届姚基金希望小学篮球季全国集训及联赛上，原州区中河乡上店小学篮球队获得全国赛第二名的好成绩。2023年8月17—18日在固原市职业技术学校举办的固原市教育系统2023年师生乒乓球比赛上，原州区代表队获得1金4银2铜2个第四名8个第五名的优异成绩。

【体教融合】 2023年，原州区8个中小学被自治区评为体育特色传统学校；扎实开展国家体质健康达标监测，全区学生体质健康状况明显提升，学生体质健康合格率为96%以上，有力促进青少年健康成长。

【全民健身服务】 建设好群众健身场地，2023年，将原州区全民健身中心提档升级和维修、三营镇全民健身中心附属工程建设和部分乡镇农民健身工程提高升级和维修作为重点建设项目实施。为头营镇三和村、三营镇团结村等8个重点移民村的体育场地设施进行维修改造；新建多功能运动场2个。建立规范有序的体育社会组织，大力发展体育总会、行业协会、单项体育协会等社团组织。引导已开展活动的社团组织依法注册登记，鼓励老年人、农民等健身群体依法依规建立社会组织。加强社会体育指导员队伍建设，2023年共举办社会体育指导员培训班3次，共培训社会指导员362人。抓好国民体质监测工作，2023年采用分层随机整群抽样的方法对原州区不同人群进行测试，共测试603名，达标率91.5%。

文化　旅游

文　化

综　述

【文化惠民】 举办了原州区2023年"迎新春送文化"系列活动启动仪式、原州区2023年新春诗会、原州区第五届群众书画摄影大赛、开展现场书写对联、向群众送"福"字活动;组织书法家、非遗传承人在南关街道工农巷社区、头营镇泉港村等32个村(社区)开展文化惠民送春联、剪窗花、做灯笼等活动41场次，共送出春联12000余副、"福"字5000多个、窗花400多件;举办了第九届须弥山民俗文化旅游节、第四届六盘山诗歌节、原州区2023年业余文　艺团队和文化大院优秀节目展演暨文化馆服务宣传周活动、原州区2023年安全生产专项文艺演出、原州区首届少儿文化艺术节、原州区2023年"庆国庆·迎中秋"诗文朗诵会、原州区2023年廉政文化进乡村(社区)暨庆祝农民丰收节笔会活动、原州区2023年"庆国庆·迎中秋"广场文化演出、原州区2023年"文化和自然遗产日"暨秦腔惠民演出系列活动、原州区2023年"非遗·书画进校园"活动、大原古建非遗展演暨上巳笔会等活动,2023年完成"戏曲进乡村"60场次、"送戏下乡"35场次、文化广场活动55场次。

【图书馆服务】 图书馆订阅各类报纸45种53份,杂志185种190份，推行读者接待窗口延时服务,确保每周面向读者免费开放服务时间不小于56小时,图书馆节假日正常开馆,共接待读者5.2万多人次,借阅各种图书资料6.8万多册次。充分利用图书馆公众号向读者推荐优秀书目，转载优秀读书资源,开展图书阅读宣传,共开展线上展览12次、推荐转载分享优秀读书资源68次，点击浏览量达8000人次;通过博看元阅读、超星读书数字化管理平台等向读者推荐数字资源,点击量达10万人次。围绕"书香润原州、悦享新时代"主题,开展了"学习雷锋精神,争做时代先锋"主题实践活动、"春风小书桌·共读一小时"亲子阅读推广活动活动、"阅享新时代,'典'亮新征程"经典诵读暨图书分享活动、原州区学习宣传贯彻党的二十大精神暨"书香原州、阅见美好"摄影比赛和展览、第18届文津获奖图书展、自古知兵非好战——中国古代兵书专题展、"书香润原州·阅享新时代"原州区2023年全民阅读暨图书馆服务宣传周活动,与原州区文化馆联合承办了"诗意原州·月映万家——'庆国庆·迎中秋'诗文朗诵晚会;通过流动图书车服务平台,在乡镇、社区、广场开展全民阅读宣传下乡、进村、进景区阅读推广32次。同时,对15个图书流动服务点图书进行轮换、配送,发放各种宣传资料10万份;新建南寺巷社区、泰和酒店2个流动图书服务点,配送图书800册;新建雁岭社区城市书屋,配送图书650册。

【文化骨干培训】 举办了原州区2023年基层文艺骨干培训,培训为期5天,共分为扬琴、二胡、书法、绘画四个类别,来自各乡镇(街道)、文化大院、业余文化团队等地100余名基层文艺骨干参加了培训;举办了2023年全区非物质文化遗产政策理论培训,原州区各级非遗传承人及爱好者共200多人参加了培训。

【遗产保护】 按照“保护为主,抢救第一,合理利用,加强管理”的文物保护工作方针,须弥山文管所实施了须弥山石窟大佛病害治理前期研究项目和须弥山石窟相国寺治水工程等项目,这两个项目已完成阶段性任务。通过文物保护项目的实施,有效改善了文物本体和文物环境,保护了文化资源的真实性和完整性,增强文物的可观赏性,为促进文旅深度融合奠定坚实基础;成功举办了石窟寺水害精细探测与防治学术研讨会,来自敦煌、龙门、大足、麦积山、乐山等全国各大石窟寺保护管理机构以及部分高校科研院所的近百名专家学者参加了此次会议,专家学者围绕石窟寺水害精细探测新技术和新方法、我国石窟寺水害防治技术研究、我国石窟寺水害防治经验与示范案例研究等主题进行学术报告和互动研讨,为开展须弥山石窟等中小型石窟的水害治理提供科学理论依据和有益启示。同时,按照国家文物局和自治区文化和旅游厅关于开展文物行业重大安全风险隐患排查整治安排部署要求,积极组织开展文物安全风险隐患排查整治,及时发现和消除安全隐患,杜绝文物安全事故发生,确保文物安全。原州区文管所对原州区境内重点文物进行了全面检查评估,对发现问题采取了有效措施进行修复保护,向自治区文物局、国家文物局申报了固原古土城遗址内城西南角保护修缮工程立项计划,编制了《固原古城城遗址内城西南角保护修缮工程方案》,该计划已获国家文物局立项批复,实施方案正在上报国家文物局报审阶段;完成了馆藏东汉人物杂技四神青铜鎏金摇钱树保护修复项目,召开了宁夏回族自治区固原市原州区文物管理所馆藏东汉人物杂技四神青铜鎏金摇钱树保护修复项目结项验收会。战国秦长城博物馆于2023年5月18日国际博物馆日暨宁夏长城保护日当天正式面向公众开放,并举行了战国秦长城博物馆挂牌仪式。在固原四中、原州七小、原州区团委建立了青少年校外实践教育基地,举办了讲座、展览和活动等形式,提高了公众对原州历史文化遗产的认知度,增强了社会对文物保护的关注度;完成了西北农耕博物馆二级博物馆运行评估定级工作,按照国家文物局办公室《关于做好2022年度全国博物馆信息报送工作的通知》(办博函〔2023〕27号)要求,组织在线开展2022年度博物馆信息报送和国家一、二、三级博物馆2019—2021年度运行评估信息填报工作。配合辖区在建工程项目完成文物勘察,对田野文物抢救性发掘保护与文物征集工作,加大对田野文物、基本建设单位的巡视检查,积极抢救清理出土文物;对地下文物分布较多区域提前介入,积极协调提前进行考古勘探发掘。全面摸清掌握原州区境内文物重大事故隐患底数,落实落细安全生产工作措施,从根本上消除事故隐患、从根本上解决问题,坚决遏制文物安全和生产安全事故发生,确保人员和文物安全,推动全市文物事业高质量发展。

公共文化

【春节系列文化活动】 举办了原州区2023年“迎新春送文化”系列活动启动仪式,现场书写对联、“福”字向群众赠送。组织书法家、非遗传承人在南关街道工农巷社区、头营镇泉港村等32个村(社区)开展文化惠民送春联、剪窗花、制作灯笼活动41场次。送出春联12000余副,“福”字5000多个,窗花400多件;在北塬街道文化巷社区组织开展原州区2023年新春诗会、学传统文化、赏非遗、猜灯谜闹元宵活动。开展原州区第五届群众书法、绘画、摄影大赛,共收到书法作品86件,绘画作品73件、摄影作品33件,对获奖96幅作品在固原博物馆开展。

【民生文化】 完成各项文化服务业务工作,“戏曲进乡村”演出60场，“送戏下乡”演出35场，演出覆盖原州区乡镇，社区，工地，景区。在固原博物馆广场举行原州区2023年业余文艺团队和文化大院优秀节目展演暨文化馆服务宣传周活动。在固原市博物馆举办原州区2023年安全生产专项文艺演出活动、首届少儿文化艺术节。对原州区各级非遗传承人及爱好者进行非物质文化遗产政策理论培训。在西湖公园开展原州区2023年“庆国庆 迎中秋”诗文朗诵会。在博物馆广场举办原州区2023年“庆国庆 迎中秋”广场文化演出，其中以合唱、器乐、舞蹈、小品小戏等为主的广场文化活动共开展6场，秦腔展演7天14场。

【非遗保护】 举办了原州区2023年“文化和自然遗产日”暨秦腔惠民演出系列活动。举办了2023年“非遗·书画进校园”活动，邀请原州区近40名书画家和非遗传承人、近1000名师生参与。举办大原古建非遗展演暨上巳笔会活动。在头营镇蒋河村开展原州区2023年廉政文化进乡村（社区）暨庆祝农民丰收节笔会活动。

文物管理

【文物保护与管理】 开展了文物保护和修复工作，对原州区内的重点文物进行了全面检查和评估。针对发现的问题，采取了有效措施进行修复和保护，按照文物保护法等相关规定，已向自治区文物局、国家文物局申报了固原古土城遗址内城西南角保护修缮工程立项计划，编制了《固原古城城遗址内城西南角保护修缮工程方案》。该计划已获国家文物局立项批复，实施方案正在上报国家文物局报审阶段。确保了文物的完整性和可持续性。完成了馆藏文物《宁夏回族自治区固原市原州区文物管理所馆藏东汉人物杂技四神青铜鎏金摇钱树保护修复》工作，使文物本体的病害得到有效清除和遏制，稳定性得以提高，已进行修复报告编制及验收结项工作。配合辖区在建工程项目完成文物勘察工作；加大对田野文物抢救性发掘保护、文物征集工作，对田野文物、各基本建设单位的巡视检查，积极抢救清理出土文物。对地下文物分布较多区域提前介入，积极协调提前进行考古勘探、发掘。加强文物安全管理工作，通过专项行动，聚焦可能导致人员伤亡、文物损毁、非法违规行为、安全管理缺陷等重大事故隐患，严格落实安全生产十五条措施，严格执法、强力整治，着力从根本上消除事故隐患，确保人员和文物安全。

【文物普及教育】 注重加强对公众的文物普及教育工作，在对外宣传教育方面，利用“国际博物馆日”和“文化和自然遗产日”及其他重大节日活动，开展形式多样的宣传教育。通过举办讲座、展览和活动等形式，提高了公众对本地区历史文化遗产的认识和理解，并增强社会对文物保护的关注度。分别与固原四中、原州七小、原州区团委建立了青少年校外实践教育基地。

【运行评估定级】 西北农耕博物馆二级博物馆运行评估定级，根据国家文物局办公室《关于做好2022年度全国博物馆信息报送工作的通知》（办博函〔2023〕27号）要求，组织在线开展2022年度博物馆信息报送和国家一、二、三级博物馆2019—2021年度运行评估信息填报工作。

【战国秦长城博物馆的陈列布展】 原州区《战国秦长城博物馆陈列展览项目》已完成，2023年5月18日正式对外开放。原州区战国秦长城博物馆是结合固原地理环境的自身优势，依托战国秦长城及沿线丰富长城文化资源为文旅融合切入点，挖掘长城文化内涵、重点打造的精品项目，经过规划筹建、依法设立的一家国有博物馆。它不仅是一个交流和展示文物的崭新平台，而且是一个传承、保护优秀传统历史文化的重要载体。

须弥山文物管理

【文物保护】 认真贯彻执行文物保护法和须弥山石窟文物保护管理条例。按照新时期文物保护工作任务要求,认真做好文物日常安全检查和安全检查记录、值班记录、监控记录日志,强化日常管理及考核等工作,执行严格的交接班手续。遵照“保护为主、抢救第一、合理利用、加强管理”的文物保护工作方针,组织实施文物保护工程。2023 年内积极组织实施文物保护项目,继续实施须弥山石窟大佛病害治理前期研究项目、须弥山石窟相国寺治水工程等项目。大佛病害治理前期研究项目、相国寺治水工程按照合同要求,完成阶段性任务。按照国家文物局和自治区文化和旅游厅关于开展文物行业重大安全风险隐患排查整治的安排部署要求,认真组织开展文物安全风险隐患排查整治,及时发现和消除安全隐患,杜绝文物安全事故的发生,努力确保文物安全。

【举办石窟寺水害精细探测与防治学术研讨会】 由复旦大学、敦煌研究院《石窟与土遗址保护研究》编辑部、陕西省文物保护研究院、中国电建集团北京勘测设计研究院有限公司主办, 原州区文化旅游广电局、须弥山文物管理所承办,宁夏回族自治区文物保护中心协办须弥山石窟水害治理学术研讨会在固原市举行。来自敦煌、龙门、大足、麦积山、乐山等全国各大石窟寺保护管理机构以及部分高校科研院所的近百名专家学者参加了此次会议。研讨会上,专家学者围绕石窟寺水害精细探测新技术和新方法、我国石窟寺水害防治技术研究、我国石窟寺水害防治经验与示范案例研究等主题进行学术报告和互动研讨。为开展须弥山石窟等中小型石窟的水害治理提供科学理论依据和有益启示。

图 书

【图书阵地服务】 狠抓读者服务质量提升,2023 年,图书馆订阅各种报纸 45 种 53 份,杂志 185 种 190 份;推行图书馆读者接待窗口延时服务,确保每周面向读者免费开放服务时间不小于 56 小时。并保证节假日图书馆正常开馆, 为读者提供服务。2023 年以来, 图书馆共接待读者 5.2 万多人次,借阅各种图书资料 6.8 万多册次。

【创新服务】 充分利用图书馆公众号向读者推荐优秀书目,转载优秀读书资源,开展图书阅读宣传。2023 年以来,利用图书馆公众号、开展线上展览 12 次,推荐、转载分享优秀读书资源 68 次,点击浏览量达 8000 人次。利用博看元阅读、超星读书数字化管理平台等向读者推荐数字资源, 点击量达 10 万人次。

【“全民阅读”和读书宣传活动】 围绕“书香润原州、悦享新时代”主题,开展了“学习雷锋精神,争做时代先锋”主题实践活动;举办了“春风小书桌·共读一小时”亲子阅读推广活动活动;“阅享新时代,‘典’亮新征程”经典诵读暨图书分享活动;举办了原州区学习宣传贯彻党的二十大精神暨“书香原州、阅见美好”摄影比赛和展览;举办了 18 届文津获奖图书展,展出 2 个月,观众达 5000 人次;举办了“自古知兵非好战——中国古代兵书专题展”,展出 3 个月,参观群众 6000 多人次;举办了“书香润原州 阅享新时代”原州区 2023 年全民阅读暨图书馆服务宣传周活动; 与原州区文化馆联合承办了“诗意原州 月映万家——‘庆国庆 迎中秋’诗文朗诵晚会”,观看群众近 4000 人次;利用流动图书车服务平台在乡镇、社区、广场开展全民阅读宣传下乡、进村、进景区阅读推广 32 次。对 15 个图书流动服务点图书进行轮换、配送;发放各种宣传资料超过10万份。新建南寺巷社区、泰和酒店2个流动图书服务点，配送图书800册。新建雁岭社区城市书屋，配送图书650册。

新闻媒体

【重大主题宣传】 围绕学习贯彻习近平新时代中国特色社会主义思想主题教育、铸牢中华民族共同体意识等重大主题，开设“二十大精神在基层”“学思想 强党性 重实践 建新功”“民族团结一家亲 同心共筑中国梦”等专题专栏，采写发布了我区在学习宣传贯彻中的新要求、新举措，各部门(单位)、乡镇(街道)在学习宣传贯彻中开展的创新活动、涌现的先进典型。围绕生态环境保护和建设宁夏副中心城市、生态文旅特色市集聚区等使命任务，聚焦乡村振兴、生态建设、产业发展等中心工作，开设了“乡村行 看振兴”“守好改善生态环境生命线”等专题专栏，深入报道习近平总书记视察宁夏重要讲话指示批示精神在原州落地生根、开花结果的生动实践。

【重大活动宣传】 在农文旅推介、冷凉蔬菜节等重大活动宣传报道中，中心发稿数量、传播效果屡创新高。农文旅推介播发新闻稿件370余篇，浏览量达500万人次，冷凉蔬菜节播发新闻稿件550余篇，浏览量超800万人次。制作的《好山好水 原洲源味》宣传片，采写的《原州区：冷凉蔬菜成为富民“热产业”》《原州区：万亩西兰花连接起“菜园子”和“菜篮子”》等稿件，全面反映了冷凉蔬菜畅销全国的火热场景。在村BA西北赛区及全国和美乡村篮球大赛(村BA)总决赛期间，采写制作推出了众多视角独特、表现鲜活、制作精良的爆款融媒体产品，采写发布的《宁夏三营镇，何以走出西北赛区的一支篮球代表队？》《宁夏原州：“篮球之乡六盘山”，从毛蛋打到全国第三》等一批新闻稿件、短视频作品，被各大区内外主流媒体采用转载。赛事期间，播发图文信息1200余篇(条)，全程直播赛事精彩过程，浏览量超1.3亿。《寻味原州》美食栏目，向区内外群众推广了一批“食材好、口感好、味道好”的原州“好吃头”和一批吃住娱购为一体的“好去处”；举办了“看见原州美 2023年锦绣原州短视频大赛”，打响“避暑胜地、锦绣原州”的形象品牌。

【外宣工作】 2023年，先后向各大主流媒体推送稿件1600余篇，其中原创稿件被“学习强国”采用380余篇(条)，推送数量居宁夏各县(区)前列，向新华社推送短视频《奋进新征程 建功新时代》《宁夏原州冷凉蔬菜迎来丰收热销季》阅读量均过百万+，各媒体采用总阅读量6800万以上。向中央、自治区、固原市电视台推送视频新闻260余条，让原州好形象见诸中央省市媒体。

档案管理

【档案接收】 原州区档案局印发了《关于做好档案移交接收工作的通知》，对档案移交接收工作进行安排部署。接收原州区委档案2456件及数字化成果54.9GB，乡村振兴局档案1468盒，民政局婚姻档案859盒，审计档案822卷。

【项目验收】 配合区委办(档案局)组织档案专业人员对原州区沈家河农田水利（水库加固改造)工程等四个项目档案进行了专项验收。

【业务培训】 配合区委办(档案局)举办一期档案管理人员业务培训班，重点就档案的收集整理、档案信息安全、数字档案馆操作系统等内容进行了详细解读，各立档单位档案管理人员69人参会。

【档案检查】 配合区委办(档案局)开展《中华人民共和国档案法》贯彻落实、档案的收集整理及保管等情况进行专项检查，先后对张易镇、开城镇、三营镇等立档单位进行检查，并就档案信息安全、保管等方面存在的问题，要求限期整改，确保档案实体和信息安全。

【档案查阅】 做好档案查阅“一站式”服务，提升档案查阅利用效率。2023年，共接待查阅利用5900人次，调卷近11000卷次。其中，为海原县撰写组织史、原州区撰写教育志、扶贫志提供了大量的档案资料。同时为广大市民、干部职工，缴纳养老保险、工龄认定、婚姻状况等方面提供档案证明。办理全国档案查阅平台上的申请件5件次。积极开发馆藏档案资源。制定完善相关参观制度，原州革命历史人物（赫光、韩练成、孙寿名和陈良璧）档案陈列室接待参观人员350人次。为固原革命英烈展提供图片资料60余张。

【档案宣传】 积极配合区委办（档案局）深入开展《档案法》的学习宣传。利用杂志、网站、微信等平台宣传新修订的《档案法》，推进依法治档，提高治理效能。在“6·9”国际档案日开展了系列宣传活动，组织原州区各立档单位70人统一参加由国家档案局举办的“6·9”国际档案日线上专题讲座；通过摆放展板、发放宣传资料、现场讲解、答疑释惑等多种形式宣传档案工作，发放宣传资料1200多份。

【安全管理】 认真落实以制度为基础，提高职工安全意识为重点，安全监控和自动报警设备为辅助的档案馆“三维”安全体系建设，确保档案实体安全。认真开展档案馆安全风险排查工作，严格按照规范要求开展档案数字化工作，加强档案保密信息管理，确保档案信息安全。2023年对档案馆气体灭火系统的30个气体瓶和10个驱动瓶进行了安全检测，对缺压气瓶全部进行充装，确保档案气体灭火系统正常运行。

地方志

【扶贫志工作】 召开启动会，成立扶贫志编纂工作指导小组和编辑部，从相关单位抽调12名人员具体负责编辑工作。召开工作协调会5次，下发工作提醒50多次，收集资料10万多页。经过编辑、修改、评审、再修改、再评审，按时高质量完成《原州区扶贫志》编辑。

【年鉴工作】 完成《原州年鉴2021》公开出版，《原州年鉴2022》修改完善和公开出版，《原州年鉴2023》编纂和公开出版。

【志书利用】 为引导党员干部群众培育崇德向善、节俭尚廉的良好家风，营造清正廉洁的从政氛围，史志研究室征集西海固优秀家规家训26篇，辑录历代名人家规家训和红色家训30篇，摘录《民国固原县志》家训3篇，于2023年9月，编纂完成《廉洁教育读本——〈优秀家规家训选编〉》，并印制1000本。

【宣传工作】 5·18期间开展灵活多样的地方志工作宣传日活动。编写宣传短信20条，自5月15日至19日连续群发，宣传面达到1.3万人次；向帮扶村黄铎堡镇河沟村赠阅地方志书籍30多册，向固原党校赠阅地方志书籍50多册。给原州区主要领导编写《原州区历史文化简介》。参与编写《锦绣原州》一书，并统稿修改。

旅　游

综　述

【文化旅游】 紧扣“避暑胜地·锦绣原州”文化旅游主题，制定《原州区2023年生态文旅特色市集聚区建设任务清单》，启动生态文旅特色市集聚区建设，成功举办了第四届六盘山诗歌节、第九届须弥山石窟文化旅游节、牡丹山庄文化旅游节、刘姥姥农庄乡村旅游节、彭堡镇河东村金秋“村晚”等大型文化旅游宣传活动，推介我区人文、历史、美食等文化旅游亮点工作，开展旅游推介、非遗传承展示、图书宣传等系列活动，打造文化旅游品牌，丰富群众文化生活。

【文旅推介和招商】 先后赴北京、浙江、四川、陕西等地开展文旅推荐和招商，邀请西安复兴文明文旅集团、中铁公司、宁大等区内外专家、学者来原州区进行指导规划文旅产业；引进中国乡村发展基金会和宁苗生态研究院2家企业，考察实施原州区官厅镇薛庄村百美村庄项目和开城镇双泉村乡村生态文旅建设项目；与浙大圆正文旅研究院签订合作框架协议，在文旅产业合作、人才培养、宣传推广三个方面加强合作，2023年10月8日完成了《原州区清水河沿岸文旅产业发展规划》《原州区须弥山景区提升规划》设计公司招标，为原州乡村旅游发展制定翔实可行规划提供基础；与北京市门头沟签订支持和发展民宿经济框架协议，建立定期互访交流、产业合作、培训指导、宣传推广四项机制；制定原州区民宿经济发展规划，提升原州区民宿经济发展水平。原州区官厅镇薛庄村百美村庄项目和开城镇双泉村乡村生态文旅建设项目正在实施阶段。

【旅游开发】 牢固树立“绿水青山就是金山银山理念”，以全域旅游创建为契机，不断擦亮绿色发展底色，建成沈家河国家湿地公园，划定生态红线范围，明确资源开发上限，加大景区、城区等重点区域绿植建设力度，建成古雁岭森林公园、东岳山森林公园、牡丹山庄等生态旅游景点，推动生态保护与文化旅游融合发展。依托长城博物馆、六盘玩美乐园、牡丹山庄等重点旅游资源，借力发力、挖掘资源，将景区、景点串点打造，将乡村旅游重点村、特色旅游村创建与美丽乡村、特色农业等结合起来，打造河州乡寨洼村、彭堡镇姚磨村2个全国乡村旅游重点村与杨郎村、乔洼村、小马庄3个自治区级特色旅游村；开发了红色文化、历史古迹、非遗传承、农耕体验4条研学线路，培育了柳林庄园、牡丹山庄、篱外居、南山生态园等15家具有发展潜力的重点乡村旅游示范点，打造具有原州特色的历史文化游、城市休闲游、美丽乡村游3条精品旅游线路。2023年接待游客360万人次，实现旅游综合收入18亿元，同比增长37%和43%。

【旅游品牌创建】 积极创建国家全域旅游示范县（区）和国家级“避暑旅游目的地”，2023年9月底完成自治区全域旅游示范县（区）复核验收；2023年9月中旬中国气象局完成全国“避暑旅游目的地”初评，等待终评。加大文旅融合宣传，积极与央视、宁夏卫视等媒体合作，进行品牌形象宣传；与旅行社、自驾、摄影、户外等企业团体建立合作关系，有针对性地进行营销，聚集人气；邀请媒体记者、旅游大V、摄影达人到原州采风、采访，通过微信、微博、抖音、快手、小红书等新媒体平台，充分展示原州深厚的文化底蕴和优美的自然风光。开展“两晒一促”大型文化旅游宣传活动，全面推介原州区历史、人文、美食等文化旅游亮点工作。固原市委常委、原州区委书记何永吉同志、原州区委副书记、政府区长马波同志先后带队赴北京、浙江、四川、陕西、福建等地开展农文旅推荐和招商，扩大原州区朋友圈，不断打响“避暑胜地·锦绣原州”文旅品牌。

【旅游基础设施建设】 开工实施须弥山石窟第5窟大佛本体保护项目，编制须弥山石窟文物保护规划；建设宁夏原州区国家文化公园战国秦长城保护及旅游基础项目，一标段长城博物馆展陈已全部完成，对外开放，投入使用，二标段基础设施已开工建设；投资420万元，乡村公共文化基础设施维修项目正在进行基础开挖等。完成五爪山烽火台保护修缮及围栏项目、固原古城遗址内城西墙北段保护修缮工程续建项目。先后建成须弥山文物保护性基础设施项目、固原古城墙遗址抢险工程、长城博物馆展陈、旅游环线各节点基础设施建设、乡村旅游示范点基础设施提升等工程项目,旅游基础环境有效改善,旅游服务水平大幅提升。邀请浙江大学文旅学院为我区编制了《原州区清水河沿岸文旅产业发展规划》《原州区须弥山景区提升规划》;邀请中国乡村发展基金会和宁苗集团为我区官厅镇薛庄村和开城镇双泉村进行百美村庄建设,打造乡村振兴示范村,将薛庄村、双泉村打造集农业、文化、旅游、休闲、娱乐为一体的绿色发展示范地、宜居宜业幸福地、文化旅游目的地,实现生态效益、经济效益和社会效益共赢。先后投资了951万元和420万元,实施了原州区乡村旅游示范村基础设施提升项目和原州区乡村公共文化基础设施维修项目。已全部完工投入使用。投入资金70余万元,修建大佛楼人字梯,改造提升游客中心餐厅,更换维修景区垃圾桶、座椅、加装安全及景观护栏,进一步提升须弥山、固原博物馆2个AAAA级景区服务水平,增强游客体验度。先后完成须弥山文物保护性基础设施项目、固原古城墙遗址抢险工程、长城博物馆展陈、旅游环线各节点基础设施建设、乡村旅游示范点基础设施提升等工程项目,旅游基础环境有效改善,旅游服务水平大幅提升。

【乡村旅游】 坚持将乡村旅游重点村、特色旅游村创建与美丽乡村、特色农业结合起来,乡村旅游与美丽乡村、特色农业等融合发展,打造河州乡寨洼村、彭堡镇姚磨村2个全国乡村旅游重点村,杨郎村、乔洼村、小马庄3个自治区级特色旅游村,开发了红色文化、历史古迹、非遗传承、农耕体验4条研学线路,打造开发具有原州特色的历史文化游、城市休闲游、美丽乡村游3条精品旅游线路,培育柳林庄园、牡丹山庄、篱外居、南山生态园等15家具有发展潜力的重点乡村旅游示范点(其中五星级3家、四星级8家)。依托冷凉蔬菜基地,金糜子酒、马铃薯、小杂粮等特色产品,打造鲜菜、核桃、苹果采摘基地,让采摘热带动乡村游,助推乡村振兴。

卫生健康

综　述

【概况】 原州区现有医疗卫生机构281个，其中，区属医疗卫生机构3个（原州区人民医院、原州区疾控中心、原州区卫生监督所）、11个乡镇卫生院（妇幼保健计划生育服务站）、3个城市社区卫生服务中心、151所村卫生室、15家民营医院、98家个体诊所。卫健局核定行政编制12个，在编10人；全系统共核定事业编制637个，在编624人；三支一扶72人，退转军人16人，遗属28人，离退休127人。古雁街道景园社区、北塬街道什里社区荣获"全国示范性老年友好型社区"称号，卫健局机关荣获"全区爱国卫生工作成绩突出单位"称号。

【健康帮扶】 原州区现有一般脱贫户24194户93156人；重点监测对象2134户7936人。组建189个家庭医生签约服务团队，落实好巩固提升工作。各医疗卫生单位负责人为第一责任人。负责辖区建立台账、细化工作任务等。规范健康扶贫动态管理系统数据、信息更新和维护工作，确保数据信息真实、准确；核准率、救治率和救治费用录入率达到100%，新增建档立卡贫困户核准率100%。严格落实"先诊疗、后付费""先住院、后付费""一站式即时结算"等健康扶贫政策。

【巩固创卫】 通过建立健全政府主导、跨部门协作、全社会动员，预防为主、群防群控的长效管理机制，不断提升城市卫生管理水平，巩固和发展国家卫生城市创建成果。按照谁主管、谁负责的原则，严格落实爱国卫生工作县区职责、部门职责和管理权责，积极开展市容环境、废旧收购、道路交通、食品安全、"六小"行业等专项联合整治活动，确保市区经营秩序规范，市容市貌整洁有序。全面落实12类52项基本公共卫生服务项目，广泛开展健康教育，深化爱国卫生知识宣传，强化"三减三健"、文明健康绿色环保生活方式教育，广泛宣传普及疾病预防知识。深化无烟环境创建，医院、学校等无烟单位创建率100%，无烟党政机关创建率100%。室内公共场所实现全面禁烟，全城无烟草广告，筹措6万元在4个社区大力开展戒烟试点。坚持开展每月"爱国卫生日"和周五卫生大扫除活动。原州区卫生区黄铎堡镇卫生镇通过国家暗访。

【健康原州】 创新实施"12345"宣传教育方式，建成280个健康知识宣传栏，人均体育场地面积2.91平方米，城乡居民达到"国民体质测定标准"合格以上人数比例达91.84%。建立"原州区健康科技志愿服务队"，打造原州区"助你健康"科技志愿服务品牌，集中开展健康科普"六进"巡讲70余场次。实现社会单位点单式讲座。牵头组织"万步有约"大型启动仪式活动，共20个单位参加，300名干部参与。"小细胞"推动"大卫生大健康"，大力开展"健康细胞"建设，共创建"健康村""健康机关""健康学校"等"健康细胞"36个，健康家庭100个。联合妇联在重点村倡导群众用文明健康行为换"积分"，实行积分兑奖品，丰富"健康家庭"评选内容，并在固原市推广。

【提升服务】 成立医疗质量管理小组工作专班，持续规范三合理诊疗行为，设立24小时便民门诊、黄昏门诊，原州区人民医院在普通黄昏门诊的基础上开设特需专家黄昏门诊，延伸优质医疗资源服务时段，解决特殊群体就医需求，晚间门诊累计接诊767人次，周末门诊累计接诊9775人次。减免60岁以上老年人挂号费0.5元/人，免除80以上老年人挂号费。在原州区人民医院建设胸痛、卒中、创伤、危重孕产妇救治、危重儿童和新生儿救治等急诊急救“五大中心”；借助“组团式”帮扶、京宁及东西部协作项目引进区内外“三甲”医院医疗专家资源，下沉到原州区医院和三家基层医院，申报4个自治区重点专科和4个自治区薄弱专科建设，开展新技术24项，手术示教407次，业务培训147次。通过派出去、请进来、沉下去、再培训的方式全面提升医疗卫生专业技术人员服务能力，举办基本公共卫生服务项目、家庭医师签约服务、传染病防治、妇幼项目、中医药服务、食源性疾病、院感、基本药物、医疗质量等培训20余场次，培训医务人员2000余人次；遴选基层骨干全科医生1人、骨干人员2人，乡村医生16人，到原州区人民医院进行全科医疗、护理服务相关知识培训。

【中医事业】 完成基层中医馆标准化建设。11家乡镇卫生院、3家社区卫生服务中心已全部设置中医馆并配备中医医师，均能够提供6类以上中医非药物疗法。官亭镇乔洼村、开城镇双泉村完成卫生室中医阁建设，配备不少于5种中医诊疗和康复设备，能够提供中药饮片服务和4类6项以上中医适宜技术。对乡镇卫生院、村卫生室、社区卫生服务中心、社区卫生站医务人员开展3次中医适宜技术的推广培训。加快张慎听、慕强2个全国基层名老中医传承工作室建设，通过名老中医药专家的传、帮、带，培养6名中医药事业继承人。加快中医药健康管理服务能力建设，通过实施京宁合作基层中医馆服务能力提升项目，在张易中心卫生院、宋家巷社区卫生服务中心、文化街社区卫生服务中心开展中医师徒“组团式”帮扶，落实医疗服务“双提升”，2022年6月至2023年底，派驻专家9人，师带徒18人，开展业务培训及学术讲座30次，累计接诊病人69680人次，其中中医诊疗45160人次。

【疾病防控】 制定完善卫生应急预案，提升传染病疫情应急处置水平，建立完善以原州区疾控中心为龙头，各医疗单位为枢纽，村卫生室为依托的传染病监测报告网络，对防控新冠病毒、手足口病、流感等传染病疫情，及时进行传染病疫情风险研判，共报告乙、丙类传染病17种6015例，其中乙类11种5135例、丙类6种880例，报告发病率1257.22/10万，与2022年同期上升290.87%，处理传染病自动预警10种117次，有效控制1起波及21名学生的甲流疫情。遏制结核病、艾滋病疫情快速上升势头，共报告活动性肺结核患者81例，应随访管理艾滋病感染者和病人136人，实际随访管理艾滋病感染者和病人126人(失访、查无此人10人)，治疗126人，治疗率92.65%，本地发现感染者已全部开展抗病毒治疗，30天内治疗比例100%。稳步提升疫苗接种水平，加强慢性病、地方病防控，做好食源性疾病、水质监测、病媒生物监测工作，保障环境与学校卫生工作有序开展，应接种疫苗116644剂次，实接种115980剂次，报告接种率为99.43%。

【职业健康】 完成25家医疗机构134名放射诊疗人员个人剂量监测4次；对27家企业开展工作场所职业病危害因素调查；审核职业健康体检人数2635人；审核上报辖区3家网络直报医院上报的23例农药中毒报告病例；职业性尘肺病患者随访9人。

【老龄工作】 完善“社区+物业+养老”服务模式，以打造“十五分钟老年人便利生活圈”和适老化基础设施改造为目标，为居家老年人提供起居照料、精神陪护、应急处置等基础服务，开通24小时爱心服务热线。开展老年友善医疗机构创建工作。通过适老环境和无障碍设施的改造和建设，在楼梯、坡道加设防滑措施、安装安全扶手、老年人专用座椅，建设无障碍卫生间等设施，完善院内标识系统，增设老年就医绿色通道。原州区14家医疗机构达到“老年友善医疗机构”标准，建设率达到了87.5%。探索基层医养结合新模式。原州区宋家巷社区卫生服务中心、头营卫生院、寨科卫生院与原州区中心敬老院、杨郎中心敬老院、寨科中心敬老院签订医养结合协议书，签约率达100%，为原州区入住敬老院225位老人进行了健康体检，建立电子健康档案，确保了入住的托养人员能够得到及时有效的医疗救治。积极发挥医疗健康集团作用，建立老年患者的双向转诊机制，向基层医疗机构预留一定比例的预约号源，全面落实老年医疗服务优待政策，对60岁以上失独老人及65岁以上老年人看病就医实行优先照顾，开通老年人就医绿色通道，在挂号、就诊、收费、取药、住院等窗口明显位置设置“老年人优先”标志，为老年患者就医提供便利。

【托育工作】 原州区共有托育机构18家，托位1310个，每千人托位数2.8个。开展自治区级优质服务托育机构创建，支持托育服务机构依托社区开展婴幼儿健康管理及科学育儿知识普及等服务，已有3家机构被自治区评为优质服务托育机构。

【家庭发展】 认真落实计划生育“两项制度”政策，已落实并按时完成计划生育“两项制度”补助资金发放工作，扶助资金共发放669.726万元。开展“关怀关爱”活动。通过“关爱老人关爱健康”“迎新春送温暖计划生育家庭座谈会”“5·29会员活动日”“7·11世界人口日”“六一儿童节关爱留守儿童”等活动，为广大群众提供更加贴心优质的健康服务。继续开展大学生圆梦行动，筹措资金对2023年考入一本的计生纯女户家庭子女34人每人给予2000元资助，共资助68000元。完善三孩生育政策配套措施，落实生育二孩及以上家庭发放育儿补贴金支持措施。按照《关于完善三孩生育政策配套措施试行》文件要求，已发放二孩一次性育儿补贴金874人、174.8万元，三孩一次性育儿补贴金358人、143.2万元，三孩按月发放育儿补贴358人、48.64万元，共计发放育儿补贴金1232人、366.64万元。

【项目推进】 共实施重大项目5个，项目总投资5220万元，完成投资2920万元。固原乾祯医院养老护理楼改建项目、原州区基层服务能力提升项目、原州区人民医院新型冠状病毒感染重症患者第一批急救设备购置项目、原州区人民医院医疗服务与保障能力提升购置设备项目，完成验收，已投入使用。原州区“互联网+医疗健康”(医共体)建设项目前期工作有序推进。

【医改工作】 落实政府补偿政策。坚持公立医院“六项投入”补助政策和对基层医疗卫生机构人员进行财政全额保障；完善人才激励机制，改革人事薪酬制度，进行公立医院备案人员过渡登记备案工作。深入推进“三医联动”改革。全面推行以按病种付费和按项目付费相结合的多元复合式医保支付方式。落实采购“两票制”政策，坚持药品耗材集中带量采购。执行价格动态调整机制，进一步调整优化医疗收入结构及比价关系，医疗服务收入占比达到30%以上，合理体现医务人员技术劳动价值。推进区域“医共体”建设。组建原州区卫生健康总院，进行实体化运作。推进“互联网+医疗健康”示范区建设，建设原州区医共体信息化平台，构建“基层检查+上级诊断+区域共认”的服务模式。2023年1—11月份基层诊疗量476151人次，占比达69.22%，远程心电诊断

4177 例、远程影像 3780 例、参加远程培训 13901 人次、远程会诊 21 例。

【基层公共卫生】 全面实行村卫生室星级管理,完成 14 家四星级村卫生室提档升级, 全原州区五星级村卫生室占比达到 15.89%。文化街社区卫生服务中心创建社区医院、张易中心卫生院创建国家推荐标准、宋家巷城市社区卫生服务中心、官厅镇卫生院创建国家基本标准均已通过自治区卫健委专家组一致性评价复核。家庭医生签约服务一般人群签约服务覆盖率达到 62%, 重点人群签约率 93%, 脱贫户、监测户全覆盖。基本公共卫生培训 600 余人次、传染病防治培训 600 余人次。60 余名专家下沉到基层医疗卫生机构开展 “千名医生下基层”活动。完成“两癌”筛查 14054 人,完成率 100.39%;免费新生儿多项遗传代谢性疾病筛查 4817 人, 筛查率 98.91%;免费新生儿听力筛查 4816 人,筛查率 98.89%;免费新生儿耳聋基因筛查 4816 人,筛查率 98.89%。已完成老年人体检 36558 人,完成年初任务率 114%,健康管理 34234 人,管理率 78.98%;高血压已管 27637 人,规范管理 27293 人,规范管理率 98.75%; 糖尿病已管 7294 人, 规范管理 7148 人,规范管理率 97.77%。

【政务服务】 全力落实“放管服”“简政便民”政务服务工作,2023 年底医疗机构变更负责人 6 家、增设诊疗科目 10 家、变更地址 5 家、变更名称 2 家、变更诊疗科目 1 家、新备案诊所 6 家,诊所转诊备案 95 家,注销医疗机构 8 家。

【专项整治】 先后召开党组会议研究 4 次、推进会 3 次、支部主题党日活动 1 次,17 家医疗卫生机构同步召开推进会共 54 次, 传达学习各级医药领域腐败问题集中整治工作推进会等会议精神及任务要求,切实增强系统领导干部对集中整治工作重视度。共自查梳理发现两个方面 4 个突出问题 9 条具体负面行为, 已全部整改完成(其中组织处理 10 人,退回违规医保基金 4007 元,罚款 4000 元)。对下属各医疗卫生单位开展了 2 轮次督导检查,下发督查通报 1 期,针对存在的问题,逐一督促整改落实,现已全部整改。

【监督执法】 开展打击非法行医等各项工作,全面推进日常监督检查,专项整治和“双随机”抽检等工作有序完结, 公示处罚案件 7 起, 共计罚款 141800 元,没收违法所得 3315.2 元,警告 4 起。受理各类公共场所卫生许可申请 171 件(其中新办 121 件,延续 50 件);受理生活饮用水卫生许可申请 2 件;办理发放公共场所卫生许可证 159 件(其中新办 108 件,延续 51 件),不予许可 12 件;办理发放生活饮用水卫生许可证 2 件; 注销卫生许可证 34 件;变更卫生许可证 18 件,对办理的卫生许可证全部在宁夏门户网站进行了双公示; 积极受理投诉举报,共受理、调查、处理答复投诉举报案件 67 起。

疾病预防控制

【慢性病患者管理】 高血压健康管理任务数 27019 人,健康管理 27633 人,任务完成率 102.27%,规范管理 27340 人,规范管理率 98.94%;血压控制 27030 人,高血压控制率 97.84%。糖尿病健康管理任务数 6920 人, 健康管理 7317 人, 任务完成率 105.74%;规范管理 7210 人,规范管理率 98.54%;血糖控制 7242 人,控制率 98.97%。老年人健康管理任务数 43556 人,在册人数 43197 人,健康体检 36582 人, 健康管理 34257 人, 健康管理率 79.34%。为辖区居民应建档人数 474000 人,实建档 478983 人,建档率 101.05%。加强严重精神障碍疾病和癫痫患者的管理工作。现累计建档 2538 例,年在管严重精神障碍患者 2058 例,报告患病率 4.42‰;在册患者 211 例,规范管理 2031 人,规范管理率95.94%；服药2017例，服药率95.28%，规范服药1723例，规范服药率81.39%；面访患者2008例，面访率94.85%，体检1203人，体检率80.44%。规范管理癫痫病患者526例，总体发作有效控制率大于60%。按照2023年死因监测项目工作方案，2023年共报告死亡人数2910例，报告粗死亡率为613.92/10万，达到了600/10万的政府考核指标。做好肿瘤新发死亡病例登记录入审核工作，共登记肿瘤病例2183例，2023年新发病例1328例，报告发病率281/10万，报告死亡病例855例，报告死亡率181/10万，完成随访1328例。开展第八届全国"万步有约"健走激励大赛活动。居民慢性病及危险因素监测。对2018年原州区居民慢性病及危险因素监测对象重复调查任务数120，实际调查121人，完成率100.83%。2023年横断面调查任务数600人，实际完成613人，完成率102.17%。

【传染病报告管理和监测】 对所有传染病做到"早发现、早诊断、早隔离、早报告"。2023年无甲类传染病报告，共报告乙、丙类传染病17种6672例，其中乙类11种5459例、丙类6种1213例，报告发病率1372.59/10万，与去年同期（1653例，报告发病率345.50/10万）上升297.28%，报告发病居前5位的病种依次是新型冠状病毒感染4507例、其他感染性腹泻501例、布病452例、流行性感冒413例、手足口病236例。处理传染病自动预警信息11种131次。本年度有效控制1起波及21名学生暴发甲流疫情。

【结核病项目防治】 以结核病人的转诊、确诊、治疗、登记、报告管理五项工作为抓手，特别是通过实施"三位一体"现代化结核病防治工作模式以来，结核病人的发现率和规范治疗率明显上升。2023年共报告活动性肺结核患者96例，其中病原学阳性58例，病原学阳性率为60.42%。原州区人民医院肺结核门诊全年共检查肺结核可疑症状者499人次，均开展了痰涂片、病原学检查。其中分子学检测102人，菌培养5人。对39263名65岁及以上老年人、6980名糖尿病患者、9381名大学及高中阶段入校新生及教师、254名肺结核学生密切接触者行结核菌素试验，对检出77名结核菌素强阳性师生全部进行拍片检查，其中27名学生实施预防性服药，50名进行微卡注射预防性治疗。肺结核病定点医院报告可以肺结核患者283人，追踪到位271人，追踪到位率为95.76%，确诊92人。

【艾滋病综合防治】 原州区政府组织召开了第五轮艾滋病示范区工作启动会及工作协调会，成立了由主管区长为组长的艾防领导小组，明确了各成员单位工作职责，并与各成员单位签订工作目标责任书。政府制定下发了《原州区第五轮全国艾滋病综合防治示范区工作实施方案（2023—2026年）》《2023—2025年度原州区示范区年工作计划》，原州区重疾办制定下发了《原州区2023年FSW国家哨点监测实施方案》《原州区关于开展艾滋病防治质量年活动的通知》及《关于开展艾滋病防治宣传教育"五进"拓展年和12.1世界艾滋病日活动的通知》等文件，并按照计划开展工作。社会组织应用"互联网+"平台开展综合干预服务。辖区医疗卫生机构共检测各类人群HIV抗体43846人，确认HIV抗体阳性9例。艾滋病综合干预各类高危人群1102人次。免费发放宣传资料2406份、安全套11200只，辖区所有医疗机构临床用血100%来自固原市中心血站。应管理感染者和病人138人，实际管理127人（其中：失访或不愿意治疗11人），管理率92.7%，抗病毒治疗127人，治疗率92.7%，随访管理艾滋病感染者和病人537人次；艾滋病抗病毒治疗者开展CD4检测132人次，病载检测127人，结核病筛查254人；督导服药1489人次，为规范且高质量开展治疗提供有力支持。

【免疫规划】 强化督导检查力度,原州区疾病预防控制中心每季度对乡(镇)、村、社区卫生服务中心(站)免疫规划工作进行1次督导检查,对发现问题及时给予纠正,保证免疫规划工作有序运行。注重对预防接种人员疑似预防接种异常反应处置能力的业务培训,提高疑似预防接种异常反应处置能力,2023年共报告常规疫苗疑似预防接种异常反应28例全部为一般反应。报告应接种疫苗137423剂次,实接种136283剂次,基于个案接种率为99.17%;宁夏免疫规划信息管理系统应接种疫苗152891剂次,实接种136608剂次,基于个案接种率为89.58%。

【地方病防治】 1.根据《2020年原州区人间布鲁氏菌病监测方案》开展监测工作,集中检测布病采样1573人,血样检测1573人份,检测出阳性39例。医疗机构布病检测2389人,阳性1023人,确诊病例458人,全部纳入规范治疗。三年攻坚行动:2022年摸排高危人群33983人、筛查15282人、初筛率44.97%、初筛阳性457人,阳性率2.99%;2023年摸排高危人群33983人、筛查14309人、初筛率31.3%、初筛阳性193人、初筛阳性率1.35%。两年完成筛查29591人,占摸排高危人数的87.08%。2.按照《2023年原州区包虫病防治项目管理方案》要求,共计B超筛查10005人初筛阳性11人,阳性率0.1%;采集血样161份,血清阳性4份,血清抗体阳性率2.48%,儿童B超筛查2000人,B超筛查无阳性病例。采集家犬粪1560份,粪检阳性3份,阳性率0.19%;无主犬400份,无主犬粪1200份,粪检阳性11份,阳性率0.91%。屠宰场检测羊1000只,阳性2只,阳性率0.2%。头营镇头营小学问卷调查306人,知晓率96%。3.按照《鼠防监测方案》要求,建立健全区、乡、村三级人间鼠防监测网络,鼠防监测打样方103公顷,获鼠26只,黄鼠密度为0.25只/公顷。夜行鼠共调查3600夹次,捕获鼠55只,捕获率1.53%。家屋鼠共调查600夹次,捕获鼠15只,捕获率2.50%。共梳检黄鼠210只,染蚤鼠110只,获蚤261匹,染蚤率52.38%,蚤指数1.24。共剖检黄鼠236只,检蚤350匹/186组,经细菌培养,结果为阴性。共采集黄鼠血清189份,全部做被动血凝试验,结果均为阴性。4.按照《2023年原州区碘缺乏病监测方案》,在区所辖抽取5个乡镇片区,采集儿童盐碘、尿碘样各200份,孕妇盐碘、尿碘采样各100份,碘含量测定均合格。5.按照《饮水型地方性氟中毒监测方案》要求,对原州区饮水型氟中毒病区村内8—12岁儿童进行氟斑牙抽检2683人,正常2610名,占受检儿童的97.3%。可疑23名,占受检儿童的0.86%。检出氟斑牙患者50名,氟斑牙检出率为1.87%。全区317个病区村均已改水且正常运转,全区改水率及工程正常运转率均为100%。水氟合格率为100%。6.按照《饮茶型地方性氟中毒监测方案》要求,监测了5个病区村,经实验室测定,砖茶样本氟含量范围在173—253mg/kg之间,均值为204.7mg/kg,全部达到国家要求低于300mg/kg的标准。在5个病区村采集生活饮用水进行水氟检测,共采集水样5份,饮水氟含量范围0.371—0.998mg/L之间,符合国家生活饮用水卫生标准。

【公共卫生监测】 按照自治区疾控中心对病媒生物监测工作方案的文件要求,制定了原州区病媒生物监测方案,按照监测方案进行监测,并将监测数据按文件规定每月上报自治区疾控中心虫媒病监测科。根据国家卫生城市复审要求进行蚊媒应急监测和蚊媒消杀工作。按照自治区疾控关于农村安全饮水卫生监测方案,对原州区农村饮用水安全卫生监测已完成全年丰水期和枯水期各88份饮用水安全水样监测采样和网络直报工作。按照自治区卫计委关于印发2023年食品安全工作方案,全年共审核上报辖区2家哨点医院和其他医疗机构共上报的食源性疾病病例共409例，其中原州区医院报告124例，固原市医院报告125例，其他医疗机构报告160例。按照自治区卫计委和自治区疾控中心关于印发2023年职业病工作方案，2023年共审核职业健康体检人数2744人（职业健康检查报告出具时间为2023年1月1日至2023年12月29日）。审核上报辖区3家网络直报医院上报的24例农药中毒报告病例。职业性尘肺病患者随访8人32次。放射卫生监测。完成辖区医院的调查工作相关调查表、放射工作人员健康体检表和报告的收集及放射性使用单位的调查工作，配合自治区疾病预防控制中心完成项目监测医院的监测工作以及调查数据、健康体检表的报送。2023年共监测放射医疗机构25家，选择职业性放射性疾病监测医疗机构5家，调查其他医疗机构20家。按照国家对农村义务教育营养改善计划实施方案，原州区作为宁夏唯一的重点监测县，对常规监测的4所中小学和8所重点监测的中小学完成了基本信息填报工作。对辖区幼儿园、小学、校外培训机构国家“双随机”学校采光照明的5家幼儿园、1家校外培训机构、20所中小学校机构进行现场监测。原州区学生近视等常见病和健康影响因素监测与干预的目标学校8所及幼儿园2所，对2965学生进行现场监测和9所中小学和1所幼儿园进行了干预工作。对109所中小学校90985名学生建立了学生视力电子档案，建档率100%，视力上传学生90242名，上传率99.18%。上传学生平均近视率45.19%。

【实验室检测】 通过了碘盐、尿碘、茶氟各2份的国家盲样考核，完成碘盐和尿碘各300份样品检测，茶氟检测样10份，水氟检测样65份。完成国家布病盲样考核4份，布病检测样1537份。完成医疗机构消毒效果监测、公共场所卫生监测、游泳池水质卫生监测和餐具消毒效果监测共430份样品检测工作。完成国家水砷和水氟盲样考核各2份，自治区水铜盲样考核2份，城乡生活饮用水176份样品的微生物及部分理化指标检测。完成农村学生营养状况评估的监测采血360人份、现场血红蛋白监测1781人份和360份血样分离。完成包虫病检测血清分离收样163份，检测犬粪样2160份。完成鼠疫监测的236份细菌学培养、189份血清抗体水平检测，蚤类鼠疫菌培养350匹，186组。完成自治区梅毒盲样考核5份和HIV盲样考核5份，艾滋病哨点监测400（丙肝HIV梅毒）人份，HIV抗体筛查400份，艾滋病病人CD4、病毒载体监测血样采集136人份。完成重症精神病人检测血样20份。完成成人慢性病采血及离心分装746人份，血红蛋白检测746人份，血糖检测1462份。

卫生监督

【概况】 原州区所辖7镇4乡3个街道办事处，151个行政村，49个居委会，常住人口47.13万人。现有医疗卫生机构310家，其中：公立综合医院1家、疾控中心1家，乡镇卫生院11家，城市社区卫生服务中心（站）13家，民营医院15家，门诊部8家，个体诊所104家，医务室6家，村卫生室151家。现有各类公共场所866家，其中：住宿场所178家、沐浴场所58家、游泳场（馆）2家、美容美发场所615家、影剧院3家、商场5家、博物馆1家、候车（机）室2家、歌舞厅2家。现有供水单位64家，涉水产品经营单位21家。现有学校（托幼机构）142所，其中99所中小学，43所托幼机构。现有纳入监管的用人单位71家。

【“双随机”任务】 2023年共接收国家双随机监督抽查任务138家，其中：公共场所93家、生活饮用水3家、放射卫生3家、医疗卫生19家、传染病防治17家、妇幼健康3家，任务完成138家，完结率100%，完成率100%，所有“双随机”任务抽查情况和抽检结果,均通过网站向社会公示。2023年共接收宁夏“双随机、一公开”监督抽检任务132家,任务完成131家,关闭1户(职业病危害),完结率100%,完成率99.24%,抽查检查结果已在宁夏“双随机、一公开”综合监管平台公示。

【专项治理】 2023年度,开展各类专项治理20个,其中:医疗机构18个、职业卫生1个,饮水卫生1个。1.打击非法行医暨非法医疗美容专项。辖区内有医疗美容机构4家,生活美容场所43家。检查中对1家未取得《医疗机构执业许可证》擅自开展诊疗活动,对1家执业医师未按注册的执业地点、执业范围从事医疗美容活动,对2家诊所超范围执业的行为给予行政处罚,共计罚款13.5万元,没收违法所得0.3315万元,没收药品、器械价值约0.5万元。在乡镇集贸市场现场取缔非法游医摊点5个,2人被给予现场警告处罚。2.“放心消费在宁夏”提质扩面医疗乱象行业治理。结合打击非法行医非法医疗美容,医疗废物医疗污水治理等,开展医疗科普法律法规宣传10余次,发放宣传资料12000余份。其间,打掉“游医”摊点5个,停业整顿个体诊所2家。3.开展新型冠状病毒感染疫情信息报告专项督查。共检查医疗卫生机构46家,发现各医疗卫生机构均建立了传染病疫情报告工作制度,开展疫情报告管理自查,进行传染病疫情登记、报告。检查中未发现瞒报、缓报、谎报、漏报新型冠状病毒感染疫情情况。4.开展预防接种监督执法工作。辖区有常规疫苗接种点25个,新冠病毒疫苗接种点14个。检查发现各接种点场所、人员资质齐全,疫苗接收、储存、冷链运转及接种记录齐全,接种前公示、告知、查对规范,但个别接种点接种记录不详细,放置新冠疫苗的冰箱无相对独立区域。5.开展了医疗质量管理监督检查。对辖区1家公立医院、3家乡镇卫生院、3家社区卫生服务中心、14家民营医院、2家综合门诊部、21家个体诊所进行了监督检查。各医疗机构均建立了医疗质量管理制度,能够按《医疗质量管理办法》《处方管理办法》等医疗卫生管理法律法规开展诊疗活动,但个别单位存在医疗质量18项核心制度落实不到位问题,现场均下达了监督意见书督促整改。6.开展卫生监督执法工作“大起底、大摸排”专项行动。对辖区所有被监管单位底档信息进行了梳理维护,新纳入监督对象30余家,剔除已注销关门监管对象24家,现有各类被监督单位1474家。其间查出问题22条,下达监督意见书22份,对3家进行了处罚,罚款8.0万元,没收违法所得0.3万元,没收药品、器械价值约0.5万元。7.开展中医医疗机构监督检查工作。辖区内有中医诊所24家,其他医疗机构中医科21个;有中医类别执业医师47人。检查中发现12家中医医疗机构对传染病防治认识不到位,对法定报告传染病不够清楚,3家医疗废物暂存点设置不规范,1家存在医疗废物混放现象,均下达监督意见书督促整改。8.开展依法执业监督检查专项行动。对14家公立医疗机构、15家民营医院和110家个体诊所进行了监督检查。检查中发现问题30条,下发卫生监督意见书114份,要求对存在的问题立行立改。检查中对1家民营医院病例资料填写保管不规范给予了卫生行政处罚,罚款1.5万元。9.开展放射卫生专项工作。现有放射诊疗机构19家(不包括口腔),均为X射线影像诊断机构,有放射诊疗机33台,有1家放射诊疗机构(原州区寨科卫生院)X射线机已报废。其余18家放射诊疗机构均能按许可的诊疗科目开展放射诊疗活动,按规定进行校验,对放射诊疗设备、工作场所及防护设施进行检测和监测。放射工作场所有电离辐射警示标识及工作指示灯。现有放射工作人员62名,均持有《放射工作人员证》、有效的健康证明、建有职业健康档案。没有发现个人剂量监测超标、体检不合格人员。检查中未发现违法行为。10.麻醉药品和精神药品监督管理专项。检查了1家公立综合医院、15家民营医院、2家综合门诊部、4家个体诊所、1家社区卫生服务中心、7家乡镇卫生院，共计30家医疗机构。检查中未发现麻醉药品和精神药品非法流失、非法制贩、滥用等违法违规行为。11.开展严厉打击非法应用人类辅助生殖技术专项工作。抽查了辖区1家公立综合医院、15家民营医院、3家综合门诊部、6家个体诊所、1家社区卫生服务中心、7家乡镇卫生院共计33家医疗机构。检查中未发现开展人类辅助生殖技术服务。12.抗（抑）菌制剂突出问题专项工作。辖区无抗（抑）菌制剂类消毒产品生产企业。抽查各类医疗机构33家，未发现违法违规宣传疗效和标注禁用物质及擅自虚假夸大、明示或暗示对疾病的治疗作用和效果的消毒产品。13.开展实验室生物安全监督专项检查。辖区19家医疗机构的26个实验室均进行了生物安全认证、备案登记，其中：一级实验室12个，二级实验室14个。开展新冠病毒检测的实验室1个。从事检验工作人员69人，均有检验资质。各实验室均成立了生物安全领导小组，制定了实验室生物安全管理应急预案、消毒隔离制度、生物安全自查制度、人员培训考核制度，并对工作人员定期进行了培训。发现个别实验室分区不明显，制度不健全，人员培训不到位，未进行风险评估或评估内容不全面。14.从业人员预防性健康体检专项监督检查工作。辖区从事从业人员预防性健康体检的医疗机构共9家，体检人员也有相应的资质。9家单位均能够按照规定的检查项目进行体检，并对发放的健康证进行登记、公示。15.开展医疗废物和医疗污水监督检查。原州区现有产生医疗废物的医疗机构133家，产生医疗污水的医疗机构61家，医疗废物处置企业1家。实现医疗废物在线监控的医疗机构30家，实现医疗污水在线监测机构1家。各单位均进行了医疗废物知识培训，能够使用专用包装物及容器，有医疗废物暂存设施，有医疗废物管理制度和处置流程，同时发现个别单位工作人员医疗废弃物及医疗污水处理知识欠缺，在登记、检测中不严谨、不规范，但未发现违法、违规行为。16.开展传染病报告专项监督检查工作。抽查了辖区32家传染病信息直报医疗机构、1家疾控中心，进行了传染病信息报告工作监督检查，主要从传染病报告工作制度、首诊负责、登记、报告卡、报告质量情况等方面展开。检查中发现5家医疗机构存在相关问题，均已整改落实，检查中未发现违法行为。17.开展口腔放射诊疗许可专项。原州区现有口腔医疗机构共计28家（门诊部5家、诊所23家）。专项整治前5家门诊部已全部许可放射项目；23家口腔诊所中12家开展放射项目，但均未经许可，11家未开展放射工作。经过整治，12家开展放射项目的诊所也已全部加注放射诊疗许可项目。18.开展医疗卫生机构集中用餐单位食品安全问题专项治理工作。原州区有医疗卫生机构集中用餐单位12家，其中：乡镇卫生院8家、民营医院4家。各单位食堂卫生经营许可证持证率100%，食堂从业人员健康证持证率100%。检查中下发卫生监督意见书8份，发现问题24个，均已整改。19.农村集中式供水专项。制定了《2023年原州区农村集中式供水专项监督检查工作方案》，对辖区内农村供水单位进行了全面摸底，建立基础本底档案资料；监督覆盖率及建档率达到100%。对检查发现的张易上滩水厂水质硫酸盐指标不合格、2个水厂未能按照规定的要求开展水质日检以及卫生管理制度不健全等问题，卫生监督人员当场下达了《卫生监督意见书》，提出具体的整改意见，并进行了“回头看”督促落实，能够立即整改问题的已整改到位，部分短期内难以整改的问题仍在计划整改之中。对8家农村在用小型集中式供水设施的水质6项指标进行了卫生监督快速检测，对4家日供水千吨以上农村集中式供水单位进行了水质采样委托实验室进行35项常规指标检测；对扬黄泵站“总大肠菌群、浑浊度”2项指标不合格问题进行了行政处罚并责令限期整改。20.职业病危害专项治理工作。职业病危害专项治理工作开展以来，原州区纳入职业病危害专项治理的用人单位共7家，从业总人数1183人，接触职业病危害因素人数787人。已完成治理企业5家。5家用人单位工作场所粉尘、化学毒物、噪声岗位合格率达到90%以上，职业病危害项目申报率达到100%，重点人群职业健康知识知晓率达到100%，主要负责人、职业健康管理人员、接触职业病危害劳动者培训率达到100%。相关信息已及时在国家职业病危害申报系统进行了录入。2023年，对3家存在粉尘、化学毒物、噪声危害因素浓（强）度超标且从业人员10人及以上的工业企业，提出了整改意见，用人单位主体责任进一步落实、切实保障了劳动者的健康权益。

【医疗行业综合治理】 对医疗机构执业资质、医务人员执业资质、药品和器械管理、医疗技术管理、医疗文书管理、医疗质量管理等进行日常监督检查401次，监督覆盖率100%。对310家医疗机构预防接种、传染病信息报告、传染病控制、消毒隔离、医疗废物医疗污水处置、病原微生物实验室进行监督检查，监督覆盖率100%。对辖区310家医疗机构开展传染病综合评价。对各类医疗机构违法违规行为执行不良执业行为积分管理，共积分34分。日常巡查检查中发现问题26家，书写监督整改意见书26份。2023年共开展依法执业、打击非法行医暨非法医疗美容、放射诊疗等18个专项治理行动，每个专项工作都有安排、信息、总结，并且实行专人专案管理。2023年共处罚5起，罚款15万元。

【公共场所】 认真对各类公共场所卫生管理、卫生设施开展日常卫生监督检查、协管巡查，推进卫生管理各项措施落实，其间下达卫生监督意见书1124份，出动执法人员500人次，出动执法车辆300台次，责令限期整改50家。认真落实许可和量化分级管理制度，截至2023年12月底，共监督检查各类公共场所866家，全部持有有效的《公共场所卫生许可证》，其中新办289家、延续130家；各场所共有从业人员2933名，持有有效健康合格证明的从业人员2933人，未发现使用假健康证等违法行为。对住宿场所、沐浴场所、美容美发场所、游泳场（馆）均开展了卫生监督量化分级管理工作，并逐一进行了量化等级评定。A级20家、B级31家、C级802家、不予评级13家，量化率达100%。在开展公共场所日常卫生监督检查的同时，为有效发挥卫生检测在卫生监督工作中的重要作用，对15家启用集中空调的住宿场所、电影院和商场就集中空调通风系统相关卫生指标开展了日常随机采样抽检，共计抽检样品67份，检验结果全部合格。根据《2023年公共卫生国家随机监督抽查方案》要求，对有检测任务的33家场所就顾客用品用具、沐浴用水、游泳馆水质及室内空气卫生质量和集中空调通风系统进行了采样抽检，共采集样品184份，合格184份，检测结果合格率100%。2023年共发放巩固国家卫生城市宣传手册、《公共场所从业人员卫生操作实用手册》《公共场所卫生管理条例》手册、传染病防护知识宣传彩页等宣传材料10000余份，张贴《固原市爱卫办关于加强病媒生物防制的倡议书》、禁烟标识、各功能间（区域）、清洗消毒保洁等设施标识标签等6000余张，发放消毒液量杯200余只，发放餐巾纸、玻璃杯、一次性口杯、毛巾、洗面盆、环保手提袋等各类宣传赠品1300余份。

【职业健康】 辖区现有各类职业危害企业71家，接触职业危害因素人数2286（含外委368人）人。64家企业完成了职业危害因素检测和申报，申报率达90%；完成分类评估46家；64家企业2219人完成了接触职业危害人员健康体检和职业健康知识培训；组织开展职业健康保护行动，推荐2家企业为省级“职业健康达人”，向自治区报送职业健康传播作品5件。职业病危害专项治理工作按进度完成。

【学校卫生】 积极开展学校卫生日常监督检查工作。发现部分学校课桌椅高低只有一个型号、未配置照明设施、无学生健康体检档案、未给学生提供洗手设施,依据《学校卫生工作条例》有关条款,制作了卫生监督意见书,提出了整改要求。春秋开学季,在各乡镇(社区)卫生监督协助员的大力配合下,开展学校教学环境卫生、传染病防控、饮水卫生监督检查和协管服务巡查,检查小学88家、初中10家、高中1所、幼儿园43家,发现共性问题20余条,现场制作了监督文书,提出了改进意见和建议,推进了学校传染病“两案九制”落实。按照“双随机”方案要求,对城区和9个乡镇的20所学校、5所托幼机构、1所学科类校外培训机构开展了学校卫生重点监督抽检工作,卫生综合监督评价结果全部为合格。中高考期间,出动卫生监督人员11名,监督车辆9台次,对考点学校及周边环境卫生开展了专项监督检查,保证了考场公共安全。

【生活饮用水】 现有供水单位64家,卫生许可持证率和直饮机备案率均达100%。共计监督检查各类供水单位173户次,对饮水单位卫生管理监督检查和协管巡查覆盖率达100%。2023年度按要求开展水质检测,对1家城市集中式供水单位、4家日供水千吨以上农村集中式供水单位出厂水常规指标35项委托“宁夏城市供水水质监测网固原监测站”检测,结果张易上滩水厂出厂水“硫酸盐”1项指标、扬黄泵站总蓄水池“总大肠菌群、浑浊度”2项指标不合格(已责令整改并处罚);对8家农村在用小型集中式供水设施的水质6项指标进行卫生监督快速检测,结果均合格;对10个二次供水设施水箱出水7项指标由原州区疾控中心检测,结果均合格;对5个现制现售饮用水自动售水机、2个管道直饮水制水设施的出水10项指标由原州区疾控中心检测,结果均合格。所有检测结果全部按规定在原州区政府平台进行了公示。我区有供管水人员168名,全部按要求进行了健康检查和培训,健康体检和培训达到100%。对日常监督检查与“双随机”抽检监督检查发现的消毒装置及运转、供水设施卫生安全防护、蓄水池及水箱的清洗消毒、水质定期检测等方面存在的问题,下达了卫生监督意见书,责令限期整改。全年,共对2家供水单位进行了行政处罚(二次供水单位1家、罚款5000.00元;农村集中式供水单位1家、罚款4000.00元)。

【卫生监督协管】 2023年对乡镇(社区)协管督导4次,考核2次,对各单位的整体工作进行了评价。11家乡镇卫生院、3家社区卫生服务中心和10家卫生服务站均开展了非法行医和非法采供血、计划生育、学校卫生、饮用水卫生、职业卫生、食源性疾病的巡查及相关信息的报告工作。151家村卫生室对辖区内自然村的非法行医和非法采供血均开展了实地巡查工作。应巡查单位数为1507个,实巡查单位数为1507个,巡查覆盖率达100%。应巡查任务数为6062次,实巡查6305次,巡查完成率达104%。巡查共发现各类异常事件及线索10条(生活饮用水异常事件3条、非法行医线索1条、学校卫生异常事件2条、职业卫生异常事件2条、公共场所异常事件2条),报告的异常事件和线索10条,报告率达到100%,异常事件和线索的反馈率及处理率均达100%。2023年共举办集中培训班2期,参加培训人数58人。

【综合监督管理】 监督信息报告工作有序开展。按照《全国卫生计生监督调查制度》要求,健全了相应的管理制度,对监督信息报告工作开展情况及时进行检查通报,有效地杜绝了突击填报、迟报现象,并及时完成了各项监督信息补充登录工作。2023年各专业监督覆盖率达到100%,国家

“双随机抽检”任务完成率、信息上报及时率、完整率均为100%。2023年共编发卫生监督工作信息67期。严格执行依法许可程序。依据申请、现场审查、合格准予许可的办理流程发放卫生许可证。2023年共受理各类行政许可572件，其中办理发放公共场所卫生许可证419件（其中新办289件，延续130件），不予许可43件；办理发放生活饮用水卫生许可证12件（其中新办4件、延续8件）；注销卫生许可证55件（均为公共场所）；变更卫生许可证43件（公共场所40件、生活饮用水3件）。强化宣传培训。为提高监督员执法能力，先后选派工作人员12人次参加了区内外各种培训班，同时利用国家卫生监督信息平台强化学习，监督员执法能力进一步提升。为了强化被监督单位主体责任意识，举办集中培训班4期，对公共场所、医疗机构、生活饮用水、学校卫生等从业人员779名进行了集中培训；开展分散式入户培训15次，培训公共场所、用人单位、医疗机构人员2600余人次。

【监督稽查】 2023年共对14个层级单位开展层级稽查2次、对本单位开展风纪检查12次。同时，对重点工作、突发事件、投诉举报、互联网+监管等专项工作开展了稽查活动。组织开展了卫生计生行政部门及卫生计生监督执法机构行风评议活动。共对100户管理相对人进行了调查，经统计群众满意度为98%。积极受理投诉举报，2023年共受理投诉举报92起（医疗机构65起、公共场所21起、职业卫生1起、医、公两科联合调查5起），均及时进行了调查处理，处理率100%。并将查处结果及时反馈给了举报人。落实行政执法公示制度，公示卫生许可项目572件，卫生行政处罚一般程序案件9件；落实行政执法全过程记录，共导入完整行政处罚案件17起（包括8起简易程序案件）；落实重大行政执法决定法制审核制度，金额超2万元的行政处罚案件共计3起，均经法制审核委员会审核后实施。抽取各类检查文书20份，按照专项、重点、免罚包容清单工作原则审核行政处罚情况，杜绝有案不办、压案不办等管理不严、不实的情况；对全年处罚案卷全部进行了评查，并形成了评查记录。政务公开按要求落实，所有卫生行政处罚均在结案后7工作日内在宁夏公示信息报送系统进行录入公示；所有双随机抽检任务均在任务完成后7个工作日内，在政府门户网站进行公示。

【行政处罚】 2023年，共实施卫生行政处罚案件17件（简易程序8件、一般程序9件），共计罚款161800元、没收违法所得3315.2元、没收药品器械价值0.5万元。其中，医疗机构共实施卫生行政处罚5件（简易程序0件，一般程序5件），罚款150000元，没收违法所得3315.2元，没收药品器械5000元。公共场所实施卫生行政处罚4件（简易程序2件，一般程序2件），罚款2800元，没收违法所得0元。学校卫生实施卫生行政处罚0件。饮水卫生实施卫生行政处罚2件，均为一般程序，共罚款9000元。职业卫生实施卫生行政处罚6件，均为简易程序，罚款0元。2023年对16家各级各类医疗机构的不良执业行为实施了不良行为记分，共计记不良积分34分。通过依法处罚，有效震慑了违法行为，为营造良好的卫生行政执法工作氛围起到了积极的推动作用。对行政处罚案件均在自治区政府门户网站进行了公示。

原州区人民医院

【概况】 全面开展医药领域腐败问题集中整治、纠治形式主义官僚主义专项整治、干部作风转变年活动、群众看病就医突出问题专项整治，全面学习贯彻习近平新时代中国特色社会主义思想主题教育、2023—2025医疗质量提升年活动、拉网式安全生产专项整治活动、环境整治专项活动、等级医院创建复评、乡村振兴医疗人才“组团式”帮扶工作、专项治理“双阀作战”态势，以“两手抓、两不误、两手硬”的工作要求，夯实了目标任务，使医院高质量发展取得重大进展，现代化建设迈出坚实步伐。多渠道、全方位谋求医院发展，患者满意度大幅提升。

【重点工作】 挂牌成立了原州区医疗健康总院；老年友善医院通过自治区卫健委验收；完成了普外科、消化内科、肾内科3个市级重点专科建设；提升了妇科、泌尿外科、骨科、心血管内科自治区县级重点专科建设内涵质量；加强了“五大中心”建设，提升了急诊急救处置能力；拓宽了诊疗服务范围，开展新技术新业务33项，多项技术填补了原州区乃至固原市空白；科研创新能力持续提升，立项开展自治区科技惠民项目5项，自治区卫健系统科技项目1项，自治区基层服务能力提升项目立项3项；老年医学科与普外科成为自治区临床专科技能实践基地；完成互联网医院的评审工作并已授牌，电子病历和互联互通已达到电子应用功能四级水平。

【表彰荣誉】 荣获固原市卫健委、固原市总工会举办的“固原市卫健系统中药调剂竞赛”团体一等奖；宁夏新生儿科医疗质量控制中心举办的“全区新生儿复苏技能竞赛”团体三等奖；宁夏病案质量控制中心“优秀病历评选”三等奖；耳鼻喉科赵进喜入选自治区人力资源和社会保障厅及自治区党委人才办“青年拔尖人才”。

【任务指标】 2023年诊疗总人数300804人次，与2022年同比增长24.50%。其中：门急诊235035人次，同比增长24.23%；出院患者29396人次，同比增长23.98%；手术4707例，占出院患者16.01%，其中三四级手术2634例，占比55.96%，较同期增长9.6%，微创手术1348例，占比28.64%，较同期增长9.2%，床位使用率96.6%，较同期增长19.8%，平均住院日10.2天，较目标值增加2.2天。2023年医院实现总收入30904.51万元，较上年增长6241.12万元，增幅25.31%；医院总支出30889.65万元，较上年增长1067.59万元，增幅3.58%；医院总盈余14.86万元，收支平衡，略有盈余。

【医保基金】 门诊医保患者9.18万人次，医疗总费用1781.99万元，医保费用1504.07万元，占比84.4%，均次费用194.12元，较上年降低了14.44%；住院患者2.86万人次，总费用16507.81万元，医保费用13107.37万元，占比79%，均次费用5774.78元；办理门诊大病2200人次；转诊转院237人次；生育津贴295人次；外伤核查1045人次；智能监控违规数据核减率占比达到47%，职工门诊慢特病病种由之前30种增加至40种。

【医疗工作】 以全面开展医疗服务“双提升”活动为载体，强化“三基三严”训练，有效落实十八项核心制度。加强督导考核，对科室医疗质量每月进行考核共324次，发现问题606条，完成了限期整改。以医疗质量与服务安全持续改进为目标，提高静脉血栓栓塞症规范预防率、四级手术术前多学科讨论完成率，降低住院患者围手术期死亡率。接受上报的不良事件211件和死亡病例30例，分级别进行汇总分析，对存在问题立即整改。选派15名专业技术人员到乡镇卫生院、社区卫生服务中心（站），完成“千名医师下基层”工作。持续加强和完善五大中心建设，提升急诊急救能力。加强临床输血管理，对107名临床医师用血申请资格进行授权。组织全院职工进行了2次无偿献血活动，献血量共计120600ml。省级限制类医疗技术三项完成备案及公示并开展工作，其中人工关节置换术69例、心血管介入诊疗技术356例、脑血管介入诊疗术13例。组织与华西医院实施会诊病例15例，与组团式帮扶医院实施远程会诊6例，远程培训13901人次；八是拓宽医疗服务项目，借助“组团式”帮扶开展的新技术、新项目需求，向固原市医疗保障局申请调整审核通过75项医疗服务项目，并报自治区医疗保障局备案。

【护理工作】 应用质量管理工具科学有效管理，持续改进了护理工作质量，对31项护理质控项目进行督导与考核，并对整改情况进行追踪评价，形成闭环管理。医嘱查对质量、住院患者满意度、跌倒/坠床高危患者风险评估质量、围手术期护理质量、输血管理质量、责任护士工作质量、医生对护理人员满意度8个项目质量值较上年分别提升1.73%、0.21%、1.48%、0.77%、1.19%、0.03%、0.3%；开展4项护理新技术“温灸刮痧技术”“破伤风抗毒素皮试判断手环的设计与临床应用”“经鼻空肠管的留置(盲插法)”“间断膀胱冲洗装置改良技术”，临床应用效果良好；开展科普志愿活动，延伸护理服务，助力健康中国发展，荣获2023年护理志愿者优秀团队奖，普外科护理团队荣获2023年首届宁夏护理学会健康科普大赛优秀组织奖；规范了护理人力资源配置与管理，使重症医学科、呼吸与危重症医学科、产科、骨科等临床科室护理人员配置得到优化；完成国家护理质量控制中心护理专业医疗质量控制指标的上报工作；提供专业护理服务，静脉治疗专科护理小组门诊患者提供PICC维护135例次，比上年度增加了75例次。

【科教工作】 以“组团式”帮扶为契机，立项开展原州区科技惠民项目1项，自治区科技惠民项目2项，自治区卫生健康青年科技项目1项。自治区基层服务能力提升项目立项3项。与原州区科技局对接项目资金75.8万元，下拨项目资金62.8万元；对2023年申报的51项新技术、新业务进行论证；举办市级继续教育项目14项、自治区级继续教育项目4项，参加培训5500余人；原州区卫生人才能力提升培训人员19人。2023年共举办各类培训班165场次，组织医护696人利用华西远程教育网等多个平台参加继续教育学习。

【人事管理工作】 修订完善了《固原市原州区人民医院医务人员外出进修管理制度》等7个制度；招聘工作人员28名，返聘7名高级职称医师；2023年发放人员工资总额8574万元，较上年度增长28.5%，建立薪酬水平动态调整机制，持续向急诊、产科、儿科、重症医学科等紧缺岗位、关键岗位重点岗位倾斜；调整普外科、骨科、神经外科、泌尿外科、中医科、康复科绩效方案，指导肾内科、重症医学科优化二次分配方案。2023年全院职工社保缴费单位缴费1092万元。

【药品管理】 2023年提交药品采购大计划48余次，与19家配送公司签订配送合同，并随时做好协调调配及补单计划。院内药品839种、915个品规，基本药物465个品规，基药占比56%，基药使用金额占比为31.34%；发布《药讯》四期，为临床安全、合理用药提供了信息支持；门急诊抗菌药物处方点评9800余张，合格率95.79%；点评医嘱18753份，出院病例点评率为63.8%；本年住院抗菌药物使用强度为39.63DDD（目标值≤40DDD），住院抗菌药物使用率为51.34%(目标值≤60%)，门诊抗菌药物使用率为13.52%(目标值≤20%)，急诊抗菌药物使用率为22.45%(目标值≤40%)，均在国家要求质控数据合理范围内；重点监控药品使用金额占比为19.87%，较上年下降了3.53%；临床药师进入临床开展临床药学服务，进行干预沟通，书面干预30余次，完成药历12份，用药教育30余份，用药咨询50余份，参与病例讨论、会诊3次；面向全院医务人员培训3次(涉及14个药事相关内容)，面向护理人员专项培训1次，深入临床科室专项培训6次。

【院内感染控制】 加强了医院感染病例监测，2023年医院感染率为0.42%(同比持平)，感染例次率

0.45%(同比持平);漏报率6.67%(同比下降1.17%)。治疗用抗菌药物使用率46.99%(同比上升3.74%)。使用抗菌药物前微生物送检率为47.44%(同比上升0.26%),使用特殊级抗菌药物病原学送检率为100%(同比上升2.33%)。院内感染病例病原学送检率93.33%(同比上升8.33%),手卫生依从率58.04%(同比上升4.41%);正确率96.71%(同比上升0.21%)。举办12场各级各类人员讲座,参培人员约1000人次。

【公共卫生管理】 共上报各类传染病4079例,报告率100%,完成120例食源性监测任务;慢病、死因监测及农药中毒情况上报农药中毒病例3例,死亡病例60例,肿瘤新发病例190例,慢病筛查2723例,超额完成523例;上消化道癌机会性筛查3555例;妇幼卫生管理工作方面,免费遗传代谢病、听力及耳聋基因筛查各1301例,新生儿先天性心脏病筛查数1213;免费产前筛查671人。为2198例孕产妇提供预防艾滋病、梅毒和乙肝母婴传播的综合防治;常规新生儿乙肝疫苗接种1291人次,卡介苗接种1277人次,乙肝免疫球蛋白56人次;为966例孕产妇规范提供早孕建档,其中高危孕妇建档572例;上报出生缺陷卡60例;办理出生医学证明1300张;对妊娠风险分级评估1129人;制作固定宣传展板24期,健康长廊16版,参加义诊及讲座26次,对163例吸烟者进行有效干预。

【临床医技】 临床科室2023年诊疗290142人次,门急诊235035人次,住院29396人次,开展新技术31项,业务收入17059万元;医技科室检查560885人次,开展新技术2项,业务收入5473万元。

【对外交流】 2023年共有四批次对口帮扶医疗专家团队驻点帮扶:京宁协作北京大兴区人民医院神经外科副主任医师李星辉驻我院开展了为期两个月对口帮扶工作;由福建医科大学附属第一医院和银川市第一人民医院共两批次21名业务骨干驻点帮扶;由福建省福州市马尾区、长乐区、鼓楼区11名东西协作医疗专家驻点原州区医院开展为期半年的对口帮扶工作;派送46人赴福建医科大学附属第一医院、宁夏医科大总院、自治区人民医院、上海长海医院、西安红会医院、西安儿童医院等区内外"三甲"医院进修学习,其中学科带头人1名、技术骨干16名;专科护士资格认证7人,临床各护理专业进修6人。柔性引进专家8人次到原州区医院现场指导、手术示教。

【医学装备】 2023年维修设备126台/件,使全院设备的完好率在95%以上;购置呼吸机26台,高流量湿化治疗仪54台、心电监护仪30台、微量注射泵30台、彩色多普勒超声诊断仪2台、超高清电子胃镜系统1套、双定位体外碎石机1台、口腔全景CT1台、小探头超声内镜1台、C型臂机等共722台/件,采购项目总资金为3858.9242万元。所有设备均已到位并完成验收投入使用。

【信息化工作】 逐步完善医院信息系统。电子病历系统实现了病人就诊流程信息在全院范围内安全共享;上线了血净系统;对微医院功能进行了升级改造、完成妇幼健康平台的对接;实现三级医院评审的数据提取;完成工伤保险即时就医结算和门诊处方流转功能的医保改造;通过医院诊疗信息系统(HIS系统)医生工作站与食源性疾病病例监测系统连接互通;通过电子病历系统应用水平分级评价四级评审及信息系统网络安全等级保护三级测评;对信息化机房存储扩容升级至200T;参加固原市公安局组织的"护网2023"网络与数据安全实战攻防对抗演习,荣获"优秀防守单位二等奖"。

【安全生产】 以全年安全生产零事故为目标,对全院的消防、治安安全进行跟踪管理,组织人员每日对医院重点部位2小时巡查一次,每月检查一次,每季度督导考核一次，重大节假日前消防安全检查，2023 年共 386 次，排查整改消防隐患问题 68 项；迎接自治区、卫健委、应急局、消防部门等检查 17 次，上级查处问题隐患立即进行整改；召开了一次消防安全专题会议，与各科室（病区）签订消防安全责任书；开展大型消防培训 2 次；消防应急演练上下半年各一次；完善了消防微型站的建设工作。

【专项整治】 通过开展“纠治形式主义官僚主义”“微腐败”“干部作风转变年”“解决群众反映强烈的看病就医难突出问题”及“医药领域腐败集中整治工作”等专项治理，配合原州区委第六轮巡察第三巡察组开展了为期半年的巡察指导工作。“纠治形式主义官僚主义”专项整治共梳理出 9 个方面 3988 条问题，整改问题 3988 条；干部作风转变年、“微腐败”梳理出突出问题 534 条，完成整改 534 条；第三巡察组反馈问题 38 条，整改 38 条。

社会生活

人口家庭

【人口】 2023年末原州区常住人口47.91万人，比上年末增加0.24万人。其中城镇常住人口28.14万人，占常住人口比重（常住人口城镇化率）为58.74%，比上年末提高0.53个百分点。全年全区出生人口0.52万人，出生率为10.88‰；死亡人口0.29万人，死亡率为6.07‰；自然增长率为4.81‰。

【婚姻登记】 2023年，原州区办理结婚登记3851对，离婚登记943对，补发结婚证528对，离婚证132对。

【收养登记】 2023年，原州区严格执行《中华人民共和国民法典》第五编第五章“收养”法律规定办理收养，全年未办理未成年人收养关系。

【殡葬管理】 原州区为有效推进殡葬领域工作，重点对乱埋乱葬、丧葬用品销售店进行整治。结合清明、寒衣节，对殡葬用品销售店、摊位进行督导检查。充分利用广播、电视、网络及新闻媒体，对殡葬领域工作进行宣传。通过发放宣传彩页、悬挂横幅、现场政策宣讲等方式，在固原市博物馆广场、各乡镇（街道）、东岳山、黄峁山、九龙山等集中埋葬的重点祭扫区域，开展文明祭扫宣传。

社会保障

【城乡居民收入】 2023年，原州区城镇居民人均可支配收入达到38530.0元，与上年同期相比增加1938.8元，增长5.3%，呈稳步增长态势。其中：人均工资性收入30451.7元，同比增加1396.6元，增长4.8%；人均经营净收入4651.2元，同比增加375.8元，增长8.8%；人均财产净收入和转移净收入分别为1667.2元和1760.0元，同比分别增长3.7%和6.5%。四项收入全部呈上涨态势，收入水平稳居固原市首位。

【养老保险】 养老保险参保18.6万人，完成自治区目标任务的102%。城乡居民养老保险参保率97%。城乡居民基本养老保险待遇资格认证率达到100%，位居自治区第一。

【社保服务】 率先打造原州区养老经办领域“15分钟”服务圈，将养老经办受理延伸至各村（社区），实现一网通办和原州区189个行政村、社区全覆盖。印发《原州区社会保险数据治理应用工作实施方案》，成立领导小组、筹措工作经费、充实人员力量，全力推进社会保险数据治理应用工作，率先召开固原市观摩活动。养老保险经办服务“就近办、多点可办”，在固原农商行头营支行打造了固原市第一个“社银合作”服务专区。

人事人才

【招才引才】 通过开展“五个一批”引进人才、集聚人才。2023年招录选调生7名、公务员48名、事业单位工作人员107人、公费师范生55人、订单定向医学生3人，选拔招募230名高校毕业生从事“三支一扶”支农、支教、支医和帮扶乡村振兴工作。招聘紧缺专业大学毕业生和优秀村党支部书记，充实基层人才队伍。

【柔性引进】 加强与浙江大学、中国农科院等高校和科研院所的深度合作。与浙江大学圆正文化旅游研究院签订院地合作框架协议，在文旅人才培养、文旅企业引进等方面为原州提供支持。建立区内外专家定期到原州区服务机制，引进北京、上海、福建等地65名医疗专家和名师来原进行学术交流活动。充分利用国家和自治区支持政策，特别是认真开展“组团式”帮扶工作，引进35名专家人才，全面提升原州教育、医疗、科技水平。深化闽宁人才协作，与福州马尾、鼓楼、长乐三区建立长期友好的人才交流合作关系，每年争取20名专技人才来原服务。积极申报自治区“青年人才援助服务基层计划”，共有4名高层次人才在原州区农业、乡村振兴等重要岗位发挥作用。

【乡里菁英】 依托彭堡姚磨村蔬菜种植、河川上黄村菌菇种植、头营蒋口村肉牛养殖等农业特色产业，回引大学毕业生、复员退伍军人等乡里菁英80余人。

【人才培养】 选派2名领导干部到福建挂职锻炼，选派100余名骨干人才到发达地区进修学习。选派20名优秀专业技术人员到福州学习先进经验，提升人才能力素质。实施村党组织带头人学历提升计划，推荐75名村“两委”负责人参加自治区村干部大专学历提升专项计划，推荐151名村“两委”成员参加固原市中专学历提升计划。

按照城乡中小学之间教师双向交流、农村中小学之间教师单向交流的方式，派出交流教师495人。通过“凡晋必下”、“千名医师下基层”活动，下沉118名专家到各乡镇卫生院开展对口帮扶工作。深化闽宁劳务协作，向福建培育输送原州区籍务工人员377人次，助推原州区广大劳动力积极就业。

【人才培训】 持续扩大宁夏飞毛腿技工学校教学规模，累计招生1500人，毕业生实现100%稳定就业，蓄积产业人才力量。巩固建设农民田间学校22所，聚焦乡村人才振兴，采取“理论+实操+观摩”及“线上线下”融合的培训方式，举办各类农村实用技术培训3550人。

【服务保障】 实施差异性工资、晋升职务职级、开展职称评审、评先选优等措施，充分激发人才工作动力。加强对各类专家人才的思想联系、感情交流和服务保障，主动关心慰问人才，为挂职人才租赁公寓，提供食宿条件，确保生活舒心。加大宣传力度，讲好人才故事30余篇，推荐优秀人才当选“两代表一委员”，营造重才尊才、爱才惜才的良好氛围。

就业创业

【概况】 原州区扎实推进“就业创业促进年”活动，进一步落实落细稳就业保民生政策，截至2023年底，所有任务指标均已超额完成，其中：城镇新增就业3483人，完成任务数3100人的112.4%。发放创业担保贷款5535万元，完成任务数3800万元的145.7%。农村劳动力转移就业72643人，完成任务数72500人的100.2%；工资性收入18.09亿元，完成任务数9.1亿元的198.8%；购买“铁杆庄稼保”62708人，完成任务数61625人的101.8%。开展职业技能培训3017人次，完成任务数2800人次的107.8%。

【城乡就业】 城镇新增就业3483人，完成任务数3100人的112.4%。2023年农村劳动力转移就业7.26万人，完成任务数72500人的100.2%；工资性收入18.09亿元，完成任务数9.1亿元的198.8%；购买“铁杆庄稼保”62708人，完成任务数61625人的101.8%。发放创业担保贷款5235万元，完成任务数 3800 万元的 137.8%。

【就业服务】 创业培训 300 人，完成年度任务 100%;实现城镇失业人员再就业 2105 人,就业困难人员实现就业 290 人,再就业率超过 90%;惠民惠企政策应享尽享、应发尽发,发放率达到 100%;就业补助资金支付进度 86.82%，年底支付进度可达 95%。继续实施失业保险稳岗返还政策,充分利用人社一体化系统大数据优势，全面推行稳岗返还“免申即享”经办服务模式,企业无须申请、不必提供任何证明材料，由就业经办机构通过信息系统后台数据比对，为辖区 436 家企业 17046 人兑付失业保险稳岗返还补贴 331.32 万元。鼓励群众多渠道灵活就业,为 1230 名就业困难人员及高校毕业生发放社保补贴 557.24 万元，灵活就业人员达到 1.15 万人。强化闽宁劳务协作,通过包机、包车等有组织免费向福建集中转移就业 1010 人,其中脱贫劳动力 464 人，为在闽稳定就业 6 个月以上的劳动力一次性发放 7500 元的生活交通和稳岗补贴。

【重点群体就业】 统筹做好以高校毕业生为重点的青年就业和农民工、失业人员、就业困难人员、脱贫人口及退役军人等重点群体就业。促进高校毕业生就业,招募“三支一扶”230 人,募集事业单位实习岗位 500 个,开发见习基地 25 家、募集企业见习岗位 300 个,高校毕业生就业率达到 92.5%。促进城镇失业人员就业,建立失业人员“1311”帮扶机制(至少提供 1 次职业指导、3 次岗位信息、1 次免费职业培训和就业见习，每月至少进行 1 次跟踪服务),安置城镇公益性岗位 175 人,为 1481 名失业人员发放失业保险金 1036.19 万元，为 466 名失业人员发放失业补助金 207.98 万元，为 1372 人代缴医疗保险费 277.09 万元，为 99 名失业人员发放农民工一次性生活补助 108.2 万元，实现城镇失业人员再就业 2075 人,就业困难人员实现就业 303 人;安置农村公益性岗位 1230 人,3 年期公益性岗位补贴由每人每月 1091 元提高到每人每月 1183 元。促进脱贫劳动力稳定就业，为 2398 人发放一次性交通补贴 196.68 万元，为 7003 人发放稳岗就业补贴 350.15 万元,脱贫劳动力实现就业 31347 人,超额完成自治区 31200 人任务,稳定务工 6 个月以上达到 26845 人。加强退役军人就业支持,通过安置就业和社会招聘,实现就业 168 人。

【创业就业】 2023 年,培育创业实体 420 个,完成任务数 350 个的 120%;创造新岗位 1045 个,完成任务数 700 个的 149.3%；创业带动就业 1734 人，完成任务数 1600 人的 108.4%。

【技能培训】 原州区严格按照“五个精准”原则开展培训工作,针对就业市场需求,大力开展农村种养殖和城乡家政服务、养老、护理、育婴员、美容师、建筑安装、餐饮服务、服装加工、物业、保洁等实用技术培训。截至 2023 年底,开展企业职工培训 400 人，就业重点群体培训 1722 人，帮扶家庭劳动力 595 人,创业培训 300 人。

【打造“原州就业创业”直播间】 2022 年 1 月,原州区利用抖音打造“原州就业创业”直播间,直播间设政策宣讲、工作动态、创业咨询、就业服务 4 大栏目,每天发布大量企业招工用工信息、就业创业政策、各类补助资金的申领程序。直播间建立“岗位推荐+线上答疑+后台服务”三位一体服务模式,为区内外用人单位和求职者搭建起一座互利共赢的“云端桥梁”,打通服务就业“最后一公里”。截至 2023 年底,直播间账号粉丝人数达 46.8 万人,在全国人社系统政务服务平台中名列前茅。

【技工教育】 宁夏飞毛腿技工学校累计招生突破 1500 人(其中 80%以上来自脱贫家庭),培育产业工人 336 人,100%实现稳定就业。2023 年实现招生

293 人，成功申报国家职业技能鉴定站，可开展电工、电子商务师技能鉴定。

【产教融合】 原州区公共实训基地建成投运，挂牌成立闽宁电子信息产业园。飞毛腿集团转移手机电池和移动电源贴片生产线 6 条，累计到位 15 条，已开始试生产。

医疗保障

【基本医疗保险】 原州区人民政府印发了《关于做好 2024 年度城乡居民基本医疗保险参保缴费工作的通知》(原政办通字〔2023〕44 号)，于 2023 年 9 月 21 日开始组织群众缴纳 2024 年度城乡居民基本医疗保险。2023 年共组织城乡居民参保缴费 358120 人(其中:特殊困难人群 124286 人)，完成自治区下达目标任务 358658 人的 99.85%，做到了应保尽保。2024 年共组织城乡居民参保缴费 358682 人，完成自治区下达目标任务 357100 人的 100.44%，如期完成参保任务。

【乡村振兴】 落实特殊群体资助参保政策。对医保政策规定的“十二类”特殊人员，在个人参保缴费方面按规定标准给予资助补助，确保“十二类”特殊身份人员动态参保率达到 100%。截至 2023 年 12 月底共为特殊困难人群 124286 人定额补助 2883.77 万元。2023 年度共为辖区协议医疗机构 576594 人次参保患者，报销医保基金 46800.41 万元。其中:门诊统筹 377073 人次核报销 874.74 万元；普通住院 67995 人次报销费用 30212.64 万元；门诊慢特病 60679 人次报销费用 1844.66 万元；大病保险报销 15103 人次 10451.98 万元；医疗救助 55744 人次 3416.39 万元。落实防止因病致贫返贫动态监测帮扶机制。每月提取经基本医疗合规保障后个人自费开支较大(2 万元及以上)的农村大病、重症慢性病患者名单，共向乡村振兴部门报送进行核查的拟监测对象 843 人。

【医保基金监管】 开展打击欺诈骗保专项整治工作。会同原州区检察院、公安分局、财政局、卫健局成立联合打击欺诈骗保专项整治行动领导小组和专项整治行动联合工作专班，制定了《原州区 2023 年打击欺诈骗保专项整治工作实施方案》，依托大数据筛查完善大数据监测体系，紧盯上级部门下发的核查线索，全面清理排查涉及欺诈骗保的问题线索，经排查，未发现违规线索。广泛宣传安全规范使用基金政策。4 月开展了“安全规范用基金 守好人民‘看病钱’”为主题的集中宣传月活动，参与群众达 3000 人。开展经办机构内控管理监督检查，完成 8 大类 33 小项的相关内容自查自纠，经检查未发现问题。严格落实日常监督检查全覆盖。按照协议管理开展日常稽核全覆盖检查，定期组织对定点医疗机构履行医保协议、执行费用结算项目和标准情况开展全面核查和现场检查。加强大病管理，在全原州区范围内开展了打击虚构门诊大病病情套取医保基金“百日专项整治行动”全覆盖检查，追回违规基金 8000 余元。开展“规范执法年活动”。2023 年，共对 15 家医疗机构和参保人 1 人进行处理，共涉及金额 172.75 万元。其中追回医保基金 146.17 万元，智能监控追回 6.93 万元；行政处罚医疗机构 3 家，罚款 26.58 万元。暂停医保联网结算参保人 1 人，退回医保基金 7.18 万元。

【医保改革】 稳步推进医保改革，率先实现 DIP 分值付费，推动了分级诊疗，提升了基金效能，使辖区内所有定点医疗机构实现了 DIP 实际付费。异地就医直接结算，2023 年，原州区利用国家医保服务平台 App 及全国异地就医联网结算平台，异地就医备案 13943 人次。优化医药价格改革。不断提升药品医用耗材集中采购工作科学化规范化管理水平，持续督促指导常态化实施药品耗材线上集中带量采购工作，督促指导辖区定点医疗机构上报 2022 年医疗服务项目例数和2022年医疗收入情况。

【信息化建设】 做好医保电子凭证推广和应用工作。下发《关于做好医保电子凭证激活和应用工作的紧急通知》,组织各乡镇(街道)及医疗机构召开推进会3次。为辖区医疗机构配置15台智能人脸识别仪、70个医保电子扫码器。共申领医保电子凭证233825人，参保人在辖区定点医疗机构内结算92523人,结算率达到16.67%。开展医保数据安全定期自查工作。加强对医保信息系统安全检查,切实保护好个人账户与密码,并对计算机所使用的防病毒软件安装与升级、木马病毒检测系统管理权限开放情况、访问权限开放情况等定期进行检查。在日常管理方面切实抓好医保专网、外网、网站和应用软件管理,切实维护医保数据安全。

【商保联合】 加强协作服务,提升经办效率。将商业保险公司经办城乡居民大病保险系统嫁接到基本医疗保险系统上,并将系统延伸到医保协议医疗机构,实现基本医疗保险与大病保险报销“一站式”结算服务。深化推进大病保险与基本医疗保险合署办公、联合稽查。健全管理机制,促进规范服务。建立了城乡居民大病保险运行存在问题协商解决机制,与商业保险公司在城乡居民大病保险数据集中共享的情况下,实现零星报销、异地检查力量集中。优化工作机制,实行费用划分、复核、录入、稽核、支付相互紧密衔接的一站式经办服务。

民生保障

【防止返贫动态监测】 健全防止返贫动态监测帮扶机制，将48户157人脱贫不稳定户纳入城乡低保,67户173人边缘易致贫户纳入农村低保,89户206人突发严重户纳入农村低保。扎实做好移民后续扶持工作,截至目前“十二五”“十三五”移民共纳入城乡低保2977户6972人(城市883户1819人;农村2094户5153人)。

【临时救助】 2023年,持续加大贫困人口临时救助力度，累计发放临时救助金1338.62万元，惠及8875人次。按照原州区工作部署要求,认真做好低保扩围增效工作，已将符合保障条件的8651人纳入最低生活保障范围,完成总目标任务。截至2023年底,有城乡低保28885户51144人,累计发放各类社会救助资金2.5亿元。

养老服务

【高龄津贴】 落实普惠性高龄津贴制度，将80岁以上老人高龄津贴由原来低收入群体扩增到全区所有高龄老人,1—11月份低收入高龄津贴发放2294240元,1—11月份普惠型高龄津贴发放4281900元。

【场所管理】 深沟社区日间照料中心于5月份完工验收并交付社区使用。完成新建11个农村老饭桌建设。原州区城区敬老院、杨郎敬老院、寨科敬老院消防改造提升项目完成全部建设任务。

基层治理

【社区治理】 原州区1个协商民主建设实验区。6个社区被民政厅确定为“社区百佳品牌”。推进村民代表会议制“55124”模式规范化,利用乡村振兴与脱贫攻坚有效衔接培训会,对村“两委会成员”、村监会成员、工作人员等进行村民自治相关内容培训。修订完善村(居)民公约191个,举办原州区村(居)民公约诵读比赛,参加固原市“村规民约”“居民公约”和诵读比赛,获得了1个优秀组织奖、2个三等奖。积极给民政厅推荐上报优秀村规民约、居民公约14个。开展清理和规范城乡社区阵地牌子、制度、展板等工作。2023年,共清理对外悬挂的竖牌和方牌共计 994 块，展板 38 块，证明事项 28 个，内部上墙制度 94 个。

【社工队伍建设】 2023 年对新报名参加社工考试的人员和已取得社工资格的人员开展了为期 6 天考前培训和为期 3 天的继续教育培训，共培训人数 610 人。目前原州区社工人才已达到 560 人，占全市首位，为乡村振兴储备了专业人才。

社会组织管理

【社会组织整治】 持续开展打击整治非法社会组织，采取自查、联查、抽查开展行业协会商会乱收费整治。通过年检、财务、法治等专题赋能培训推动行业协会商会服务高质量发展。按照“一案一卷”标准建立案例库，推动执法规范化建设。

【社会工作】 聚焦特殊困难群体，在三营镇安和村和头营镇利民村、张易镇和头营镇实施社会工作助力乡村振兴、微志愿服务项目，内容涵盖社会服务、产业扶持、增能培力、助餐服务、发展志愿者队伍、精神慰藉、互助养老等内容。

【结对帮扶】 扎实开展全国性社会组织与地方结对帮扶助力乡村振兴工作，由中国铁路青少年发展捐助中心与原州区建立了结对帮扶关系，以捐资助学、安全宣传、教学条件改善、素质提升拓展等为帮扶内容，涉及帮扶资金 285.2 万元。

【志愿服务】 开展系列志愿服务活动助力乡村振兴，先后组织志愿服务专题培训 12 场，动员 100 余家社会组织中的 500 余名志愿者，在原州区 20 多个行政村和 10 余个乡村振兴示范村广泛开展系列志愿服务关爱活动 50 余场次。

社会福利

【儿童福利】 2023 年，严格落实孤儿养育津贴和困境儿童保障制度，保障社会散居孤儿和事实无人抚养儿童 432 人，发放孤儿养育津贴 516.3 万元。

【残疾人福利】 2023 年，全面落实残疾人“两项补贴”政策。保障困难残疾人 10486 人，重度残疾人 9057 人，发放资金 2596.722 万元。

乡镇街道概览

官厅镇

【概况】 官厅镇位于原州区东北部,东与彭阳交岔乡毗邻、东北坐落云雾山与寨科乡接壤、南临河川乡及南关街道、北靠头营镇、西接彭堡镇及北塬街道,区域面积290.48平方公里,耕地10.60万亩,退耕还林7.71万亩。总人口4666户14397人,常住人口2213户7008人,少数民族占比46.67%。现辖13个行政村(乔洼村、沙窝村、薛庄村、东峡村、高红村、程儿山村、庙台村、石庄村、刘店村、阳洼村、官厅村、高庄村、后川村)、51个自然村,其中脱贫出列村9个,脱贫户1051户3755人,监测户154户553人。2022年农村居民人均可支配收入13980.7元。主导产业是肉牛产业、小杂粮种植、冷凉蔬菜、中药材种植、中蜂养殖、文旅产业等。

【党的建设】 深入实施基层党建"提质增效"行动和农村党建"一抓两整"示范县乡创建行动,夯实基层党组织基础。按期做好党员转正、预备党员接收、入党积极分子培养等工作;评选挂牌党员示范户105户,颁发"光荣在党50年"纪念章9人。扎实开展驻村工作队"片区交流"机制、"导师帮带制"和党员"挂联诺"制度,17名导师结对45名帮带对象驻村工作队两个片区组织开展6次观摩互评活动,开展片区交流座谈会3次。深入推进党风廉政建设。2023年共开展镇村干部集体廉政谈话会7次,开展常态化督查检查5次,给予党纪政务处分10人。扎实开展"纠治形式主义官僚主义专项整治""乡村振兴领域腐败和作风问题专项治理""基层微腐败专项治理""党员干部和公职人员酒驾、醉驾、赌博专项行动"及"干部作风转变年"活动,着力营造风清气正的政治生态和干事创业的良好环境。严格落实意识形态工作责任制。排查并防范辖区内意识形态风险点5条,教育引导党员干部进一步树牢"四个意识"、坚定"四个自信"、捍卫"两个确立"、做到"两个维护"。

【乡村振兴】 健全防返贫监测帮扶机制。对新识别监测户18户72人,制定一户一策帮扶措施进行帮扶,对"八必访"人群进行入户走访,常态化开展防返贫动态监测帮扶工作。严格落实帮扶政策。制定下发《官厅镇2023年产业扶持到户项目实施方案》,兑付产业到户项目751户646.5234万元;2023年引导外出务工3982人,兑付一次性交通补贴5人,稳岗就业补贴55人;持续推进金融帮扶,推荐小额信贷398户1990万元,完成贴息累计1495户,累计金额86.74万元,富民贷72户1050万元,妇女创业贷款72户1055万元;完成雨露计划资金兑付86人12.9万元。常态化开展住房、教育、医疗预警及饮水安全常态化摸排,未发现辍学学生和饮水安全等问题。

【产业发展】 农文旅产业融合发展。乔洼村2023年确定为高质量美丽宜居村庄建设项目实施村。打造乔洼、薛庄为集吃、住、游、购、娱为一体的绿色发展示范地。传统种植扩规提标。以6万亩高标准农田为基础,打造庙台万亩示范基地,在庙台等6个村种植糜子等特色小杂粮3.3万亩。建成3000亩春小麦种植示范点1个、在官厅和程儿山建设千亩玉米大豆套种连片种植示范点2个。肉牛产业优化升级。种植玉米4.2万亩、优质牧草1.2万亩，打造阳洼、官厅2个千头肉牛养殖示范村。设施农业壮大发展。依托乔洼村设施农业园区145栋日光温棚，发展以采摘为主的休闲农业，打造“农业+文化+旅游”新模式。特色种养持续向好。种植红花、柴胡、黄芩等六盘山道地药材6000余亩。发展生态经济，新建林下中蜂养殖示范村（石庄）1个，2023年全镇中蜂养殖达3000群。村集体经济持续壮大。在高红村建设冷库、库房1500多平方米，在东峡村建成物流仓储设施为村集体创收；在后川等4个村流转土地9000余亩种植小秋杂粮发展壮大村集体经济。薛庄村依托股份经济合作社灵活经营，种植红梅杏300多亩，林下蔬菜种植、林下乌鸡散养、手工食醋等多种经营初具规模。

【环境整治】 深化大气污染防治，推进清洁取暖，推进农业投入品包装物、废旧农膜、秸秆等农业生产垃圾资源化利用，统一回收农用残膜506吨、清理粪污0.37万吨。落实“门前三包”责任制、四级网格责任制和月度考核评比机制；以农村“三里三外”为重点，累计整治清理“三里三外”5684处，投入机械1100余台；完成780座问题厕所整改。村组主干道路两侧种植海棠、红叶梅、牡丹、芍药等花卉2万余株，播种花籽110公斤，打造沿路彩色通道，种好房前屋后10棵树。

【民生福祉】 社会事业方面，开展各类文体活动，举办各类赛事26场次，组织送戏下乡文艺会演20场次、数字电影放映136场次。社会保障方面，新增保障对象458户625人，动态调整44户44人；新增高龄12人；新增申请办理残疾证42人、生活补贴47人、护理补贴7人，发放残疾人护理补贴3621人43.452万元，困难残疾人生活补贴965人43.615万元；发放临时救助资金60.64万元；新生儿参保缴费71人；办理养老待遇140人、丧葬费65人，完成养老待遇资格认证1636人；深化闽宁协作结对帮扶。与马尾区马尾镇签订的镇—镇、村—村结对帮扶协议，收到镇村结对帮扶资金16万元。退役军人服务保障工作。2023年，49人享受退役军人生活补贴239856元。全部完成待遇认证。

【基层治理】 构建“一个功能型党支部+一个综治中心+三张清单”的“1+1+3”基层治理工作机制，开展推进重点领域风险隐患排查化解和专项整治，共召开分析研判会议65次，排查化解各类矛盾纠纷429件，稳控重点对象16人，建立问题清单、责任清单79条（绿色72条，黄色7条），成功化解79条，化解率100%。以重大活动和重大节日为节点，“菜单”式服务辖区群众，2023年开展理论宣讲活动120余场次、清洁村庄活动100余次、文化活动20余次、反诈宣传活动30余次、移风易俗宣传活动30余次，技能科普活动10余次，参与群众4000余人，1060名志愿者累计积分20000余分；开展“好儿媳”“好婆婆”、最美家庭、孝老爱亲户、民族团结户、移风易俗示范户等选树活动，评选“好儿媳”“好婆婆”15名、“最美家庭”6户、“移风易俗光荣户”13户、“孝老爱亲户”6户、民族团结6户。紧盯“铸牢中华民族共同体意识”这条主线，按照自治区“5585”模式工作法，探索“551”工作思路，着力锻造“清水河畔石榴红 同心共筑中国梦”民族团结进步品牌，成功创建为自治区第十二批民族团结进步示范镇。树立“民族团结进步模范”等先进榜样9人，发挥典型带动引领。筑牢安全生产和森林草原防灭火“防护网”。同各村签订各类安全生产责任书13份；排查住房、排洪渠、滑坡点等安全隐患险点27处，均在可控范围之内；排查水库、旱坝，未发现安全隐患。与相邻林场、乡镇、辖区企业等签订防火联防协议13份；在全镇重点林区树立宣传牌、悬挂横幅200余条，发放防火宣传手册2000余份，张贴防火戒严令50份；成立镇村两级应急队伍14支225人，配备防火车辆、各类灭火器、防火工具，开展防灭火技能培训2次，自行进行防灭演练。

开城镇

【概况】 开城镇位于原州区南部，六盘山东麓，距城区19公里，全镇总面积241.12平方公里，耕地面积94859亩，退耕还林面积37822亩，林地总面积25万亩，辖16个行政村97个自然村，户籍人口7772户25021人，常住人口5285户18206人，回族9414人，占总人口的37.6%，劳动力12579人，全镇党员773人，2023年全镇农村居民人均可支配收入达15412.5元，增长8.5%。

【党的建设】 强化思想认识。严格落实“第一议题”制度，中心组学习12次，交流研讨98次、党课宣讲93场。扎实开展主题教育，组织开展支部书记轮训32人次，党员轮训1182人次，理论宣讲58场，开展现场教学活动17场，志愿服务活动535次，“我为群众办实事”99件。夯基固本，研究部署党建工作4次，研究意识形态工作4次。围绕“一抓两整”“基层党组织提质增效”细化任务清单30项，扎实开展“党建攻坚月”活动，基层组织建设进一步夯实。完成村“两委”届中分析，调整胜任不力村干部3人。开展“挂联诺”活动，建立功能性党小组68个，280名无职党员联系群众2280户，累计解决问题3006个。完善四级网格体系，划分大小网格84个，摸排解决问题41个。扎实开展“导师帮带”工作，13名导师结对帮带20人。严格落实党建基本制度，强化双评双定结果运用，“奖”红星52颗，“亮”黄星17颗。新发展党员14名，转正12名，培养入党积极分子24名，培育后备干部48名，储备产业带头人170名，举办入党积极分子和发展对象培训班1期，维修党员活动室7个。强化担当作为，全镇16个驻村工作队累计走访农户5207户，协调落实帮扶物资345.82万元，受益脱贫户监测户6351人。深化党建引领基层治理，运用“1+1+3”机制化解矛盾纠纷208起。落实“支部+党员+群众”工作机制，开展环境整治活动178次。村集体经济收入110.25万元，实施产业到户项目1066.59万元。全力打造双泉旅游示范村、下青石红色美丽村庄等项目。彭庄村、冯庄村被评为固原市新型农村集体经济示范村，形成以点带面的良好发展局面。冯庄村党支部书记梁学文同志荣获全市乡村振兴担当好支书的称号。正风肃纪，从严从实，严格落实党委主体责任和纪委监督责任，督促班子成员履行“一岗双责”。开展全覆盖专项监督检查15次，随机抽查5次，约谈提醒村党支部书记10人次，对3名新提拔任用的干部进行面对面个别谈话。筑牢廉洁防线。扎实开展系列重点领域专项治理行动，深入推进作风转变年活动，在重要节点发出廉洁过节通知5次，开展“四风”问题督查2次。

【乡村振兴】 压紧压实防止返贫工作责任，常态化开展“八必访”，持续提高防返贫监测，2023年新纳入监测对象39户154人，消除致贫返贫风险监测对象2户7人。健全完善网格化监测预警机制、精准化到户帮扶机制、项目化推进政策机制、责任化联农带农机制、常态化督导考评机制，督促班子成员严格落实“115”领导干部包抓，要求镇村两级帮扶责任人履行工作职责，组织227名网格员集中开展大排查，累计排查脱贫户1933户、监测户148户、一般户3315户、城镇户33户。聚焦产业奖补、民生保障、农村人居环境整治、基础设施建设等重点内容，推进移民致富提升行动，改善郭庙村、柯庄村、下青石村3个移民安置点村容村貌。打造双泉村、冯庄村2个乡村振兴示范村，冯庄村党支部书记梁学文同志也荣获固原市乡村振兴担当“好支书”称号。贯彻落实闽宁对口协作帮扶联席会议精神，将闽宁协作结对帮扶资金16万元用于农村人居环境整治和基层治理。抓实驻村帮扶，全镇16个驻村工作队累计走访农户5207户，落实帮扶资金6.8万元，协调投入帮扶资金323.5万元，投资投物折款15.52万元，受益6351人，其中开城村驻村工作队积极联系派驻单位，争取到帮扶资金30万元，购入路灯204盏，解决群众夜间出行难问题。持续加大金融扶持力度，推进“整村授信”工程，2023年发放脱贫小额信贷767户3827万元，“富民贷”120万元，收缴“乡村振兴健康保”7041人，发放农村妇女创业担保贷款1315万元。统筹用好财政衔接推进乡村振兴补助资金等资源，整合财政资金、帮扶资金、自有资金，累计投入2639.06万元，支持培育壮大村集体经济。新建双泉、柯庄、二十里铺、开城、寇庄等5个村村集体经济光伏项目，投入资金500万元，全镇实现村集体经济年收益280.73万元以上。彭庄村和冯庄村荣获固原市新型农村集体经济示范村，也将迎来新一轮村集体经济分红。

【产业发展】 不断培育壮大玉米、小秋杂粮种植等特色优势产业。2023年种植小麦14000余亩、油料3000余亩、中药材500余亩、薯类2400余亩、小杂粮2100余亩、玉米37000余亩、大豆1800亩(其中玉米大豆套种1200余亩)。发放地膜2万卷、原原种10万粒，完成覆膜4.5万亩，兑付实际种粮农民一次性补贴5万多亩28万余元、耕地地力保护补贴7.8万亩27万余元。加大养殖业奖补力度，2023年兑付产业扶持资金1065.014万元，惠及农户1299户，验收“见犊补母”7490头446.1万元，调制青贮饲料4.88万立方米，补贴资金141.3万元，全镇肉牛饲养量达24000头、存栏量14800头以上。充分发挥全镇木工、砖瓦工等技术工优势，大力促进劳务产业，2023年实现农村劳动力转移就业6777人，累计安置公益性岗位400人，培训劳动力50人，2023年累计发放稳岗就业补贴584人29.2万元、一次性交通补贴111人8.92万元。

【综合治理】 加强生态文明建设。大力实施农村人居环境整治，坚持以田间地头、道路两旁、沟道渠边、三里三外为重点，持续深化“四个一”长效工作机制，2023年累计出动运转车辆489余次、人工13877人次，清理垃圾14194吨，残膜88吨，秸秆73吨，粪污715吨，维修破损路面31处9560平方米，整修边沟75.6公里，回收残膜275吨，整治加水点27处，拆除破损房屋58处，清理整治乱堆乱放1870处，整合利用垃圾箱240个，完成农村卫生厕所改造200座。持续改善生态环境，实施固原市原州区南部生态恢复与保护项目（下青石至柯庄）共23000余亩，栽植房前屋后十棵树3.6万株、经果林2万株，种植花草1.8万平方米，农户种植花园430户、菜园1710户。纵深推进“河长制”，26名河长开展实地巡河2300余人次，解决影响破坏水环境问题3件。持续加强基层治理，推进平安开城建设。坚持和发展新时代“枫桥经验”，发挥基层治理“1+1+3”功能型党支部和“515”工作机制作用，认真落实“四位一体”多元化矛盾纠纷排查化解处理机制，健全村级信访中心运行，优化整合综治专干、信访专干、公安民警、司法助理、民政助理、禁毒专干、公益性岗位、新时代文明实践站志愿服务队等资源力量，广泛开展矛盾纠纷排查化解，2023年排查化解各类矛盾纠纷200余件，化解率100%。持续开展农村地区安全隐患排查整治，严格落实安全生产责任制，对标自治区十三届四次全会精神和“1+37+8”系列文件，按照“管行业必须管安全、管业务必须管安全、管生产经营必须管安全”的“三管三必须”要求，抓安全。抓好防汛抗旱，成立应对突发事件和防汛抗旱工作领导小组，组建270人的应急救援抢险队伍，制定下发了《开城镇山洪灾害防御预案》和《开城镇防汛应急预案》，确定重点防控区域。落实“地质灾害风险点”网格化管理模式，制定开城镇地质灾害隐患点分布及责任、监测人员一览表，发放防灾工作明白卡和避险明白卡，制作警示牌17个，确定镇村两级监管责任人和监测员，确定专人一对一开展预警通知，制定防治措施，2023年治理郭庙、冯庄、小马庄、双泉4个村5处地质灾害隐患点，投入资金300万元。抓好森林草原防灭火，落实“林长制”，紧盯“两沟、两山、一峡、一湾(刘家沟、兴隆沟、三十里铺山、二十里铺山、海子峡、拱北湾)”,锚定坟头山头。完善道路交通安全管理责任制,镇综合执法(应急管理)办公室和社会事务办公室联合公安局原州分局交警四大队、开城派出所不定期组织开展路检路查,对不按规定佩戴头盔、不系安全带、非法载人、无证驾驶等交通乱象持续打击,对电动车、三轮车、农用车载人等违法行为进行专项整治,集中对二轮、三轮电动车进行挂牌登记,2023年安装护栏16个标段2万米以上、新建防撞土坎1600米。统筹推进食品安全、农机安全、消防安全、危旧房屋安全。持续加大民族团结示范创建。坚持以铸牢中华民族共同体意识为主线,大力弘扬社会主义核心价值观和中华优秀传统文化,教育引导各族群众持续增强“三个离不开”“五个认同”的思想共识。持续提高防灾减灾救灾能力,及时发布气象灾害预警,对玉米和小秋杂粮受灾情况开展救助,2023年发放应急救灾资金288.17万元。扎实开展第一次全国自然灾害综合风险普查,荣获自治区第一次全国自然灾害综合风险普查工作成绩突出集体。持续加强耕地保护。全面落实耕地保护党政同责,坚决遏制耕地“非农化”,防止“非粮化”,全年完成耕地“非粮化”整治腾退1800多亩,全年清理整治举证农村乱占耕地、违法违规图斑2856个。大力提升民生服务能力,确保民政救助、低保审批等在村委会就近办理。持续推行政务公开,严格党员大会和村民代表大会议事制度,充分发挥村监会、村民代表的监督职能作用。推行爱心超市积分卡制度,新建双泉村爱心超市1个,完善清源村、上青石村、吴庄村、双泉村新时代文明实践站阵地,培育特色文明志愿服务队16支,成立法律志愿服务队,打造大马庄“七彩”文艺服务队品牌,开展志愿服务活动20000余次。

【社会事业】 基础设施逐步完善。2023年完成农村联户道路硬化9个村230条17.59公里,改造提升开城至清源村主干道路2.8公里,实施北方地区冬季清洁取暖项目502户,积极争取双泉村文旅产业基础设施建设2023年以工代赈示范项目、双泉村高质量美丽宜居村庄建设项目、原州区乡村振兴示范村(开城镇双泉村)文旅产业项目、原州区开城镇双泉村污水管道建设项目、清水河源头国土综合整治(开城镇双泉村等4个村庄)项目、固原市原州区开城镇双泉村高效节水灌溉项目,累计投入资金8000多万。围绕“产业发展、乡村建设、乡村治理、公共服务”,大马庄投入资金535万元,治理水土流失10.91平方公里,冯庄村投入资金10万元改扩建党员活动室,郭庙村投入资金800余万元除险加固水库。社会保障加强,2023年,全镇新增低保对象459户666人,现有低保对象1882户3223人,累计发放保障资金1150.416万元;全镇现有高龄老人344人,发放高龄补贴89.99万元,现有集中供养、分散供养人员90人,发放生活保障资金67.82万元,孤儿22人,发放孤儿津贴27.1万元,优抚对象90人,发放优抚金39.96万元,临时救助686人109.79万元,残疾人1247人,累计发放困难残疾人两项补贴160.99万元。医疗服务提升,全镇脱贫人口持续享受县域内住院“先诊疗后付费”政策,配备医疗服务人员26人,对“四种慢性病、30种和37种大病”逐村逐户建立台账,及时跟进服务,2023年完成老年人健康体检1950人、“两癌”筛查998人,成立16个家庭医生签约服务团队,签约人数达18260人。教育事业稳步推进,全镇现有学前适龄生900人,小学适龄生2633人,初中适龄生1186人,全镇义务教育阶段控辍保学率为100%,2023年落实春季“雨露计划”补助162人24.3万元,秋季“雨露计划”补助177人35.4万元,做到应补尽补。

头营镇

【概况】 头营镇地处固原市原州区以北20公里处,北邻三营镇,东靠寨科,西邻彭堡镇,南接官厅镇,境内有宝中铁路、银武高速公路、银平公路纵贯南北，交通便利，物流畅通。全镇总面积294平方公里，耕地17万亩，退耕还林4.8万亩。总人口15636户52497人，常住人口9116户31862人，少数民族占比50.8%。现辖24个行政村，167个自然村，主导产业是种养殖业和务工。

【党的建设】 坚持思想政治引领铸魂，扎实开展主题教育和党的二十大精神宣传宣讲，利用中心组学习、“三会一课”开展理论学习115次、交流研讨78次，引导广大党员干部自觉把捍卫“两个确立”，增强“四个意识”、坚定“四个自信”、做到“两个维护”。坚持以学促干为落脚点，扎实开展学榜样做榜样，挖掘各类先进人物98人，马庄村、杨郎村党支部书记被评为市级乡村振兴担当作为好支书；组织党员干部深入群众开展“三问”活动，收集意见建议80多条，为民办实事41件；划定党员责任区58个、党员责任岗156个，组建突击队25支。构建四级组织体系，建立功能型党小组93个，服务农户4679户，网格化管理初见成效；1名村党支部书记担任挂职党委副书记。“一村一策”整顿大北山等后进村4个；成立基层党校，扩建维修8个党群服务中心，24个村进行规范化布设和标准化挂牌。

【产业发展】 特色瓜菜产业提质增效。新建高标准连栋拱棚800亩，高效节水灌溉基地5000亩，形成集中连片冷凉蔬菜种植区6.5万亩。维修马园村日光温室190栋，升级改造高标准日光温室55栋。肉牛产业提质增量。建成胡大堡“出户入园”养殖场，圆德、三和、泉港、蒋河村“出户入园”养殖场作用发挥明显，带动全镇肉牛养殖户2434户，肉牛存栏3.6万头，实施“见犊补母”6220头。集体经济扩量增效。2023年村集体经济收益10—50万元的有12个村，其中杨郎村集体经济创收90万元。杨郎村、蒋河村被评为自治区级示范性农村集体经济组织。杨郎村曹佰润被评为市级优秀产业带头人，头营镇被评为2023年全国农业产业强镇。

【乡村振兴】 2023年新纳入“三类”监测人员30户107人，消除风险点1户3人。严格落实“控辍保学”和“雨露计划”等教育帮扶政策，实现义务教育阶段适龄儿童零辍学目标，发放中、高职“雨露计划”补贴666人116.1万元。扎实开展自建房安全专项整治行动，148名网格员对辖区9116户47559栋房屋进行全面排查，改造农村低收入群体危房危窑6户，实行危房动态清零。严格落实医疗保障和困难人口参保资助政策，实现农村低收入人口应保尽保。大力实施农村饮用水安全工程建设，自来水新入户36户，维修管道等500余处。

【民生保障】 认真落实各项惠民政策，2023年发放生育补贴1226人152.66万元，务工补贴901人49.76万元，各类农业补贴1528.77万元，兑付产业帮扶资金2521户2218.3万元，发放各类贷款1280户8405.6万元，贴息1634户90.35万元，聘用、续聘各类公益性岗位人员581人，新建村组道路和联户道路19.8公里，完成冬季清洁能源取暖1579户。加强精神文明建设，2023年累计举办、承办各级各类文艺会演45场（次），二营村新建活动广场一座，新建大疙瘩、泉港、石羊、三和等村标准化篮球场。

【综合治理】 扎实开展矛盾纠纷调处化解，确保社会大局和谐稳定；大力推进安全生产排查整治，助力优化营商环境。2023年累计组织开展各类检查67次，覆盖辖区所有企业、单位与住户，共发现安全风险隐患13个方面205条1058个问题，已全部完成整改。把党建引领基层社会治理“1+1+3”工作机制与坚持和发展新时代“枫桥经验”深度融合，2023年共处理矛盾纠纷103件，12345市民热线投诉办结率达98.8%，扫黑除恶、铁路护路、禁毒扫毒、社区矫正等工作持续向好。杨郎村被评为全国乡村治理示范村。

【环境整治】 扎实开展村庄清洁行动，对村组主干道路和巷道、坑塘沟渠、房前屋后、集镇街道进行彻底清理，基本实现农村人居环境“五清两改三绿化”目标。打造马园村、圆德村、二营村人居环境整治示范村，进一步完善村级基础设施、提升公共服务能力，评选“卫生光荣户”“文明庭院”54户。以主干道路的“线”为重点，共投入机械2733台次、出动劳动力43460人次、清理农村生产生活垃圾9975吨、清理农业生产废弃物472吨，综合提升环境整体效果。

三营镇

【概况】 三营镇位于固原市北端40公里处，宝中铁路、银武高速、银平公路穿境而过，地理位置优越，交通四通八达，商贸物流繁荣，素有宁南“旱码头”之称。行政区域面积172.3平方公里，耕地面积8.46万亩，辖13个行政村、1个城镇社区，常住人口9043户31651人(其中回族25637人，占总人口的81%)，户籍人口9999户35286人。2023年农民人均可支配收入达到17824.3元，位居原州区第一，同比增长9.2%；脱贫人口人均纯收入达到15533.11元，同比增长19.63%。三营镇人民政府荣获全国和美乡村篮球大赛(村BA)总决赛优秀组织奖。三营镇及安和村成功创建2023年度自治区乡村振兴示范乡镇、示范村。

【党的建设】 三营镇党委坚持把学习贯彻习近平新时代中国特色社会主义思想、习近平总书记视察宁夏重要讲话和重要指示批示精神以及党的二十大精神作为首要政治任务。结合主题教育，制定了镇党委理论学习中心组和镇村干部学习计划，2023年，开展理论学习中心组集体学习12次、夜读班学习7期、整治大轮训5期；开展主题教育集中学习200余场次，交流研讨56次，依托基层党校，开展党员轮训5次、讲专题党课27次、专题宣讲20次，为行动不便党员和流动党员“送学”200余次。发放专题学习资料143册，为500余名在家党员印发党的二十大报告和《中国共产党章程》。通过实施“育苗”工程和村干部“梯次”培养机制，选育配强村干部队伍，持续深化“三大三强”行动和“两个带头人”工程。培养党组织带头人13名，产业带头人170名，其中双带头人10名。实现23名村干部学历提升，组织村干部参加自治区、固原市、原州区各类培训12次，镇级举办5次。开展导师帮带制，精准帮带26名个人和四个村党组织。培优驻村干部队伍，每月召开工作例会，开展工作汇报，将13个行政村划为两个片区，实行片区交流，32名驻村队员每季度交流1次。积极培育村级后备干部，将大中专毕业生、致富带头人、务工能人等年轻人纳入村级班子后备库，全镇共40名后备干部。严格落实“三会一课”、主题党日、组织生活会等党内基本制度，集中学习23次，撰写心得体会80余篇，本年度为党员奖红星25颗，亮黄星6颗。新发展党员13名，其中农村党员12名，35岁以下党员11名，转正党员10名，新培育入党积极分子17名。29名流动党员全部能接受党组织教育管理。全面落实党员“挂联诺”机制，为400余名党员挂牌亮身份，每名党员联系10—15户群众。主题教育期间为群众办实事35件，选树身边榜样20余人。创新“微网格 大服务”党建品牌，将全镇划分为13个大网格，92个小网格，将400余名党员干部全部纳入网格化管理机制中。

【经济发展】 “五特”产业转型升级实现新突破。肉牛产业，以“近村联营”为抓手，通过“合作社+村集体+产业带头人+农户”的发展模式，推动强村带弱村一体化融合发展，新建团结村、扩建安和村“出户入园”标准化养殖场2个，新增肉牛饲养量1000余头，示范带动全镇饲养量达1.86万头。蔬菜产业，以日光温室、大拱棚、露地蔬菜种植为主，维修改造团结等村日光温室109栋，发展冷凉蔬菜产业，2023年种植2.79万亩。马铃薯产业，采取“龙头企业+合作社+农户+基地”模式，雪川带动、大户参与、群众种植，全镇马铃薯种植面积2万余亩，建成2.8万吨马铃薯气调库一座，解决种薯仓储难题。中药材产业，建成宁夏最大的千亩黄芪种苗繁育及种植基地，实现产值126万元。试验种植黄芩、柴胡等35种六盘山道地中药材，合作化种植枸杞1085亩。生态经济，建成“两小园”2000余个，搭建小拱棚316个，改造菌菇棚16个，错季种植蜜源作物1000余亩，发展蜂产业、菌菇产业、小拱棚蔬菜；孙家河村林下经济基础设施逐步配套。大力支持商贸物流发展，对现有“五大市场”加强管理，完善配套设施及服务，为周边10万余人供应生活必需品，年交易额高达20亿元。新建加气站1座，扩建加油站1座，实现镇内各类车辆购买、挂牌、过户及检测“一条龙”服务。通过订单生产、合作经营、示范户帮销、直播带货等方式，大力发展家庭工厂、手工作坊，打造“杨三女烤馍”“杨麦麦私房菜”“明财酱醋” 等特色品牌，带动农户每户增收超3万元。

【项目落实】 坚持项目先行，落地安和村肉牛养殖“出户入园”扩建、赵寺村、甘沟村、广和村公共基础设施提升、G344国道连接道路改造提升、孙家河林下经济示范园区配套等4个以工代赈项目，累计投入2384.88万元，带动群众增收408万元，受益群众1.1万人。争取原州区重点项目，团结村“出户入园”肉牛养殖场、产业融合示范园、安和村产业路、马铃薯气调库、金轮团结日光温室改造维修、东塬村小流域治理、镇村两级文体活动等13个重点项目落地，累计投入1.5亿元。争取红十字会帮扶资金96.5万元，用于安和、团结、新三营村村集体经济发展及基础设施提升；国铁集团投入帮扶资金23万元，改造提升安和村、团结村村级阵地清洁供暖设施；以自治区司法厅、宁东管委会为代表的驻村帮扶单位累计协调资金72.76万元，在建强组织、强村富民等方面提升了综合发展水平。

【乡村振兴】 坚决遏制耕地“非农化”“非粮化”，整治耕地流出土地57.3亩，拆除整治乱占耕地81处153.2亩，牢牢守住耕地保护红线和粮食安全底线。认真落实“115”包抓+动态监测帮扶机制，紧盯129户547人三类监测对象，“一户一策”精准落实帮扶措施。统筹推进“五大振兴”。在产业振兴上，兑付产业奖补资金997.21万元，鼓励1144户农户补栏牛2171头，羊14738只，蜂275箱；转移就业农村劳动力8465人，新增公益性岗位430人，发放稳岗就业补贴及交通补贴936人53.81万元。在人才振兴上，建立三营籍在外人才库14名，170名产业带头人，带动1634户3984人增收9000万元。在文化振兴上，开展政策、法治宣传宣讲900余次；举办文艺演出、文体活动130余场；“村BA”及全民健身活动轮番举办，三营代表队荣获首届全国和美乡村篮球大赛宁夏赛区冠军、西北赛区亚军、全国赛季军，三营二小在姚基金希望小学篮球季荣获宁夏赛区冠军；移风易俗大力推进，评比选树“好婆婆”“好媳妇”“移风易俗示范户”典型26户。在生态振兴上，建成安和、团结、孙家河、甘沟4个美丽村庄，前来观摩学习、游览参观人数达4000人次；开展农村人居环境大整治行动，栽植树木5000余株，粉刷涂白1.6万棵，清理垃圾11.98万吨；编制村庄规划13个；建成污水处理设施8个，下水道管网覆盖率90%；卫生厕所普及率62.2%；清洁能源取暖推广1423户。在组织振兴上，建强基层战斗堡垒，培育党组织带头人13人，村级后备干部40名，在原州区率先创新推进“微网格大治理”工作机制，典型做法在固原市作交流发言。以联农带农为抓手，通过跨村联营，自主经营种养殖、提供社会化服务等方式，投入资金2330.31万元，因村制宜培育壮大村集体产业，年均村集体经济收入在10万元以上，其中100万元以上的村1个，20万元以上的9个；甘沟村成功创建固原市新型农村集体经济示范村。

【生态环境】 推进污染防治，坚决打好“蓝天、碧水、净土”三大攻坚战，强化大气污染综合治理，抓好露天秸秆、垃圾焚烧治理，加大煤场、沙场、扬尘、企业排放等管理力度，积极推进垃圾转运处置，实现垃圾日产日清；团结村垃圾分类转运做法成为全镇典范。推进河长制和水污染防治，持续巩固清水河沿线“清四乱”成果，老三营村、赵寺村年巡河率120%以上，清水河沿线垃圾日产日清，水质持续向好。持续推进有机肥使用，加大残膜回收力度，全面减少土壤面源污染。不断深化“六权”改革。全面深化用水权改革。辖区内机井、扬黄十二干渠、东干渠控制灌溉面积4.69万亩；成立固原市原州区强水灌溉服务专业合作社，完成孙家河、马路、老三营3个村433户2753.44亩灌溉用水收缴工作，收缴水费14.59万元。团结设施农业、雪川马铃薯基地推行节水灌溉，水资源利用系数上升至0.756。深入推行土地权改革。稳步推进农村宅基地改革及审批管理，新增审批141宗。严控违建，整改违建图斑874个。开展农村承包地“三权”分置改革，第二轮土地承包到期后再延长30年改革试点工作有序推进。全面推行排污权改革。三营污水处理厂扩建及污水管网延伸项目建成运行，日处理污水5000立方米，建设污水管网100余公里，惠及12个行政村。全面推进山林权改革。山林权不动产登记颁证实现应确尽确、应颁尽颁，2199.23公顷退耕还林地全部颁发林权证，常态化开展行道树及林地补植补栽工作，森林覆盖率达22.7%。

【民生事业】 教育卫生扩优提质。完成团结幼儿园、三营四小扩建，秋季招生348人。雨露计划补助467人81万元。就医条件持续改善，三营中心卫生院服务村级群众3万人，“两癌筛查”1826人，居民健康档案建档率100%；与原州区人民医院签订老年人双向转诊协议，免收挂号费。开展“健康细胞”创建工作，三营镇创建为自治区级健康乡镇、团结村创建为自治区级“健康村”。抓实特殊群体兜底保障，开展低保扩围增效，新增农村低保637户751人；社会救助体系日益完善，累计救助困难人群661户2003人，发放资金159.89万元，三营镇社会救助“三融入”做法被自治区民政厅组织全区观摩学习；高标准打造原州区首个“残疾人之家”—“草原红太阳·残疾人之家”，服务残疾人群230人次；全镇居民养老保险参保率稳定在97%以上、医疗保险参保率达到100%。以推进“163”政务服务模式一体化为抓手，推动政务服务事项“一网通办”，5个服务窗口无差别受理，实现“一窗综合受理，一次全部办结”；开展线下业务培训会10次，上门服务2000余次。

【社会治理】 着力防风险、强治理、保安全、护稳定，常态化检查各类商户1378家，排查整改隐患问题611个；安装燃气“三件套”775户，安装率达到100%；设置交通劝阻站16个，劝导农用车非法载人560车次，安装电动车牌3700个；完成农村道路生命安全防护工程44处9280米；新建村组连户路10.16公里，受益50户184人；11个蓄水池防护网加装全覆盖。创建国家食品安全示范城市工作持续推进，三营市场监管所通过自治区级标杆示范所验收，“基层智慧监管宝”平台被国家市场监管总局作为典型经验刊载推广。坚持和发展新时代“枫桥经验”，全面落实基层治理“1+1+3”工作机制，矛盾纠纷化解率达到100%。电信诈骗案件发案率、财产损失数同比分别下降32.3%和24.2%。巩固提升“十镇百村”农村毒品问题治理成效，创建安和、孙家河两个原州区无毒村(居)示范村。民主法治深入人心。深入开展习近平法治思想宣传教育，结合“八五”普法工作，发挥“一村一警一法官一律师一人民调解员”等力量，扎实开展法律明白人培训、法治知识竞赛等活动。严格落实“四议两公开”制度，加强村务监督，保障群众各项利益。

张易镇

【概况】 张易镇地处原州、西吉、隆德三县(区)交界处,距离市区38公里。区域面积284平方公里,耕地22万亩,退耕还林5万亩。辖15个行政村118个自然村,总人口10886户38313人,常住人口5896户22095人,少数民族10401人(回族10376人,其他少数民族25人),占人口27%,脱贫人口4069户15913人,2023年全镇农民人均可支配收入达16201.9元,较2022年增长9.1%。

【党的建设】 严格履行抓党建第一责任人职责,明确班子成员包抓支部党建责任制,建立联系点16个。党委会议研究部署党建工作15次,开展督查3次,发出通报3期,约谈提醒村党支部书记5人次,调整不称职的党支部书记、村委会副主任各1人。开展主题教育,坚持用习近平新时代中国特色社会主义思想凝心铸魂,严格落实"第一议题"制度,开展中心组理论学习13次、带头讲党课6次、干部集体学习51次、理论宣讲40余场次、交流研讨50余场次、撰写学习心得200余篇。聚焦教育培训,依托基层党校,开展各类培训班6期,组织村党组织书记抓党建促乡村振兴"擂台比武"2期。强化党组织功能。深化"一抓两整"示范乡镇创建行动,对3个二星级党组织针对性制定巩固提升清单,对账销号;维修扩建村级活动场所5个;成立毛庄村党代表工作室,发挥党代表作用,零距离服务群众。抓好队伍建设。储备后备干部45名,培育致富带头人190名;选优导师15人,结对帮带24人;确定积极分子20名,发展党员12名;深化"评星定格",37名党员被扣分亮黄星;从严管理第一书记和驻村工作队,督促履行四项职责。深入开展"纠治形式主义官僚主义等专项整治"及"干部作风转变年"活动决策部署,紧盯九个方面25项突出问题,扎实开展纠治形式主义官僚主义专项整治,其中围绕自查发现问题,镇党委"一把手"制定整改措施9条,班子成员制定整改措施51条,其他干部职工制定整改措施85条,均已完成整改;围绕弄虚作假、欺上瞒下和贪占挪用、吃拿卡要等问题,深入开展乡村振兴领域腐败和作风问题专项治理,收集各党支部、五办四中心摸排问题9条,均已完成整改;坚持虚心接受、照单全收,以钉钉子精神抓好自治区党委第一巡视组巡视原州区反馈问题整改落实。全面落实意识形态工作责任制,研究部署意识形态工作3次、召开意识形态工作推进会1次,研判上报意识形态风险点6个,办理12345便民服务热线热点问题共计191件。

【乡村振兴】 建立健全防返贫监测和帮扶机制。严格按照《原州区防止返贫动态监测和帮扶机制管理办法》,2023年新识别监测户10户48人,通过产业帮扶、就业帮扶、低保兜底政策等途径,消除风险点5户16人。对"八必访"人群(392户11282人)进行入户走访。严格落实帮扶政策。制定下发《张易镇2023年产业奖补工作方案》,已验收合格并兑付产业到户项目2491户1702.68万元(其中移民户112户56.71万);积极开展就业帮扶行动,2023年引导外出务工9437人,已发放518名公益性岗位9月份工资,兑付一次性交通补贴44人,稳岗就业补贴195人;持续推进金融帮扶,推荐小额信贷881户4394.5万元,完成贴息2189户227.4372万元,富民贷27户436万元,妇女创业贷款48户902万元;完成雨露计划资金兑付439人65.85万元。持续巩固"两不愁三保障"成果,每月对脱贫户收入进行采集并录入自治区防返贫监测App,2023年脱贫人口人均纯收入为15610.5元(增速12.3%)。结合"四查四补"工作,常态化开展住房、教育、医疗预警及饮水安全常态化摸排,未发现辍学学生和饮水安全等问题。

【产业发展】 坚决确保粮食安全。重点抓好"一个片区三个基地一个示范点"建设,2023年全镇共计种植春小麦2.2万亩、马铃薯5.6万亩、杂粮1.3万亩、玉米2.5万亩、玉米套种大豆620亩。大力发展特色产业。在巩固黄堡村万亩青贮玉米示范基地和黄堡村、闫关村万头肉牛养殖示范村基础上，建成南湾、驼巷千头肉牛养殖示范村，不断扩大肉牛养殖规模。会同广东科技联盟引进云南滇石成金农业有限公司，流转2000余亩土地建设千亩温室大棚种植无籽西瓜。打造大店村农耕文化长廊，大力发展宋洼藜麦、田堡红树莓特色农业种植，休闲采摘、民俗体验成为张易发展新业态。深挖域内旅游资源。以萧关八景之一"西海子"旅游景点、西海子民俗文化节为切入点，大力引领特色旅游发展。举办张易镇大店村西海子第一届民俗文化节暨美食娱乐活动。挖掘境内红色资源，打造莲花沟至青石嘴"长征梁子"红色线路。

【生态环境】 开展春季农田水利基本建设大会战和农村人居环境大整治行动，紧盯"三里三外"，带动群众对已建成的277个"两小园"全部进行翻绿，栽植房前屋后"十棵树"2.1万余棵，拆除私搭乱建196处，"三里三外"整治4710处，整治其他重点对象2000余处。完成户厕整改247座，建成卫生厕所203个，清运垃圾1200余吨。督促各村开展为期一周的百人环境大整治行动，先后开展人居环境整治观摩评比3次，评选"卫生光荣户"405户，"最美庭院"1899户。严控农业面源污染，收残膜3.8万亩260余吨。完成清洁能源改造617户，其中生物质锅炉610户，空气源热泵7户，农户使用清洁能源大幅提升。统筹推进山水林田湖沙草系统治理，完成巡河1800余次，修复水毁道路16.1公里，修建联户路10.984公里，建设挡土墙1.1公里，清挖灌溉排水渠57公里，整修田间道路283.2公里，整修绿化带182公里，播种格桑花籽71公里，清除田埂杂草230亩。加强森林防火工作，成立张易镇森林草原防灭火工作领导小组，完成生态护林员续换聘工作，与179名生态护林员签订生态管护协议，明确工作职责。设立防火检查点20个，安排护林员24小时值班巡逻。抽调20名生态护林员组成应急防火小分队，在各村成立应急扑火小分队，并开展防灭火联防演练1次，签订各类防火责任书、承诺书近万份，发放宣传材料2万余份，开展2次森林草原防灭火培训，形成森林防火人人参与的良好氛围。

【社会治理】 开展矛盾纠纷排查化解。聚焦重点领域、重点群体、网络安全，发挥党建引领基层治理"1+1+3"工作机制作用，建立健全"三个清单"，共排查矛盾纠纷82起，其中信访问题2起、矛盾纠纷80起。针对问题，共召开矛盾纠纷排查化解分析研判处置会35次。持续开展安全隐患排查整治。组建14个专业领域工作组，紧盯节假日等重要时间节点，开展安全生产"大起底、大排查、大整治"行动，全镇共摸排点位8746个，完成整改236个。夯实15处交通劝导站(两站两员)责任，劝导各类违规违法交通行为2000余人次，集中为两轮电动车挂牌1395辆，三轮及四轮电动车挂牌412辆。协调交警四大队、张易镇派出所、张易镇市场监管所对马路市场集中整治2次，签订"门前三包"责任书28份。推动普法宣传教育。推进"国家反诈中心"App安装注册，开展宣传活动7场次，发放宣传彩页1500余份，动员群众成功安装"国家反诈中心"App 15455人，安装率达82.3%。制定《张易镇预防溺水专项治理工作方案》，成立张易镇预防溺水专项治理工作领导小组，签订防溺水告知书6000余份；针对重点人员实行定人定岗定责管理，重点人口熟悉率、建档率、录入率均达100%，确保处于稳定状态。

【民生福祉】 深入开展城乡低保"扩围增效"行动，全镇累计发放低保金等各类救济救助金额25135530元，其中，城市低保8户12人，累计发放低保金61120元，农村低保3557户5953人，累计发放低保金21086180元，残疾人两项补贴累计发放 2041230 元，特困供养 118 人 637800 元，临时救助 619 人，累计发放 906600 元，孤儿津贴 46 人，累计发放 402600 元。深化闽宁协作结对帮扶。与马尾区亭江镇签订结对帮扶协议，收到镇村结对帮扶资金 16 万元。会同福建省宁夏商会爱心企业，开展“千里传递爱心，万里情系闽宁”主题公益爱心捐赠活动，为分散供养人员和孤儿捐赠爱心物资 316 份，共计 79000 元。抓住铸牢中华民族共同体意识这条主线，深化民族团结进步教育。打造民族团结进步示范点，选树田堡村、华尔晶淀粉有限公司为民族团结进步示范点，打造“民族团结走廊”1 个，建成铸牢中华民族共同体意识石榴籽广场 1 处。统筹新时代文明实践所（站）建设，打造“1+15”新时代文明实践平台，实现辖区内新时代文明实践站全覆盖，建成 5 个“爱心超市”；开展“我们的节日”系列活动 60 余次，开展“送戏下乡”活动 60 余次。移风易俗行动有力有效。督促各村修订完善村规民约 15 份，明确划定结婚彩礼礼金“红线”、待客标准“底线”，以“硬杠杠”推动形成文明乡风。依托各村新时代文明实践站，开展“建设好家庭 弘扬好家风 弘扬好家教”系列活动及移风易俗宣讲活动 20 余次，发放宣传彩页 2000 余份。张易镇田堡村成功申报自治区“文明村”，贺套村和美乡村队自编自演说唱快板《村规民约进万家》荣获原州区村规民约诵读大赛二等奖，演出移风易俗新风尚。

彭堡镇

【概况】 彭堡镇位于固原市区西北约 15 公里处，镇域面积 197 平方公里，海拔 1600 至 2000 米，年降雨量 300—400 毫米。辖 14 个行政村 96 个自然组，户籍人口 9774 户 31962 人，常住人口 6157 户 21857 人。2023 年农民人均可支配收入 15698 元，增长率 8.3%；脱贫户人均纯收入 15112 元，增长率 16.6%。

【党的建设】 实施农村基层党组织强能增力行动。抓好二星级及以下村党组织巩固提升工作。彭堡镇党委指导撒门、闫堡、石碑 3 个二星级党组织，自我查找问题 16 个，制定“问题、任务、措施”清单。推行党建引领网格化治理模式，建立健全“四级网格员”乡村治理组织架构，推进“1+1+3”机制落实落细，全镇农村无职党员、保洁员、公益性岗位等三百余名“末端”网格员为村民代办事项 30 余件、直接服务微小事项 100 余件。推动驻村第一书记和工作队发挥“尖兵”作用。扎实做好驻村第四轮驻村第一书记和工作队员期满考核和第五轮新任驻村干部业务教育培训工作，召开月例会 10 场，督促所有驻村干部进行体检、购买人身意外伤害险，结合驻村第一书记和工作队员履职情况做好季度平时考核。村级党员档案及村干部档案均按照一人一档整理完成。实施农村“两个带头人”广进优备行动。摸排确定产业带头人 178 人，其中党员 100 人占 56%，2023 年培育 14 人；坚持“梯次”培养机制，采取“三推两考两定一备案”程序从产业带头人、农村党员中储备村级后备干部 44 人，其中女性 13 人，35 岁左右 23 名占 53%，产业带头人 45%，14 名在村“两委”中跟岗锻炼。实施党员队伍建设强基固本行动。2023 年接收预备党员 11 名，全部为农牧渔民，其中 35 岁以下 4 名，转正党员 12 名。发挥“双评双定”正向激励反向监督作用。严格落实谈心谈话、民主评议党员和“评星定格”等基本制度，前三季度对 46 名党员亮黄星，对 130 余名党员加分奖红星，坚持季度排查，辖区无信教参教党员。强化流动党员教育管理，流出党员 65 人，已全部录入基层党组织党员信息系统做流出登记。实施基层党建引领基层治理赋能增效行动。积极推行党员“挂联诺”活动。根据地域相邻、产业相近为标准，在全镇 14 个村党支部建立 50 余个功能性党小组，悬挂“共产党员户”标识牌 312 块，联系群众 2197 户，开展安全生产、应急防汛、森林防火、帮邻解困等志愿服务活动 50 余场次，承诺事项 63 件已办结 51 件。党建引领走好增收致富之路，在姚磨村实行统一规划布局、统一安排种植、统一田间管理、统一市场销售、统一产品品牌的“五统一”模式有效模式基础上，配套成立联合党委，共同体内11个村已实行运营跨村抓、能人跨村带、产业跨村育、人才跨村培，示范发挥“强带弱”“抱团发展”带动效应，已带动周边11个村2850户农户种植冷凉蔬菜，提供就业岗位3000余个，本地务工2000余人，人均日收入200元；群众自主种植大棚300栋450亩，年均每栋收入3万元。

【乡村振兴】 脱贫成果持续巩固，严格落实“115”包抓机制，对重点人群和低收入特殊困难群体常态化开展“八必访”，新识别监测对象30户113人，脱贫人口人均收入增长16.57%，坚决守住了不发生规模性返贫底线。实施产业到户项目1442户1248.9335万元（其中移民户207户181.32万元）；推荐小额信贷403户2015万元（其中移民户102户510万元），“富民贷”100户1463.3万元(其中移民户23户300万元)；发放贷款贴息2786户186.2万元(其中移民户102户4.7947万元)，进一步满足农户经营融资需求。农村劳动力转移就业7979人（其中脱贫劳动力2848人、移民劳动力618人），发放交通补贴201人27.48万元，稳岗补贴595人29.75万元，农村劳动力规模不断扩大，收入不断增长。乡村建设稳步推进，完成14个行政村村庄规划编制，乡村发展格局进一步优化。完成农村冬季清洁取暖改造522个，农村抗震宜居房改造3户，新建卫生厕所340座，硬化道路15.5公里，维修水毁道路4.7公里，维修漫水桥6处。开展壮大村集体经济提质行动，14个行政村集体共注入村集体经济资金1951万元，累计收益216.51万元，村集体经济收入达6万元的行政村实现全覆盖。姚磨村荣列2023年度自治区乡村振兴示范村名单。

【产业发展】 冷凉蔬菜产业提质增效。与深圳百果园实业（集团）股份有限公司达成“净菜入超”和2300亩“三个零”(零化学肥料、零化学农药、零化学激素)高品质有机蔬菜种植协议；与上海孙桥溢佳农业技术股份有限公司达成订单农业销售模式，引进新品种、高品质有机番茄。以申庄村鱼菜综合种养绿色产业发展示范基地为依托，做大做强鱼菜共生新业态。草畜产业健康发展。2023年，全镇牛存栏1.78万头，羊存栏4.29万只，猪存栏2.24万头，鸡15.20万羽。在鼓励脱贫户补栏的同时，动员养殖户出栏，并配套相关政策予以支持，实现牛出栏1.24万头，羊出栏5.56万只，猪出栏2.57万头，鸡出栏13.7万羽，提高了农村居民的收入。马铃薯产业扩容升级。以雪川农业流转基地为引领，新增马铃薯种植面积1万亩，年产值2800万元。彭堡镇被评为全国“一村一品”示范村镇，彭堡新星土地股份合作社被评为全国农民专业合作示范社。

【生态环境】 结合生态补偿脱贫，聘任生态护林员85名，严格培训管理，加强退耕还林林地管护，森林草原防灭火宣传，全面禁止焚烧秸秆、垃圾，防治大气污染，积极开展封山禁牧巡查，切实维护退耕还林成果。持续开展农村人居环境整治行动，建成“两小园”2000余处。同时，以彭堡村、闫堡村为重点，在道路两旁种植海棠、复叶槭等绿化树木14.6公里，发展以种植梨树、李子树、桃树、红梅杏、苹果树等树种为主的庭院经果林，种植面积达197亩。人居环境整治有力推进，打好青山、蓝天、碧水、净土环境保卫战，开展春季农田水利建设和农村人居环境整治行动，打造彭堡、闫堡、惠德三个环境整治示范村。累计清理垃圾4100吨，残膜125吨，秸秆130吨，粪污195吨。结合“百村示范千村整治万户清洁”行动，整治乱堆乱放2724处，乱搭乱建58处，乱排乱扔1111处，化肥农药废弃物594处；院内院外整治粪堆3435处，草堆1319处，柴堆1391处，土堆477处，垃圾堆2708处。“河长制”全面推行。配备镇村两级河长25人，巡河员26人，巡河通网格化管理模式全覆盖，对辖区冬至河、大营河集中整治12公里。

【民生保障】 教育卫生事业全面提升。严格落实“三包三保”和“双线控辍”工作制度，义务教育阶段适龄儿童实现零辍学。2023年，彭堡中学高中升学率达43.7%，居原州区乡镇中学第一名。大力开展爱国卫生运动，“三类”监测对象及脱贫人口家庭医生签约服务实现全覆盖。公共卫生、慢性病管理、健康咨询、中医干预等综合服务提升。社会保障工作稳步开展。全镇医疗保险参保率达到100%；享受低保共2662户4732人，特困供养人员59名，孤儿津贴31人；发放高龄补贴532人次57640元，残疾人生活补贴950人次104500元，重度残疾人护理补贴684人次82080元；累计临时救助1189人次1918500元；完成新生儿医疗保险登记280人，办理养老金申领921人，办理失地农民养老保险12人，办理丧葬费658人；退役军人优抚对象126人；发放农村妇女创业担保贷款80户1215万元。文化活动亮点纷呈。积极开展移风易俗工作，共评选出28户“好媳妇、好丈夫、好公婆”“星级文明户”等先进榜样。成功举办彭堡镇河东村金秋“村晚”，并入选全国“村晚”。

【社会治理】 抓实安全生产。对重点领域、重点行业、重点场所安全隐患进行彻底的“大排查”“大整治”，排查整改隐患问题112个，燃气“三件套”安装率达到100%，治理地质灾害险点6处，全年未发生安全生产责任事故。纵深推进基层治理。坚持和发展新时代“枫桥经验”，健全完善乡村矛盾纠纷调处化解机制，充分发挥党建引领基层治理“1+1+3”工作机制作用，加强基层网格化管理，确保矛盾纠纷排查及时、化解到位。2023年排查化解各类矛盾纠纷102件，调处信访事项44件，矛盾纠纷化解成功率82%。紧紧围绕铸牢中华民族共同体意识这条主线，引导广大党员群众牢固树立“三个离不开”思想、不断增强“五个认同”。彭堡镇荣获2023年固原市民族团结进步模范集体称号。深入推进常态化扫黑除恶斗争、打击整治养老诈骗，扎实推进反诈人民战争、人民群众拒毒防毒等活动。共开展法治宣传18场次，组织法治讲座17场次，提高了群众的法律素质。完成对85名刑满释放人员登记、建档、逐人走访谈话排查。为15名困难群众协助提供法律援助。推广“国家反诈中心”App，下载安装率达到91.8%。开展禁毒宣传88场次。

黄铎堡镇

【概况】 黄铎堡镇位于固原市区西北约47公里处，区域面积192.5平方千米，耕地8.31138万亩，退耕还林5.2万亩。总人口9092户33939人，常住人口6667户26067人，少数民族占比87.7%。现辖15个行政村77个自然村，其中脱贫出列村11个，脱贫户2489户9368人，现有监测户136户549人（已消除风险点107户449人，未消除风险点29户100人）。主导产业为种植、养殖、劳务，2022年农村居民人均可支配收入15586元。

【党的建设】 落实意识形态工作责任制。把意识形态工作纳入党委议事日程，纳入领导班子民主生活会和述职报告的重要内容。做好辖区网络意识形态监管，严格落实“一岗双责”，召开联席会议1次。夯实学习教育基础。结合五个专项治理及干部作风转变年活动，扎实开展政治理论学习。2023年，开展党委中心组学习14次，干部理论学习44次。落实农村党员冬季轮训和各项基本制度，各党支部共开展主题党日活动192次，邀请包片领导、第一书记讲党课47次。强化基层组织建设。2023年共培养致富带头人176名，后备干部45人，新发展党员46名，转正8名。慰问基层党务工作者3名、困难党员27名、困难群众6名。打造和润村、丰泽村两个党建示范点，成立丰泽村棚区党员先锋队，在丰泽村党支部进行党员“挂联诺”试点，建立党员示范岗，联系

1404户，完成党员践诺事项912件。

【产业发展】 聚焦“五特”产业发展。种植业稳中有进。2023年种植小麦8500亩，玉米63000亩、青贮玉米3500亩、枸杞734亩、设施温棚474栋。种植大豆（含大豆玉米带状复合种植）面积2401.5亩，补贴金额48.03万元，露地蔬菜种植180亩，补贴5.4万元，发放耕地地力、春覆膜、一次性良种等各类种植业补贴8万余亩332万元。草畜业稳中向好。以打造黄铎堡高端肉牛繁育生产示范基地为定位，推广“支部+合作社+农户”村集体经济经营模式，进一步增强穆滩村、三岔村、老庄村肉牛养殖示范村、和润村“出户入园”养殖园区示范带动作用。劳务业稳中有序。依托和润村劳务信息站，通过固原军威劳务公司用工招聘信息库进行务工人员与务工岗位的匹配度分析，利用手机App和微信公众号提供劳务信息推送和线上报名等服务。开设各类技能培训班3期，培训劳动力148人次，转移就业人数8747人，完成脱贫人口务工就业目标3084人，全年发放稳岗就业补贴和交通补贴人员863人52万元。

【民生保障】 制定完善《黄铎堡镇防止返贫动态监测和帮扶机制管理办法》，严格执行动态监测标准和程序，2023年累计识别纳入44户175人（其中脱贫不稳定户5户27人，边缘易致贫户5户13人，突发严重困难户34户135人），根据监测对象的致贫风险、发展需求等因素，对其从就业、产业、医疗、社会救助等方面落实了帮扶措施。聚焦后评估反馈认领的4类9个方面30个具体问题，中国乡村振兴杂志社反馈的10个方面17个问题，坚持问题导向，举一反三，推动巩固拓展脱贫攻坚成果同乡村振兴有效衔接工作走深走实。积极开展小额信贷发放及风险管控工作，2023年共推荐上报小额信贷1195户6215万元，积极完成“富民贷”贷款任务1000万元。兑付产业到户项目2058户1829.3万元、母牛养殖补贴3115户9553头736.4万元。组织全覆盖式自建房大摸排，农村危房即增即改。按照农村最低生活保障对象实行动态管理原则，2023年新增低保415户698人，发放临时救助资金854人次143.19万元，积极落实残疾人补贴、养老保障、农村妇女小额担保贷款等惠民政策。卫健事业扎实推进。开展农村食品市场专项整治和检查，规范农村食品流通供应体系。组织爱国卫生运动和农村卫生健康讲座，为全镇65岁以上2378名老年人进行全覆盖健康体检。严格落实签约医生服务制度，完成适龄儿童疫苗接种7799人次、适龄妇女“两癌”免费筛查1400人次。文化事业深入开展。在曹堡、黄铎堡等村开展“戏曲下乡”“文艺下乡”等文艺巡演活动。黄铎堡学校3300万基础设施提升项目全部完成，数字化实验室、人机对话教室、微课制作室逐步投入使用。针对农村残疾儿童实施“一人一案”，确保随班就读和送教上门全覆盖。实施学前、义教、中职、普高、大学阶段各类“免、补、助、贷、奖”政策，确保家庭经济困难学生应助尽助。

【乡村建设】 围绕“六堆七边一顶”问题，常态化开展“三里三外”清理。2023年先后组织集中整治行动38次，出动人员17000余人次，车辆3000余台次，清理各类垃圾20000余吨，整治道路（平整路边树坑、杂草清理）22万米。扎实推进农村厕所改造，共有问题厕所有523座，现已全部完成整改，2023年新建卫生厕所350座。森林草原防灭火工作管控到位，林长制体系全覆盖，各级林长全年巡林151次。成立森林草原防灭火工作领导小组，抽调20名生态护林员组成森林防火救援队，在各村成立应急扑火小分队，全民签订森林草原防灭火责任书，发放宣传材料7600余份。植树15000棵，主次干道树木修剪30000棵；发放非国有林生态保护补偿41335亩661363元、退耕还林补助69857亩1397146元。

【安全生产】 开展燃气安全专项整治。深刻汲取银川富洋烧烤店6·21燃气爆炸事故教训，认真贯彻落实习近平总书记关于燃气安全重要指示批示要求，严格按照燃气行业使用规范，联合市场监督管理局、燃气公司对瓶装液化气、管道天然气进行反复排查整改，共排查出燃气用户207户，燃气“三件套”安装全覆盖。召开党委会和镇村干部大会33次，设置工作网格专班18个，聚焦燃气安全、蓄水池、交通道路和非煤矿山等重点领域进行多轮全覆盖排查整治。排查点位7000余个，发现风险隐患394个，已全部整改。研究制定《黄铎堡镇开展统筹发展与安全攻坚月活动方案》，组织安全生产警示教育夜读培训班，组织网格专班对整改问题进行全覆盖式“回头看”。加强群众教育引导工作，累计召开安全领域培训100余次，推送微信群宣传消息3000余条，悬挂横幅500余条，签订防溺水、道路交通、消防、食品等各类安全责任书10000余份，全面提升群众安全防范意识。

【壮大村集体经济】 全镇15个村集体经济组织，自2017年以来，累计投入资金2471万元，分别为：财政资金1824万元，帮扶资金462万元，自有资金185万元。截至2023年底累计收益844.55万元(含光伏收益521.14万元)。2023年曹堡村、白河村各争取支持发展新型农村集体经济财政衔接推进乡村振兴补助资金100万元用于建设光伏发电项目，预计年收益9万元以上。和润村自营湖羊养殖和“出户入园”项目，穆滩村自主经营肉牛养殖。并成立以和润村集体经济组织为龙头牵引，各联营村(黄湾村、丰泽村、白河村)集体经济组织为成员的集体经济组织联合党委，示范推动全镇村集体经济组织增强自主经营能力。

【综合治理】 实行“1+1+3”工作机制，镇级成立功能型党支部，协调原州法庭、三营法庭、司法所、派出所和村委会多方力量共同发力，形成联动共治、多元化解的工作模式。定期召开“周碰头、月研判、季考核”，将责任落实到个人，建立问题清单、责任清单和考核清单，确保各类矛盾纠纷和问题隐患及时受理化解。以“四级网格化”管理体系为抓手，常态化开展矛盾纠纷调处工作。“五治”融合，完善村民(代表)会议制度，严格落实“四议两公开”程序，全面推进村务公开试点推广，深入开展“法律进乡村”活动，实施农村“法律明白人”培养工程，大力推行“一村一辅警”机制。完善“一约四会”，修订村规民约。2023年全镇推广反诈App安装注册2万余人，安装率80%。排查矛盾纠纷390条，调处率100%。

中河乡

【概况】 中河乡位于固原市区西南5公里，总面积201.3平方公里。全乡辖11个行政村56个自然村，户籍人口7417户27571人，其中汉族1682户5049人，占总人口的18.31%；回族5735户22516人，占总人口的81.67%；东乡族3人，占总人口的0.01%；满族3人，占总人口的0.01%。乡域内福银高速、固西高速、309国道、银平公路、固将公路等7条国省干道贯乡而过，交通便利。种植业、养殖业、劳务输出是全乡的主导产业，2023年农民人均可支配收入达到15128元。

【党的建设】 抓实农村党建“四项行动”，乡党委研究制定印发《中河乡基层党组织建设提质增效工程任务清单》，坚持“一把手”带头，党委班子成员各负其责，建立党委书记和班子成员党支部联系点11个，指导抓好工作落实；择优推选1名村党组织书记挂任乡党委副书记，6月中旬举办党支部书记“抓党建促乡村振兴”擂台比武活动。新发展党员9名，经“三推两考两定一备案”程序动态培养村级后备干部33名，产业带头人138名，其中上店村产业带头人马平被评为固原市优秀产业带头人。针对硝口、曹河两个二星级党支部，制定巩固提升清单，班子成员全程跟踪指导，确保提升质量和成效。抓实主题教育，开展集中学习 27 次，专题研讨 12 次，党委书记及各党支部书记讲党课 5 次。设立党员示范岗 15 个，开展“立足岗位做贡献”活动 60 余次。推行无职党员“挂联诺”，各无职党员联系群众 534 户，开展安全生产、应急防汛、森林草原防灭火、帮邻解困等践诺服务活动 27 场次，办结事项 98 件。乡党委及党委班子成员共检视问题 28 项，均整改完成。开展“干部作风转变年”活动、纠治形式主义官僚主义专项整治、乡村振兴领域专项整治、基层“微腐败”专项整治，自查问题 262 条，制定整改措施 319 条，所有自查问题立查立改，做到长期坚持。深入推进党风廉政建设，召开党风廉政专题会议 4 次，开展廉政提醒谈心谈话 300 余人次，完善个人廉洁信息档案 145 份。组织党员干部赴原州区医院警示教育基地和原州区法院旁听庭审沙某某贪污案，增强廉洁自律和拒腐防变意识。

【产业发展】 粮食安全根基稳固。坚决扛牢粮食安全政治责任，深入实施“藏粮于地、藏粮于技”战略，坚决遏制耕地“非农化”，严控“非粮化”，严厉打击违法占用耕地行为，整治耕地“非粮化”3000 亩；排查整改恢复耕地流出图斑 750 宗 360 亩，对 2 起破坏耕地拒不整改行为进行立案并处罚金 11610 元，完成土地增减挂钩项目 260 亩，实现土地复垦复绿 85 亩。传统产业持续发力。配合雪川农业、长城淀粉等企业流转土地 1.98 万亩种植马铃薯，并配套高效节水灌溉设施，推动全乡马铃薯产业提质增效。完成粮食种植 91477 亩，总产量达 36816.3 吨，种植苜蓿 1579 亩、胡麻 1704 亩，实现农民增收约 70.8 万元。持续发展养殖业，羊饲养量 70573 只，猪饲养量 6226 只，家禽饲养量 3207500 羽，进一步增加农户收入。特色产业蓬勃发展。紧扣原州区“五特”产业发展目标，着力巩固提升曹河千头肉牛养殖示范村和中河村益农育肥牛养殖基地建设成果，积极引导群众“出户入园”发展肉牛养殖，2023 年全乡养牛总户数 1750 户，肉牛饲养量 27867 头，产值达 2.58 亿元。培育壮大丰堡村冷凉蔬菜瓜果基地发展，种植各类蔬菜瓜果 2200 亩，产值达 1500 万元。产业化经营助推硝口村“十二五”生态移民搬迁种植基地发展，共计种植荞麦 1456 亩。劳务产业持续深化。通过农业产业带动，劳务经纪人带领、自发转移等措施合理引导农村富余劳动力有序就业，2023 年度共转移劳动力就业 7396 人，劳务创收共计 16711.71 万元，人均 22596 元。向飞毛腿电子组装工厂、兴百业高品蛋鸡等企业输送就业人员 100 余人。开展就业创业技能培训 3 期，参与培训人员 150 人次。集体经济全面开花。建立集体经济稳步增收“一村一策”，激发村级集体经济发展新活力。将硝口村、红崖村 1800 余亩撂荒地流转给企业，以产业化经营提升土地利用效能，2023 年收益 10910 元。巩固提升中河乡中河村“小村联盟”发展集体经济模式，2023 年底肉牛存栏 528 头，为联营村分红 23.8 万元，为 79 户农户分红 16.04 万元，带动本村 4 名劳动力就业。丰堡村整合本村 500 平方米闲置厂房搭建牛棚用于肉牛养殖，年底肉牛存栏 57 头，带动本村 2 名劳动力就业，收购本村农户玉米等饲草料 30 余万元。其余各村村集体合作社 2023 年共收益 42.8 万元，集体增收带动农民致富作用日益明显。

【抓项目促经济】 重点项目加快推进，完成雪川固原马铃薯产业绿色高质量发展建设项目土地征收 457 亩。争取中央财政以工代赈资金和地方配套资金 1090 万元，实施丰堡村肉牛养殖“出户入园”基础设施建设和黄沟村基础设施建设。争取六盘山肉牛产业集群项目资金和闽宁协作帮扶资金 425.47 万元，实施原州区中河乡硝口牛羊交易市场建设项目。乡村建设稳步推进。完成 11 个行政村村庄规划编制。推进清洁能源取暖项目，完成清洁能源改造任务 555 户。统筹推进农村户厕问题摸排整改，累计排查问题厕所 619 户，完成整改 571 户，整改率达 92.3%，2023 年户厕改造 200 座并已验收合格投入使用。持续开展农村自建房安全整治，排查自建房2130栋，对存在较大安全隐患的房屋拆除3栋、封控4栋，完成危房改造9户。完成高标准农田灌溉引水管道联通及蓄水池建设项目征地工作和中河—杨忠堡35千伏输变电工程等4个供电项目网线改造工程，新建G309至糜地湾村道道路1.2公里、修建油坊村等7个村联户道路27公里。

【乡村振兴】 全面贯彻“115”包抓机制，督促乡村干部常态化开展入户走访，扎实做好“八必访”工作。2023年内新识别监测对象16户61人，消除风险点2户12人。持续深化移民搬迁安置点致富提升行动，中河安置点率先试点人畜分离、肉牛养殖“出户入园”38户。加大小额贷款投放力度，发放金融贷款3887.5万元，任务完成率达104.4%。在做好政策衔接的同时织牢兜底保障网，全乡所有脱贫户、监测户“两不愁三保障”和饮水安全持续稳定，脱贫家庭适龄儿童入学率、脱贫人口城乡居民基本医疗保险参保率均达100%。深入推进产业到户项目实施，实施基础母牛4497头、基础母羊补栏28091只、猪补栏575头、鸡4400只、蜜蜂2065箱、马铃薯173亩，兑付资金2009.48万元，发放一次性交通补贴239人17.36万元、稳岗补贴581人29.05万元。实施“雨露计划”755人，发放补助资金131.85万元，脱贫人口人均纯收入达15078元，同比增长16.62%。

【民生保障】 进一步规范事项办理，建立“一站式办理”服务模式，2023年累计办件一万余件。新增低保374户577人，办理残疾证93人次，发放低保、高龄津贴、临时救助、残疾人“两项补贴”等各类民政资金2375.063万元，对12名重度贫困残疾人家庭进行无障碍改造，清退不符合低保受助条件144人。发放一次性育儿补贴36.2万元，为享受“少生快富”工程纯女户和独生子户187人兑现奖扶资金22.44万元。完成2024年医保缴费23758人，缴费率达100.44%，养老保险认证2834人，发放村干部社保补贴30人次12.7137万元。全面落实拥军优属政策，为69名退役军人及时兑现重点优抚待遇，发放优待金24.5835万余元，并在节假日期间走访慰问5名退役军人及现役家属，发放慰问金2500元。公共服务质量不断提高。全乡11个新时代文明实践站以“5+N”志愿服务模式为抓手，扎实开展“课堂式”“对话式”“演绎式”等多种形式的文明实践活动，累计开展文明实践志愿服务活动260余场次。乡村图书室累计开放1500余次，借阅图书800人次。中河村励志体育俱乐部成功承办全国首届和美乡村篮球大赛（村BA）西北赛区选拔赛，中河村获得特殊贡献奖，上店小学篮球队斩获“2023姚基金希望小学篮球季”宁夏赛区省级联赛冠军。“九九重阳节”文化惠民演出活动弘扬传统文化。丰堡村上榜自治区“与您相约 共创美好”优秀村规民约（居民公约）名单。全力以赴支持教育事业发展，2023年教师节发放慰问金1万元，并对评选出的中河小学等3个先进集体和姜昆等44名优秀教育工作者进行表彰；切实落实“控辍保学”工作，为15名学生提供送教上门服务，实现了在义务教育的路上“一个都不能少”。

【社会治理】 严格贯彻落实意识形态工作责任制和网络意识形态工作责任制，坚持常态分析与重点研判相结合，持续开展意识形态领域风险隐患排查治理，全面营造风清气正的社会环境。全年排查意识形态风险点10个，提出应对措施23条，有效监管处置网络舆情，化解4条，确保网络舆情管控有序。扎实推进平安建设和法治建设。召开“1+1+3”功能型党支部碰头会49次、分析研判会12次，研判化解各类矛盾纠纷49起，建立“三张清单”45个，接待信访群众23人次，及时办理上级转办信访件和群众网上信访留言32件，信访事项及时受理率达100%，群众综合满意率达98%。召开信访工作联席会议4次。以“四下基层”活动为抓手，乡级包村领导下访民情民意50余次，接待群众70余人，答复群众诉求25件，解决特殊疑难信访问题3件。紧盯重点时段、重点人群，实施“一人一案”全方位管控，2023年“中阿博览会”“杭州亚运会”“成都大运会”以及“村BA”期间中河乡未发生进京赴银上访情况，社会秩序安定有序。对全乡83名吸毒人员建立详细台账资料并严格管控，扎实开展禁毒宣传教育工作，悬挂横幅20条，制作流动宣传展板8块，进企业35家，进学校14所，行政村全覆盖，入户宣传383户。组织发放法治宣传资料4800余份，悬挂宣传标语80余幅，邀请律师开展《中华人民共和国民法典》专题讲座15场次，开展法律明白人培训11场次，接待群众法律咨询98人次，为18人提供法律援助。扎实开展反诈斗争，组织反电信网络诈骗集中宣讲活动20余场次，为辖区15580余名村民指导安装“国家反诈中心”App，安装率达80%。聚焦燃气、道路交通、企业生产、夏季防溺水、森林草原防灭火、地质灾害等重点领域，重点针对“九小场所”、宗教场所、帮扶车间、蓄水池、自建房等开展各类安全隐患排查3408余次，发现问题并整改销号169个。持续推进农村道路交通安全专项整治行动，在全乡重点路段建立交通安全劝导站11个，吸纳劝导员60余名分时段轮番上岗，劝导交通违法行为587人次。突出森林防灭火工作，全乡98名护林员划分责任分区，开展常态化巡查和全天候蹲守，防火期组织应急演练3次。扎实开展铸牢中华民族共同体意识各项活动，邀请县级包乡领导、政协党组书记、主席马仲尧和固原市党校教授杨桂兰开展铸牢中华民族共同体意识宣讲，累计开展培训宣讲活动20余场次。

【环境整治】 发动群众积极参与人居环境整治，累计出动机械1800余次，投工投劳3万人，整治乱堆乱放1485处，清运生活垃圾24000余吨。积极推进“两小园”和庭院经济建设，栽植红梅杏树、梨树等果树3000余株，海棠、月季等花卉5000余株，扮靓农村田园新风光。扎实开展创卫主题宣传，出动宣传车100余次，发放宣传册1000余份、播放广告50余条、悬挂标语60余条，营造了共建共享健康生活的良好氛围。严格落实“河长制”要求，开展清河净水行动，对大营河、冬至河、叠叠沟、曹河沟和上店子沟地笼拦网及沿岸垃圾进行清理，乡村两级河长、巡河员常态化开展巡河973次，治理破坏河道3起，现场责令恢复整改3起。高质量推进“林长制”，对全乡98名护林员划分巡护管理责任区，负责辖区森林草原巡护、防火宣传、隐患排查等工作，开展巡林4312次，严格落实禁牧封育，发现偷牧行为为11起，劝阻放牧人员28人次，核实查处涉及破坏森林资源图斑17个，有效保护了林草植被。

河川乡

【概况】 河川乡地处固原城区东南24公里处，区域面积206平方公里，耕地面积7.3万亩，退耕面积7.8万亩。辖10个行政村，63个村民小组，其中脱贫出列村10个，脱贫户1470户5065人，现有监测户57户198人，全乡总人口3350户12043人，常住人口1905户6349人，草畜、劳务、菌菇及旅游产业是全乡主导产业，2023年农民人均可支配收入14579.5元。

【党的建设】 形成了乡党委统一领导、乡党委书记全面负责、分管领导直接负责，其他班子成员“一岗双责”的责任体系。定期召开专题会议，听取工作汇报，探索党建工作的新思路、好举措，着力推进服务型党组织建设。按照“学思想、强党性、重实践、建新功”总要求，开展主题教育，不断丰富学习载体，持续跟进学习习近平总书记重要讲话指示批示精神。完成“为民办实事”重点任务15项，解决群众反映亟难问题2项，将主题教育的成效落在干事创业和为民办实事上；按照边学习、边对照、边检视、边整改，把问题整改贯穿主题教育始终的要求，在全乡范围内梳理问题9条，提出整改措施20条，现已全面完成整改；结合农村党员“挂联诺”活动，动员无职党员126人，联系群众715户，实现承诺践诺168次，并分批次为25名行动不便的老党员“送教上门”，让主题教育的触角延伸至基层工作的末梢。2023年发展党员9名，其中大专及以上学历2名，平均年龄35岁。按照“12311”管理模式，常态化摸排管理流动党员48名，为9名老党员颁发“光荣在党50年”纪念章，并申请党内关怀资金3000元。严格落实“双评双定”制度，给13名党员亮黄星，11名党员奖红星，有力推动党员积极主动履行义务，充分发挥模范带头作用。抓好干部作风常态化建设，排查群众身边腐败和不正之风，特别是严肃查处涉农惠农、乡村振兴与脱贫攻坚衔接领域的“微腐败”问题。严肃开展纠治形式主义等五个专项治理及干部作风转变年活动。2023年以来，受理问题线索3个，信访件11个，立案审查2人，给予开除党籍1人，诫勉谈话1人，政务记大过1人。

【产业发展】 按照“小规模、大群体、家家种草、户户养畜”的草畜产业发展思路，立足于打造东部山区万头肉牛产业示范乡镇，不断发展壮大草畜产业，2023年在寨洼村、海坪村和康沟村实施高标准梯田改造8500亩，完成黄河村、海坪村玉米大豆带状复合种植3500亩；巩固提升海坪村、明川村肉牛养殖示范村成效，积极争取项目资金建设完成康沟“出户入园”项目，2023年购进肉牛50头。现全乡肉牛存栏达到16000头，户均达到10头以上。通过“党支部+合作社+农户”的经营模式，不断发展壮大菌菇产业，在上黄村的辐射带动下，在寨洼村、母家沟村新建食用菌栽培大棚9栋，现全乡共有蘑菇菌棚28栋，种植菌棒15万棒。2023年全乡3个村集体经济收入达到15万元以上，累计吸纳112户农户在产业链条上务工，发放人工工资50余万元。乡村旅游产业呈现发展态势，万亩油用牡丹生产基地，形成集休闲观光、民俗体验、户外运动、养生度假等项目为一体的文化旅游休闲农业示范园。利用河川乡药材种植的气候和地广人稀的资源优势，2023年在寨洼村集中连片种植红花1500亩，吸纳200多人在产业链条上务工，同时与宁夏明德中药饮片有限公司以市场最高价为保底价签订收购协议，每亩红花增加种植户收入1100元，增加村集体收入9万元。

【改善民生】 2023年来新增低保243户323人，统筹发放临时救助73次152700元，新增特困供养人员3人，帮助8名残疾人灵活就业人员进行就业扶持，为20名残疾人申请辅助器具。推进农村基础设施建设，完成“六类对象”危房危窑改造5户；配合宁夏六盘山水务公司新建连户井2座，更换水表104台，改冻管8处1440米，自来水新入户6户。人居环境持续改善2023年以来，栽植各类树种1.5万株，在国道沿线种植格桑花30公里；强力推进“厕所革命”，2023年完成改厕100座。积极践行社会主义核心价值观，开展“讲文明、除陋习、树新风”等志愿服务活动，2023年共评选“好公婆”6位，“好儿媳”7位、“美丽庭院”95户、“健康家庭”60户，党员示范户110户，移风易俗示范户3户。

【综合治理】 开展矛盾纠纷排查化解，发挥乡村两级综治信访维稳机构的主阵地作用和党组织领导下的群防群治、联防联治基层治理机制，认真开展矛盾纠纷排查、调处、化解工作，2023年排查各类矛盾纠纷69起、来信来访7件，现已全部调处化解，化解率100%。加强宗教事务管理，筛查梳理并防范化解宗教领域矛盾纠纷、风险隐患，2023年以来共开展“三定”学习培训3次，举行“铸牢中华民族共同体意识”宣讲活动12次，“五进”工作在18座宗教场所全面落实。全面开展安全生产大排查，成立河川乡安全生产领导小组，由乡主要领导任组长，分管领导任副组长，领导小组下设办公室，定期调度汇总各行业领域安全生产检查情况，全面开展安全生产大排查大整治行动，开展检查20余次，在各行业领域排查问题隐患 61 条,已全部完成整改。深化社会治理,健全了民事调解委员会、村务监督委员会、平安建设志愿服务队等自治组织。修订完善村规民约,依托爱心积分超市,建立“德治”银行,鼓励党员发挥带头作用。实行“一村一法律顾问”,引导群众依法表达利益诉求,通过将矛盾纠纷调处化解中心与综治中心、信访接待中心、公共法律服务中心互融互补,构建起了依法化解各类矛盾纠纷的多元化解体系。

【乡村振兴】 围绕“两不愁三保障”饮水安全、“四查四补”等指标,实施网格化管理,组织网格员每月对全乡所有居民入户摸排,实现动态监测、精准帮扶、稳定消除风险。20 户 61 人监测户消除风险,全部实现了稳定脱贫增收目标;仍在监测 37 户 138 人,已落实“一户一策”帮扶措施。2023 年兑付产业帮扶项目资金 1350 户 1196.76 万元,已为 140 人补贴春季“雨露计划”资金 21 万元;年初小额贷款 2600 万元任务数现已全面完成,共兑付贴息资金 112.56 万元。发挥明川村农光互补光伏电站项目作用,开发村级管水员、保洁员等扶贫公益性岗位 320 人,推动脱贫户、边缘易致贫户稳岗就业,人均年工资收入 1 万元。

寨科乡

【概况】 寨科乡位于原州区东部,距离固原市区 53 公里。全乡区域面积 322.8 平方公里,平均海拔 1800 米,年均降雨量 350 毫米,耕地面积 14.07 万亩,退耕还林面积 6.2 万亩。总人口 3677 户 12290 人,其中回族人口 2798 户 9705 人,占 78.9%,常住人口 5780 人。现辖 10 个行政村,48 个自然村。2023 年农村居民人均可支配收入 16738.28 元。

【党的建设】 坚持把学习贯彻习近平新时代中国特色社会主义思想作为党员干部的必修课,认真贯彻落实党的二十大、自治区第十三次党代会精神,深刻领会“两个确立”的决定性意义,不断增强“四个意识”、坚定“四个自信”、做到“两个维护”。2023 年共召开乡党委会 18 次,基层党建工作例会 4 次,党委理论学习中心组 12 次,“一五” 干部例会学习 96 次。扎实开展学习贯彻习近平新时代中国特色社会主义思想主题教育。全乡各党支部开展集中学习 9 次、理论学习中心组集体学习会议 3 次,交流研讨 45 人次,支部书记讲授专题党课 10 场次,领导班子成员结合分管工作讲授专题党课 10 场次。共落实为民办实事 15 件,建言献策 18 件。夯实组织建设,抓好制度落实。制定“六项行动”45 条措施和“一抓两整”三个清单。组织开展以“抓党建促乡村振兴”为主题的“擂台比武”活动,各村党支部书记、第一书记同台竞技、晒绩打擂。认真开展纠治形式主义官僚主义两个专项治理及干部作风转变年活动。

【乡村振兴】 按照“115”包抓机制,进一步压紧压实工作责任。动态监测 47 户 159 人(2023 年新识别 18 户 65 人),均制定了帮扶措施并按照时间节点落实。脱贫户“三保障”和饮水安全持续稳定,脱贫家庭适龄儿童入学率、脱贫人口基本医疗保险参保率均达 100%,符合享受低保、特困供养兜底政策的脱贫群众实现应保尽保,全乡新增低保户 300 户 403 人;发放低保金、高龄津贴等共计 875.92 万元;新申请残疾人 8 人。2023 年度共转移劳动力就业 3308 人,稳定就业 6 个月以上人数 2100 人,脱贫劳动力转移就业人数 1661 人,脱贫劳动力稳定就业 6 个月以上 980 人,“十三五”移民就业人数 90 人,共有 2988 人缴纳“铁杆庄稼保”,完成率 100%。一次性交通补贴申报 275 人,稳岗补贴申报 680 人,公益性岗位申请 62 人,雨露计划发放资金 112 人 16.8 万元;乡村振兴健康保险缴纳全覆盖。2023 年产业到户项目共涉及农户 1047 户,牛 1968 头,羊 16615 只,猪 36 头,蜜蜂 414 箱,兑付资金 936.92 万元。2023 年全乡共推荐上报小额信贷 19 批次 502 户,获贷2324万元，任务完成率(2150万)108.1%，存量贷款户数835户4625万元，贷款覆盖率60.25%。

【环境整治】 2023年共出动机械412台，投工投劳3215人，整治乱堆乱放528处，拆除违章建筑1处160平方米，清运树枝315余吨，生活垃圾346吨。完成栽树21540棵；实施农村卫生户厕改造360户，整改问题厕所207户；完成违法图斑拆除2个，共计6亩；完成冬季清洁能源改造51户。

【产业发展】 实施6万亩高标准农田建设，大规模推广种植青贮玉米10万亩以上，积极推行玉米套种大豆项目，2023年套种0.8万亩；打造蔡川、湾掌2个千头肉牛示范村，肉牛存栏量从现有1万头增加到1.5万头。抓好红梅杏、小杂粮产业，连片在中川、刘沟、马渠种植万亩小秋杂粮。村级集体经济发展，其中中川村、刘沟村、新淌村自主经营，其余七个村参股经营，村集体经济收益均能达到十万元以上。

【社会治理】 推行“1+1+3”矛盾纠纷排查化解机制和“一村一警”网格化管理机制，化解各类矛盾纠纷120起，接上级部门(单位)转办信访件31件，已全部办理完结。认真开展刑释解教人员安置帮教、社区矫正、禁毒铲毒等工作。全面深入开展打击整治养老诈骗专项行动、反诈人民战争专项行动，全年区域内未出现问题线索。紧盯重点领域、重点环节、重点人员、重大风险隐患，做好安全风险隐患大排查大整治、工作“明白卡”等重点工作，开展燃气、地质灾害、防汛等综合演练。

炭山乡

【概况】 炭山乡位于原州区东北部，区域面积253.5平方公里，耕地10.8万亩，退耕还林4.4万亩。现辖7个行政村，总人口3071户11787人，常住人口1099户4090人，其中脱贫户933户3670人，现有监测户60户238人，少数民族占比99%。2023年农民人均可支配收入13402.2元。主导产业是种养殖业。

【党的建设】 强化理论武装，炭山乡党委始终将学习宣传贯彻习近平新时代中国特色社会主义思想作为首要政治任务，通过“三会一课”、主题党日活动、召开警示教育大会等方式，引导党员干部把思想和行动统一到党中央决策部署和自治区、固原市和原州区的工作安排上来，真正把学习教育成果转化为推动工作的成效。2023年，累计开展集中学习50余次，坚持每月一次党委理论学习中心组学习不松懈，围绕党的二十大、自治区党委第十三届四次、五次全会精神等主题开展交流研讨活动15次，交流发言30余人次，撰写心得体会50余篇，围绕学习贯彻习近平新时代中国特色社会主义思想主题教育、党的二十大精神等内容，开展宣讲活动50余次。自9月份主题教育工作开展以来，组织开展集中学习15次，开展集中学习会3天，撰写心得体会20余篇，完成为民办实事25件。加强基层组织建设，新建阳洼村党组织阵地，维修石湾村党员活动室。全年纳新党员8名，转正党员10名，确定入党积极分子15名。深化“两个带头人”工程，培养村党组织带头人7名，培养致富带头人67名，带动622户群众增收致富。实施村干部梯次培养机制，4名村“两委”成员参加学历提升行动，组织参加各类培训20余次，培养后备干部24名，将后备干部和新任职村干部纳入导师帮带中，建立帮带关系49对。组织开展村党支部书记乡村振兴“擂台比武”活动1次。在全乡范围内推行党员“挂联诺”(党员户挂牌、党员联系农户、党员承诺践诺)活动，指导各村成立“功能型党小组”，为全乡106户党员家庭悬挂“共产党员户”标志牌，向全乡“八必访”等重点服务对象发放“党员联户卡”230余张，组织党员围绕安全隐患排查、矛盾纠纷化解、产业发展、移风易俗等工作开展“敲门行动”30余次，为群众办实事100余件，完成承诺事项100余件。持续发展壮大村集体经济，2023年，通过“跨村联营”建立阳洼村和古湾村肉牛养殖场2座，养殖肉牛240余头；通过参股经营的方式，将炭山村和新山村的资金注入张套村经济合作社，修建光伏电站1座。

【乡村振兴】 开展动态监测，2023年新识别纳入监测对象32户。针对性采取帮扶措施138条并严格按照时间节点落实。2023年落实产业到户项目资金617.2万元，其中肉牛1266头、肉羊11565只、蜜蜂204箱。小额信贷推荐1600万元，完成贴息81.38万元。兑付雨露计划185人次31.65万元。实施危房改造项目5户。2023年脱贫人口人均纯收入14690.22元，较上年增长16.64%。完成清洁取暖改造27户。新建卫生厕所300座，整改问题厕所276座。统筹资金196万元，新建维修硬化路面2200平方米、边沟2公里。2023年全乡饮水水质检测均达标，自来水新入户12户，供水管道维修39次，更换饮用水净化设备9户，确保群众饮水安全。

【产业发展】 规模种植引领发展，2023年全乡主要作物种植面积7.2万亩，其中小麦0.4万亩、玉米1.8万亩、大豆0.3万亩、马铃薯0.4万亩、杂粮2.5万亩、油料作物1.6万亩，发放地膜1万余卷。特色养殖巩固提升，与融侨丰霖肉牛生态产业园建立长期合作关系，签订养殖项目合作协议。2023年全乡羊存栏2.38万只，出栏1.12万只，牛存栏5359头，出栏1033头。劳务产业持续向好，全年转移劳动力3150人，稳岗6个月以上3135人。脱贫劳动力就业1213人，稳岗6个月以上1198人。发放稳岗补贴476人23.8万元，一次性交通补贴共124人3.6万元。收缴铁杆庄稼保2835人，完成率100%。村集体经济有发展，利用阳洼村和古湾村肉牛养殖场，打造炭山乡万亩秋覆膜种植基地、古湾村千亩小秋杂粮示范点。7个村村集体收益75.02万元。

【生态环境】 以农村人居环境大整治行动为契机，共清理生产生活垃圾332吨，疏浚河道沟渠23公里，拆除危旧院落3处，拆除乱搭乱建45处，投入各类机械173辆（台）次，群众参与环境整治2737人次。评选卫生光荣户12户、美丽庭院10户。围绕“十棵树”种植，在各村农户房前屋后、文化广场、学校、巷道等空闲地，栽植红梅杏等苗木5750株。坚决守住耕地红线，取证核实各类问题图斑239个，整改30个，涉及永久基本农田面积461.54亩，全部完成整改。审批设施农用地项目36个，外业举证设施农用地在线监管项目36个，报送审批手续完成入库139个。

【综合治理】 抓实“八五”普法宣传教育工作，印发宣传资料4000余份，举办各类普法宣传活动10次。积极化解矛盾纠纷，严格落实党建引领基层治理“1+1+3”工作机制，排查化解矛盾纠纷180起，依法依规答复群众信访问题13件。常态化推进扫黑除恶、安保维稳、打击电信诈骗等工作。安装“反诈App”1379个，安装率91.32%。全力开展安全隐患排查整治专项行动，共检查各类场所260次，入户排查693户1199栋房屋，摸排整改隐患98处。排查地质灾害风险点6处，涉及农户9户，采取工程治理3户。组织开展森林草原防灭火应急演练、突发地质灾害应急演练、山洪灾害应急演练等活动。

【民生实事】 加大对孤寡老人、残疾人的保障救助力度，做到“应保尽保”。新增低保235人。发放临时救助5批次96.55万元。受理新致残16人，新增残疾人生活补贴30人次，上门服务特殊困难残疾人2次，发放各类残疾人辅助器具33件（套）。居民基本医疗保险参保率100%。家庭医生签约服务11194人。完成妇女两癌筛查603人，为157名适龄儿童发放营养包 1208 盒。群众文化生活日益丰富,成功举办促进民族团结进步暨庆祝农民“丰收节”、农民篮球赛、花儿歌会、“醉美炭山”摄影展、欢庆元旦等活动,评选“好儿媳”和“文明家庭”各 14 户。

北塬街道办事处

【概况】 北塬街道办事处成立于 2010 年 1 月,位于原州区城区,西临西关北街、东止东岳山、南靠文化街以北、北止北环路,辖区内面积 28.24 平方公里。现有户籍人数户籍居民 17700 户,47559 人,常住居民 24889 户,72775 人,少数民族占比 40.5%。辖区下设 11 个社区(文化巷社区、郭庄社区、丽景社区、育才社区、北环路社区、火车站社区、东关社区、什里社区、北海社区、中山北街社区、和平门社区),共有 93 个社区网格、83 个网格员。驻辖区行政事业单位 38 家,个体商业网点 3307 家;有学校 19 所,其中高中 1 所,初中 4 所,小学 6 所,幼儿园 8 所;有宗教场所 8 个;有居民小区 115 个,残疾人 2183 人,低保 1935 户 3648 人,退役军人 1386 人。

【党的建设】 街道党工委依托“第一议题”制度、民主生活会、主题教育、专题培训等,加强理论学习、业务学习,坚定捍卫“两个确立”、坚决做到“两个维护”。扎实开展学习贯彻习近平新时代中国特色社会主义思想主题教育,按照老弱病残党员实际“送学上门”党员 98 人、线上送学 80 人,参学率 100%。11 个社区党组织,2023 年共召开联席会议 44 次,开展“人居环境整治”“文明劝导”等志愿服务活动 110 场次,认领并完成“微心愿”210 余件,为群众办实事 93 件,化解矛盾纠纷 216 件。开展党的二十大精神和“永远跟党走”及铸牢中华民族共同体意识等主题宣传宣讲活动 120 场次。扎实开展述责述廉、廉政谈心谈话、警示教育等廉政建设,开展纪律作风督查 4 次、专项督查 4 次,日常上下班督查 8 次、值班值守督查 24 次。年内共函询 1 人,给予党内警告处分 1 人、开除党籍 2 人,对照《中国共产党纪律处分条例》应给予开除党籍处分 2 人已提交区纪委审批,另 7 名党员违法违纪事实正在取证核实。

【民生事业】 落实救助帮困政策,2023 年共审核审批城市低保申请户 315 户 511 人,户中增人 100 户 123 人,提标 3 户 5 人;救助困难居民 442 户,救助金额 51.77 万元;审核办理高龄老年人普惠津贴 309 人;摸底上报困境儿童 99 人,慰问困境儿童 3 人,“明天计划”儿童体检 48 人,为无户籍儿童办理入户 4 人;为残疾人更换第三代社保卡 235 人,新申请办理残疾证 185 人,新增两项补贴 182 人,申报残疾灵活就业人员扶持补助 23 人,为听力残疾退役军人配备助听器 4 具。落实社会保障政策,2023 年,新录入一卡通信息系统 869 人,审核 2021 年度灵活就业人员补贴 332 人,培育创业实体 150 个,创造新岗位 430 人;安置脱贫户公益性岗位 60 人,实现脱贫劳动力转移就业 1430 人,发放稳岗就业补贴 154 人 7.7 万元;办理 60 岁到龄领取人员 228 人,办理失地农民到龄领取退休金 66 人,2023 年养老认证总人数 594 人;完成年度居民医疗参保缴费 32447 人,激活电子医保卡 15602 人,新生儿医保审核登记 55 人;建成了 11 个社区退役军人服务站,发放优待卡 1025 张,慰问退役军人 18 人,完善居民自管自服体系,按照倒排工期推动 94 个具备条件的住宅小区成立了业主委员会,现已备案的 23 个;按法定程序组织 12 个小区聘请物业公司,现有物业公司管理的 53 个小区,45 个“三无”小区落实社区代管。新备案成立 9 家社区社会组织,成立 5 支志愿服务队,组织开展法治宣传、文艺会演、公共卫生清理等自我服务活动 74 场次。加强社会事务管理,办理生育服务证 372 份、补办《独生子女父母光荣证》211 本、落实孕优政策 461 对。

【综合治理】 深入推进法治建设，组织干部利用专题学习、会前学法、业务培训等时机学法，重点对《中华人民共和国民法典》《中华人民共和国禁毒法》《中华人民共和国民事诉讼法》《中华人民共和国行政处罚法》等法律法规进行了16场次宣传宣讲。2023年初与11个社区及63家辖区企事业单位、小区、学校等责任主体签订社会综合治理目标责任书，紧盯风险隐患开展矛盾苗头和案件诱发因素摸排，共排查出323个矛盾纠纷和隐患，化解率达到了100%。组织31名干部参加了行政执法证申领考试，15人考试通过并取得行政执法证。加大执法查处力度，2023年共拆除违建10处面积800平方米；受理并依法处理环境投诉6起；开展安全检查24次，处置安全隐患3000多个；整治辖区内环境卫生，共清理垃圾6000余平方米400余吨。完善了11个社区协商议事组织建设，受理群众反映的小区管理事项83件、信访事项共22件、接访9次。

【公用事业】 开展燃气、用电、自建房等领域安全生产风险专项排查整治，对摸排的24571户居民住户、1666户“九小”场所、5760栋自建房进行了逐户建立台账资料，对排查的隐患建立了问题清单、整改清单逐个对号销账；对22处经营场所、人员密集场所和喷泉、鱼塘、宗教等场所隐患均建立一案一档台账资料，对照问题清单已全部按要求完成。做好移民后续服务工作。严格落实“115”包抓机制。排查出监测户5户28人；上报发放“雨露计划”两批167人。做好自然资源管护工作。积极配合清水河治理各项重点工程的协调，按期完成清水河、饮马河划界工作，复核完成水利厅下发的遥感图斑工作，开展重点传统节日森林草原防火5次。严格落实土地非粮化治理、确保基本农田不破红线，种植粮食作物面积共计1756.4亩。2023年，落实退耕还林中央补助资金2824.73亩，56494.60元，自治区补助资金1747.43亩，34948.60元；上报2023年实际种粮居民一次性补贴资金项目共83户，补贴金额8430.72元，统计上报设施蔬菜种植苗补贴项目，日光温棚种植27栋，折合面积73.4亩，补助资金22020元；落实符合政策的二孩170人、三孩57人生育奖补资金发放，落实符合享受计划生育少生快富提前奖扶政策229人、计划生育家庭特别扶助对象共17例以及纯女户两项补贴进行核实上报。

古雁街道办事处

【概况】 古雁街道办事处成立于2009年9月，位于民生路40号，辖区东起西关路、西至清溪沟，南起寇桥路、北到雁岭路，区域总面积38.86平方公里。现有户籍人数26604户70319人，常住人数58917户160780人，少数民族占比22.8%。辖区下设19个社区，分布在老城区、新城区、开发区和西南新区4个区域，人口主要集中在老城区和新城区。其中，老城区包含西环路、西城路、金城花园、东海园、靖朔门、雁岭及饮河7个社区；新城区包含小川子、明庄、海堡、康居及景园5个社区；开发区包含西塬及警民路2个社区；西南新区包含祥和苑、祥瑞苑、大堡、长城及深沟5个社区。街道机关共有编制30个，实有干部46人，其中行政编制11个，实有12人；事业编制19个，实有34人。现有社区干部195人。

【党的建设】 全面开展学习贯彻习近平新时代中国特色社会主义思想主题教育学习。以理论学习凝心铸魂，举办为期3天学习会，组织开展2次中心组学习。组织31个党组织和1449名党员开展20余场次专题学习。开展“第一议题”学习28次，定期学习习近平总书记系列重要讲话精神，积极组织开展党的二十大精神文艺宣传活动40场次，学习教育专题讲课6次，讲党课19余场次，班子成员撰写心得体会6余篇，组织召开红色物业联席会114余次，片区党建联建会议4次。发挥党建引领功能，开展党员“双评双定”活动；开展网格支部党员先锋行动；开展“在党50年纪念章”颁发活动，为12名党龄50年的老党员颁发“在党50年纪念章”。落实原州区委党建部署，召开党建专题工作会议6次，调度社区党建工作19次。成立环境和物业管理委员会15个、成立“两新”党组织4个、发展党员6名(非公企1名)，进一步夯实基层党组织战斗堡垒作用。全面落实巡察整改。围绕原州区委第三巡察组巡察反馈的三方面11项27个问题，召开专题会议，认真研究制定整改方案、整改台账，已全面整改完成27个问题。持续加强党风廉政建设。开展日常上下班督查23次，值班督查15次，节假日督查4次，燃气安全隐患摸排工作专项督查2次(问责3人)，乡村振兴工作专项督查1次，下发督查通报5次，谈心谈话57人次；受理问题线索6件，其中办结6件、移送审理4件，立案4件；给予党纪处分5人次，谈话提醒1人次；开展专项整治，成立领导小组，开展警示教育月活动，自查自纠中街道党工委班子查找问题4条，制定整改措施13条，6名领导班子成员查找问题19条，制定整改措施28条，其他干部职工查找问题42条，制定整改措施73条、开展专题研讨、专题学习9次，签订承诺书60余份。

【安全生产】 落实安全生产责任制，常态化开展安全生产巡查整治，检查企业安全生产150余次。开展专项燃气排查及“九小场所”大排查大整治工作，共排查常住居民共50384户，排查煤气罐用户10714户，完成100%，排查天然气29099户，完成100%，排查电器10309户，完成100%，其他(煤炭、无人)262户，已全部排查完成，存在一般隐患3386处，已全部整改。排查“九小场所”5396家，分别排查小餐饮1173家，小商场2268家，小住宿315家，小公共娱乐225家，小休闲健身1家，小医疗诊所65家，小学校53家，小生产加工企业409家，其他(洗车行、母婴店等)887家，发现一般隐患3041处，已全部整改。做好食品安全协管工作。做好自建房排查工作，2023年上半年共排查自建房5660栋，其中经营性自建房89栋，个人居住自建房5571栋，存在安全隐患自建房582栋，对鉴定出的D级危房，严格按照政府要求，全部搬离至安全住房内，建立动态台账跟踪。森林草原防灭火全面覆盖，与19个社区临界乡镇、驻辖区单位签订防灭火责任书19份和联防联治责任书25份，签订坟头防灭火协议76份，进行大型防灭火宣传9场次，悬挂横幅120余条，制止野外违规用火1起，教育劝返人员20人次。加强防汛抗旱，制定《古雁街道2023年防汛抗旱工作方案》《古雁街道2023年防汛抗旱应急预案》《古雁街道山洪灾害防御预案》《古雁街道防汛抗旱风险隐患排查整改方案》，修订《古雁街道2023年防汛抗旱应急预案》，对辖区内涝点及危房险点等进行全面摸排检查，排摸出14处滑坡灾害隐患点和2处防汛隐患点，第一时间组织所属社区及业务部门进行抢修维修，切实保障人民群众生命财产安全。

【基层治理】 坚持源头预防和多元化解，累计受理、转办信访案件71件，答复办理71件，有效处置率100%，落实领导信访接访制度，接访50次750余人，稳控重点信访人员14人，妥善处置化解群体性群众信访纠纷。深化党建引领基层治理“1+1+3”工作机制，召开4次专题、22次矛盾纠纷周碰头会和6次矛盾纠纷月研判会议，调解婚姻家庭纠纷、邻里纠纷、劳动人事纠纷等矛盾纠纷200起，化解率为100%；落实会前学法制度，会前学法24次，开展各类法制宣传活动64场次；提供法律援助咨询17人次，初审法律援助经济困难情况证明48人次，充分利用可视化小律桌面机功能，为社区群众提供专业的法律服务20余人次；认真开展安置帮教工作，制定重点帮教对象责任清单，安置帮教对象182人，其中刑满释放89人，社区矫正解矫93人，为监狱服刑人员家属提供远程视频会见53场次160余人次。不断推动全民反电信诈骗宣传及国家反诈App安装工作，反诈App下载安装数100486人，完成任务总体下载率62.5%。深入开展禁毒工作，制订《古雁街道2023年禁毒工作计划》，与辖区内19个社区及205个娱乐场所签订《2023年禁毒工作责任书》224份，对辖区在册涉毒人员实行“一人一档”制，遵循“双四色网格化”动态管控模式，在册管控吸毒人员233人。

【环境整治】 文明城市创建纵深向实，制作宣传喷绘397份，更换宣传栏251处；街道、社区新媒体平台开设“创城进行时”专栏，宣传创建文明城市内容120余次；累计清理居民住户门及楼道、商户门口小广告及乱涂乱画2441处，摸排垃圾桶损坏数量347个，更换283个，清理公共区域杂物堆积346处，摸排绿化带泥土裸露问题218处，涉及面积约2632平方米，整改141处；新增配置微型消防站24个，微型消防站显著指示牌26个，更换灭火器和消防栓玻璃332处，更换下水井盖15处，消除消防安全隐患141处；整治飞线充电，集中清理整治非法安装的卫星电视广播地面接收器55户，整修电表箱线路裸露问题54处。志愿服务制度化规范化，广泛组建志愿服务队伍，街道新时代文明实践所组建8支，每月组织开展活动10次，每个社区实践站组建5支志愿服务队，广泛吸纳志愿者开展文化、环境保护、关爱老人等志愿服务活动，社区实践站每月组织开展活动8次以上。持续优化人居环境。新增垃圾分类箱1578个，摸排辖区健身器材412个，维护69件破损健身器材，组织105名保洁人员对辖区整治片区背街小巷明堡路进行全面清扫，动用大中型机械50余次，人工200余次，清理垃圾200余吨；实施明堡新村道路及排水改造工程项目，对全长1141.258米四条路线全面铺设硬化。推进土地管理和地质灾害防治工作，清查辖区内的农村闲置宅基地及其他集体建设用地，配合原州区自然资源局2月下发的101个图斑和4月下发的51个图斑逐一进行取证和上传，对需整改的11个图斑进行整改复耕，特别是明庄社区NDBH1205图斑组织专门工作组移栽13.28亩红梅杏恢复永久性农田复耕。

【民生事业】 社会保障水平不断提升，向低收入、残疾人等困难群众发放救济金15.43万元；向民政局上报大额救助9.75万元；2023年以来共纳入最低生活保障395户692人，其中在低保扩围增效工作中纳入372户659人；残疾人护理补贴新增39人，生活补贴新增37人；走访慰问退役军人109余人次，发放补贴283.44万元；发放就业创业补贴477.18万元。培育创业实体140个，创造新岗位245人，实现全民创业带动就业420人，完成全年任务100%；开展美容师、手工编织、装载机、保育员、老年人护理、家政服务等各类职业技能培训450人；向福建、浙江、固原市华人礼服科技有限公司等地转移就业87人；对符合政策的就业困难人员及高校毕业生灵活就业人员审核上报393人；新增“十三五”移民和城镇公益性岗位37人；健全“十三五”移民就业信息台账，建立“一户一档”748户1173人就业台账， 全程跟踪6个月以上稳定就业818人。2023年上半年完成城乡居民养老保险新参保56人；参加养老保险到龄定期领取待遇资格申报122人；完成城乡居民养老保险待遇资格认证615人，办结率为100%；新生儿参保登记324人，各类医保信息维护10927人，特殊人群医保核查135人。

【社会事务】 对长城社区“魅力长城 和谐家园”阵地布设项目进行招标、施工建设、结算审核；完成金城花园社区宁源小区城墙坍塌维修项目、景园社区老年活动中心提升项目、西塬社区改造维修项目、小川子社区铸牢中华民族共同体意识氛围营造项目、雁岭社区铸牢中华民族共同体意识氛围营造项目的结算审核工作。街道现有文化大院1个，群众性文艺团队37支，开展文化活动90余次，受益人群5万人次，开展“送戏下乡”惠民文艺演出10场次，戏剧演出6场次，开展文化进军营、进学校、进企业等活动6场次，举办文化培训班8期；完善和整理2020—2022年度国家公共文化服务体系示范区创新发展复核文档资料；街道文艺团队广场舞大赛荣获固原市一等奖、自治区优秀奖。物业管理规范有序，选举成立家乐园、福平苑小区业委会，完成对金城花园、福馨园小区业委会换届工作，协调处理物业纠纷60余起，成立环境和物业管理委员会15个。提升计生服务优质水平，完成孕前优生394人，办理生育服务单1652例，补办独生子女父母光荣证116例，审核上报育儿补贴260户；发放少生快富纯女户医疗、养老两项补贴30余万。

【乡村振兴】 组织干部对辖区内所有移民开展多轮摸排，共有建档立卡脱贫户760户3475人，劳务移民脱贫户集中安置在西塬、小川子、海堡、康居、明庄5个社区的6个小区内，对151户“八必访”实行全面动态监测，脱贫群众和监测户共有劳动力1967人，现有1225人实现就业。街道760户3475人脱贫人口(含监测人口)已全部完成城乡居民基本医疗保险参保缴费，家庭医生签约服务达到100%，“三类人群” 医疗保险全部实现参保缴费。2023年新增城市低保65户149人；上报春秋两季雨露计划学生共190人次；脱贫人口中现有在岗公益性岗位95人；2023年度脱贫人口“健康保”参保缴费人数3397人，参保缴费率99.88%。组织脱贫群众参加就业招聘会3场次，向江苏、福建等地点对点输送务工人员10人。向“飞毛腿”电子技术基地输送学生8名。积极促进移民社会融入，街道“十三五”移民脱贫人口全部完成户籍、社保关系迁转，已有754户办理了房屋产权登记。

南关街道办事处

【概况】 南关街道办事处成立于2010年1月，位于固原市区中心，辖区东起东岳山，西至西关路，南临田洼林场，北至文化街，面积33.18平方公里。现有户籍人口24133户60098人，常住人口18557户54915人，占原州区常住人口的11.65%。其中少数民族有19458人，占辖区总人口的35.4%。驻辖区单位129家，个体商业网点2812家，宗教场所10个，学校12所，青石峡水库1座。辖10个社区(西湖路社区、宋家巷社区、南寺巷社区、政府巷社区、工农巷社区、军民路社区、寇乔路社区、中山南街社区、羊坊社区、峡口社区)。有社区工作者76名，10个社区党支部书记和主任均为“一肩挑”。划分为68个社区网格，配备专职网格员7名，兼职网格员59名(不包括支部书记、居委会主任)。

【党的建设】 严抓政治思想建设，严格落实干部理论学习制度。组织干部开展集中学习41次，开展党的二十大精神宣讲会3次，书记讲专题党课3次；举办学习浙江“千万工程”经验案例专题研讨班和贯彻落实自治区党委第十三届四次全会精神读书班，启动为期10天的安全生产知识“夜读班”；举办干部理论交流研讨5次，理论学习中心组学习研讨10次，撰写心得体会206篇。全面提升街道基层党建工作。推广西湖路社区党建品牌，巩固提升宋家巷党建示范成果，发挥中山南街新兴行业、工农巷“红色物业”亮点引领，打造西湖雅居“红色业委会”。对羊坊和峡口社区采取党建共同体的方式和西湖路社区联系结对，由强带弱提高基层党建水平。以五星级社区为主导，联合9个社区和14个单位(企业)建立了西湖路社区党建共同体，成立片区联合党委，召开联席会议4次，解决民生实事8件。依托“微网格 大服务”开展精细化服务，整合社区内党建、综治、民政、应急管理等各类网格统一赋码68个，成立网格党支部23个，网格党小组45个，每个网格配备1名专职网格员。建立机关27名在职党员联包68个社区网格机制，以“网格员+党员+群众”方式开展的服务活动72次，调解矛盾58件，帮扶困难群体356人，排查安全隐患17155户。发挥共驻共建作用建立“一书三单”38套，共享清单42份，召开联席会议30场次，开展共建活动4次。加强对38个物业服务企业管理和56个老旧小区的自我服务管理，按照党员比例不低于50%的标准成立西湖雅居“红色业主委员会”，选举3名物业企业人员任3个社区“两委”成员，共同参与社区治理服务。指导固原新玉祥商贸有限公司党支部换届，组织5个非公企业党支部书记参加集中培训3场次，在新华百货固原店党支部建立了“外卖小哥驿站”。加强党员教育管理。奖励党员红星8颗，亮黄星11颗，规范转接党员75名；对109名流出党员，9名流入党员落实双向动态管理。分期分批培训党务工作者26人次，举办入党积极分子和发展对象培训班1场次，转正党员2名，发展对象2名，确定积极分子9名。颁发“光荣在党50年”纪念章党员12名，慰问困难党员及遗属51名。开展主题教育，坚持将理论学习作为根本任务和鲜明主线贯穿于习近平新时代中国特色社会主义思想主题教育的始终，街道党工委理论学习中心组集中学习1次，召开主题教育学习会1期3天，干部集中理论学习5次，党员大会集中学习18次，交流研讨12场次。通过“线上送学+结对帮学”的方式指导117名流动党员加强学习，采取“上门送学+有声自学”的方式确保92名年老卧床、残疾体弱等特殊情况的党员全员参与主题教育。共梳理问题35条，逐项建立问题台账，明确整改责任，细化整改措施，确保清底见零。针对西湖路离退休干部党支部党员文化活动需求，积极对接固原市老干部局申请成立西湖路老年大学分校；宋家巷社区党委开展“有事好商量”民主协商活动，及时回应居民诉求，修建东海·宋家巷一区广场篮球场480平方米、修缮东海·宋家巷四区14号楼至15号楼便道台阶并硬化地坪400平方米、安装东海·宋家巷一区广场健身器材5套。扎实开展纠治形式主义官僚主义等专项治理及干部作风转变年活动，整治顽瘴痼疾，促进作风建设和素质提升。以“廉政教育月”活动为抓手，强化党章党规党纪教育和廉政警示教育。召开重要节点廉政集体谈话7场次，干部廉政谈话200余人次；召开警示教育5场次，到警示教育基地开展警示教育11场次，提醒监督检查54次，学习典型案例通报17场次。结合“干部作风转变年”深入开展党员干部和公职人员赌博酒驾问题专项整治行动，召开廉政警示教育日活动1次，签订承诺书125份，对4名酒驾党员作出党内警告处分决定。加强街道干部日常管理考核和社区目标化管理考核，完善街道内控制度25项。针对自治区党委第一巡视组巡视原州区反馈问题20个，整改完成19个，剩余关于社区阵地建设问题1个正在整改中。针对自治区党委第一巡视组巡视原州区委落实意识形态工作责任制反馈意见主动认领问题7个，全部整改完成。针对固原市纪委监委督导检查组反馈的共性问题，主动认领共性问题10项，已全部整改到位。针对全区纠治形式主义官僚主义等“五个专项治理”及“干部作风转变年”活动督查，主动认领问题5个，已均整改到位。针对各级督查反馈的26条问题（其中自治区“四防”督查组反馈问题1条、自治区应急管理厅反馈问题1条，自治区重大事故隐患专项排查整治工作专班第四小分队、固原市安委办反馈问题2条，原州区“四防”督查组反馈问题21条），已完成整改26条。针对排查发现的244栋隐患房屋（其中自住房屋240栋，经营性房屋4栋）。已通过停止使用、停止营业、封控管理、人员搬离等管理措施和加固维修翻建工程措施全部消除隐患，完成整改。

【社会治理】 压实安全责任，召开专题会议17次，与辖区企业、商户、门店、学校、加油站、娱乐场所等签订安全责任书260份，与辖区住户、街居干部签订《森林草原防灭火承诺书》2650份。开展消防安全培训3次，分别组织开展了城市消防安全、地震、地质、山洪灾害、森林草原防灭火应急演练5场次。落实林长制，常态化开展森林草原防灭火工作的巡查和河道安全管理，落实防火应急队伍24小时值守制度。落实河长制，不定期对清水河流域、青石峡排洪渠等河道进行日常巡查，持续做好河流前端管护与保洁，综合巡河率达100%。保护耕地红线，对辖区粮食面积种植、耕地非农化、撂荒地情况摸底。为195户居民申报草原生态补贴6671.3亩，涉及资金50034.75元。抓好"反诈人民战争"集中宣传和"国家反诈中心"App推广安装工作，抽调街居干部指导对97个小区33748人安装"国家反诈中心"App。切实紧守安全生产防线，组织排查检查瓶装液化石油气4274户，天然气用户3426户，并督促相关企业及时跟进安装天然气和瓶装液化石油气的"三件套"；协助对2180家"九小场所"的安全生产、消防安全进行检查，整改安全隐患1797家；街道社区94名干部分级包保食品安全主体380家，分别了签订承诺书、责任清单和任务清单；对8647栋自建房进行全面摸排（其中经营性质346栋，8301栋其他自建房屋及公共建筑）。西湖路社区争创"国家综合减灾示范社区"已通过自治区验收。按照"1+1+3"基层治理工作机制，落实领导班子成员包案制。召开功能型党支部会议10次，"周碰头"会35次。在全国两会、"杭州亚运会""中阿博览会"、重大节日期间积极做好重点稳控对象的稳控工作。共接访40起，化解信访积案2件，做好九龙湖畔家园安置户超期过渡费发放解释工作。街道和社区调委会共排查受理矛盾纠纷232件，调解成功230件，走诉讼程序1件。受理12345便民服务热线305件，答复处理率100%。落实"165341"禁毒工作机制，召开禁毒工作会议10次，开展禁毒宣传53次。对485名涉毒人员强化管理跟踪和帮教，查处毒品原植物种植1处。2023年接收社区矫正对象25名，解矫27名，在矫28名。安置帮教人员171人，待衔接2人，提供远程视频会见服务18人次。开展"民族团结一家人、中华民族一家亲"民族团结进步月活动11场。开展退役军人服务管理，宋家巷社区和西湖路社区积极打造自治区"红色精品新退役军人服务站"。办理军人优待证1864份，发放优待证1654人，组织培训2场次，走访慰问困难退役军人11人，发放慰问金3500元，慰问优抚对象153人，发放金额76500元。

【民生事业】 社会保障。组织开展就业宣传和参加原州区就业局组织企业专场招聘会6场。点对点向福建转移劳动力8名。培育创业实体180个，创造新岗位352个，创业带动就业420人。向飞毛腿技工学校动员学员19名，办理公益性岗位申请登记312人，办理4050人员灵活就业补贴600人，就失业登记500人。完成养老认证920人，新增养老参保人员3人。办理失地农民到龄领取待遇28人，居民到龄领取待遇115人，清理到龄未领取待遇人员44人。办理丧葬费45人，2023年收缴医疗费共34620人，注销死亡人员206人，变更11人，暂停医保人员1537人。新增城市低保337户573人，取消85户；受理临时救助393户1030人，发放救助金67.53万元；办理事实无人抚养儿童1人，社会散居孤儿2人。入户复核上报公共租赁住房申请47户100人；申报残疾人两项补贴88人，换证停发24人，取消不符合两项补贴68人，追缴违规享受资金3人960元；办理残疾鉴定申请195人，注销9人，申领残疾人辅助器具45个。接受自治区文明城市到届验收，常态化整治城乡人居环境，出动机械260台次，人工896人次，重点对四中河道、寇桥路两侧、高速公路两侧及羊坊居民点等进行重点综合整治，清理垃圾6150余吨。煤改电项目涉及住户36户，资金714400元。组织卫生宣传活动12次，开展健康讲座12场次，义诊活动10场次，“爱国卫生日”活动32场次，组织健身活动3次，健康教育进社区、进家庭活动34次。办理生育服务证193个，申报育儿补贴金67人，对4875个独生子女家庭摸底，补办《独生子女父母光荣证》308人。核查113户纯女户计生惠民惠农政策财政补贴资金“一卡通”管理情况，特扶10户，奖扶7户。文化建设繁荣发展，成立社会组织100个、志愿者服务队伍11个，下辖46个志愿小分队，开展新时代文明实践志愿服务活动241次。以“我们的节日”为切入点，开展帮扶互助、环境整治、爱老助老、送文化进社区和各类群众文化活动40余场次。

人物荣誉

先进人物

【2023 年度全国最美家庭　杨黎明】 杨黎明，女，汉族、中共党员、1983 年 5 月出生，现任固原市原州区古雁街道康居社区党支部书记、居委会主任、妇联主席。2023 年 5 月，中央宣传部、全国妇联，授予2023 年度全国最美家庭荣誉称号。作为一名基层社区支部书记兼妇联主席，杨黎明 6 年来尽职尽责，精细化服务辖区妇女、孩子。走进社区、中小学幼儿园及军营，宣讲“好家庭　好家教　好家风”56 场次；连续 13 个假期为孩子们开展公益课堂，开展家庭教育赋能课 6 次、提供家庭教育服务 20 余次。同时组建了“妈妈邦”志愿者队伍，她们闲暇之余参与社区志愿服务，冬至日和孩子一起包饺子，重阳节带着孩子们参加孝老活动等。她本人也获得了自治区家庭教育工作先进个人的荣誉。丈夫是一名退役军人，能悉心照顾偏瘫的岳父，夫妻二人在平凡生活中以身作则，在平凡的生活中传播文明风尚，弘扬优良传统，传承中华美德。

【全国模范人民调解员　海玉新】 海玉新，男，回族，1966 年 4 月生，大学学历，中共党员，1988 年 4 月参加工作，现任原州区司法局官厅司法所所长，兼任镇人民调解委员会副主任。2023 年 9 月，司法部授予全国模范人民调解员荣誉称号。他在工作中业绩突出，先后被自治区党委、政府授予“三五”普法先进个人、2006 年被自治区普法领导小组授予法治宣传教育先进个人，2018 年被司法部授予“全国模范司法所长”荣誉称号，多次被固原市政法委、固原市司法局评为“优秀调解员”、“先进工作者”，被原州区组织人事部门评为“优秀公务员”。

【第一届全国和谐劳动关系创建工作先进个人　张银】 张银，汉族，男，1969 年 1 月生，从事劳动保障监察和人事争议仲裁工作 14 余年，法律基础扎实、工作踏实认真。2023 年 12 月，中华人民共和国人力资源和社会保障部授予第一届全国和谐劳动关系创建工作先进个人荣誉称号。多年来，张银同志累计检查各类用人单位 1200 余户，督促补签书面劳动合同 2000 余份，下发限期整改指令书 320 余份，给予行政处理（处罚）41 家。利用新闻媒体刊登典型案例进行以案释法 4 次；举办企业负责人、劳资专管员、项目经理法律法规知识培训班 3 期 1000 人次；开展法律法规“进社区、进企业、进工地”活动，发放劳动法等宣传资料（彩页）2 万余份，接受职工群众咨询 3000 多人次。建立人社、总工会、工商联三方劳动关系协调议事机构，坚持每季度召开协调劳动关系三方会议，累计化解处理群体性劳动争议案件 20 余件，为劳动者追讨工资 4680 余万元，有效预防和化解劳动关系领域矛盾纠纷。在辖区 11 个重点部门、14 个乡镇（街道）和 128 个非公有制企业建立劳动人事争议调解组织，配备专、兼职调解员 153 人。

【全区民族团结进步先进个人　丁存琴】 丁存琴，女，1987 年出生，中共党员，先后担任古雁街道雁岭社区党委书记、主任。2023 年 8 月，自治区党委、政府授予全区民族团结进步先进个人荣誉称号。任职期间，整合社区“党群服务中心”“新时代文明实践站”“综合性文化服务中心”等资源，广泛开展移风易俗、勤劳节俭、孝老爱亲、文明礼仪等活动；依托

“我们的节日”，在春节、端午节、中秋节等传统节日，开展“党建手拉手、民族心连心”“社区邻里节”“唱红歌 感党恩”等文艺演出，在社区居民活动室专设“国学文化图书区”；利用本地红色资源，传承红色基因。团结各族群众，共建美丽家园。按照“1233”工作法将民族团结进步工作融入各项工作中，促进各民族同胞广泛交往、全面交流、深度交融。先后被评为第六届全国 119消防先进个人、全区民族团结进步模范个人、全区“最美法律明白人”、“全区消防志愿服务”先进个人、全区退役军人事务工作“先进个人”、“自治区健康”示范家等。

【全区法院先进个人 马丹丹】 马丹丹，女，汉族，1995年8月出生，现任固原市原州区人民法院政治部副主任、四级法官助理，中共党员。2023年1月，自治区高院授予全区法院先进个人荣誉称号。担任政治部副主任、五级法官助理以来，牵头成立“原上青风”青年读书会，开展政治轮训、读书班、道德讲堂、法官讲堂50余场次，组织党组中心组理论学习45场次，集体学习会80余场次，制定各类学习计划、安排60余次，采购各类书籍6000余册。组织干警赴全国各地学习教育基地、高校开展业务培训、学习实践活动50余次，推广应用“法院智慧党建”，打造“一支部一品牌”，被自治区高院选树为优秀项目，原州区法院党总支从三星级升级为四星级基层党组织，成为区直机关工委所属唯一的四星级党组织，离退休党支部2022年被自治区评为全区离退休干部“示范党支部”。起草各类工作规范10余份，汇编《党务工作要点》《发展党员流程》等实用工作手册，撰写报送的《发挥党建引擎 奏响为民乐章》《发挥党建引领作用 凝聚司法为民动力》等典型案例，得到原州区委组织部肯定，并推送上报自治区；承担重要来访接待、讲解工作，共计120余场次；梳理历年工作台账，形成16类500余册档案资料；协助做好人事干部考察，积极参与新录用公务员考察工作，完成员法官、司法警察等52人等级评定、职级晋升谈话考察。

【全区法院先进个人 郑银花】 郑银花，女，汉族，1985年5月出生，现任固原市原州区人民法院行政庭副庭长、审判员、一级法官，中共党员。2023年1月，自治区高院授予全区法院先进个人荣誉称号。自2010年担任审判员，审理的案件无一超审限，高效做到了案结事了，她认真钻研学习法律专业知识，业务能力强。她坚持做到勤政廉洁，秉公执法，公正办案。2022年共审结各类民商事案件、行政案件310余件，结案数位居全院前列。她进入行政庭工作后，在行政机关行政协议系列案中，她多次到征收现场进行实地查勘，走访群众，组织庭前调解，促成双方达成调解协议。她在疫情防控期间，积极采用“线上调解”、“微信群”、“云法庭”等方式审结各类案件50余件，得到了当事人的一致好评。

【自治区金牌集体协商指导员 王永强】 王永强，男，汉族，1979年3月出生，中共党员，2003年9月参加工作。2023年6月自治区总工会授予自治区金牌集体协商指导员荣誉称号。为了推行厂务公开民主管理和集体合同制度，王永强同志先后制作了《原州区企事业单位职代会操作指南》《原州区企业集体协商操作指南》《工会常用法律法规汇编》《企业集体合同示范文本》等操作性比较强的规范性制度资料，使企业工会能够快捷、方便地开展工作。王永强同志提出了企业工资集体协商“二函五书”制度，通过普遍推行实施，特别是“二函五书”制度被自治区总工会民管部作为宁夏创新亮点工作措施在年终工作总结中进行说明。在王永强同志和同事们的共同努力下，原州区总工会获得全国厂务公开民主管理工作先进单位1个、自治区工资集体协商A级示范单位5个、厂务公开民主管理A级示范单位2个、三星级职代会单位37个，自治区劳动关系和谐工业园区1个。

【自治区机关事务工作先进个人　张文渊】 张文渊，男，1988年3月出生，大学本科学历，中共党员。2023年7月，自治区人力资源和社会保障厅、自治区机关事务管理局授予自治区机关事务工作先进个人荣誉称号。在食堂管理中，制止餐饮浪费行为，按照餐饮管理服务标准，建立健全了供应预估机制、宣传教育引导机制、小份菜肴供给机制。在公务车辆管理中，依托公务用车管理平台，将28辆公务车纳入全区“一张网”，实现用车申请、审核、调度、派车、收车网络一体化，有效杜绝了车轮上的浪费行为，同时，他还制定了驾驶员岗位职责、日常考核、车辆安全维修、加油管理、请假、值班等一系列制度，提高了驾驶员的安全意识和服务意识。

【最美军嫂　谢明娟】 谢明娟，女，汉族，1991年2月出生，现任固原市原州区人民法院四级法官助理，中共党员。2023年7月，中共宁夏回族自治区委员会宣传部、宁夏回族自治区退役军人事务厅、宁夏军区政治工作局、宁夏回族自治区双拥工作领导小组办公室授予宁夏首届“最美军嫂”的荣誉称号。自2016年进入法院工作，先后在寨科法庭、民二庭、执行局工作。在此期间谢明娟同志曾被原州区法院评定为“优秀书记员”，被固原市中级人民法院评为全市法院“先进个人”，被甘肃武警总队给予“十佳军嫂”荣誉称号。在2023年度中共收到执行案件451件，共处理案件419件，在执行工作中保持较好的执行质效。不管是在生活还是工作中，都能严格要求自己，抵制各种诱惑，正确对待个人利益。

【全区文化和旅游工作先进个人　罗晓娟】 罗晓娟，女，汉族，1972年12月出生，中共党员，现任原州区文化和旅游局一级主任科员。2023年9月，自治区人力资源和社会保障厅授予全区文化和旅游工作先进个人荣誉称号。2017年初从统计局转任现职以来，分管文化、文物、扶贫、疫情防控、安全、党建、纪检、宣传、综治、办公室等32项工作。她为了了解情况，仅用半年时间，跑遍原州区14个乡镇(街道)和191个村(社区)，走访了323家旅游景区、农家乐、文化大院、文艺团队和文化娱乐场所，落实11个乡镇文化站148个行政村“七个一”标准全覆盖；每年开展文化活动300多场次，“七进”活动150场次，组织举办各类培训6期，培育梁云等品牌文化大院56家，国家级非遗项目大原古建等文化产业500多家，对市区“三馆”、乡镇(街道)文化站、村(社区)文化服务中心、文化大院、景区、农家乐、文化娱乐场所、网吧、游乐场等进行摸排，联系市文化市场执法支队联合以文件形式发布张贴停业通知286份。

【全区文化和旅游工作先进个人　宋明轩】 宋明轩，男，汉族，1965年10月出生，中共党员，高级政工师专业技术职务。2023年9月，自治区人力资源和社会保障厅授予全区文化和旅游工作先进个人荣誉称号。他利用图书馆微信公众号、数字化管理平台，向读者推荐优秀书目，打造流动图书室、大力开展“全民阅读”和读书宣传活动，每年开展图书下乡进社区30场次以上，开展图书阅读推广4次以上，举办图书推广展览2次以上。特别是2018年，他利用固原市、原州区创建国家第四批公共文化服务体系示范区有利时机。新建了黄铎堡镇文化站，开城镇文化站，官厅镇文化站和西城路社区、文化巷社区、宋家巷社区共11个图书分馆。同时，按照现代化图书分类、编目和图书馆电子智能化管理手段，使26.4万册图书、杂志等资料通过电子化编目，11个乡镇文化站、11个乡镇文化信息资源共享。

【全区文化和旅游工作先进个人　付彦平】 付彦平，回族，1977年4月出生，中共党员，现任固原市原州区文化旅游广电局办公室主任、群文馆员。2023年9月，自治区人力资源和社会保障厅授予全区文化和旅游工作先进个人荣誉称号。工作期间，能协调各方面并及时完成各项工作任务，完成各种文件起草，参与并成功创建原州区为国家第四批公共文化服务体系示范区，参与建成9个文化馆、图书馆分馆，率先建成开城镇、北塬街道2个24小时无人值守图书室。指导举办了各类群众文艺会演等线上线下演出100余场次，指导开展自乐班演出200余场次。参与举办了三届六盘山诗歌节。围绕全域旅游发展，制作旅游宣传图册、折页等宣传材料4000多册(页)，制作旅游宣传展板36块，擎天柱大型旅游宣传牌4块，主要街道、公交站点、景区景点宣传牌300多块，落地灯箱、路灯灯箱箱体广告近4000个。联络在宁夏日报、宁夏电视台、固原日报等传统媒体及网站、公众号、微信、视频号、抖音等新媒体，加大文旅宣传推广力度。

【全区文化和旅游工作先进个人　王永晟】 王永晟，1981年3月出生，汉族，民盟盟员，现任固原市原州区文化馆副馆长、群文馆员。2023年9月，自治区人力资源和社会保障厅授予全区文化和旅游工作先进个人荣誉称号。他为固原水彩画工作，每年定期组织采风写生2次、免费培训水彩画业余爱好者2次，多次承办写生展览。2020年参与同心县、西吉县脱贫攻坚验收工作，创作了《单家集牛产业》《靓丽身影》《促膝交谈》《幸福生活》等有关脱贫攻坚绘画作品，被自治区脱贫攻坚普查领导小组评为“自治区国家贫困地区重大专项普查先进个人”。先后在相关公众平台发布十期“坚定信念、抗疫必胜”固原市书画作品展览，创作的抗疫题材《最美天使》引起反响，被人民网、新华网、新华外媒网、光明日报、“学习强国”、宁夏日报、固原日报、固原电视台等多家媒体报道，其中新华网点击量达300万次，新华外媒网点击量超过6000万次。

【全区文物工作先进个人　代学明】 代学明，男，汉族，1976年7月出生，中共党员，现任固原市原州区文物管理所文博副研究馆员。2023年9月，自治区人力资源和社会保障厅授予全区文物工作先进个人荣誉称号。在从事文物保护工作期间，先后在《石窟寺研究》《丝绸之路》《宁夏文物》《固原师专学报》《宁夏文史资料》《固原博物馆馆刊》等学术刊物上发表本专业论文10余篇约10万字，结集出版专著《须弥山石窟研究》一本，约15万字，同时经过整理和研究，与同事合作出版专著《须弥山石窟志》一书，编制完成了《固原市须弥山石窟保护条例》。分别参加了在敦煌石窟、龙门石窟、西安等地举办的国际学术研讨会或向大会提交文进行学术交流。同时还为本单位和原州区文化旅游广电局撰写了各类文物保护规划和方案文本；参与编制原州区“十四五”文化旅游专项规划并公布；长期从事文物保护工程项目的申报、施工及验收，在文物保护工程建设方面积累了一定的经验，能够以专家身份参与本地及周边文物保护项目及规划的验收工作。

【全区文物工作先进个人　刘兴贵】 刘兴贵，男，汉族，1981年5月出生，现任固原市原州区文物管理所副所长、文博馆员。2023年9月，自治区人力资源和社会保障厅授予全区文物工作先进个人荣誉称号。自到文物管理所工作以来，主要完成了固原古城遗址西城墙北段及北城墙西段抢险加固工程，战国秦长城“长城梁”段抢险加固工程，固原大营城址抢险加固，固原文澜阁墩台抢险加固工程，固原古城遗址内城西墙北段保护维修工程，文澜阁楼阁油漆彩绘等工程。其中固原文澜阁墩台抢险加固工程，固原城隍庙保护修缮工程分别被《中国古建筑业年鉴》编委会授予“中国文物保护示范工程”，也对全区27处市县级以上文物保护单位进行日常性巡查，季节性检查，综合性排查。参与编制完成《原州文物志》、西北农耕博物馆研学实践活动征文作品集《中国梦　农耕情》《开城遗址研究文集》《原州区文物精品图集》，发表专业论文6篇。

【全区书记讲禁毒十佳宣讲书记　马光斌】 马光斌，男，回族，出生于宁夏固原，中共党员，现任古雁街道党工委书记、人大联络办主任。2023年11月,被固原市委、市政府评为固原市民族团结进步模范个人;2023年11月,被宁夏回族自治区禁毒委员会办公室评为十佳宣讲书记。马光斌同志政治立场坚定,热爱学习,善于思考,性格率直,热心公益。对待工作一丝不苟,作风务实,善于做协调组织工作,注重民心民情民意,关心集体,团结同事,能够创新性地开展工作,为街道各项工作的贯彻落实做出了一定的成绩。

【全区司法行政系统先进个人　受金相】 受金相,男,汉族,现年53岁,中共党员,研究生学历,固原市原州区司法局依法治区办工作人员。2023年11月,自治区司法厅授予全区司法行政系统先进个人荣誉称号。工作上能认真组织全区领导干部会前学法,不断提高政府依法行政水平。积极参与开展各类法治宣传教育活动和法律"八进"及执法人员培训。结合行政诉讼和行政复议工作,加强重大行政决策意识,为领导提供依法行政、依法管理、依法决策的依据,积极倡导学法、守法、用法,在广大党员干部中营造出遵纪守法和依法依规办事的良好氛围。

【全区司法行政系统先进个人　魏晓琴】 魏晓琴,女,汉族,1977年10月生,现任原州区司法局古雁街道司法所所长。2023年11月,自治区司法厅授予全区司法行政系统先进个人荣誉称号。魏晓琴同志大胆创新,通过公开调处民间纠纷、召集群众现场说法和定期到辖区各社区、各中小学校针对性地开展各种法治讲座,组织开展法治宣传教育活动,在脱贫攻坚工作中,她作为一名驻村队员,积极配合村干部和驻村第一书记完善各种台账资料,深入脱贫户掌握情况,她所帮扶的官厅镇阳洼村顺利通过了各种检查、评估验收,且被上级评为脱贫攻坚先进集体。多年来,她坚持真情实意工作法,与刑满释放人员交朋友,常谈心、多联系、多走访,及时掌握他们的思想动态,鼓励并帮助他们积极融入社会,为刑满释放人员协调解决临时救助5人次,低保、公租房3人,公益性岗位3人。

【全区未成年人保护工作先进个人　张金凤】 张金凤,女,汉族,1980年2月出生,现任固原市原州区人民法院未成年人案件审判庭庭长、审判员、一级法官,中共党员。2023年12月,宁夏回族自治区未成年人保护工作委员会授予全区未成年人保护工作先进个人荣誉称号。在未成年人审判工作中牢牢把握最有利于未成年人原则、特殊优先保护等理念,用真心真情努力做好少年保护工作。从事家事审判和未成年人工作9年来,共审理涉未成年人民事案件和刑事案件796件,案件质效优良,其中民事案件调撤率达到76%,多次被评为优秀法官、先进个人、优秀公务员。她创新未成年人审判工作思路,摸索出"一个中心、两个联动、三个延伸"的工作方法。她积极打造原州法院青少年普法品牌"六盘小青松",适应未成年人保护新需求。以"六盘小青松"为普法平台,积极开展未成年人普法宣传活动,以法治讲座、发布典型案例、制作普法宣传视频、开展模拟法庭、公众开放日活动等多种形式,提高未成年人法治意识和自我保护意识,不断做实、做细未成年人保护工作,有效防控未成年人违法犯罪。

2023年原州区获市级以上表彰先进个人一览表

姓名	所在单位	获奖时间	奖项名称	颁奖单位
杨黎明	古雁街道办事处	2023年5月	2023年度全国最美家庭	中央宣传部、全国妇联
海玉新	司法局	2023年9月	全国模范人民调解员	司法部
张　银	人社局	2023年12月	第一届全国和谐劳动关系创建工作先进个人	中华人民共和国人力资源和社会保障部
丁存琴	古雁街道办事处	2023年8月	全区民族团结进步先进个人、全区健康示范家庭、全区消防志愿服务优秀个人、全区最美法律明白人、全区节水家庭	自治区党委、区政府
马丹丹	法院	2023年1月	全区法院先进个人	自治区高院
郑银花	法院	2023年1月	全区法院先进个人	自治区高院
王永强	总工会	2023年6月	自治区金牌集体协商指导员	自治区总工会
张文渊	机关事务中心	2023年7月	自治区机关事务工作先进个人	自治区人力资源和社会保障厅、自治区机关事务管理局
谢明娟	法院	2023年7月	最美军嫂	中共宁夏回族自治区委员会宣传部、宁夏回族自治区退役军人事务厅、宁夏军区政治工作局、宁夏回族自治区双拥工作领导小组办公室
罗晓娟	文旅局	2023年9月	全区文化和旅游工作先进个人	自治区人力资源和社会保障厅
宋明轩	文旅局	2023年9月	全区文化和旅游工作先进个人	自治区人力资源和社会保障厅
付彦平	文旅局	2023年9月	全区文化和旅游工作先进个人	自治区人力资源和社会保障厅
王永晟	文旅局	2023年9月	全区文化和旅游工作先进个人	自治区人力资源和社会保障厅
代学明	文旅局	2023年9月	全区文物工作先进个人	自治区人力资源和社会保障厅
刘兴贵	文旅局	2023年9月	全区文物工作先进个人	自治区人力资源和社会保障厅
马光斌	古雁街道办事处	2023年11月	全区书记讲禁毒十佳宣讲书记	自治区禁毒委员会办公室
受金相	司法局	2023年11月	全区司法行政系统先进个人	自治区司法厅
魏晓琴	司法局	2023年11月	全区司法行政系统先进个人	自治区司法厅
张金凤	法院	2023年12月	全区未成年人保护工作先进个人	宁夏回族自治区未成年人保护工作委员会

2023 年度嘉奖人员名单

（154 人）

一、区直部门（单位）

区纪委监委（8 人）
别万红　樊亚兵　穆小东　沙小梅　王紫娟
雷　英　陶玉红　李菊霞
区委办公室（1 人）
徐鹏升
区委组织部（4 人）
赵春瑞　唐书军　杜　娟　郭　涛
区委统战部（1 人）
丁志发
区委政法委员会（1 人）
苏　伟
区委政研室（1 人）
李翔宇
区委网络安全和信息化委员会办公室（1 人）
张　福
区委机构编制委员会办公室（1 人）
马金星
区委巡察办（2 人）
周晓凤　康慧钰
区人大常委会办公室（4 人）
王　钊　毛俊林　马登斌　李启杰
区人民政府办公室（1 人）
马　钊
区政协委员会办公室（4 人）
王晓杰　张东亮　刘喜荣　张殷弘
区教育体育局（3 人）
贾旭林　陈　鑫　任　芳
区发改局（3 人）
张天明　张晓丽　杨廷波
区工业信息和商务局（1 人）
杨　军
区民政局（1 人）
田　雯
区司法局（8 人）
代　芹　洪　帆　马清香　李　红　海玉新
魏晓琴　张　斌　任　婧
区财政局（2 人）
罗小宁　褚桂芳
区人力资源和社会保障局（4 人）
李　倩　田春梅　张　银（区劳动保障监察大队）
彭　琪（区就业创业和人才服务中心）
区自然资源局（1 人）
南小红
区住房城乡建设和交通局（1 人）
宋应文
区农业农村局（3 人）
冯晓明　陈锡龙　王晓玲
区水务局（1 人）
孙志旺
区卫健局（3 人）
丁玉明　杨春丽　卢　婷
区文化旅游广电局（1 人）
李　蓉
区退役军人事务局（1 人）
卢世杰
区应急管理局（2 人）
杨建平　张世鸿
区审计局（3 人）
皮学智　朱红丽　蒋国仓

区统计局(1人)

黄桂萍

区乡村振兴局(3人)

白雪梅　杨　蕾　马进仁

区综合执法局(1人)

张　慧

区审批服务局(2人)

王　强　容旭玮(政务服务中心)

法院(17人)

郑国宁　王关兵　马　琴　马晓芸　马富成　马文娜　海向清　李凤琴　任卫敏　虎鹏飞　赵春林　贾　超　杨　鹏　张　元　马晓强　邢　伟　张清伟

检察院(5人)

侯宝华　冯瑞妮　刘晓娟　马红霞　海　丽

区档案馆(1人)

孔学伟

区残联(1人)

王　华

官厅镇人民政府(4人)

皮学亮　马　军　曹　琪　刘　佳

开城镇人民政府(3人)

杨汉林　李　林　蔺秀琴

头营镇人民政府(3人)

马　翔　王　辉　赵永利

三营镇人民政府(6人)

顾正军　党青卓　马　宁　妥方岩　黑俊琳　王子璇

张易镇人民政府(7人)

张进茂　赵　军　海　兵　刘洋洋　李　梅　马占祥　赵　颖

彭堡镇人民政府(5人)

李春燕　张　磊　段慧茹　单昀辉　李思敏

黄铎堡镇人民政府(3人)

张兴龙　郭　平　苏小丽

中河乡人民政府(1人)

海　歌

河川乡人民政府(3人)

刘　娜　李　浩　王　宁

寨科乡人民政府(4人)

宁兴成　马存宝　王　军　樊宏昊

炭山乡人民政府(1人)

马鹏鑫

南关街道办(2人)

鲁双秀　高小军

北塬街道办(2人)

马晓虎　庞花莲

古雁街道办(2人)

柳志勇　尚雪莲

二、第一书记和驻村队员

第一书记和驻村队员(10人)

马进福(区纪委监委)

戴培勋(区人大常委会办公室)

马志龙(区就业创业和人才服务中心)

范忠田(区就业创业和人才服务中心)

苏生璐(区就业创业和人才服务中心)

王玉玺(区政务服务中心)

杨志芳(官厅镇人民政府)

罗　琼(寨科乡人民政府)

张　瑞(区档案馆)

牛　丽(区妇联)

2023 年度记三等功人员名单
（29 人）

区委宣传部（1 人）
母广玲
区人大常委会办公室（1 人）
李　润
区政协办（1 人）
马娅琴
区政府办（1 人）
王　森
法院（4 人）
白　燕　郑银花　王晓阳　马小宁
检察院（3 人）
任继蓉　王晟慧　刘称惬
区教育体育局（1 人）
徐海玲
区司法局（1 人）
刘荣贵
区财政局（1 人）
韩映峰
区农业农村局（1 人）
张兴旺
区自然资源局（1 人）
崔丁香
区综合执法局（1 人）
李筱雅
区科技局（1 人）
马　莉
区发展和改革局（1 人）
陈联斌
区就业创业和人才服务中心（2 人）
吴　明　龙秉万
区委史志研究室（1 人）
杜晓晖
区总工会（1 人）
张宏羽
区妇联（1 人）
方秀丽
区科协（1 人）
张　力
头营镇人民政府（1 人）
胡　宁
三营镇人民政府（1 人）
高瑞玲
中河乡人民政府（1 人）
孙　露
炭山乡人民政府（1 人）
何义君

2022年度优秀基层妇联主席名单

古雁街道康居社区妇联主席	杨黎明
古雁街道祥和苑社区妇联主席	马雪琴
北塬街道文化巷社区妇联主席	高冠茹
北塬街道东关社区妇联主席	邹　宁
南关街道峡口社区妇联主席	夏　丽
南关街道南寺巷妇联专职副主席	黄彦妮
张易镇田堡村妇联主席	唐　瑞
张易镇毛庄村妇联主席	王淑虹
张易镇张易村妇联专职副主席	景海霞
黄铎堡镇白河村妇联主席	柯生凤
黄铎堡镇和润村妇联主席	丁奎花
头营镇杨郎村妇联主席	魏阳阳
头营镇二营村妇联主席	王甲琪
头营镇胡大堡村妇联主席	刘学芳
三营镇赵寺村妇联主席	李亚婷
三营镇老三营村妇联主席	仇亚香
开城镇冯庄村妇联主席	苟金叶
开城镇大马庄村妇联主席	晁永霞
彭堡镇姚磨村妇联主席	郭少玲
彭堡镇蒋口村妇联主席	冯彩霞
炭山乡南坪村妇联主席	李亚花
炭山乡阳洼村妇联主席	丁奎兰
中河乡小沟村妇联主席	马文莲
中河乡黄沟村妇联主席	胡小凤
寨科乡中川村妇联主席	刘翠丽
寨科乡北塘村妇联主席	马淑琴
河川乡寨洼村妇联主席	马　琴
河川乡黄河村妇联主席	孙翠翠
官厅镇庙台村妇联主席	姬爱贝
官厅镇沙窝村妇联主席	薛瑞宁

先 进 集 体

2023 年度原州区获得省部级或党和国家领导人担任组长的领导小组表彰的先进集体一览表

序号	获奖单位	奖项	颁奖单位	获奖时间
1	原州区	第五轮全国艾滋病防治综合示范区	国务院防治艾滋病工作委员会办公室	2023 年 8 月
2	原州区	国家乡村振兴示范县	农业农村部	2023 年 9 月
3	原州区	乡村振兴品牌节年度年度典型案例	农业农村部	2023 年 12 月
4	原州区科协	2023 年全国科普日活动优秀组织单位	中国科学技术协会办公厅	2023 年 12 月
5	原州区委宣传部	2023 年全国科普日活动优秀组织单位	中国科学技术协会办公厅	2023 年 12 月
6	原州区农业农村局	2023 年全国科普日活动优秀组织单位	中国科学技术协会办公厅	2023 年 12 月
7	原州区科技局	2023 年全国科普日优秀活动	中国科学技术协会办公厅	2023 年 12 月
8	原州区林木检疫站		中国科学技术协会办公厅	2023 年 12 月

附　录

组织机构及负责人名单

（2023 年 1 月 1 日至 12 月 31 日）

中国共产党固原市原州区第四届委员会

固原市委常委、原州区委书记　何永吉
原州区委副书记、政府区长　马　波（回族）
原州区委副书记　马小路
原州区委副书记　刘雪芬（女，挂职，9 月任）
　　单　亮（回族，挂职）
原州区委常委、人武部部长　郭兆江
原州区委常委、政府副区长　吴铁军
原州区委常委、统战部部长　马耀军（回族）
原州区委常委、组织部部长　陈　启（回族）
原州区委常委、政法委书记　张守忠
原州区委常委、纪委书记、监委主任
　　张雯萍（女）
原州区委常委、宣传部部长　樊　勇
原州区委常委、政府副区长　宋兆璐

固原市原州区第四届人民代表大会常务委员会

原州区人大常委会党组书记、主任
　　李佐田
原州区人大常委会党组副书记、副主任
　　白　莉（女，回族）
原州区人大常委会党组成员、副主任
　　王正奇
　　罗永耀
原州区人大常委会副主任　丁　洁（女，回族）

固原市原州区第四届人民政府

原州区政府党组书记、区长　马　波（回族）
原州区政府党组副书记、副区长
　　吴铁军
　　刘雪芬（挂职，9 月任）
原州区政府党组成员、副区长　宋兆璐
　　潘振强（挂职，9 月免）
　　何冬华
　　张小荣
　　曹国祥（挂职）
　　陈雪霞（女）
　　马文东（回族）
　　慕　夙

中国人民政治协商会议固原市原州区第四届委员会

原州区政协党组书记、主席　马仲尧（回族）
原州区政协党组副书记、副主席
　　金占海（回族）
原州区政协党组成员、副主席　张世林
　　赵向辉
原州区政协副主席　何秀霞（女）

中国共产党固原市原州区第四届纪律检查委员会

书 记	张雯萍(女)
副书记	王小军
	樊耀军
常 委	张雯萍(女)
	王小军
	樊耀军
	周晓凤(女)
	戴铭毅
	别万红(女)
	樊亚兵

监察委员会

主 任	张雯萍(女)
副主任	王小军
	樊耀军
委 员	戴铭毅
	别万红(女)
	樊亚兵
	穆小东(回族)

室主任

办公室(宣教政研室)主任	别万红(女)
党风政风监督室主任	戴铭毅
案件审理室主任	王玮祥
信访室主任	雷 英(女)
案件监督管理室主任	顾荣伟
第一纪检监察室主任	穆小东(回族)
第二纪检监察室主任	樊亚兵
第三纪检监察室主任	熊银伟

派驻纪检组

派驻第一纪检监察组组长	刘孝斌
派驻第二纪检监察组组长、发展和改革局党组成员	陶玉红(女)
派驻第三纪检监察组组长、教育体育局党组成员	李菊霞(女)
派驻第四纪检监察组组长、自然资源局党组成员	李庆炜(女)
派驻第五纪检监察组组长、综合执法局党组成员	马 斌(回族)
派驻第六纪检监察组组长、人社局党组成员	魏 生
派驻第七纪检监察组组长、区人民法院党组成员	高冬梅(女,回族)
派驻第八纪检监察组组长、区人民检察院党组成员	李晓萍(女)
派驻第九纪检监察组组长	杜茂林

中国人民解放军固原市原州区人民武装部

原州区人武部部长	郭兆江
原州区人武部政委	黄继亮(10月免)
	吴西峰(10月任)

固原市原州区人民法院

党组书记、院长	李全德(回族)
党组成员、副院长	杨春荣(回族)
	韩鹏飞
	刘志聪
党组成员、派驻第七纪检监察组组长	高冬梅(女,回族)
综合办公室主任	白 岩(9月任)
党组成员	王保杰
	王 宁(女,回族)
审判委员会专职委员	哈永祥(回族)
	郑国宁
政治部主任	祁 伟(9月任)
司法警察大队大队长	马晓强(回族)

司法警察大队教导员　徐建荣
司法警察大队副大队长　杨慧斌
审判委员会委员、立案庭(诉讼服务中心)庭长
　王艳秀(女)
审判委员会委员、民事审判第一庭庭长
　王　艳(女)
审判委员会委员、民事审判第二庭庭长
　马利克(12月任)
　王克权(12月免)
审判委员会委员、刑事审判庭庭长
　王保杰
刑事审判庭副庭长　罗彦惠(回族)
审判委员会委员、行政审判庭(综合审判庭)庭长
　周　勇(回族)
审判委员会委员、执行局局长　黑学贵(回族)
执行局副局长　王金龙
执行局执行二庭庭长　毛建军
审判管理办公室(研究室)主任
　王　宁(女,回族)
审判委员会委员、未成年人案件审判庭庭长
　张金凤(女)
未成年人案件审判庭副庭长　任卫敏(女)
城郊法庭庭长　蔡　非(回族)
三营法庭庭长　王克权(12月任)
　马利克(回族,12月免)
寨科法庭庭长　张清伟
寨科法庭副庭长　伏志刚
开城法庭庭长　荀向辉

固原市原州区人民检察院

党组书记、检察长　黄　浩
党组成员、副检察长　胡德炳
　张　震
　安娟霞(女,10月任)
　马福贵(回族,10月免)
党组成员　海　智(回族,9月免)
　王晟慧(9月任)
　李晓萍(女)
党组成员、办公室主任　马夫山(回族)
第一检察部主任　麻小平(9月任)
　安娟霞(女,9月免)
第二检察部主任　金开慧(9月任)
　崔晓军(9月免)
第三检察部主任　宗　岩(9月免)
第四检察部主任　王晟慧(9月任)
　张淑霞(女,回族,9月免)
第五检察部主任　张淑霞(9月任)
　侯宝华(9月免)
综合业务部主任　刘称惬(9月任)
　李　鹏(9月免)
政治部主任　张　亮(9月任)
　景　晶(女,9月免)
法警大队教导员　韩长军

原州区委工作部门

区委办公室

主　任　陈　璋
副主任　余　颖(女)
　靳　通
　李　寅(回族,2月免)
副主任(兼)　杨建军(回族)
　徐鹏升

督查室

主　任　王文刚

保密办(保密局)

主　任(保密局局长)　陈　璋

国安办

主　任(兼)　马小路
专职副主任　徐鹏升

外事工作委员会办公室

主　任(兼)　陈　璋

档案局

局　长(兼)　余　颖(女)

区委组织部

部　长　陈　启(回族)

副部长(正科级,分管日常工作)

副部长、老干部局局长　白卫华(女)

副部长　毛亚民

何忠孝(4 月免)

副部长(兼)　张启源(满族)

区直机关工委

书　记(兼)　陈　启(回族)

常务副书记

公务员局

局　长(兼)

非公经济组织和社会组织工委

书　记(兼)　毛亚民

专职副书记　朱维平(5 月免)

离退休干部党工委

书　记　白卫华(女)

专职副书记　杨　帆(女)

党员电教中心

主　任　赵春瑞(女)

区委宣传部

部　长　樊　勇

副部长、精神文明办主任　李成祺(回族)

副部长、新闻出版局局长(兼)　母广玲(女,回族)

精神文明办专职副主任　毕文婧(女,回族)

区委统战部

部　长　马耀军(回族)

副部长(正科级,分管日常工作)　王　霆(4 月任)

田小利(回族)

民族宗教事务局

局　长(兼)　王　霆(4 月任)

港澳台事务办公室

主　任(兼)　田小利(回族)

区委政法委

书　记　张守忠

副书记　何生虎(回族)

王　禧

陈昌平

段慧茹(9 月任)

副书记(兼)　王　霆(4 月任)

区委政策研究室

主　任　杨建军(回族)

副主任　李翔宇

改革办专职副主任　刘文清(女)

区委网络安全和信息化委员会办公室

主　任　张　福

副主任　张文华(女)

互联网信息办公室

主　任(兼)　张　福

互联网信息中心

主　任　张青晖

区委机构编制委员会办公室

主　任　张启源

副主任　马林巧(女,回族)

汤逸昀

事业单位管理局

局　长(兼)　张启源

巡察办

主　任　周晓凤(女)

副主任　安必顶

巡察一组副组长　王　娟(女)

巡察二组副组长　薛　香(女)

原州区委直属事业单位

档案馆

馆　长　张久园

副馆长　孔学伟

李春燕(2月任)

桑瑞云(2月免)

区委党史和地方志研究室

主　任　刘万恩

副主任　邢学富(回族)

杜晓晖(女)

融媒体中心

主　任　李雪宁(女)

副主任　惠玉堂

褚碧波(女)

机关事务服务中心

主　任　张鹏君

副主任　王　军(回族)

张文渊

原州区人大常委会工作部门

人大常委会办公室

人大常委会党组成员、人大常委会机关党组书记、人大常委会办公室主任

王　钊

副主任　李启杰

法制工作委员会

主　任　李　润(女)

财经工作委员会

主　任　马静乾(回族)

科教文卫工作委员会

主　任　马登斌

选举工作委员会

主　任　毛俊林

原州区人民政府工作部门

政府办公室

政府党组成员、办公室主任　连廷仓

党组成员、副主任、信访局局长(兼)

王　森

党组成员、副主任、政府公开办公室主任(兼)

密　兰

党组成员、副主任　杨海峰(2月免)

张振斌(挂职,9月任)

人民政府督查室

主　任(兼)　杨海峰(2月免)

发展和改革局

党组书记、局长　邓彦峰

党组副书记、副局长　　张天明
党组成员、副局长　　金玉河（回族）
　　陈　雯（女）

区国防动员办公室

主　任（兼）　　邓彦峰（4 月任）
专职副主任　　张晓丽（女，4 月任）

教育体育局

教育工委书记、教体局党组书记、局长
　　贾旭林
党组成员、副局长　　陈　鑫
　　徐海玲（女）
党组成员、副局长、教育督导室主任（兼）
　　杨晓勇（回族）
党组成员、纪委监委派驻第三纪检监察组组长
　　李菊霞（女）
党组成员、教育工委专职副书记
　　胡学海
党组成员、师资教育培训中心主任、电大工作站站长、教研室主任　　吕耀奎
固原市第三中学校长　　吴正儒
固原市第四中学校长　　柴继宽
固原市第五中学校长　　夏启明
固原市第六中学校长　　邓明星
固原市第七中学校长　　吴进军
原州区三营中学校长　　马彦刚（回族）
原州区彭堡九年制学校校长　　常宗有
原州区头营中学校长　　任克选（回族）
原州区张易中学校长　　杨秀花（女、回族）
原州区头营镇杨郎中学校长　　张旭斌
原州区黄铎堡学校校长　　马　幸（回族）
原州区第二小学校长　　苏晓勇（回族）
原州区第三小学校长　　马国栋（回族）
原州区第四小学校长　　韩向宏
原州区第五小学校长　　曹钰福
原州区第六小学校长　　李晓娟（女）
原州区第七小学校长　　高　龙
原州区第九小学校长　　高　龙
原州区第十小学校长　　张　震
原州区第十一小学校长　　南　燕（女）
原州区第十二小学校长　　郭　璧
原州区第十三小学校长　　胡煜帮
原州区第十四小学校长　　赵金虎
原州区第十五小学校长　　马　辉（回族）
原州区第十七小学校长　　白建国
原州区第十八小学校长　　吕耀奎
原州区官厅镇中心小学校长　　纳学仁（回族）
原州区开城镇中心小学校长　　李宝成
原州区头营镇中心小学校长　　栾志平
原州区三营镇中心小学校长　　何万里（回族）
原州区张易镇中心小学校长　　黄满平
原州区彭堡镇中心小学校长　　邓树滢
原州区黄铎堡镇中心小学校长　　陈汉宏
原州区中河乡中心小学校长　　马文书（回族）
原州区河川乡中心小学校长　　曹　鑫
原州区炭山乡中心小学校长　　黄玉耿
原州区第一幼儿园园长　　郭小改（女）
原州区第二幼儿园园长　　方淑红（女）
原州区民族幼儿园园长　　王凤花（女）
原州区第四幼儿园园长　　李彩霞（女）
原州区第七幼儿园园长　　皮学珍（女）
原州区第八幼儿园园长　　李义红（女）

科学技术局

党组书记、局长　　金创明
党组成员、副局长　　张学琴
党组成员　　马　莉（女，回族）

工业信息化和商务局

党组书记、局长、招商局局长（兼）　　马彦东（回族）
党组成员、副局长　　马　炜（回族）
　　罗军林

民政局

党组书记、局长　郭志贵
党组成员、副局长　罗玉明(女)
田　雯(女,回族)

司法局

党组书记、局长　戴培义
党组副书记、副局长　刘荣贵(回族,9月免)
党组成员、副局长　戴玉文
杨　露(9月任)
官厅镇司法所所长　海玉新(回族)
开城镇司法所所长　张志有
头营镇司法所所长　王富成(回族)
张易镇司法所所长　胡　军
三营镇司法所所长　何尚军(回族)
彭堡镇司法所所长　李　红(女,回族)
黄铎堡镇司法所所长　李玉贵
中河乡司法所所长　杜学勤
寨科乡司法所所长　张　斌
炭山乡司法所所长　冯　龙(回族)
河川乡司法所所长　方淑芸(女)
北塬街道办事处司法所所长　海玉鸿(回族)
南关街道办事处司法所所长　张　勇
古雁街道办事处司法所所长　魏晓琴(女)

财政局

党组书记、局长　罗小宁
党组成员、副局长　马成武(回族)
褚桂芳(女)
党组成员　韩映峰
会计核算中心主任　罗亚平

人力资源和社会保障局

党组书记、局长　薛国虎
党组成员、副局长　庞　智(2月免)
臧丽娜(女,回族)
杜鹏飞(2月任)

就业创业和人才服务中心
主　任　吴　明(10月任)
杜鹏飞(2月免)
劳动保障监察执法大队
大队长　张　银

自然资源局

党组书记、局长　马文军(回族)
党组成员、副局长　王永名
崔丁香(女)
李学玮

林业和草原局

局　长(兼)　马文军(回族)
党组成员、纪委监委派驻第四纪检监察组组长
李庆炜(女)
林业技术推广服务中心
局党组成员、党支部书记、主任
赵　骥
林业总场
局党组成员、党总支书记、场长
李　卓
林政执法大队
队　长　徐志政
林木检疫站
站　长　张国罗

住房城乡建设和交通局

党组书记、局长　李宗虎
党组成员、副局长　马志忠
马喜宏
副局长　张少栋(1月任)

地震局

局　长(兼)　马志忠

交通战备办公室

主　任(兼)　马喜宏

公路管理段

局党组成员、党支部书记　李德鹏

段　长　余文龙(9月任)

　　　　张少栋(1月免)

水务局

党组书记、局长　郭　辉

党组成员、副局长　孙志旺

　　　　杨兴旺

副局长　郭常君

水保站

局党组成员、党支部书记　何万库

站　长　杨利军

扬黄灌溉管理站

局党组成员、党支部书记　唐福荣

站　长　赵德亮(回族)

农业农村局

党组书记、局长　冯晓明

党组副书记、副局长　陈锡龙

党组成员、副局长　王晓玲(女)

　　　　张玉龙

党组成员　白雪梅(女,回族)

农业技术推广服务中心

局党组成员、党支部书记　张宏熹

主　任　白永强(回族)

农业机械化推广服务中心

局党组成员、主任　任俊林

农村合作经济经营管理站

局党组成员、党支部书记　刘　卉(女)

站　长　赵　翔

畜牧技术推广服务中心

局党组成员、主任　郜军荣

农业综合开发服务中心

主　任　王晓煜

农业综合执法大队

局党组成员、队长　罗军科

文化旅游广电局

党组书记、局长　祁应亨

党组成员、副局长　罗晓娟(女,9月免)

　　　　李　蓉(女)

　　　　陈建雷(9月任)

文物局

局　长(兼)　祁应亨

须弥山文管所

党支部书记

所　长　王　玺

文管所

所　长　殷同东

文化馆

局党组成员、党支部书记　何　蓉(女)

馆　长　刘静财

卫生健康局

党组书记、局长　黄会堂

党组成员、副局长　丁玉明(回族)

　　　　胡明明

区人民医院

党支部书记　张继国

院　长　高小平

副院长　侯晓伟

卫生监督所

局党组成员、党支部书记　刘　卉(女)

所　长　柯玉满(回族)

副所长　罗永亮

疾控中心

党支部书记　黄玉鑫

局党组成员、主任　张廷锐
副主任　张晓平
　　杨志敏

退役军人事务局

党组书记、局长　马少龙(回族)
党组成员、副局长　郝彦晖
党组成员、副局长(兼)　刘　伟
退役军人服务中心
局党组成员、主任　高　勇

应急管理局

党委书记、局长　马建国(回族)
党委委员、副局长　孙淑红(女)
　　张万忠
　　雷富仓(12月任)
副局长　孙　平(12月免)

审计局

党组书记　皮学智
局　长　毛巧玲(女)
党组成员、副局长　路克智
党组成员　罗瑞娟(女)

统计局

党组书记、局长　何忠孝(4月任)
党组成员、副局长　薛晓明
　　雷富仓(回族,12月免)
党组成员　殷亚卓(女)

乡村振兴局

党组书记、局长　白雪梅(女,回族)
党组成员、副局长　褚万峰(2月免)
　　尚利民
　　张　璐(女)

综合执法局

党组书记、局长　梁龙祥
党组副书记、副局长　马志清(回族)
党组成员、副局长　张家传
环境卫生服务中心
局党组成员、主任　白万恩
副主任　张世清(2月免)
　　海凌云(回族)
执法监察大队
队　长　王　磊(6月免)
　　陈　辉(10月任)

审批服务管理局

党组书记、局长　白卫明(9月任)
　　刘万平(9月免)
副局长　张志升
政务服务中心
局党组成员、主任　王　强
主　任　王　森

医疗保障局

党组书记、局长　张旭明
党组成员、副局长　杨文霞(女)
医疗保险服务中心
局党组成员、主任　高　仁

原州区政府直属事业单位

供销社

主　任(兼)　陈锡龙

商业总公司

党支部书记　马德林(回族)
党支部副书记、经理　王国权

原州区政协工作部门

办公室

原州区政协党组成员、机关党组书记、主任
　　王晓杰

政协机关党组成员、副主任　马娅琴(女,回族)

提案和委员联络委员会

政协机关党组成员、主任　张东亮

经济委员会

政协机关党组成员、主任　刘喜荣(女,回族)

科教文卫委员会

政协机关党组成员、主任　徐巧荣(女,2月免)
褚万峰(2月任)

社会治理委员会

政协机关党组成员、主任

原州区民主党派　工商联

民盟原州区总支部委员会

主　委　雪翠红(女)
副主委　王固平

民进原州区支部

主　委　崔丁香(女)
副主委　侯秀红(女)

工商联

党组书记、副主席(常务)　穆晓成(回族)
主　席　马　强(回族,不驻会)
党组副书记、副主席　田　华(女,12月免)
党组成员　雷丽娟(女,4月任)
副主席　孙　平(12月任)
马玉芳(女,回族,不驻会)
王厚吉(不驻会)
刘　伟(不驻会)
段军章(不驻会)
杨国智(回族,不驻会)
张　斌(回族,不驻会)
陆　斌(不驻会)
陈景新(不驻会)
林振华(不驻会)
林锦云(不驻会)
段文韬(不驻会)
候洪明(不驻会)
谢志强(不驻会)
秘书长　雷丽娟(女)

原州区群众团体

总工会

党组书记、主席　王正奇
党组副书记、常务副主席　张宏羽
党组成员、副主席　施小红(女)
兼职副主席　侯洪明(3月免)
杨永兵(3月任)
白　梅(女,3月任)
挂职副主席　海　勇(回族)
经审委主任　常玉玲(女)

团　委

书　记　张晨雯(女)
副书记　唐瑜伯

妇　联

党组书记、主席　黄丽萍(女)
党组成员、副主席　方秀丽(女,4月任)
张珍珠(女,4月免)
党组成员　牛　丽(女)
副主席　张珍珠(女,4月免)
方秀丽(女,9月任)
杨喜春(女,挂职)

科　协

党组书记、主席　李果仁(回族)
党组成员、副主席　田　华(12月任)

	胡晓霞(女,12 月免)
党组成员	张　力

文　联

党组书记、主席	周丽莉(女,回族)
党组成员、副主席	海　平(回族)
党组成员	马明军(回族)
副主席	祁学斌(不驻会)
	殷同东(不驻会)
	陈　昊(不驻会)
秘书长	刘文辉

残　联

党组书记、理事长	武　铎
党组成员、副理事长	杨　波
党组成员	马　越(回族)

伊　协

党组书记、常务副会长	王　旭(回族)
会　长	周德科(回族)
党组成员、副会长	汤爱国(回族,12 月免)
党组成员	张克虎(回族)

原州区红十字会

会　长	
常务副会长	马　宏(回族)
副会长、秘书长(兼)	郭新民

固原市直属机构

固原市公安局原州分局

党委书记、局长	何冬华
副书记、政委	王继祖(11 月)
	张　健(11 月任)
党委委员、副局长	王成龙
党委委员、副局长	马生权
党委委员、副局长	魏向东
党委委员、副局长	黄晓明
党委委员、政工科科长	孙连荣

固原市生态环境局原州分局

局　长	王　刚
副局长	张　丽(女,回族)

原州区税务局

党委书记、局长	张万金
党委委员、副局长	王庆芳
党委委员、副局长	程海东
	王继虎
党委委员、副局长	朱明坤
	万红旗(8 月免)
	姬秀玉(9 月任)

气象服务机构

局　长	贾永辉

乡镇街道办事处

官厅镇

党委书记	于金红(女,回族)
党委副书记、镇长	杨鹏程
党委委员、人大主席	汤永博
党委副书记、政法委员(兼)	皮学亮
党委委员、纪委书记、监察办主任	马志荣(回族)
副镇长	王永祥
党委委员、副镇长、统战委员(兼)	杜新丽(女)
党委委员、副镇长	海云霞(女,回族)
党委委员、组织委员、宣传委员(兼)	杨丽萍(女)
党委委员、武装部长	马　军

开城镇

党委书记	李永安

党委副书记、镇长　　何秉龙(回族)
党委委员、人大主席　　姚虎福(回族)
党委副书记、政法委员(兼)
　　白　扬(回族)
党委委员、副书记　　韩彦龙(挂职,8月任)
党委委员、纪委书记、监察办主任
　　雷福林(回族)
党委委员、副镇长　　王昭伟
党委委员、副镇长、统战委员(兼)
　　杨汉林
党委委员、武装部长　　李　林
副镇长　　王　博
党委委员、组织委员、宣传委员(兼)
　　李雅洁(女)
民生服务中心主任　　海正兰(回族,女)
财经服务中心主任　　马慧玲(回族,女)
综治中心主任　　万　琼(女)

头营镇

党委书记　　马治强(回族)
党委副书记、镇长　　郭伟旺
党委委员、人大主席　　李春琴(女)
党委副书记、政法委员(兼)
　　朱维平(5月任)
　　申学庚(4月免)
党委委员、副书记　　马应宝(回族,挂职,8月任)
　　张英伟(挂职,4月免)
党委委员、纪委书记、监察办主任
　　张　静(女)
党委委员、副镇长　　沙金萍(女,回族)
党委委员、副镇长、统战委员(兼)
　　马　翔(回族)
副镇长　　李伟伟
党委委员、武装部长　　何晓勇
党委委员、组织委员、宣传委员(兼)
　　黑金虎(回族)

三营镇

党委书记　　顾正军
党委副书记、镇长　　马成龙(回族)
党委委员、人大主席　　陈建雷(9月免)
党委副书记、政法委员(兼)
　　王　亮
党委委员、副书记　　杨连碧(挂职,8月任)
　　李　荣(挂职,女,5月免)
党委委员、纪委书记、监察办主任
　　白春龙(回族)
党委委员、副镇长　　马耀珍(回族)
　　党青卓(女)
副镇长、统战委员(兼)　　马　宁(回族)
党委委员、组织委员、宣传委员(兼)
　　曹彩霞(女)
党委委员、武装部长　　党明敏

张易镇

党委书记　　张进茂
党委副书记、镇长　　尚丽娜(女,回族)
党委委员、人大主席　　王志怀
党委副书记、政法委员(兼)
　　赵　军
党委委员、副书记　　赵淳钊(挂职,8月任)
　　马　欢(挂职,回族,4月免)
党委委员、纪委书记、监察办主任
　　邓树聪
党委委员、副镇长　　海　兵(回族)
副镇长、统战委员(兼)　　哈富军(回族)
党委委员、组织委员、宣传委员(兼)
　　刘洋洋(女)
副镇长　　马志花(女,回族)
党委委员、武装部长　　邓开阳
财经服务中心主任　　路　璐(2月任)
民生中心主任　　赵学桃(2月任)

彭堡镇

党委书记　范亚宁(4月任)
　王　霆(4月免)
党委副书记、镇长　冯小云(回族)
党委委员、人大主席　吕维兵
党委副书记、政法委员(兼)
　桑瑞云(2月任)
　李春燕(女,回族,2月免)
党委委员、副书记　马　刚(挂职,8月任)
党委委员、纪委书记、监察办主任
　潘　海
党委委员、副镇长　张　磊(女)
党委委员、副镇长、统战委员(兼)
　张学林(回族)
副镇长　南景耀
党委委员、组织委员、宣传委员(兼)
　施　楠(女)
党委委员、武装部长　邵旭明
综治中心主任　王亚莉(2月任)

黄铎堡镇

党委书记　刘会宁
党委副书记、镇长　杨志武(回族)
党委委员、人大主席　杨启木(回族)
党委副书记、政法委员(兼)
　张兴龙
党委委员、副书记　吴学峰(回族,挂职,8月任)
党委委员、纪委书记、监察办主任
　吴永强
党委委员、副镇长、统战委员(兼)
　冯广华
党委委员、副镇长　撒　萍(女,回族)
副镇长　郭　平
党委委员、武装部长　马玉海(回族)
党委委员、组织委员、宣传委员(兼)
　刘　娟(女)

农业综合服务中心主任
　刘　鹏(2月任)
民生服务中心主任　马继霞(2月任)
综治中心主任　王建快(2月任)

中河乡

党委书记　马玉富
党委副书记、乡长　申学庚(4月任)
　范亚宁(4月免)
党委委员、人大主席、统战委员(兼)
　柯秀斌(回族)
党委副书记、政法委员(兼)
　纳　洁(女,回族)
党委委员、副书记　马虎林(回族,挂职,8月任)
党委委员、纪委书记、监察办主任
　苟秉祥
党委委员、副乡长　马珊珊(女,回族)
副乡长　马　波(回族)
　祁鹏飞
党委委员、武装部长　沈　霄
党委委员、组织委员、宣传委员(兼)
　孙　露(女)
综治中心主任　赵小龙(2月任)

河川乡

党委书记　刘　娜(女)
党委副书记、乡长　何　刚
党委委员、人大主席　雍彦平
党委副书记、政法委员(兼)
　李雁斌
党委委员、副书记　陈　辉(挂职,8月任)
党委委员、纪委书记、监察办主任
　贾小明
党委委员、副乡长、统战委员(兼)
　杨皓东(回族)
党委委员、副乡长　马晓凤(女,回族)
副乡长　李虎宏(回族)

党委委员、武装部部长　李　浩
党委委员、组织委员、宣传委员(兼)
何　倩(女,回族)
综治中心主任　蒙征兵(2月任)

寨科乡

党委书记　武继柏
党委副书记、乡长　苏克仁(回族)
党委委员、人大主席　洪永明(9月免)
党委副书记、政法委员(兼)　宁兴成
党委委员、纪委书记、监察办主任
杨文兵
党委委员、副乡长、统战委员(兼)
马金国(回族)
党委委员、副乡长　何　平(回族)
副乡长　马存宝(回族)
党委委员、武装部部长　王　军
党委委员、组织委员、宣传委员(兼)
罗　安(女,回族)

炭山乡

党委书记　马俊仁(回族)
党委副书记、乡长　张立园
党委委员、人大主席　夏全军
党委副书记、政法委员(兼)　马志鸿(回族)
党委委员、副书记　张海军(挂职,8月任)
党委委员、纪委书记、监察办主任
何义君(回族)
党委委员、副乡长　黄金鹏
副乡长、统战委员(兼)　曹　隆
党委委员、组织委员、宣传委员(兼)
赵　晶(女)
武装部长　丁成龙(回族)

北塬街道办事处

党工委书记、人大联络办主任
柳志勇(9月任)
白卫明(回族,9月免)
党工委副书记、办事处主任　赵海军
党工委副书记、纪工委书记、监察办主任、政法委员(兼)
祁永慧(女)
党工委委员、办事处副主任、统战委员(兼)
马晓虎(回族)
党工委委员、组织委员、宣传委员(兼)
庞花莲(女)
党工委委员、武装部部长　范少华
党工委委员、派出所所长　姚万斌
民生服务中心主任　何志平
综治中心主任　高永胜
公用事业服务中心主任　伏兰芳(女)

古雁街道办事处

党工委书记、人大联络办主任
马光斌(9月任)
柳志勇(9月免)
党工委副书记、办事处主任　洪永明(9月任)
马光斌(回族,9月免)
党工委副书记、纪工委书记、监察办主任、政法委员(兼)
郭雪琴(女)
党工委委员、组织委员、宣传委员(兼)
王　立
副主任　安秀荣(女)
党工委委员、武装部部长、统战委员(兼)
马　冬(回族)
党工委委员、派出所所长　宁历雄
党工委委员　李德武(4月免)
李建雄(4月任,挂职)
民生服务中心主任　张飞程
综治中心主任　罗登杰
公用事业服务中心主任　夏　星(女)

南关街道办

党工委书记、人大联络办公主任
刘静书

党工委副书记、办事处主任　郭　明
党工委副书记、纪工委书记、监察办主任、政法委员(兼)
杨　娜(女)
党工委委员、组织委员、宣传委员(兼)
鲁双秀(女)
党工委委员、办事处副主任、统战委员(兼)
李　鸿

党工委委员、武装部部长　谭文军(回族)
党工委委员、派出所所长　陈景东
党工委委员　王　伟(4月免)
王　园(4月任,挂职)
综治中心主任　张维军
公用事业服务中心主任　罗文林(回族)
民生服务中心主任　路润利

固原市原州区2023年
国民经济和社会发展统计公报

固原市原州区统计局

2024年5月

今年以来，全区上下积极应对复杂环境挑战，坚持稳中求进，聚焦重点工作，强化精准施策，主动作为、靠前发力，着力改善市场预期、提振发展信心、增强内生动力，牢牢把握高质量发展这个首要任务，盯着干、压茬推，抢时间、赶进度，各项稳经济政策效果持续显现，规上工业持续回升、消费领域持续复苏，就业物价总体稳定，总体呈现生产平稳、内需改善、质效提升、信心回暖的良好态势。

一、综合

初步核算，全年实现地区生产总值184.33亿元，按不变价格计算，比上年增长5.4%。其中，第一产业增加值27.01亿元，增长8.7%；第二产业增加值29.45亿元，增长2.8%；第三产业增加值127.87亿元，增长5.3%。第一产业增加值占地区生产总值的比重为14.7%，第二产业增加值比重为16.0%，第三产业增加值比重为69.3%。

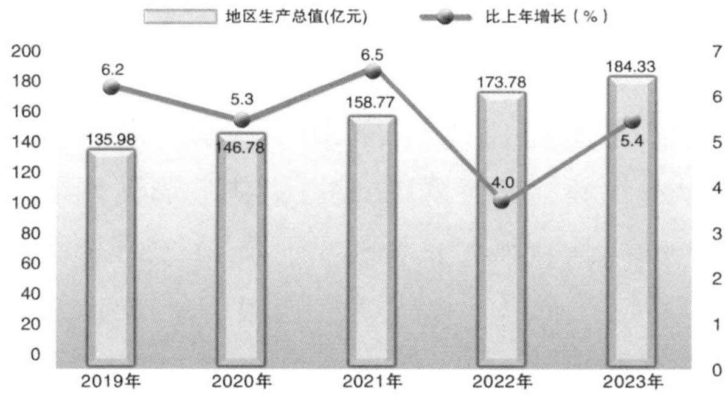

图1 2019—2023年全区生产总值及其增长速度

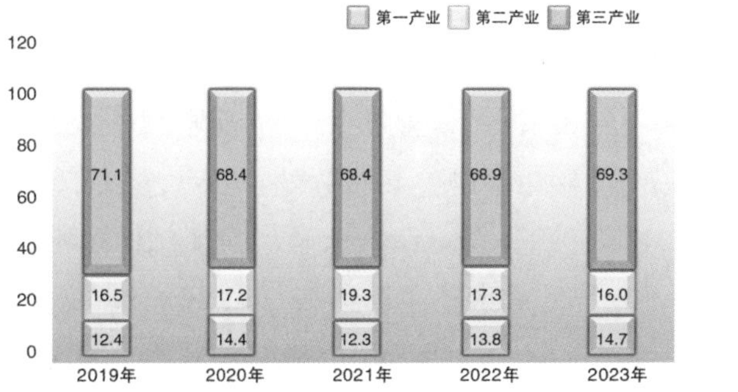

图2 2019—2023年全区三次产业增加值占地区生产总值比重

年末全区常住人口47.91万人，比上年末增加0.24万人。其中城镇常住人口28.14万人，占常住人口比重（常住人口城镇化率）为58.74%，比上年末提高0.53个百分点。全年全区出生人口0.52万人，出生率为10.88‰；死亡人口0.29万人，死亡率为6.07‰；自然增长率为4.81‰。

表1 2023年年末全区常住人口数及其构成

指 标	年末数（万人）	比重（%）
年末常住人口	47.91	100.00
其中：城镇	28.14	58.74
农村	19.77	41.26
其中：汉族	24.11	50.32
回族	23.71	49.50
其中：男性	24.61	51.37
女性	23.30	48.63

全年全区居民消费价格累计上涨0.2%，调查的八大类呈“五升二降一平”态势，其中食品烟酒、教育文化娱乐、医疗保健、居住、其他用品及服务分别上涨0.2%、0.8%、1.5%、1.2%、3.4%；交通通信、生活用品及服务分别下降2.4%、0.1%；衣着和同期持平。

二、农业

全年全区粮食播种面积76.02万亩，与上年持平。其中，小麦播种面积8.50万亩，增加0.16万亩；玉米播种面积44.3万亩，增加0.30万亩；马铃薯播种面积15.20万亩，增加0.20万亩；油料播种面积5.64万亩，增加1.14万亩；蔬菜播种面积22.69万亩，增加1.89万亩；瓜果播种面积1.37万亩，增加0.74万亩；园林水果面积3.52万亩，减少0.19万亩。粮食总产量20.83万吨，比上年减产0.41万吨，下降1.9%。其中，夏粮产量1.57万吨，下降6.5%；秋粮产量19.26万吨，下降1.5%。全年全区小麦产量1.43万吨，下降0.6%；玉米产量14.28万吨，下降1.9%；马铃薯产量4.38万吨，增长0.6%。蔬菜产量96.37万吨，比上年增长5.9%；油料产量0.53万吨，增长1.1%。

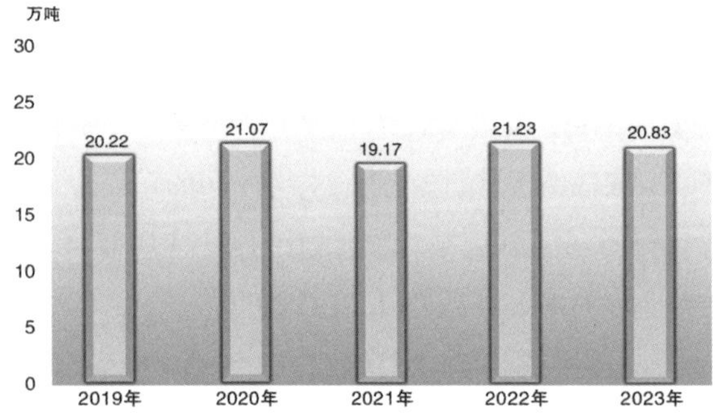

图3　2019—2023年全区粮食产量

年末全区牛存栏16.39万头，同比增长7.7%，出栏8.33万头，同比增长21.1%；生猪存栏5.57万头，同比增长15.7%，出栏7.90万头，同比下降10.9%；羊存栏30.05万只，同比下降4.6%，出栏32.39万只，同比增长25.6%；家禽存笼218.89万只，同比增长1.5%，出栏150.40万只，同比增长8.9%；禽蛋产量2.85万吨，同比增长2.8%；肉类总产量2.86万吨，同比增长12.1%。

三、工业和建筑业

全年全部工业实现增加值15.67亿元，同比下降3.5%，其中，规模以上工业增加值同比增长2.0%。在规模以上工业中，分门类看：采矿业增加值同比下降0.4%，制造业增加值同比增长2.8%，电力、热力、燃气及水生产和供应业增加值与上年同期持平。分轻重工业看：轻工业增加值同比增长63.2%，重工业增加值同比下降6.0%。

分行业大类看，7增5降。全区重点监测的12个行业大类中，7个行业增加值实现增长，分别是：食品制造业同比增长3.7倍；电气机械和器材制造业同比增长84.6%；医药制造业同比增长53.1%；纺织业同比增长46.2%；橡胶和塑料制品业同比增长29.3%；农副食品加工业同比增长21.0%；水的生产和供应业同比增长11.0%；5个行业增加值呈现下降，分别是：燃气生产和供应业同比下降20.4%；非金属矿物制品业同比下降19.6%；化学原料和化学制品制造业同比下降7.3%；非金属矿采选业同比下降0.4%；电力、热力生产和供应业同比下降0.2%。

分产品产量看，10增11降。全区重点监测的21种工业产品中，有10种产品产量保持增长，增长面为47.6%。其中产量增速增长的产品有：焙烤松脆食品同比增长2.9倍；纱同比增长1.4倍；平板玻璃同比增长103.8%；砖同比增长38.2%；自来水生产量同比增长24.5%；精制食用植物油同比增长21.1%；塑料制品同比增长20.0%；化学试剂同比增长18.2%；鲜、冷藏肉同比增长4.5%；中空玻璃同比增长3.8%。产量增速下降的产品有：商品混凝土同比下降52.5%；石灰同比下降33.2%；夹层玻璃同比下降32.8%；碳化钙（电石，折300升/千克）同比下降31.1%；水泥同比下降26.5%；饲料同比下降12.5%；钢化玻璃同比下降12.4%；硅酸盐水泥熟料同比下降11.3%；初级形态塑料同比下降5.8%；烧碱（折100%）同比下降5.5%；原盐同比下降1.2%。

表 2 2023 全区主要工业产品产量及其增长速度

指 标	单位	产量	比上年增长(%)
钢化玻璃	平方米	59163	-12.4
夹层玻璃	平方米	11498	-32.8
中空玻璃	平方米	142604	3.8
平板玻璃	重量箱	1369	103.8
商品混凝土	立方米	128409	-52.5
烧碱(折 100%)	吨	278554	-5.5
初级形态塑料	吨	423462	-5.8
自来水生产量	万立方米	4620	24.5
精制食用植物油	吨	2547	21.1
砖	万块	406	38.2
鲜、冷藏肉	吨	3010	4.5
饲料	吨	15084	-12.5
原盐	吨	1067857	-1.2
塑料制品	吨	3059	20.0
水泥	吨	1056656	-26.5
硅酸盐水泥熟料	吨	754072	-11.3
碳化钙(电石,折 300 升/千克)	吨	234006	-31.1
石灰	吨	231560	-33.2
纱	吨	5008	141.4
化学试剂	吨	2300	18.2
焙烤松脆食品	吨	69071	288.2

具有资质等级的总承包和专业承包建筑业企业 60 家,全年实现建筑业产值 24.81 亿元,较去年增加 1.5 亿元,同比增长 6.4%;实现增加值 11.9 亿元,较去年增加 2.05 亿元,同比增长 15.1%。

四、固定资产投资

全年全区全社会固定资产投资(不含农户)比上年降低 5.7%。在地方固定资产投资中,第一产业投资增长 28.6%,第二产业投资增长 1.2%,第三产业投资下降 28.0%;基础设施投资同比下降 52.9%,占固定资产投资(不含农户)的比重为 24.3%;民间固定资产投资同比持平,占固定资产投资(不含农户)的比重为 42.98%。全年全区房地产开发投资 29.45 亿元,比上年增长 40.45%。其中,住宅投资 24.27 亿元,增长 74.44%;商业营业用房投资 2.2 亿元,增长 119.6%。

表 3 2023 年全区房地产开发和销售主要指标及其增长速度

指 标	单位	绝对值	同比增减(±%)
房地产开发投资	亿元	29.45	40.45
房屋施工面积	万平方米	277.76	12.16
其中:住宅	万平方米	220.40	8.66
房屋竣工面积	万平方米	26.78	154.98
其中:住宅	万平方米	21.82	113.87
商品房销售面积	万平方米	53.74	-2.41
其中:住宅	万平方米	52.70	-0.24
商品房待售面积	万平方米	29.77	71.75
其中:住宅	万平方米	3.71	381.74
本年实际到位资金	亿元	36.17	42.98
其中:国内贷款	亿元	3.54	35.90
自筹资金	亿元	2.61	-10.55
其他资金来源	亿元	30.47	50.40

五、国内贸易

全年全区实现社会消费品零售总额 74.94 亿元,比上年增长 5.1%。按经营地统计,城镇消费品零售额 63.31 亿元,增长 5.3%;乡村消费品零售额 11.63 亿元,增长 4.5%。分消费形态看,餐饮收入 12.99 亿元,同比增长 14.7%,商品零售 61.96 亿元,同比增长 3.3%;从限上主要商品零售看,粮油、食品类增长 20.9%,家用电器和音响器材类增长 22.1%,中草药及中成药类增长 0.2%,石油及制品类增长 12.9%,汽车类增长 5.7%,汽车中新能源汽车增长 157.1%。

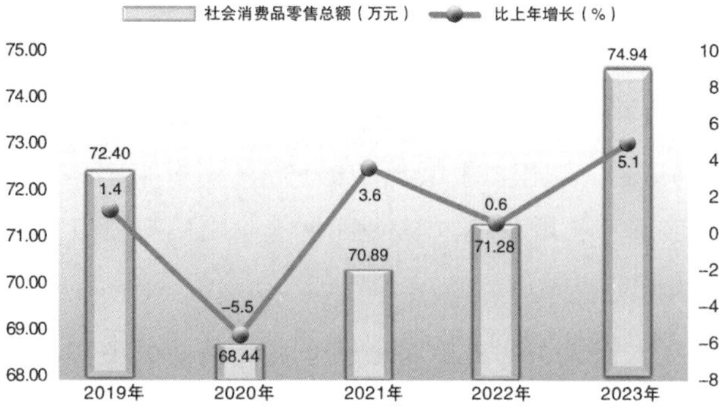

图4 2019—2023年全区社会零售总额及其增长速度

六、财政、金融和保险

全年全区完成地方一般公共预算收入1.87亿元，同比增长10.6%；完成一般公共预算支出53.48亿元，同比增长3.3%。

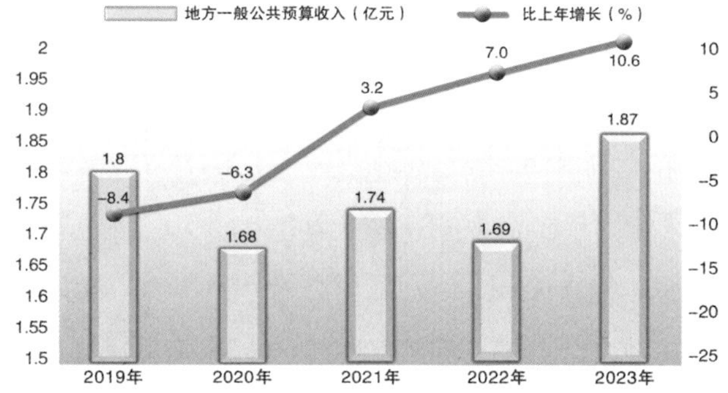

图5 2019—2023年全区地方一般公共预算收入及其增长速度

年末全区金融机构人民币各项存款余额313.03亿元，比上年增长11.7%；金融机构人民币各项贷款余额327.68亿元，同比增长11.3%。

表4 2023年年末全区金融机构存贷款余额及其增长速度

指 标	年末数（亿元）	比上年增长（%）
人民币存款余额	313.03	11.7
其中：住户存款	211.07	12.4
非金融企业存款	32.84	36.9
机关团体存款	64.48	-1.5
财政性存款	4.64	59.4
人民币贷款余额	327.68	11.3
其中：住户贷款	184.47	21.4
企(事)业单位贷款	143.21	0.6

全年全区各类保险保费收入8.03亿元，其中：财产险保费收入4.41亿元，人身险保费收入3.61亿元。保险赔付支出4.75亿元，其中：财产险赔付支出3.36亿元，人身险赔付支出1.4亿元。保险赔付率为59.23%，其中：财产险赔付率76.04%，人身险赔付率38.68%。

七、居民收入和消费

全年全区全体居民人均可支配收入25725元，比上年增长8.2%。按常住地分，城镇居民人均可支配收入38530元，增长5.3%；农村居民人均可支配收入16131元，增长8.8%。

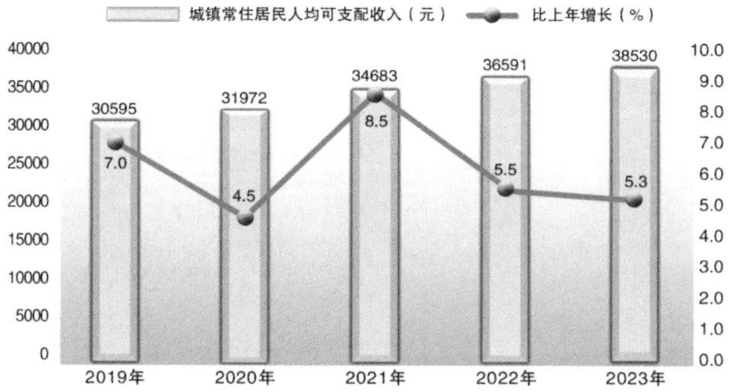

图6 2019—2023年全区城镇居民人均可支配收入及其增长速度

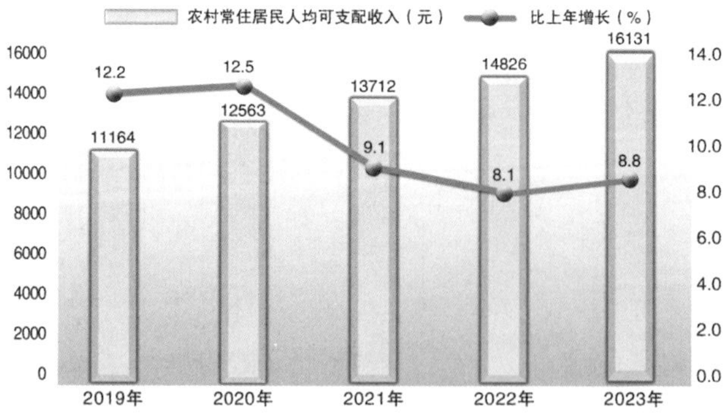

图7 2019—2023年全区农村居民人均可支配收入及其增长速度

全年全区全体居民人均消费支出17656.4元，比上年增长50.0%。按常住地分，城镇居民人均消费支出25851.2元，增长2.2%；农村居民人均消费支出11516.7元，增长5.7%。全区全体居民恩格尔系数为30.1%，其中城镇为29.1%，农村为31.8%。

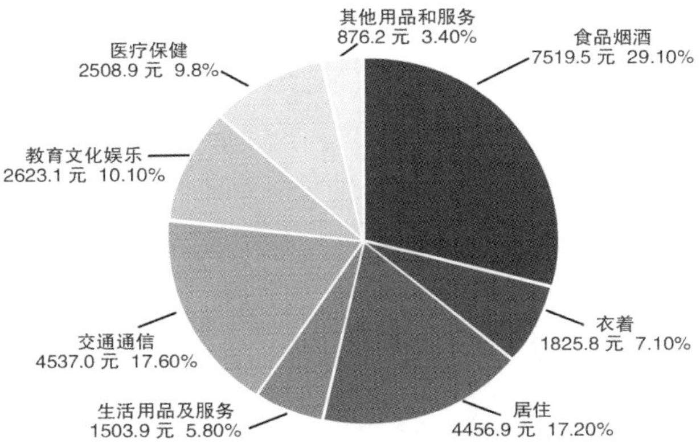

图 8　2023 年全区城镇居民人均生活消费支出及其构成

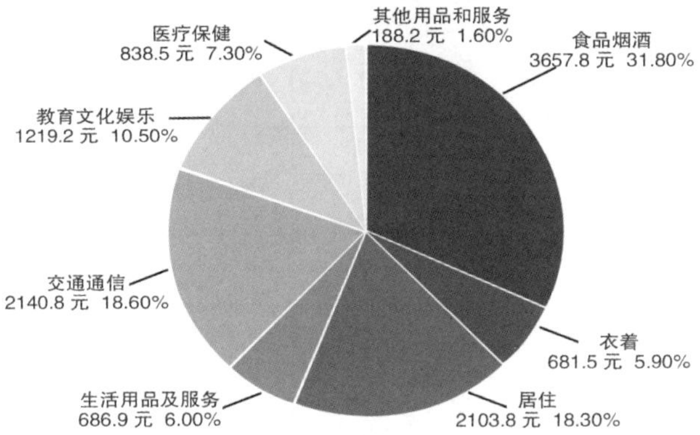

图 9　2023 年全区农村居民人均生活消费支出及其构成

八、教育和卫生

年末全区共有各级各类学校 283 所，中小学教职工 5734 人，学前教育毛入园率 95.51%，小学学龄人口入学率 100%，初中生毛入学率 110.33%，小学六年巩固率 100%，初中三年巩固率 99.35%，九年义务教育完成率 97.62%。

表 5　2023 年全区各级教育招生、在校、毕业人数

类　别	校数（所）	招生数（人）	在校学生数（人）	毕业学生数（人）
中等职业教育学校	1	1396	4207	1093
普通中学	17	13835	41203	12360
高中	5	4786	14623	4653
初中	12	9049	26580	7707
普通小学	163	8099	49965	8649
特殊教育学校	1	52	199	13
幼儿园	101	8605	17756	9205

年末全区共有医疗卫生机构 314 个（含村卫生室），卫生技术人员 5220 人，其中执业医师 1647 人，执业助理医师 341 人，注册护士 2408 人，技师 246 人，药师 261 人，其他卫生技术人员 155 人。全区医疗卫生机构实有床位 3417 张，其中医院 3088 张，基层医疗卫生机构 168 张。

九、能源消耗、环境保护和应急管理

初步核算，全年全区能源消费总量为 178.55 万吨标准煤，同比下降 5.99%；单位 GDP 能耗同比下降 10.81%。其中规模以上工业能耗 124.99 万吨标准煤，同比下降 12.92%，单位工业增加值能耗等价值同比下降 14.62%。

年末未剔除沙尘天气，可吸入颗粒物 PM10 平均浓度 48 微克/立方米；细微颗粒物 PM2.5 平均浓度 22 微克/立方米；优良天数比率达到 91.2%。

2023 年我区共发生生产安全事故 1 起，死亡 1 人，事故起数、死亡人数同比实现双下降，分别下降 83.3%、80%。按照去年我区生产总值 171.5 亿元测算，今年亿元 GDP 生产安全事故死亡率预估为 0.0058，远低于自治区下达的指标 0.0775。

资料来源：本公报中环境数据来自固原市生态环境局原州分局；财政数据来自原州区财政局；金融数据来自中国人民银行固原支行；保险业数据来自固原银保监分局；教育数据来自固原市教育局；医疗数据来自固原市卫生健康委员会；安全生产数据来自原州区应急管理局；人民生活数据来自国家统计局固原调查队；其余数据均来自原州区统计局。

文件目录

2023年中共原州区委文件选目

序号	文件名称	文件编号	发文日期
1	中共固原市原州区委员会　原州区人民政府印发《固原市原州区2023年全面推进乡村振兴重点工作实施方案》的通知	原党发〔2023〕1号	2023年3月10日
2	中共固原市原州区委员会关于印发《区委常委会2023年工作要点》的通知	原党发〔2023〕2号	2023年3月3日
3	关于固原市原州区监察委员会选举结果的报告	原党发〔2023〕3号	2023年1月4日
4	原州区委常委会关于贯彻落实中央八项规定及其实施细则精神的实施方案	原党发〔2023〕5号	2023年2月10日
5	关于印发《大力推进新时代人才强区战略的实施方案》的通知	原党发〔2023〕6号	2023年3月10日
6	关于印发《原州区中长期人才发展规划》的通知	原党发〔2023〕7号	2023年3月10日
7	自治区党委第一巡视组巡视原州区自查发现问题整改方案	原党发〔2023〕8号	2023年4月14日
8	关于印发《全面优化营商环境推动民营经济高质量发展的实施细则》的通知	原党发〔2023〕9号	2023年5月26日
9	中共原州区委区人民政府关于给予别万红等154名同志嘉奖暨三等功的决定	原党发〔2023〕10号	2023年7月1日
10	中共原州区委　区人民政府关于印发《原州区医疗人才"组团式"帮扶工作实施方案》《原州区教育人才"组团式"帮扶工作实施方案》《国家乡村振兴重点帮扶县原州区科技特派团2023年工作方案》的通知	原党发〔2023〕11号	2023年7月29日
11	中共原州区委员会印发《贯彻落实〈中共宁夏回族自治区委员会贯彻落实《中共中央关于加强新时代统一战线工作的意见》的实施意见〉的实施方案和工作任务清单》的通知	原党发〔2023〕12号	2023年6月13日
12	中共原州区委　区人民政府印发《贯彻落实〈自治区党委人民政府贯彻落实《中共中央　国务院关于坚持我国宗教中国化方向　做好新时代党的宗教工作的意见》的实施意见〉的实施方案和工作任务清单》的通知	原党发〔2023〕13号	2023年6月13日
13	关于印发《中共固原市原州区委巡察工作计划(2022—2026年)》的通知	原党发〔2023〕14号	2023年8月24日
14	中共固原市原州区委员会关于印发《自治区党委第一巡视组巡视原州区反馈意见整改工作方案》的通知	原党发〔2023〕15号	2023年9月4日
15	关于上报《原州区2023年中央及自治区乡村振兴衔接资金扶持发展壮大村集体经济项目实施方案》的通知	原党发〔2023〕16号	2023年8月31日

续表

序号	文件名称	文件编号	发文日期
16	关于调整原州区委副书记工作分工的通知	原党发〔2023〕17号	2023年9月15日
17	原州区委印发《关于在原州区深入开展学习贯彻习近平新时代中国特色社会主义思想主题教育的实施方案》的通知	原党发〔2023〕18号	2023年9月20日
18	原州区关于提请验收销号第二轮中央生态环境保护督察第十五项整改任务的报告	原党发〔2023〕19号	2023年10月18日

2023年原州区人民政府文件选目

序号	文件名称	文件编号	发文日期
1	原州区关于申请城镇保障性安居工程补助资金的请示	原政发2号	2023年2月1日
2	原州区关于申请解决职工职业年金清算资金缺口的请示	原政发3号	2023年2月1日
3	原州区关于申请农村综合改革转移支付资金的请示	原政发4号	2023年2月1日
4	原州区关于申请解决乡村治理相关资金缺口的请示	原政发5号	2023年2月1日
5	原州区关于申请解决“出户入园”项目资金缺口的请示	原政发6号	2023年2月1日
6	关于划拨轻工产业园“七通一平”基础配套项目(道路工程)建设用地的请示	原政发8号	2023年2月2日
7	原州区关于申请森林草原防火设施设备建设资金的报告	原政发9号	2023年2月3日
9	关于申请亚洲开发银行贷款宁夏六盘山扶贫农村公路官厅至原州区公路、湾掌至三营公路项目前期费及沿线设施迁移补偿资金报告	原政发10号	2023年2月8日
10	关于申请解决原州区冬季清洁取暖项目短缺资金的报告	原政发11号	2023年2月8日
11	关于申请解决原州区农村道路水毁抢修短缺资金的请示	原政发12号	2023年2月8日
12	关于申请解决原州区村镇建设项目短缺资金的报告	原政发13号	2023年2月8日
13	关于申请解决原州区(三营)污水处理厂扩建及污水管网建设项目短缺资金的报告	原政发14号	2023年2月8日
14	关于申请采购越野车辆的报告	原政发15号	2023年2月20日
15	关于申报原州区2023年高标准重点小城镇、高质量美丽宜居村庄建设项目的请示	原政发16号	2023年2月22日
16	关于申请基层执法办案经费的请示	原政发17号	2023年2月23日
17	关于授予福建省福州市马尾、长乐、鼓楼三区医疗队孟祥苗等9名同志“援原医疗队优秀队员”荣誉称号的决定	原政发18号	2023年2月27日
18	关于上报《原州区2022年度法治政府建设情况报告》的报告	原政发19号	2023年2月27日
19	关于表彰原州区2022年度民兵工作先进单位和个人的通报	原政发20号	2023年2月27日
20	原州区人民政府关于做好全区第五次全国经济普查工作的通知	原政发21号	2023年3月4日
21	固原市原州区人民政府关于西南新区25号地块剩余土地房屋征收工作进展情况的专报	原政发22号	2023年3月8日
22	固原市原州区人民政府关于申请拨付2022—2023年度长城梁、北环路生态工程用地退耕还林补助资金的请示	原政发23号	2023年3月8日
23	固原市原州区人民政府关于新宗房地产开发有限公司拖欠土地房屋征收拆迁安置费用相关事项的报告	原政发25号	2023年3月21日

续表

序号	文件名称	文件编号	发文日期
24	原州区人民政府关于印发原州区家庭教育指导工作实施方案的通知	原政发 26 号	2023 年 3 月 22 日
25	固原市原州区人民政府关于申请交易部分水权的请示	原政发 27 号	2023 年 4 月 4 日
26	固原市原州区人民政府关于调整区长、副区长分工的通知	原政发 29 号	2023 年 4 月 18 日
27	关于印发《古雁岭生态修复与水土保持项目用地及地上附着物补偿方案》的通知	原政发 30 号	2023 年 4 月 18 日
28	关于原州区四届人大常委会第九次会议审议意见办理情况的报告	原政发 31 号	2023 年 4 月 19 日
29	关于申请原州区百美村庄旅游项目建设资金的请示	原政发 32 号	2023 年 4 月 24 日
30	原州区人民政府关于申请解决古雁街道山城名邸小区楼房房屋心土下陷问题的请示	原政发 33 号	2023 年 5 月 4 日
31	关于申请法治政府建设达标创建和合法性审核示范创建的请示	原政发 34 号	2023 年 5 月 5 日
32	关于申请促销经费的请示	原政发 35 号	2023 年 5 月 9 日
33	关于申请原州区部分中小学幼儿园校舍维修改造项目资金的请示	原政发 36 号	2023 年 5 月 9 日
34	原州区关于申请解决村级运转经费资金缺口的请示	原政发 37 号	2023 年 5 月 9 日
35	原州区关于申请解决政府临聘人员工资性支出资金缺口的请示	原政发 38 号	2023 年 5 月 9 日
36	原州区关于申请解决社区工作者工资性支出资金缺口的请示	原政发 39 号	2023 年 5 月 9 日
37	关于申报《固原市原州区农村综合性改革试点实验实施方案》的报告	原政发 40 号	2023 年 5 月 6 日
38	关于拨付原州区草原站库房国有资产拆迁补偿资金的请示	原政发 41 号	2023 年 5 月 8 日
39	关于授予谢群芳、张铁英等 10 名同志“援原医疗队优秀队长”“援原医疗队优秀队员”荣誉称号的决定	原政发 42 号	2023 年 5 月 23 日
40	关于印发《原州区创建“避暑旅游目的地”实施方案》的通知	原政发 43 号	2023 年 5 月 25 日
41	关于申请中卫至平凉铁路扩能改造项目原州区段部分线路微调的请示	原政发 44 号	2023 年 5 月 29 日
42	固原市原州区人民政府关于上报《宁夏固原市原州区农业现代化示范区创建方案》的报告	原政发 45 号	2023 年 5 月 31 日
43	固原市原州区人民政府关于国能宁夏六盘山电厂 2×1000MW 机组扩建工程项目集体土地征收的请示	原政发 46 号	2023 年 5 月 25 日
44	关于划拨天润固原三营风电场三期风电项目(GYZ-30 塔基)国有建设用地使用权的请示	原政发 47 号	2023 年 6 月 6 日
45	48 号关于申请拨付旧城改造火车站片区遗留问题两户拆迁资金的请示 48 号(书记改稿)关于申请中卫至平凉铁路扩能改造项目原州区段部分线路微调的请示	原政发 48 号	2023 年 6 月 6 日 2023 年 6 月 9 日

续表

序号	文件名称	文件编号	发文日期
46	关于固地(G)〔2023〕-02号国有建设用地使用权出让实施方案的请示	原政发50号	2023年6月16日
47	关于固地(G)〔2023〕-03号国有建设用地使用权出让实施方案的请示	原政发51号	2023年6月16日
48	关于固地(G)〔2023〕-04号国有建设用地使用权出让实施方案的请示	原政发52号	2023年6月16日
49	原州区人民政府关于开城镇黑刺沟村更名的批复	原政发53号	2023年6月28日
50	原州区与海原县行政区域界线第四轮联合检查工作实施方案	原政发54号	2023年7月4日
51	原州区人民政府关于古雁街道康居社区办公用房的批复	原政发55号	2023年6月28日
52	关于申请划拨三营派出所新建项目国有建设用地使用权的请示	原政发56号	2023年7月6日
53	关于申请拨付雪川农业马铃薯全产业高质量发展项目土地征收及地上附着物补偿资金的请示	原政发57号	2023年6月20日
54	关于申请审核推荐《国家乡村振兴示范县创建方案》的请示	原政发58号	2023年7月14日
55	关于原州区自建房安全隐患排查情况的报告	原政发59号	2023年7月17日
56	原州区人民政府关于上报固原市原州区2024年老旧小区改造计划的报告	原政发60号	2023年7月21日
57	关于申请支持原州区头营镇胡大堡、杨郎街道、人行步道翻修及胡大堡村1958+420处增加管涵的申请	原政发61号	2023年7月22日
58	关于原州区“四好农村路”全国示范县复核反馈问题整改工作的报告	原政发62号	2023年7月27日
59	甘宁线原州区　环县行政区域界线第五轮联合检查实施方案	原政发63号	2023年7月27日
60	关于上报原州区财政衔接推进乡村振兴补助资金政策落实情况自查及自治区复查问题整改落实的报告	原政发64号	2023年7月31日
61	关于划拨固原市原州区头营镇杨郎幼儿园迁建项目国有建设用地使用权的请示	原政发65号	2023年7月31日
62	关于上报原州区2024年城镇保障性安居工程项目财政承受能力评估的报告	原政发66号	2023年8月17日
63	原州区关于申请受损校舍维修资金的报告	原政发67号	2023年8月16日
64	原州区关于申请水毁道路抢修资金的报告	原政发68号	2023年8月16日
65	原州区关于申请燃气“三件套”加装资金的请示	原政发69号	2023年8月16日
66	原州区关于申请亚行贷款宁夏六盘山扶贫公路项目配套资金的请示	原政发70号	2023年8月16日
67	原州区关于申请乡村示范村项目资金的报告	原政发71号	2023年8月16日

续表

序号	文件名称	文件编号	发文日期
68	原州区关于申请2023年公路安全生命防护提升工程项目资金的请示	原政发72号	2023年8月16日
69	关于划拨固原市第四批次城镇建设用地使用权的请示	原政发73号	2023年8月25日
70	关于申请拨付固原五中西侧片区拆迁资金的请示	原政发74号	2023年8月25日
71	关于成立固原市原州区三营镇第四小学和固原市原州区第十三幼儿园的请示	原政发75号	2023年8月31日
72	关于对群众反映“原州区寨科乡三户农户产业到户项目实施过程中存在问题”核查情况的报告	原政发76号	2024年9月1日
73	关于申请拨付市区空置地垃圾清理费用的请示	原政发77号	2023年9月1日
74	关于提请验收销号第二轮中央生态环境保护督察第60项整改任务的报告	原政发78号	2023年8月31日
75	关于上报原州区2022年度财政总决算的报告	原政发79号	2023年8月25日
76	80号–关于印发《原州区预防和化解行政争议府院联席会议制度》《原州区依法推进行政争议协调化解工作的实施方案》的通知	原政发80号	2023年9月8日
77	原州区人民政府　环县人民政府甘宁线原州区与环县行政区域界线第五轮联合检查工作情况的报告	原政发81号	2023年9月19日
78	关于划拨南关、北塬、新区派出所业务用房建设项目国有建设用地使用权的请示	原政发82号	2023年9月22日
79	关于申请协调对原州区叠叠沟林场管护区域架设新的电线线路和对林区通信基站通电的请示	原政发83号	2023年10月8日
80	关于申请解决原州区(三营)污水处理厂扩建及污水管网建设项目缺口资金的请示	原政发84号	2023年10月10日
81	关于申请古雁岭生态修复项目资金的请示	原政发85号	2023年10月10日
82	关于申请在宁夏固原清水河国家湿地公园内实施原州区乡村振兴示范村薛庄村民宿产业配套设施项目等7个项目准入的请示	原政发86号	2023年10月13日
83	关于提请审定《固原市原州区农用地定级与基准地价评估成果》的请示	原政发88号	2023年10月18日
84	关于印发《2023年原州区第二轮土地承包到期后再延长30年试点工作实施方案》的通知	原政发89号	2023年10月18日
85	原州区人民政府　海原县人民政府甘宁线原州区与环县行政区域界线第五轮联合检查工作情况的报告	原政发90号	2023年11月12日
86	原州区关于申请解决职工职业年金清算资金缺口的请示	原政发91号	2023年10月24日
87	原州区关于申请解决刚性支出资金缺口的请示	原政发92号	2023年10月24日
88	关于原州区政府投资项目欠款化解情况的报告	原政发93号	2023年10月24日
89	原州区关于申请解决就业补助资金的请示	原政发94号	2023年10月30日

续表

序号	文件名称	文件编号	发文日期
90	关于上报中卫至平凉段复线改造工程(原州区段)征地拆迁补偿概算费用的报告	原政发 95 号	2023 年 10 月 31 日
91	关于申请拨付原州区清水河河道治理项目(官厅段)高红村土地及附着物补偿剩余资金的请示	原政发 96 号	2023 年 11 月 2 日
92	关于上报对宁审投调报征〔2023〕42 号意见建议的报告	原政发 97 号	2023 年 11 月 17 日
93	原州区关于申请解决三营污水处理厂扩建及污水管网建设费用的请示	原政发 98 号	2023 年 11 月 19 日
94	原州区关于申请解决农业领域重点项目拆迁补偿费用的请示	原政发 99 号	2023 年 11 月 19 日
95	原州区关于申请基层执法办案经费的请示	原政发 100 号	2023 年 11 月 19 日
96	关于原州区孙家河等 128 个村“多规合一”实用性村庄规划的批复	原政发 101 号	2023 年 11 月 22 日
97	关于垫付固原市国家森林城市创建城市生态修复项目资金的请示	原政发 102 号	2023 年 11 月 22 日
98	关于申报增发国债排水防涝项目的请示	原政发 103 号	2023 年 11 月 30 日
99	原州区关于申请基层执法办案经费的请示	原政发 104 号	2023 年 12 月 5 日
100	关于公布第三批非物质文化遗产代表性项目名录第三批非物质文化遗产项目代表性传承人第二批原州区级非物质文化遗产代表性项目传承保护点(基地)名单的通知	原政发 105 号	2023 年 12 月 15 日
101	关于原州区城市管理工作情况的专报	原政发 106 号	2023 年 12 月 21 日
102	原州区人民政府关于开城镇黑刺沟村更名的地名备案报告	原政发 107 号	2023 年 12 月 26 日
103	原州区人民政府关于上报《原州区 2023 年食品安全工作情况》的报告	原政发 108 号	2023 年 12 月 29 日
104	原州区人民政府关于上报《原州区服务实体经济防控金融风险深化金融改革工作情况》的报告	原政发 109 号	2023 年 12 月 29 日
105	原州区人民政府关于上报《原州区 2023 年安全生产工作情况》的报告	原政发 110 号	2023 年 12 月 29 日
106	关于印发《固原市原州区第五轮全国艾滋病综合防治示范区工作实施方案》的通知	原政发 111 号	2023 年 12 月 28 日
107	关于申请拨付拖欠评估费的请示	原政发 112 号	2023 年 12 月 30 日
108	关于申请急需拨付旧城改造已拆除未兑付资金户补偿款的请示	原政发 113 号	2023 年 12 月 30 日

2023 年中共原州区委办公室文件选目

序号	文件名称	文件编号	发文日期
1	中共原州区委办公室关于印发《基层党组织建设提质增效工程实施方案》的通知	原党办〔2023〕2 号	2023 年 1 月 10 日
2	中共原州区委办公室　区人民政府办公室关于印发《原州区深入推进城市基层党建引领基层治理实施方案》的通知	原党办〔2023〕3 号	2023 年 1 月 10 日
3	中共原州区委办公室　区人民政府办公室关于印发《原州区星级和谐社区创建考评暂行办法》的通知	原党办〔2023〕4 号	2023 年 1 月 10 日
4	中共原州区委办公室关于印发《区委四届四次全会关于2023 年工作安排分工方案》的通知	原党办〔2023〕5 号	2023 年 1 月 19 日
5	原州区巩固拓展脱贫攻坚成果同乡村振兴有效衔接领导包抓+部门帮扶行政村社区实施方案	原党办〔2023〕6 号	2023 年 2 月 3 日
6	中共固原市原州区委办公室关于印发《原州区区进机关事业单位工作人员调配管理暂行办法》的通知	原党办〔2023〕7 号	2023 年 2 月 10 日
7	关于印发原州区 2023 年以产业振兴引领乡村全面振兴样板区建设任务清单等清单的通知	原党办〔2023〕8 号	2023 年 2 月 15 日
8	原州区 2023 年巩固拓展脱贫攻坚成果同乡村振兴有效衔接实施方案	原党办〔2023〕9 号	2023 年 2 月 15 日
9	2023 年农业产业奖补方案	原党办〔2023〕10 号	2023 年 2 月 18 日
10	原州区选派乡村振兴帮扶责任人实施方案	原党办〔2023〕11 号	2023 年 2 月 10 日
11	关于印发《政协固原市原州区委员会 2023 年度协商工作计划》的通知	原党办〔2023〕12 号	2023 年 2 月 21 日
12	中共固原市原州区办公室关于印发《原州区委常委会2022 年度民主生活会整改方案》的通知	原党办〔2023〕13 号	2023 年 2 月 27 日
13	中共原州区委办公室区人民政府《关于调整原州区水权、土地权、排污权领导小组的通知》	原党办〔2023〕14 号	2023 年 3 月 1 日
14	中共原州区委办公室人民政府关于印发《原州区乡村建设行动实施方案》的通知	原党办〔2023〕15 号	2023 年 2 月 10 日
15	中共固原市原州区委办公室关于印发《原州区开展“干部作风转变年”活动实施方案》的通知	原党办〔2023〕16 号	2023 年 2 月 28 日
16	关于印发《四项专项治理实施方案》的通知	原党办〔2023〕17 号	2023 年 2 月 28 日
17	关于加强全国两会期间值班带班工作的通知	原党办〔2023〕21 号	2023 年 3 月 3 日
18	原州区委 2023 年巡察工作计划	原党办〔2023〕22 号	2023 年 3 月 2 日
19	关于深入学习贯彻习近平总书记在党的二十大精神研讨班上的讲话的通知	原党办〔2023〕23 号	2023 年 3 月 7 日

续表

序号	文件名称	文件编号	发文日期
20	关于印发《原州区建立健全分层分级精准防控末端发力终端见效工作机制推动食品安全属地管理责任落地落实实施方案》的通知	原党办〔2023〕24 号	2023 年 3 月 7 日
21	关于印发中心组学习计划的通知	原党办〔2023〕25 号	2023 年 3 月 7 日
22	关于开展 2023 年度巩固拓展脱贫攻坚成果同乡村振兴有效衔接督导检查工作的通知	原党办〔2023〕26 号	2023 年 3 月 15 日
23	关于印发《原州区 2023 年移民致富提升行动实施方案》的通知	原党办〔2023〕27 号	2023 年 3 月 16 日
24	原州区纪委监委开展纪检监察干部队伍教育整顿实施方案	原党办〔2023〕28 号	2023 年 3 月 17 日
25	关于开展 2023 年全区领导干部廉政警示教育月活动的通知	原党办〔2023〕29 号	2023 年 3 月 17 日
26	关于印发《关于进一步加强和完善全区应急救援体系的措施》《关于进一步健全完善应急指挥机制的措施》的通知	原党办〔2023〕30 号	2023 年 2 月 27 日
27	关于印发《原州区 2023 年全面从严治党党风廉政建设和反腐败工作主要任务分工方案》的通知	原党办〔2023〕31 号	2023 年 3 月 17 日
28	原州区就业创业促进年活动实施方案	原党办〔2023〕32 号	2023 年 3 月 17 日
29	原州区 2023 年春季农田水利基本建设大会战和农村人居环境大整治实施方案	原党办〔2023〕33 号	2023 年 3 月 30 日
30	2023 年原州区宣传思想文化工作要点	原党办〔2023〕34 号	2023 年 4 月 11 日
31	中共原州区委办公室　区人民政府办公室关于印发《原州区巩固国家卫生城市工作方案》的通知	原党办〔2023〕36 号	2023 年 4 月 17 日
32	原州区 2023 年大规模国土绿化行动方案	原党办〔2023〕37 号	2023 年 4 月 18 日
33	中共原州区委办公室　区人民政府办公室关于印发《原州区医疗人才“组团式”帮扶工作方案》的通知	原党办〔2023〕38 号	2023 年 4 月 27 日
34	关于印发《关于大兴调研研究的实施方案》的通知	原党办〔2023〕40 号	2023 年 5 月 5 日
35	关于印发《自治区党委第一巡视组巡视原州区反馈立行立改问题整改责任清单》的通知	原党办〔2023〕41 号	2023 年 5 月 8 日
36	关于印发《原州区 2023 年重点产业精准招商工作方案》的通知	原党办〔2023〕42 号	2023 年 5 月 9 日
37	中共原州区委办公室　区人民政府办公室关于印发《原州区推进落实污染防治战成效考核任务工作方案》的通知	原党办〔2023〕44 号	2023 年 4 月 27 日
38	中共原州区委办公室区人民政府办公室关于印发《原州区粮食节约行动实施方案》的通知	原党办〔2023〕45 号	2023 年 5 月 13 日
39	中共原州区委办公室区人民政府办公室关于印发《原州区 2023 年效能目标考核结果的通报》	原党办〔2023〕46 号	2023 年 5 月 26 日

续表

序号	文件名称	文件编号	发文日期
40	中共原州区委办公室区关于印发《原州区 2023 年四防督查实施方案》的通知	原党办〔2023〕47 号	2023 年 5 月 26 日
41	关于成立原州区乡村规划委员会的通知	原党办〔2023〕51 号	2023 年 6 月 6 日
42	关于调整原州区食品药品安全委员会机构及组成人员的通知	原党办〔2023〕52 号	2023 年 6 月 16 日
43	关于成立原州区干部人才组团式帮扶工作领导小组的通知	原党办〔2023〕53 号	2023 年 6 月 16 日
44	关于印发《原州籍在外人才返乡活动实施方案》的通知	原党办〔2023〕54 号	2023 年 6 月 19 日
45	中共原州区委办公室　区人民政府办公室关于印发《原州区农村地区燃气等重点领域安全网格化监管实施方案》的通知	原党办〔2023〕58 号	2023 年 6 月 28 日
46	关于印发《原州区 2022 年度巩固拓展脱贫攻坚成果同乡村振兴有效衔接考核评估问题整改方案》的通知	原党办〔2023〕59 号	2023 年 6 月 28 日
47	关于印发《原州区 2022 年闽宁协作项目实施方案》的通知	原党办〔2023〕60 号	2023 年 6 月 28 日
48	中共原州区委办公室关于转发《自治区党委办公厅关于印发〈自治区党委常委会会议研究部署安全生产风险隐患问题排查、整改整治工作的情况通报〉的通知》的通知	原党办〔2023〕61 号	2023 年 7 月 7 日
49	关于印发《落实自治区关于高水平建设全国东西部科技合作引领区的实施方案 2023 年任务清单》的通知	原党办〔2023〕62 号	2023 年 7 月 11 日
50	关于调整《原州区巩固拓展脱贫攻坚成果同乡村振兴有效衔接领导包抓+部门帮扶行政村(社区)实施方案》的通知	原党办〔2023〕63 号	2023 年 7 月 11 日
51	关于印发《关于进一步强化基层党组织作用　加快健全网络综合治理体系的工作方案》的通知	原党办〔2023〕64 号	2023 年 7 月 12 日
52	关于深化安全可靠应用替代工作的实施方案	原党办〔2023〕65 号	2023 年 7 月 15 日
53	关于调整县级领导包抓产业发展工作专班的通知	原党办〔2023〕66 号	2023 年 7 月 17 日
54	中共固原市原州区委办公室关于印发《原州区关于时代妇女工作的实施方案》的通知	原党办〔2023〕67 号	2023 年 7 月 11 日
55	中共原州区委办公室关于印发《原州区纠治形式主义官僚主义专项问题整改方案》的通知	原党办〔2023〕68 号	2023 年 7 月 18 日
56	中共原州区委办公室关于印发《原州区纠治形式主义官僚主义自查问题整改方案》的通知	原党办〔2023〕69 号	2023 年 7 月 24 日
57	关于健全惩戒治理防范机制坚决打击政治骗子和整治掮客的实施方案	原党办〔2023〕70 号	2023 年 7 月 25 日
58	原州区关于加强和改进新时代青年和共青团工作的实施方案	原党办〔2023〕71 号	2023 年 7 月 22 日
59	关于印发《原州区完善科技激励机制任务清单》的通知	原党办〔2023〕72 号	2023 年 8 月 2 日

续表

序号	文件名称	文件编号	发文日期
60	关于印发《中国国家铁路集团有限公司2023年定点帮扶原州区项目实施方案》的通知	原党办〔2023〕73号	2023年8月4日
61	关于印发《固原市原州区领导干部任前公示办法》的通知	原党办〔2023〕74号	2023年8月4日
62	关于印发《固原市原州区推进领导干部能上能下实施细则》的通知	原党办〔2023〕75号	2023年8月4日
63	原州区促进乡镇产业高质量发展提升行动实施方案（2023—2027）	原党办〔2023〕76号	2023年7月28日
64	原州区加快建设乡村全面振兴样板区实施方案（2023—2027）	原党办〔2023〕77号	2023年7月28日
65	关于深入宣传贯彻自治区党委十三届四次全会精神的通知	原党办〔2023〕78号	2023年7月30日
66	关于进一步加强财会监督工作的实施方案的通知	原党办〔2023〕79号	2023年8月10日
67	关于印发《原州区贯彻落实自治区党委十三届四次全会精神任务的清单》的通知	原党办〔2023〕80号	2023年8月21日
68	学习宣传贯彻自治区党委十三届四次全会精神进一步加强2023年全区安全宣传的工作计划	原党办〔2023〕81号	2023年8月22日
69	关于印发《国家自然资源督察西安局督察原州区反馈问题整改工作方案》的通知	原党办〔2023〕82号	2023年8月17日
70	原州区巩固拓展脱贫攻坚成果全面推进乡村振兴“四盯两提一见效”2023年重点任务清单	原党办〔2023〕83号	2023年9月6日
71	中共原州区委办公室　区人民政府办公室关于印发《原州区2023年民族团结进步月活动方案》的通知	原党办〔2023〕84号	2023年8月31日
72	关于进一步强化“115包抓+专班推进+驻村帮扶”机制扎实推进乡村振兴工作的通知	原党办〔2023〕85号	2023年9月8日
73	关于印发《原州区乡村振兴政策落实和资金审计反馈问题整改工作方案》的通知	原党办〔2023〕86号	2023年9月15日
74	原州区2023年“六权”改革任务清单	原党办〔2023〕87号	2023年9月20日
75	原州区政协四届二次会议提案督办通报	原党办〔2023〕88号	2023年9月21日
76	关于印发《原州区2023年国家重点生态功能区县域生态环境监测评价与考核工作实施方案》的通知	原党办〔2023〕89号	2023年9月27日
77	关于做好中秋、国庆期间有关工作的通知	原党办〔2023〕90号	2023年9月28日
78	关于进一步落实领导包抓森林草原防火网格化管理工作机制的通知	原党办〔2023〕91号	2023年9月30日
79	原州区2023年效能目标考核方案	原党办〔2023〕92号	2023年11月1日
80	关于印发《原州区社会主义文艺繁荣发展实施方案》的通知	原党办〔2023〕93号	2023年11月2日

续表

序号	文件名称	文件编号	发文日期
81	关于2022年度巩固拓展脱贫攻坚成果同乡村振兴有效衔接开和评估问题整改进展情况的报告	原党办〔2023〕94号	2023年9月28日
82	关于印发《原州区贯彻落实自治区党委十三届五次全会精神任务清单》的通知	原党办〔2023〕95号	2023年11月10日
83	关于印发《加快宁夏副中心城市高质量发展原州区任务清单》《加快建设生态文旅特色市原州区任务清单》的通知	原党办〔2023〕96号	2023年11月10日
84	关于成立黄河流域六盘山生态功能区（宁夏段）山水林田湖草沙一体化保护和修复工程项目指挥部的通知	原党办〔2023〕97号	2023年9月26日
85	关于印发《关于进一步加强禁牧封育工作的实施方案》的通知	原党办〔2023〕98号	2023年11月16日
86	关于成立原州区推进“三北”等重点生态工作建设领导小组的通知	原党办〔2023〕99号	2023年11月16日
87	关于2022年度巩固拓展脱贫攻坚成果同乡村振兴有效衔接开和评估问题整改进展情况的报告	原党办〔2023〕100号	2023年11月15日
88	原州区关于推进养老服务体系建设的分工方案	原党办〔2023〕101号	2023年11月4日
89	原州区贯彻落实中央、自治区党委、固原市委人大工作会议重点任务的分工方案	原党办〔2023〕102号	2023年12月1日
90	关于印发《原州区贯彻落实自治区〈关于进一步加强全区矿山安全省生产工作的实施方案〉的通知》的任务分工方案	原党办〔2023〕103号	2023年12月1日
91	原州区关于进一步严格财政支出管理坚决落实过紧日子要求的通知	原党办〔2023〕104号	2023年12月6日
92	中共固原市原州区委办公室　区人民政府办公室印发《原州区贯彻中央民族工作会议精神暨宗教工作督查反馈意见整改实施方案》的通知	原党办〔2023〕105号	2023年12月5日
93	关于深入学习贯彻习近平总书记重要指示精神紧紧围绕铸牢中华民族共同体意识主线开展系列活动的工作方案	原党办〔2023〕106号	2023年12月5日
94	关于提请验收销号第二轮中央生态环境保护督察第五、七、八整改任务的报告	原党办〔2023〕107号	2023年12月18日
95	关于做好2024年元旦春节期间有关工作的通知	原党办〔2023〕108号	2023年12月29日
96	关于印发《原州区招商引资政策若干规定（试行）》的通知	原党办〔2023〕109号	2023年12月30日
97	关于印发《全面优化营商环境推动民营经济高质量发展实施细则责任清单》的通知	原党办〔2023〕110号	2023年12月31日

2023年原州区人民政府办公室文件选目

序号	文件名称	文件编号	发文日期
1	原州区人民政府办公室关于印发2023年《政府工作报告》及民生实事重点任务落实清单的通知	原政办发1号	2023年4月18日
2	关于转发《自治区人民政府关于废止和修改部分行政规范性文件的决定》的通知	原政办发2号	2023年1月28日
3	关于申请购买复印机资金的报告	原政办发3号	2023年1月31日
4	关于同意固原市原州区国有资产经营有限责任公司减资的批复	原政办发4号	2023年2月3日
5	关于印发《原州区金融支持巩固拓展脱贫攻坚成果全面推进乡村振兴实施方案》的通知	原政办发5号	2023年2月3日
6	关于印发《原州区2022—2024年冬季清洁取暖项目实施方案》的通知	原政办发6号	2023年2月10日
7	关于印发《原州区2022年度冬季清洁取暖项目实施方案》的通知	原政办发7号	2023年2月10日
8	关于成立原州区冬季清洁取暖项目领导小组的通知	原政办发8号	2023年2月10日
9	关于公布区本级行政执法主体的公告	原政办发10号	2023年2月21日
10	原州区关于上报审计疑点数据核查的报告	原政办发11号	2023年3月1日
11	关于提请研究《固原市残疾人康复中心公建民营实施方案(送审稿)》的请示	原政办发12号	2023年3月3日
12	原州区领导干部自然资源资产离任(任中)审计工作方案	原政办发13号	2023年3月3日
13	原州区关于上报再次审计疑点数据核查的报告	原政办发14号	2023年3月7日
14	原州区关于下达2023年争取上级转移支付资金目标任务的通知	原政办发15号	2023年3月10日
15	关于印发《"四好农村路"全国示范县复核反馈原州区问题整改工作方案》的通知	原政办发16号	2023年3月14日
16	关于认真做好2023年原州区人大议案建议和政协提案办理工作的通知	原政办发17号	2023年3月15日
17	原州区关于再次核查公职人员持有残疾人证情况的报告	原政办发18号	2023年3月18日
18	固原市原州区人民政府办公室关于印发原州区人民政府领导同志2023年度安全生产重点工作责任清单的通知	原政办发20号	2023年4月8日
19	固原市原州区人民政府办公室关于公布固原市原州区2023年度重大行政决策事项目录的通知	原政办发21号	2023年3月20日
20	原州区财政衔接推进乡村振兴补助资金政策落实情况自查报告	原政办发22号	2023年4月25日

续表

序号	文件名称	文件编号	发文日期
21	关于印发《原州区 2022 年度国土变更调查耕地流出问题排查整改工作实施方案》的通知	原政办发 23 号	2023 年 4 月 25 日
22	关于进一步明确《固原市原州区行政事业单位差旅费管理办法》中住宿费标准的补充通知	原政办发 25 号	2023 年 5 月 10 日
23	关于规范使用管理专项债支持地方农业健康发展的通知	原政办发 26 号	2023 年 4 月 25 日
24	关于解决原西北航空产业园开工仪式活动和原政府锅炉安装工作经费的请示	原政办发 27 号	2023 年 5 月 18 日
25	关于印发《“浪宁夏·品味道·在原州”2023 年原州区美食文化节活动方案》的通知	原政办发 28 号	2023 年 5 月 22 日
26	关于印发《2023 年原州区数字政府建设工作要点》的通知	原政办发 29 号	2023 年 5 月 23 日
27	关于解决 2023 年原州区电子政务外网运维服务项目资金的请示	原政办发 30 号	2023 年 5 月 26 日
28	关于成立原州区农业现代化示范区建设领导小组的通知	原政办发 32 号	2023 年 5 月 26 日
29	原州区人民政府办公室关于成立全区第五次全国经济普查领导小组的通知	原政办发 33 号	2023 年 6 月 7 日
30	关于聘任徐军等 53 名同志为原州区应急管理专家库专家的通知	原政办发 34 号	2023 年 6 月 15 日
31	关于启用固原市原州区第五次全国经济普查领导小组及办公室印章的通知	原政办发 35 号	2023 年 7 月 5 日
32	关于调整健康原州建设暨全民健康水平提升行动和相关工作领导小组的通知	原政办发 36 号	2023 年 7 月 6 日
33	原州区人民政府办公室关于印发《深入学习贯彻习近平总书记重要指示精神认真落实全国安全防范工作紧急视频会议部署要求全面加强安全生产工作责任分工方案》的通知	原政办发 37 号	2023 年 7 月 6 日
34	原州区人民政府办公室关于启用固原市原州区国防动员办公室等印章的通知	原政办发 38 号	2023 年 7 月 7 日
35	原州区人民政府办公室关于印发《原州区 2023 年政务公开工作要点》的通知	原政办发 39 号	2023 年 7 月 11 日
36	关于印发《全面开展证明事项告知承诺制实施方案》的通知	原政办发 40 号	2023 年 7 月 24 日
37	固原市原州区人民政府办公室关于转发教育体育局等 7 部门联合制定《固原市原州区“十四五”特殊教育发展提升行动实施方案》的通知	原政办发 41 号	2023 年 7 月 11 日
38	关于印发《原州区城乡居民基本养老保险村(社区)经办工作实施方案》的通知	原政办发 43 号	2023 年 8 月 6 日
39	关于印发《原州区非道路移动机械编码登记及监督检查工作实施方案》的通知	原政办发 44 号	2023 年 8 月 6 日

续表

序号	文件名称	文件编号	发文日期
40	关于公布规范性文件制定主体清单的通知	原政办发 45 号	2023 年 8 月 6 日
41	关于开展 2023 年度行政规范性文件集中清理工作的通知	原政办发 46 号	2023 年 8 月 6 日
42	关于同意固原市原州区国有资产经营有限责任公司股权回购的批复	原政办发 47 号	2023 年 8 月 15 日
43	关于印发《原州区建立更加有效的区域协调发展新机制 2023 年工作计划》的通知	原政办发 48 号	2023 年 8 月 10 日
44	关于印发《关于加快县域经济和城区经济高质量发展的任务清单》的通知	原政办发 50 号	2023 年 8 月 20 日
45	关于提前谋划原州区 2024 年黄河流域生态保护和高质量发展先行区重点建设项目的通知	原政办发 51 号	2023 年 8 月 24 日
46	关于印发《原州区贯彻落实宁夏回族自治区法治政府建设指标体系任务分工》的通知	原政办发 52 号	2023 年 9 月 6 日
47	关于印发原州区贯彻落实自治区关于推进法治政府建设“八大提升行动”实施方案的任务清单的通知	原政办发 53 号	2023 年 9 月 6 日
48	关于印发《原州区关于加强行政复议行政应诉工作实施方案》的通知	原政办发 54 号	2023 年 9 月 6 日
49	关于印发《关于实施财源建设工程推进原州区经济高质量发展实施方案》的通知	原政办发 55 号	2023 年 9 月 6 日
50	关于印发《原州区脱贫劳动力稳岗就业补助实施意见》的通知	原政办发 56 号	2023 年 9 月 9 日
51	关于加强政府投资项目结算审核的通知	原政办发 57 号	2023 年 9 月 14 日
52	关于印发《原州区“十三五”光伏电站收益分配方案》的通知	原政办发 58 号	2023 年 9 月 21 日
53	关于印发《“国庆欢乐购　特惠迎金秋”2023 年原州区消费促进活动实施方案》的通知关于申请原州区政府大院维修项目费用的请示	原政办发 59 号	2023 年 9 月 26 日
54	关于印发《原州区开展政务服务线上线下融合和向基层延伸试点工作实施方案》的通知	原政办发 60 号	2023 年 9 月 30 日
55	关于申请固原市原州区人民政府赔偿固原市原州区三鑫新型环保建材厂损失费用的请示	原政办发 61 号	2023 年 10 月 17 日
56	关于印发《原州区 2023 年闽宁协作项目资金调整计划》的通知	原政办发 62 号	2023 年 10 月 18 日
57	关于申请购买机房屏蔽机柜监控设备和保密设备费用的请示	原政办发 63 号	2023 年 10 月 16 日
58	关于申请解决社会保险缴费预算指标的请示	原政办发 64 号	2023 年 10 月 16 日

续表

序号	文件名称	文件编号	发文日期
59	《原州区行政许可事项清单(2023 年版)》	原政办发 65 号	2023 年 10 月 19 日
60	关于申请购买政府礼堂扩声系统费用的请示	原政办发 66 号	2023 年 10 月 17 日
61	关于启用固原市原州区自然资源局行政审批专用章的通知	原政办发 67 号	2023 年 10 月 22 日
62	固原市原州区人民政府办公室关于印发《原州区迎接 2023 年国务院推动高质量发展综合督查工作方案》的通知	原政办发 68 号	2023 年 10 月 27 日
63	关于启用固原市原州区人民政府行政复议专用章的通知	原政办发 70 号	2023 年 11 月 6 日
64	关于申请解决 2021 年原州区电子政务外网(移动)建设和运维服务项目资金的报告	原政办发 71 号	2023 年 12 月 4 日
65	关于申请解决 2021 年原州区电子政务外网(电信)建设与维护服务项目资金的报告	原政办发 72 号	2023 年 12 月 4 日
66	原州区人民政府办公室关于印发《原州区耕地保护网格化监管工作方案》的通知	原政办发 73 号	2023 年 12 月 15 日
67	关于印发《原州区 2023 年度耕地“进出平衡”总体方案》的通知	原政办发 74 号	2023 年 12 月 19 日
68	关于印发《原州区落实〈自治区提升行政执法质量三年行动实施方案(2023—2025 年)〉任务清单》的通知	原政办发 75 号	2023 年 12 月 25 日
69	固原市原州区人民政府办公室关于印发《2023 年度国务院推动高质量发展综合督查反馈意见整改方案》的通知	原政办发 77 号	2023 年 12 月 25 日